高职高专"十三五"创新型规划教材

营销实务学、做教程

（修订版）

卢国红　编　著

南京大学出版社

图书在版编目(CIP)数据

营销实务学、做教程/卢国红编著．—南京：南京大学出版社，2012.1(2017.9修订版)

高职高专"十三五"创新型规划教材

ISBN 978-7-305-09491-0

Ⅰ.①营… Ⅱ.①卢… Ⅲ.①市场营销学-高等职业教育-教材 Ⅳ.①F713.50

中国版本图书馆 CIP 数据核字(2011)第 278257 号

出版发行	南京大学出版社
社　　址	南京市汉口路 22 号　　邮　　编　210093
网　　址	http://www.NjupCo.com
出 版 人	左　健
丛 书 名	高职高专"十三五"创新型规划教材
书　　名	营销实务学、做教程（修订版）
编　　著	卢国红
责任编辑	张晋华　　　　　　编辑热线　010-82967726
审读编辑	陈　洪
照　　排	天凤制版工作室
印　　刷	廊坊市广阳区九洲印刷厂
开　　本	787×1092　1/16　　印张 20　　字数 486 千
版　　次	2017 年 9 月第 2 版　2017 年 9 月第 1 次印刷
ISBN	978-7-305-09491-0
定　　价	49.00 元
发行热线	025-83594756
电子邮箱	Press@NjupCo.com
	Sales@NjupCo.com（市场部）

前 言
PREFACE

市场是纷繁复杂的，对于初次接触市场营销理论的大学生和缺乏理论基础的一些营销实践人员来说，在五彩缤纷、快速变化的市场面前，很容易迷失方向，无所适从，因此，必须回到基本理论的系统学习上来。基于此，本书以市场营销理论的初学者为目标读者，特别适合初学者系统学习、掌握市场营销基本理论与实务。与目前国内众多市场营销方面的书籍相比较，本书具有以下特点：

（1）为适应高职高专学生对理论学习的特殊要求，本书在解释一些必须使用的名词时，试着采用通俗易懂的语言，尽量不用那些具有高度概括性的定义。全书行文风格朴实无华，言简意赅；形式体例生动有趣，引人入胜，使初学者的学习活动变得轻松愉快，趣味盎然。

（2）将大量的市场营销基本概念和原理，严格按照认识篇、研究篇、决策篇、执行篇来编排。这样做既符合开展市场营销活动的程序，又符合初学者循序渐进的认识规律，特别有助于人们形成逻辑严密、层次分明的理论体系。经过比较研究和教学实验，本书挑选了一个最易于为初学者接受的切入点，即从"企业与销售问题"谈起，一步步将初学者带入奇妙的市场营销世界中去。

（3）许多初学者都反映市场营销学是一门比较难学的课程，觉得它理论性太强，甚至还有点抽象。为此，在涉及一些不太易于理解的、较重要的概念、原理时，本书安排了一些非常经典、贴切的案例和市场资料，以便初学者迅速地理解和掌握。

（4）案例分印证型和问题型两种。本书除了在每章的论述过程中加入一些印证型案例以外，还特意在全书的末尾安排了几个问题型案例。对一些篇幅较长的案例，还给出了案例分析题。学习者可以在学习基本理论的基础上，训练一下自己分析和解决市场营销问题的能力。另外，本书附录了所有案例分析题的参考答案，希望能给初学者以启发。

（5）在每章的章末，精心编制了一些"学、做一体练习与实践"题目。如果学习者能够认真完成这些题目的话，可以大大深化对有关理论的认识，锻炼自己应用理论分析问题的能力。

本书在编著过程中，参考借鉴了许多国内外专家、学者的文章、专著、译作和一些案例资料（详见参考文献），并得到了出版社有关领导和同志的大力支持与帮助，在此一并表示由衷的感谢。

毫无疑问，书中肯定会有一些错谬之处，非常欢迎读者对此提出批评和建议。您可以发 E-mail：luguohongzd@163.com，也可以致电：13782827598。

编　者

目 录
CONTENTS

第一篇　认识市场营销

第二篇　研究市场营销环境

第四篇　市场营销执行

第一篇　认识市场营销

篇首语：

什么是市场营销？市场营销是干什么的？怎样做市场营销？

在开始阅读本篇之前，让我们先想一想该如何掌握这些问题，学完本篇以后再看看我们的认识有哪些变化。

第一章 认识市场营销

 **章首案例**

美国家庭仓库公司 ①

美国家庭仓库公司是一家大型的以提倡"自己动手，改善家居"为特色的连锁店。它对顾客的热爱已达到了痴迷的程度，用公司总裁伯尼·马库斯的话来说："我们所有的职员都明白什么是金子。它不是指盈利，而是指义无反顾、满怀热情地去关怀顾客。"

乍一看，家庭仓库商店像个巨大的洞穴，并不怎么起眼。水泥的地面，透风仓库似的内部结构，整个店堂给人的感觉就像一个飞机库。但就是在这儿，你恰恰能找到你想要的东西，且价格十分公道。家庭仓库商店经营的品种多达 35 000 多种，各种与家居改善有关的产品应有尽有，而且价格比当地五金店的要便宜 20%～30%。

然而，家庭仓库商店提供的还不仅仅是物美价廉的货品，或许在家庭仓库购物的最佳享受是其优质的顾客服务。伯尼·马库斯和其合伙人阿瑟·布兰克建立家庭仓库公司的唯一使命是帮助顾客解决家居改善问题。他们的目标是："选择那些笨手笨脚的、除了拧灯泡以外就缺乏自信心的持家人，把他（她）培养成装修先生或装修女士。"要完成这一任务，需要的可不是简单地向顾客兜售商品，然后赚他们的钱。

伯尼和阿瑟将公司的目标设定为建立持久的顾客关系，为此，他们深深地懂得使顾客满意的重要性。他们计算出一位满意的顾客，其"购物生命价值"为 2.5 万多美元（每次光顾商店花 38 美元，乘以每年 30 次来商店的次数，再乘以约 22 年的逛商店的年数）。要使顾客满意，必须靠训练有素、热情主动的职员对其提供良好的价值和优质的服务。阿瑟说："我们方案中最重要的一部分就在于本店职员和顾客之间的关怀程度。"因此，在家庭仓库商店中，关怀顾客始于关怀职员。家庭仓库公司以高薪招徕最优秀的售货人员，然后对他们进行全面的培训。全体职员都要参加"产品知识"班的学习，以便获得将来解决顾客问题的实际经验。为了使顾客满意并得到更多顾客，家庭仓库公司把职员当做合伙人来对待。所有专职职员至少有 7% 的年薪以公司股票的形式发放，从而使家庭仓库公司职员在顾客服务业务中具有主人翁的感觉。每一位职员都穿着一条鲜艳的橘黄色围裙，上面写着："你好，我是……家庭仓库公司的股东。让我来帮你吧。"

伯尼和阿瑟在顾客服务方面已成为保护顾客利益运动的积极参与者。例如，每年有 4 个星期天，清早 6 点 30 分，两人都穿上他们自己的橘黄色围裙，通过电视向全国 70 000 名职员现场直播"与伯尼和阿瑟共进早餐"节目——一种很好的老式鼓动性福音布道会般的电视广播。据称，伯尼通常会用以下问答来激励他的门徒："要想有个饭碗去哪里？"职

① 本案例选自 [美] Philip Kotler 等著，赵平等译《营销学原理》，清华大学出版社 1998 年版。

员们回答到："西尔斯……洛伊斯……建筑者广场。""要想开创事业去哪里?"职员们的回答震耳欲聋:"家庭仓库公司。"

　　家庭仓库公司并不采用某些零售商的高压销售技巧,相反,公司鼓励销售人员与顾客建立长期的关系,即不管花多少时间,都要一次又一次地耐心解释,直到解决顾客的问题为止。家庭仓库公司支付给职员可观的薪水,以便他们能够在顾客身上花费必要的时间,而不必担心销售的事。伯尼·马库斯宣称:"我嘴里含着金苹果死去的日子,正是我们开始支付佣金的那一天。"他的意思是他们绝不采用佣金制度,因为佣金制度极易误导职员去强力推销从而会吓跑顾客。事实上,对职员的训练是要求他们帮助顾客比预计的少花钱,而不是怂恿顾客多花钱。伯尼说:"我很爱听到顾客说他们原来打算花150美元,而我们的人告诉他们怎样运作就只需花4或5美元。"

　　关怀顾客已使家庭仓库公司成为当今美国最成功的零售商之一。从1978年成立至今,在不到20年的时间里,家庭仓库公司已迅速成长为美国最大的自己动手改善家居连锁店。在过去10年,其销售额以平均每年40%的速率增加。1996年,《财富》杂志将家庭仓库公司列为美国最受推崇的零售商。事实上,最近人们忧虑的是某些家庭仓库商店的顾客太多了。一些分店每平方英尺的销售额惊人地高达600美元(而沃尔玛连锁店仅为250美元,凯马特连锁店为150美元)。这已造成了许多问题,如通道阻塞、库存不足、销售人员太少,以及结账要排长队等。尽管许多零售商很欢迎这类问题,但是伯尼和阿瑟却感到极大的不安,因此他们迅速采取了补救行动。他们知道,持续的成功取决于对顾客满意的程度。伯尼会告诉你:"对待每一位顾客都应该像对待自己的父母、兄弟和姐妹一样,而你当然不愿意让你的母亲排队。"

第一节　进入市场营销

　　任何企业都需要市场营销,不论你是大企业还是小微企业,也不论你的企业已经百年还是刚刚创立,更不论你是制造企业还是服务企业。近几十年来,因为营销理论的用途是如此之大,以至于人们正将营销理论广泛地应用于其他非企业领域。但是,本书对市场营销的讨论将只针对企业,我们不打算涉及任何关于非营利组织营销、概念营销和社会营销等这些由企业市场营销派生出来的新领域。

　　让我们从一个大家最容易理解的角度来开始市场营销的学习吧。

一、企业与销售问题

　　企业是指为社会提供某种产品以营利为目的的组织。利润从哪里来呢?销售。只有销售,才是盈利的第一原因。这是最坚定的道理,也是最实用的规律。尤其在创业阶段,企业往往从一些简单的生意开始,而对于简单的生意来说,销售几乎是盈利的唯一原因。例如,我们去批发一些学生们喜欢的小饰品、小工艺品,在大学校园里卖,只要卖出去了就有钱赚。卖一个赚一个的钱,卖两个赚两个的钱。这时,销售就几乎等同于利润。

　　假如我们做比较复杂的生意,比如,开办一家生产饮料的制造企业,销售就显得非常重要。企业要想获得利润,必须遵循下面的公式:

$$利润＝产品销售收入－成本和费用$$

根据公式可，知影响利润的两个因素：一是产品销售收入，二是成本和费用。在两个因素中，产品销售收入是第一位的因素，因为只有获得了收入，才可能有利润。但是有的人说了，没有投入一定的成本来生产产品，你卖什么，你凭什么获得销售收入呢？如果你的成本和费用很高，你能获利吗？我们当然不否认生产和成本费用控制的重要性，但是，有一点是肯定的，假如你的产品卖不出去，企业不但无法获利，而且肯定会造成亏损。所以，销售是第一重要的事情。

显然，要想获得销售收入，首先是产品要能卖出去。其次，要想使销售收入增加，一是产品要卖得更多，二是产品要卖个好价钱。这几点合在一起，我们称为销售问题。那么，企业怎样解决销售问题呢？人们很容易会想到推销。但是，只有在供求平衡或供略大于求的市场条件下，推销才能解决销售问题。在当今竞争激烈的买方市场条件下，仅靠推销，已远远不能解决企业的销售问题。这时就需要我们对销售中的各种关系以及销售的本质，重新进行深入的研究，并以一种新的观念、新的方法和过程来解决销售问题。

二、引入市场营销

简单地说，企业解决销售问题，就是研究怎样以满意的价格，更多地、持久地将产品卖给购买者。这一组关系如下所示：

企业——产品——购买者

销售问题实际上就是处理企业和购买者之间关系的问题。在这里，购买者是企业服务的对象，只要能让购买者购买自己的产品，企业的目的也就达到了。因此，我们将市场定义为某种产品现实的和潜在的购买者。那么，解决销售问题实际上就是解决企业的市场问题。

企业要解决好市场问题是非常不易的。这是因为当今企业所面对的市场有四个特点：①市场上大部分产品都处于供过于求的状态。②复杂性。市场的地理范围不断扩大，由本地市场到区域市场再到全国市场，乃至国际市场。市场的层次性越来越明显，层次越来越多，需求差异越来越大。例如，我们去买西服的话，便宜的只有一二百元，而贵些的需要几百、几千，甚至上万元。再如，在20世纪六七十年代，我们想"听"的话，只有少得可怜的几款收音机，而现在满足人们音频需求的产品真可谓丰富多彩。③多变性。现代市场变化越来越快，这就要求企业必须根据市场的变化不断推出新的产品，采用新的经营模式。即使是实力强劲、优势明显的企业，如果不发展、不变化，时间一长肯定会遇到经营困难的麻烦。④竞争的激烈性。同类产品市场上参与竞争的企业越来越多，竞争者的生产能力不断增强，市场上的价格一路走低。

很显然，在供过于求、复杂、多变、竞争激烈的市场条件下，仅依靠推销，已远远不能解决企业的销售问题。这就要求企业必须一开始就瞄准市场，很好地研究市场，寻找最适合自己的市场机会进行投资。企业还要准确地确定目标市场，针对目标市场来开发、设计和生产相应的产品，还要制定合适的价格策略，设计管理好销售渠道，开展有效的促销活动。所有这些方面的工作就是市场营销。

因此，市场营销是解决企业销售问题，为企业打开市场所做的努力，这种努力的核心是制定并实施针对市场的整体性解决方案。如果给市场营销下一个通俗的定义的话，那就是：市场营销是企业针对市场所开展的市场研究和经营管理（决策并实施）活动，旨在帮助企业打开市场，在市场上实现并保持满意的销售量和市场占有率。

三、换个角度看市场营销

市场营销是什么？很多人认为是"销售"或"广告"。确实，两者都是营销的组成部分，但是，营销不仅仅是销售和广告。

为了说明营销所包含的其他重要内容，让我们看一个自行车的例子。我国是"自行车王国"，男女老少都骑自行车，但显然绝大多数人自己不制造自行车，自行车是"捷安特""永久""飞鸽""黑马"等自行车公司制造的。

大多数自行车发挥的功能是相同的，无非是把人或货物从一个地方送到另一个地方。但是，骑车的人各种各样，可供骑车人选择的车型也非常多，有普通自行车，有电动自行车，有车胎粗大的山地车，有小巧玲珑的坤车，有后面左右加装两个小轮子适合儿童骑的车，有折叠车，有情侣车，有双座或多座车等。另外，许多人喜欢在自行车上增加各种配饰，例如，花七八十元就可以买到一辆普通自行车，但也许有的人单单为了定制车筐就愿意花上一百元。

如此不同的风格和样式使得自行车的生产和销售变得非常复杂。下面列出的是企业决定生产并销售自行车前后必须考虑的种种问题（所列项目并不完整）。

(1) 需要自行车的都是哪些人？分析那些可能购买自行车的人的需求。

(2) 预测各种潜在顾客会购买哪几种车型，还有不同车型的车把类型、刹车类型、材料等，确定本企业将努力满足哪几类顾客的需求。

(3) 估计这几类潜在顾客的人数有多少，他们又将在什么时候买车。

(4) 确定这些人居住在什么地方，会在什么场所买车，企业如何把自行车送到他们手中。

(5) 估计他们为购买自行车愿意支付的价格，企业如果按照这一价格销售，是否有利可图。

(6) 确定使用何种促销办法，把有关本企业的自行车信息传递给潜在顾客。

(7) 估计有多少家竞争企业也会从事自行车的制造，他们将制造什么类型的自行车，价格是多少，他们将怎样销售和促销。

(8) 确定如何提供保修服务，假定顾客在购买自行车之后出现问题的话该如何解决。

上述问题并不属于生产范畴，显然也不可能通过生产来解决（生产仅指制造产品或提供服务）。上述活动隶属于涉及面更广的过程，那就是市场营销。市场营销通过预测顾客需求，为生产提供它所需要的导向，确定作为生产对象的产品和服务，并制定价格，采用有效的促销方式，以合适的渠道，设法将产品送到顾客手中。因此，市场营销就是解决四个问题：决定做什么产品，满足什么需求，为哪些人服务，以及怎样为他们服务。

四、市场营销与推销的关系

明确了什么是市场营销以后，我们再来谈谈市场营销与推销的关系问题。显然，市场营销不等于推销。推销仅仅是市场营销活动的一部分，而且不是最重要的部分。正如美国著名的市场营销学专家菲利普·科特勒（Philip Kotler）所指出的那样，推销不是市场营销最重要的部分，推销只是"市场营销冰山的尖端"。如果企业的市场营销人员搞好市场研究，了解购买者需求，按照市场需求来设计和生产产品，同时合理定价，做好销售渠道的选择和管理工作，做好促销等方面的工作，那么这些产品就能轻而易举地、顺利地销售出去。正因为这样，美国另一位管理学权威彼得·德鲁克（Peter F. Drucker）曾精辟地指出："市场营销的目的在于使推销成为不必要。"

五、市场营销管理是企业管理的重要组成部分

一般而言，企业管理包括五大块内容，如图 1-1 所示。

图 1-1　企业管理的内容

在这五大管理内容中，战略管理起着统领全局的作用。在战略管理的统率下，市场营销管理、生产技术管理、财务管理、人力资源管理既各管一块，又相互协调配合，共同发挥作用，实现企业目标。

与上述内容相对应，在企业里存在着相应的部门，有相应的一些管理人员。由于市场竞争越来越激烈，有些市场营销人员有时就过分强调市场营销在企业经营管理中的作用，因此，许多生产技术经理、财务经理、人事经理等认为市场营销部门威胁其权力和地位，于是在市场营销部门与生产部门、财务部门、人事部门等之间经常发生矛盾，如图 1-2 所示。

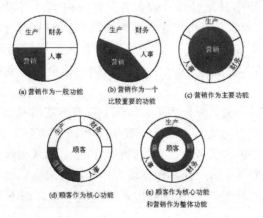

图 1-2　营销在企业中地位和作用的演变过程

最初，营销功能被看成几个具有同等重要性的管理功能之一（图 1-2a）。随着市场的发展，营销者鼓吹营销功能较其他功能更为重要（图 1-2b）。一些热衷于营销的人走得更远，他们声称营销是企业的主要功能，因为没有顾客，也就无所谓企业。他们把营销作为

中心功能，其他功能则是营销的支持性功能（图 1-2c）。这一观点激怒了其他部门的经理，他们不愿意把自己看成是为营销服务的。聪明的营销者圆满地解决了这个问题：他们将顾客而不是营销置于企业的中心（图 1-2d）。他们主张以顾客为导向，企业所有的功能都必须了解顾客、服务顾客、千方百计地满足顾客需要。后来，有些市场营销人员认为，如果要正确地判断和有效地满足顾客需要，市场营销仍应处于中心地位，市场营销部门必须能影响或控制其他部门。这是因为顾客需要的满足要受其他部门工作好坏的影响。例如，如果生产部门放松了质量管理，产品质量不好；财务部门分配给市场营销部门的资金太少，致使无法改善产品包装；研究与开发部门没有认真调查研究，设计和生产出来的新产品不能适销对路；公司的各个部门常常在利益上发生冲突，不能把各部门的力量"拧成一股绳"。如果这样，显然就会影响顾客需要的满足。因此，有些市场营销人员主张市场营销仍应处于中心地位，市场营销部门必须能影响或控制其他部门（图 1-2e）。

第二节　市场和市场营销观念

一、市场的含义

很多人以为，市场就是买卖商品的地方，例如，商场、菜市场、小商品批发市场等。但是市场营销研究者对市场有着独特的理解和运用角度。市场营销学主要研究作为销售者的企业怎样持久地、更好更多地将产品卖给购买者，以获得相应的销售收入和利润。因此，我们把市场定义为某种产品现实的和潜在的购买者，即市场就是购买者。所谓潜在购买者，就是指有潜在兴趣、潜在需求，有可能购买这种产品的任何个人和组织。

市场就是购买者，这一定义并不是我们的独创，实际上，平时大家使用"市场"这个词的时候，也经常这样使用其就是指"购买者"这一内涵。例如，"这种新产品市场很小"，就是指这种新产品的购买者可能较少。再如，"这种观念在社会上很有市场"，意思是指持有这种观念的人很多，这里的"市场"也是指人。我们还说"企业产品要打开市场"，是指让我们的产品在潜在购买者中间实现销售，让更多的潜在购买者变成现实的购买者。

市场就是购买者这一定义，看似简单，实际上有着丰富的内涵。

（1）我们将市场定义为购买者，那么，解决销售问题实际上就是解决企业的市场问题。就是要想办法让更多的购买者，以我们满意的价格，持久地购买我们的产品。

（2）在这里，市场专指买方，而不包括卖方；专指需求方，而不包括供给方。因为站在销售者的立场上，同行供给者与其他销售者都是竞争者，而不是市场。购买者组成市场，销售者组成产业。

（3）市场包含三个主要因素，即有某种需要的人或组织、满足这种需要的购买能力和购买欲望。用公式表示就是：

$$市场＝人或组织＋购买力＋购买欲望$$

市场的这三个因素是相互制约，缺一不可的，只有三者结合起来才能构成现实的市场，才能决定市场的规模和容量。例如，一个国家或地区人口众多，但收入很低，购买力有限，则不能构成容量很大的市场。又如，购买力虽然很大，但人口很少，也不能成为很大的市场。只有人口既多，购买力又高，才能成为一个有潜力的大市场。但是，如果产品不适合需要，不能引起人们的购买欲望，对销售者来说，仍然不能成为现实的市场。购买欲望需要刺激，要想刺激购买欲望，必须研究购买心理。所以市场是上述三个因素的统一，是指具有特定需要和欲望，愿意并能够通过购买来满足这种需要或欲望的全部潜在顾客。这一定义为我们研究市场提供了方向和内容。

（4）如果将企业比作一个人，那么市场就是企业的衣食父母，是企业赖以生存和发展的基础。假如没有市场，顾客都不买企业的产品，那么，企业中的人吃什么，穿什么，企业的老板靠什么来赚钱呢？于是，企业应该以市场为中心，善待市场，深入研究市场需求和发展趋势，并千方百计地适应和满足市场需求。

（5）根据市场的定义，按照购买者的不同，我们可以将各种市场进行一个总体性的分类，即消费者市场、组织市场和国际市场。其中，组织市场又包括生产者市场、政府市场、事业机构和社会团体市场。习惯上，人们常常把消费者市场上的购买者称为顾客，把组织市场上的购买者称为客户。

二、和市场有关的几个重要概念

市场就是购买者，购买者就是人。那么，人们为什么要购买？人们为什么要购买这个，而不购买那个？人们做出购买选择时依据的标准是什么？有什么规律？等等，这些问题涉及下面几个重要的概念：需要、欲望和需求；产品；价值、感知价值和顾客满意。

1. 需要、欲望和需求

人们为什么要购买？源自需要。需要是客观刺激通过人体感官遗漏了人脑所引起的某种缺失状态。这种状态是一种生理或心理的匮乏感觉。客观刺激，既指人体外部的，也指人体内部的；可以是物质的，也可以是精神的；或兼而有之。例如，由于寒冷，而使人对"温暖"的需求状态；看到邻居购买汽车，自己在心理上产生的对汽车的渴求状态等。需要包括对食物衣服房屋和安全的物质需要，对归属爱仁义的社会需要，以及对尊重和自我实现的个人需要。

人有很多需要，它们并不都是通过购买来满足的。当一种需要物化到某种可满足这种需要的实物或服务项目上时，需要就变成了欲望。欲望是指想得到某种需要的具体满足物的愿望，它是用可满足需要的实物来描述的。欲望一旦有购买力做后盾，人们便会去搜寻并选择一些产品，这时，欲望就又变成了对某种产品的需求。需求是指有能力购买，并愿意购买某种产品的欲望。

优秀的企业都不遗余力地去了解并弄懂购买者的需要、欲望和需求。它们开展有关消费者好恶的市场调查，分析有关顾客问讯、保修和服务方面的数据。它们还观察使用本企业和竞争对手产品的顾客，并训练销售人员随时注意未得到满足的顾客的需要。人的需要是人类固有的特质，某些需要可以通过产品来得到满足。企业要研究人们需要的发展和变化，进而研究人们欲望的提升和转移，再通过提供富有吸引力的、能给人们带来满足的产品来影响和激发人们的欲望，使人们对本企业的产品产生持久而强烈的需求并购买之。

2. 产品

产品是指企业提供给市场，供使用和消费的、可满足某种需要和欲望的东西。产品的概念并仅不限于实物，还可以是服务、场所、思想、主意等。整体的产品概念有三个层次：①核心层。是指向购买者提供的基本效用或利益。这是人们购买产品的根本原因。②形式层。是指产品的外观，即产品出现于市场时，可以为顾客识别的面貌。市场营销将形式产品归结为五个标志，即品质、特征、式样、品牌、包装。即使是纯粹的服务产品，也具有相类似的形式上的特征。③延伸层。是指顾客购买产品时所能得到的附加服务和附加利益。如运送、安装、售后服务、保证、使用培训、产品及使用说明书等。

3. 顾客价值、感知价值和顾客满意

企业要想使潜在购买者购买自己的产品，必须使产品符合购买者的需求。但是"符合需求"这种说法是很笼统的，无法用以指导实践，因为购买者的需求很复杂并不断变化。我们应该用一种新的思路、新的理论来进行思考和行动。

顾客选择产品的依据是什么呢？是价值，是他们对各种产品所提供的价值的理解。我们这里所说的价值，并不是马克思的"商品价值论"中由生产商品的社会必要劳动时间所决定的价值，而是一种顾客价值（customer value），或者叫顾客让渡价值（customer delivered value）。所谓顾客价值，是指顾客从拥有和使用某种产品中获得的总价值与为取得该产品所付出的总成本之差额。顾客总价值是指顾客购买某一产品所期望获得的一组利益，它包括产品价值、服务价值、人员价值和形象价值等。顾客总成本是指顾客为购买某一种产品所耗费的时间、精神、体力以及所支付的货币资金等，它包括时间成本、精神成本、体力成本和货币成本等。但是，购买者，特别是作为普通老百姓的消费者，并不能很精确地分析和计算出某种产品的总价值和总成本，他们往往是根据自己的感知价值来进行判断和选择。感知价值是一个人对产品价值的心理感受，是一种主观评价。一般来说，顾客价值越大，感知价值就越大。

顾客满意取决于顾客所理解的效用与其期望进行的比较。如果产品的效用低于期望，他们便不会感到满意；如果效用符合期望，他们便会感到满意；如果效用超过期望，他们便会感到十分惊喜。

满意的顾客是最好的广告。如果顾客购买并使用某产品后是满意的，那么就会继续购买这种产品，并说这种产品的好话，影响别的顾客也来购买；相反，如果顾客不满意，那么就不会购买这种产品，并说这种产品的坏话，影响别的顾客也不来购买这种产品。对于企业来说，关键的问题是使顾客的期望与企业的活动相匹配。例如，为了使顾客惊喜，企业对其产品作出某种程度的许诺，但实际提供的产品的效用大于许诺。

所以企业必须努力提高顾客价值，即提高顾客总价值，降低顾客总成本。要研究顾客在感知价值方面的规律，不但要使顾客总是处于满意状态，而且不时有惊喜出现。

三、市场营销观念

经营观念是企业经营活动的指导思想，它的核心问题是以什么为中心来开展企业的生产经营活动。经营观念正确与否，对企业经营的成败具有决定性的意义。企业经营活动的指导思想是随着市场经济的发展而逐步发展的，在一定程度上反映了市场经济发展的规律性要求。从西方发达国家来看，经营观念的演变大致经历了生产观念、产品观念、推销观念、市场营销观念和社会营销观念等阶段。

1. 生产观念

生产观念盛行于 20 世纪初的前 30 年，是指导生产者的最古老的观念。企业奉行"我能生产什么，就卖什么"的指导思想，企业的一切活动以生产为中心，围绕生产来安排一切业务。

生产观念是在社会产品供不应求（卖方市场）条件下产生的。由于产品供不应求，销售不成问题，因而企业的主要任务就是努力提高生产效率，增加产量，降低成本，生产出让消费者买得到和买得起的产品。例如，在"二战"后的一段时间内，由于物资短缺，许多产品供不应求，因此生产观念在企业管理中颇为流行。当时，美国的汽车大王福特曾傲慢地宣称："不管消费者需要什么颜色的汽车，我们的汽车就是黑色的。"福特汽车公司开发生产的 T 型车，省去了一切多余的功能，完全是单一车型，单一颜色，后来又采用了流水作业生产，生产效率大幅度提高，成本大大下降，价格一再降低。1910 年，每辆 T 型车 950 美元，1924 年降到每辆 290 美元，创造了同一车型累计销售 1 500 万辆的世界纪录。当时的 T 型车是"从柜台上递给顾客的"，而不是"到处兜售"。福特汽车公司几乎挤垮了所有的竞争对手，成为美国最大的汽车公司。后来，别的汽车生产厂家相继推出了各种颜色的汽车，备受消费者的青睐，而福特汽车公司的黑色小汽车却少有人问津。

2. 产品观念

产品观念是从生产观念中派生出来的一种观念。产品观念建立在以企业产品为中心的基础之上。产品观念认为，只要产品质量上乘，具有其他产品所无法比拟的优点，就会受到消费者的欢迎，消费者也愿意多花钱去购买。我国的俗语："酒好不怕巷子深"，"一招鲜，吃遍天"等，都是产品观念的反映。这种观念，在市场经济不甚发达的时代有它的道理。但在现代经济中，卖方竞争激烈，没有一种产品能永远保持独占的地位，即使产品再好，没有适当的营销，通向市场的道路也不会是平坦的。产品观念是一种"营销近视症"，它过于重视产品本身，而忽视市场的真正需要。例如，有一制造文件柜的企业，宣布它所生产的文件柜可以从四楼高的地方摔下来而不会坏，但是想想看，有哪一个用户会把文件柜从高处摔下来呢？因此，如果不从消费者和用户的角度去发展产品，缺乏远见，只看见自己的产品质量好，看不见市场需求的变化，结果必然会陷入困境。

3. 销售观念

随着科学技术的进步，生产力的提高，产品的数量与花色品种开始大大增加，市场上的商品就会供过于求。1929 年爆发的经济危机给资本主义世界带来了沉重的打击，企业担心的是如何去扩大产品的销售而不是如何去扩大产品的生产。这样，销售观念开始逐步占据了主导地位。

销售观念认为消费者不会因自身的需求与愿望来主动地购买商品，而必然在强烈的销售刺激引导下才会采取购买行为。在销售观念的指导下，企业认为自己的主要任务是扩大销售，通过各种促销手段促使消费者购买。因此，企业注意运用广告、营业推广、推销术等来刺激消费者。

销售观念较生产观念不同的是：生产观念以抓生产为重点，通过增加产量，降低成本来获利；销售观念则以抓促销为重点，通过开拓市场、扩大销售来获利。从生产导向转变为销售导向是指导思想上的一大进步，但基本上仍然没有脱离以生产为中心。因此它只是着眼于现有产品的销售，只顾千方百计地把产品卖出去，至于售后顾客的感受和满意程度，则没有给予足够的重视。因此，在市场经济进一步发展，产品更加丰富的条件下，它就不适用了。

4. 市场营销观念

市场营销观念坚持这样一种信念：企业的一切计划与策略都应以顾客为中心，满足顾客的需求与愿望。在满足需要的基础上，创造更多的利润。因此，"顾客至上""顾客是上帝""顾客永远是正确的"等口号，成为现代企业家的座右铭。

市场营销观念的理论基础是"消费者主权论"，即决定生产何种产品的主权不在于生产者，也不在于政府，而在于消费者。在生产者和消费者的关系上，消费者是起支配作用的，生产者应当根据消费者的意愿和偏好来安排生产。

5. 社会营销观念

所谓社会营销观念，是指企业的营销活动不仅要满足消费者的需要并由此获得利润，而且要符合消费者自身和整个社会的长远利益，其任务在于把上述几个方面的利益协调起来，做到统筹兼顾。

社会营销观念产生于 20 世纪 70 年代。它的提出一方面是基于对单纯的市场营销观念的质疑，另一方面是基于对广泛兴起的"消费者运动"的反思。企业奉行单纯的市场营销观念，往往会忽视消费者个人需要与社会长远利益之间的潜在矛盾，造成资源浪费、环境污染等社会弊端，例如，"易拉罐"包装的软饮料，固然可以迎合人们求便利的需要，但却是一个很大的资源浪费，而且也是造成环境脏乱的一个原因。又如，农药虽然可以帮助人们消灭害虫，但也污染了河川，杀死了益虫、鱼类等，破坏了生态平衡。在这种背景下，西方学者提出了社会营销观念，强调企业在做市场营销决策时，要将企业利益、消费者利益和社会利益三方面统一起来。

毫无疑问，市场营销学所倡导的经营指导思想正是市场营销观念和社会市场营销观念。这两种观念最核心的东西是什么呢？是以市场为中心，以购买者为中心。哪个企业如果能够紧盯市场需求及其发展变化，不断从中发现商机，并通过正确而有效的市场营销战略和策略，来很好地满足甚至引导市场需求，那么，这个企业就极有可能取得成功。

第三节　市场营销的步骤和内容

通过上一节的内容，我们知道市场营销是要解决企业的销售问题，为企业产品打开市场。这不是一件容易的事情，需要做很多事情，并要按一定的步骤进行。

一般来讲，市场营销有 4 大步骤和内容：①研究市场营销环境；②制定营销战略；③制定营销策略并形成计划；④执行营销计划。这 4 大步骤和内容是全书的总纲，其每一部分更详细的内容将在以后各章分别论述。本节先进行概括性的介绍，以便学习者把握市场营销的整体框架，做到纵观全局，高屋建瓴。

一、研究市场营销环境

企业的市场营销活动是在一定的环境中进行的，并受到环境中某些变化因素的影响。市场营销环境是指影响企业市场营销活动开展和活动效果的所有因素的总和。企业的市场营销活动是一个开放的管理系统，它与企业内部和外部的各个方面有着千丝万缕的联系，并不断与之发生物质、能量和信息的转换，因而必然受到市场营销环境的影响。

1. 市场营销环境的内容

企业的市场营销环境因素分为两类，一是微观环境，二是宏观环境。微观环境即影响企业市场营销活动的市场（即购买者、顾客、客户）、竞争者和中间商等因素。微观环境的变化对企业营销活动的影响比较直接和明显，它可能会给企业带来直接的市场机会或威胁，并影响着企业的营销决策，因而也叫直接环境。如市场对 A 产品的需求减少了，对 B 产品的需求增加了，企业就需要调整产品组合，减少甚至停止 A 产品的生产，增加 B 产品的产量。竞争者降价了，企业必须采取措施来应对。中间商要求企业提供更多的供货折扣，企业就不能对中间商的这种诉求不管不问。

与微观环境对应，宏观环境包括人口、自然、经济、科技、政治法律和社会文化等方面的因素。对企业来说，宏观环境因素是社会力量，它对企业营销活动的影响往往是间接的，因而也叫间接环境。也就是说，当宏观环境因素发生变化时，大多是先造成市场或竞争者的相应变化，而市场或竞争者的变化，会压迫企业采取适应性措施，以此来影响企业的营销活动。

2. 市场营销环境对企业的意义

市场是影响企业市场营销活动最直接的基础性环境因素，也是最重要的因素。企业营销战略和策略的做出及改变，最主要是根据市场情况而进行的。竞争者是影响企业市场营销活动的第二位因素，中间商处第三位。

在上述三个营销因素中，市场和竞争者是企业不可控因素，企业在绝大部分情况下，只能适应它的变化。在某些情况下，企业可以通过广告、宣传等手段对市场和竞争者施加一定程度的影响。中间商既是微观环境因素，又是企业用来打开市场时要利用的重要力量，因而，它既有不可控的一面，也有可控的一面。例如，市场上有 100 个经销某种产品的中间商，企业只用了其中的 10 个，那么，企业对中间商只有 10% 的可控性。另外，企业和所依靠的中间商是相互合作、相互利用的关系，这就决定了企业并不能够完全控制和左右中间商的行为。

企业的市场营销环境是不断变化的，环境中某一因素的变化一方面会给企业的市场营销活动造成有利的机遇，即市场机会，另一方面也可能给企业带来不利的影响，即环境威胁。还有第三种影响叫环境压力，即环境中的某种变化，既谈不上是机会，也谈不上是威胁，但是要求企业必须做出改变以适应之。这第三种影响实际上就是我们常说的"既是机遇又是挑战""既是机会又是威胁"。市场营销环境对企业市场营销活动的意义，如图 1-3 所示。

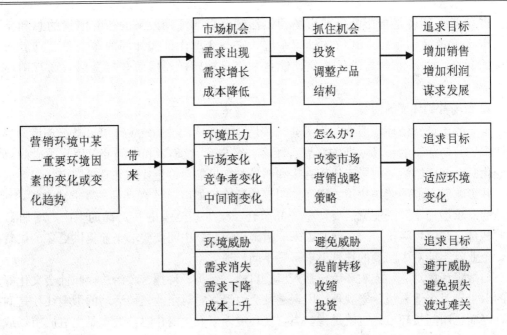

图 1-3　市场营销环境对企业的意义

3. 研究市场营销环境的目的

市场营销环境研究是整个市场营销活动的基础。其主要有两方面的目的，一是发现并甄别、评价市场机会，二是为制定市场营销战略和策略服务。

（1）发现并甄别、评价市场机会。由于市场需求的不断变化，加上竞争的驱动和科技的不断发展，任何产品都有其生命周期，因此没有一个企业能永远依靠其现有产品和市场过日子，所以每一个企业都必须采取种种办法，经常寻找、发现和识别新的市场机会。有人说："市场营销往往是从一个市场机会开始的。"这句话不无道理，因为市场营销实际上就是企业瞄准一两个机会，采取相应的市场营销战略和策略，扩大市场和销售的过程。

所谓市场机会，实际上就是我们常说的商机，它可能给企业带来扩大市场和增加利润的机会，因此值得企业采取一定的行动来利用之。市场机会总是表现为未被满足的需求，或表现为对某种已有或正在开发产品的旺盛需求。还有，从竞争的角度看，市场机会也可能表现为竞争者提供的该种产品数量不足，或现有产品存在缺陷，或竞争者的经营水平较低，存在有机可乘的漏洞。

另外，还要提醒大家注意，市场机会并不等于企业机会。市场机会是广泛存在的，而真正属于某一企业的机会并不一定很多，因为这要受到企业自身的目标和资源能力条件等方面的限制。

对市场机会的发现，有时极富戏剧性，但更多的时候应该是不断积累信息并做深入细致分析的结果。

案例

南方某藤器制品厂厂长朱某无意中从一本外国杂志上看到一幅照片，画面是四方形的编织篮里铺着垫单和被子，一只狗在里面睡觉。在一般人来看，这只是"趣闻"而已，而朱厂长却用"市场眼光"阅读信息，并结合自己的厂情作了深入调查。之后，他组织人员设计和编织了狗床猫窝。一个外商看了该厂生产的狗床猫窝，赞不绝口，与该厂签订了价值20多万美元的狗床猫窝订单。

（2）为制定战略和策略服务。市场机会的发现，只是决定了企业需要对什么产品、市场进行投资和采取行动的问题。那么接下来，怎样利用机会做相应的市场，怎样行动，这就是一个制定战略、策略和行动方案的问题了。而要正确地制定这些战略、策略和行动方案，企业就必须通过大量的市场营销环境研究，弄清楚以下一些问题：谁购买这些产品？他们为什么购买或为什么不购买？他们要买什么？他们愿意花多少钱？顾客在何处？需要什么样的销售渠道（即中间商）？谁是竞争对手？等等。

另外，我们前面也讲了，企业的市场营销环境是不断变化的，而变化了的环境会对企业形成一种压力，要求企业做出战略或策略方面的改变。所以，企业要设立环境预警系统，加强对环境因素变化趋势的分析和研究，及时发现和预测会对企业营销活动产生重要影响的环境变化因素，并通过制定和实施新的营销战略与策略来适应之，以保持企业与外部环境的动态平衡，使企业充满生机和活力。

4. 市场营销环境的研究内容

明确了市场营销环境研究的目的，那么研究内容有哪些呢？本书将先介绍消费者市场和组织市场的一些知识，了解这两大市场上的产品类型和市场特点，了解顾客是怎样做出购买决定的。然后，再介绍影响企业市场营销的竞争者因素、中间商因素和宏观环境因素。接着，介绍一些市场研究的分析方法和理论。最后，介绍如何建立市场营销信息系统和进行市场调研与预测。上述这些内容我们会在第二篇里用6章的篇幅做详细的介绍。

二、制定市场营销战略

市场营销战略是企业关于市场营销方向和目标的决策，它主要回答四个方面的问题：我们在市场的哪个位置①上做？怎样在这个位置上做到第一名，至少要做得非常出色？怎样把产品做到消费者心里？要实现的目标是什么？相应地，我们要讲四节的内容，即位置定位、特色定位、心理定位和确定市场营销目标。

位置定位是企业最重要的市场营销战略。原因有三：①市场之大对应企业之小。前面我们曾提到，当今企业所面对的市场具有复杂性、多变性和竞争激烈性的特点，这些特点在现实中表现为市场的地理范围不断扩大，市场的层次越来越多，需求差异越来越大，需求变化越来越快，参与竞争的企业越来越多，竞争者的生产能力不断增强。所有这些我们

---

① 这里的位置具有特定的内涵。它包括企业所选择的产品位置和市场位置（详见第六章）。产品位置就是企业所做的产品类别或品种，市场位置就是企业拟进入的、打算为之服务的顾客（客户）群。

用 4 个字来概括的话，那就是"市场之大"。而在这样的大市场面前，因为受到种种因素的限制，即使是大型跨国集团恐怕也无力做到独霸市场，满足市场上所有人的需求。所以，在茫茫的大市场面前，每一个企业都是小的。每一个企业都必须研究市场，并正确评估自己的经营目标和资源能力条件，量力而行，选择适合自己能力的位置。这个位置所涉及的范围不能过大，也不能过小。②在需求复杂、多变的今天，企业必须明确自己所处的具体位置，才能有针对性地开展市场营销活动，从而更好地为市场服务，并占据市场。③还要考虑竞争的问题，在许多时候，竞争对手肯定都是各归其位，所以，企业在竞争中，必须看清竞争对手所处的位置，摆正自己的位置，使自己在竞争中处于有利的、从容的位置。企业应做到要么针对竞争对手的弱点，针锋相对；要么避强就弱，夺取侧翼位置；要么填空补缺，进入竞争对手没有注意到的位置；要么独辟蹊径，发扬创新精神，独创一个崭新的位置。

 案例

为了占领口香糖市场，广东箭牌用十多年时间只做这一个品种，投入了巨大的财力、物力。这种傻瓜式的做法在最初的几年承受了巨大的压力，甚至成了某些本土企业讥笑的话题。如今广州箭牌口香糖有限公司每年以几十亿元的销量稳摘中国糖果市场第一的桂冠。

在选定的位置上，企业要研究产品的有关问题，研究市场的需求和竞争对手的情况，有针对性地创造与众不同的特色，努力给顾客带来特别的需求满足，形成自己的差异化优势，从而更好地适应需求，适应竞争，努力夺取该位置上第一名的地位，或至少是优势地位。

完成了经营位置的选择，并使自己的产品成功地实现了差异化。之后，企业还需要针对潜在顾客的心理采取行动，做好心理定位。即企业要将自己产品的独特性，以某种鲜明的概念、形象、理念、情感、感性、联想、诉求或产品特性，来占据消费者的心智空间，把这些心理性的东西，通过高妙的传播技巧植入消费者的心中，从而在消费者心中形成高强度的认知印象。

 案例

感冒是一种常见病，市场上的感冒药品牌也非常多，竞争十分激烈。"白加黑"感冒药除了具有治感冒的基本功用外，还有"白天吃白片不瞌睡，晚上吃黑片睡得香"的特点。这个独特性通过上面这句家喻户晓的广告语，深深地植入人们的心中，给人们留下了很深的印象。

凡是成功的组织或个人，几乎都是目标明确的，企业的市场营销活动更是如此。市场营销目标一般包括销售目标和成长性目标两类。销售目标有销售量、销售额、市场占有率、销售利润率等指标；成长性目标有提升品牌知名度、提高新产品开发能力、提高促销效果等。

三、制定市场营销策略[①]

企业的营销当局在制定了营销战略以后，怎样将营销战略落实到具体的行动中，怎样开展具体的营销活动，以吸引到更多的顾客，竞争取胜，实现营销目标呢？这就是一个营销策略的问题。市场营销策略的核心内容是市场营销组合。

市场营销组合是企业为获得市场期望的反应而设计的一套营销方案，这套方案是通过对企业可控的各种营销因素加以最佳组合和应用，使之协调配合而形成的。营销因素包括企业为影响市场对其产品的需求，而采取的一切措施。这些措施很多，可以分为四类，即"4PS"：产品（Product）、价格（Price）、分销渠道（Place）和促销（Promotion）。图1-4展现了每个"P"包含的具体营销措施。

营销组合是企业用来满足市场需求，从中实现其营销目标的工具。是企业提高竞争能力和应变能力，适应环境的重要手段，是参与竞争的武器，是企业实现战略决策的具体措施。它还可使企业内部各部门紧密配合，分工协作，成为协调的整体营销系统。所以市场营销组合是现代营销学的主要概念之一。企业营销当局正确安排营销组合对营销的成败至关重要。

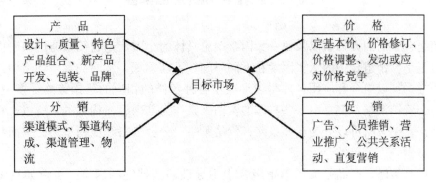

图1-4　市场营销组合图

营销组合中的4大营销因素属于企业可以控制的因素，即企业根据目标市场的需要，自行决定生产什么样的产品，确定产品价格，选择分销渠道（地点）和促销方法等。但是，企业在做出营销组合决策时并不是随心所欲的，因为企业在营销过程中，不但要受本身资源和目标的制约，而且还要受各种微观和宏观环境因素的影响和制约，这些是企业的不可控因素。企业市场营销管理当局的工作任务就是适当安排营销组合，使之与不可控制的环境因素相适应，这是企业营销管理能否成功，企业能否生存和发展的关键。这一理论

---

① 大部分的市场营销学教科书并不严格区分"战略"和"策略"这两个词，这样给很多人，特别是给市场营销学的初学者带来了很多概念和思想上的混乱，让人觉得市场营销中到处都是战略和策略，充满着策划和计谋。人们弄不清哪一管理层次该负责制定什么样的决策；某一项决策该哪一级、哪些人去完成；更弄不清营销工作中什么是主、什么是次。实际上，严格说来，"策略"一词比"战略"所指的范围小，期限短，它是对事物发展某一段时间，或某个局部领域，甚至只是在对某件事情如何处理的问题上的一种谋划。就整个事物发展来说，策略不具有全局性和方向性，在更多的时候，它是一种具体的方式、方法，是一种战术。用军事术语来比方就是：战略是如何赢得一场战争或战役的概念，而策略是如何赢得一个战斗的概念。

被人称为"企业市场营销管理的核心理论"，由此，形成了企业市场营销管理的理论架构（见图1-5）。

图1-5　市场营销管理的理论架构图

营销组合中的四大因素以及每一大因素中更具体的小因素是营销策略的核心内容，也就是说，正是营销组合中的众多因素在不同时间，不同领域，不同的竞争环境中，以不同的方法、方式加以组合和应用，才得以形成了各种各样的相应的营销策略。换一种说法，就是每一个营销策略，都是由一些具体的营销因素作为其内容而构成的。所以，我们按照内容分类，营销策略可以分为产品策略、价格策略、分销策略和促销策略。下面我们就对这4大策略做一个简单的介绍。

（1）产品策略。产品是市场营销组合中主导性、基础性的因素。企业如果没有合格的、能够满足顾客需求的产品，那么占领市场实际上就是一句空话。任何企业的营销策略都是首先从产品开始，然后才有定价、销售渠道、促销等方面的决策。所以产品策略是企业市场营销组合中最重要的策略。它包括产品的设计、质量和特色策略、产品组合策略、新产品开发策略、包装策略和品牌策略等。

（2）价格策略。价格是买卖双方都很敏感的因素。例如，我们去买衣服，当我们看中了某件衣服的款式、面料、颜色、做工以后，我们马上就问，这件衣服多少钱。如果可以讨价还价的话，接下来就进入还价阶段。一件衣服，价格上贵10块钱，买主的钱夹里就少了10块钱。相反，如果便宜10块钱，卖主就少收入10块钱。所以价格的高低直接影响着买卖双方的利益，以至于人们不能不对价格敏感。正因为此，企业便会在价格上做文章。例如，降价，就能吸引人们踊跃购买，所以价格历来都是4PS中的重要策略。价格策略要解决这样几个问题：给企业的某一种产品定出基本价，并根据环境情况的变化对原先的价格做出调整，发动或对付价格竞争等。

（3）销售渠道策略。销售渠道实际上解决的是企业生产出来产品以后的销售地点问题。销售渠道是影响营销效果的直接因素，因为企业的产品生产出来以后，总要通过一定的销售渠道送到消费者或用户的手中，所以销售渠道策略的正确与否直接关系到企业的市场营销效果和产品销量的大小。销售渠道有 3 种模式,一是直接渠道,即企业不经过任何中间商,自己派出推销人员,将产品卖给最终的客户。二是自营渠道,即企业自设销售公司、办事处,充当批发环节的职能,或自设零售店销售。三是间接渠道,即企业通过中间商来销售自己的产品。中间商有许多类型,如批发商、零售商、代理商等。销售渠道策略要解决许多问题,诸如是用直接渠道、自营渠道还是间接渠道?如果用间接渠道的话,怎样选择中间商?制定怎样的对中间商政策?怎样处理和解决与中间商之间的矛盾?等等。

(4) 促销策略。促销是营销的促进因素。绝大部分的产品都需要促销,"促"了才能卖得快,卖得多。有的产品,如果不"促"甚至根本就卖不出去。常见的促销手段有广告、人员推销、宣传以及各种鼓励人们购买的短期刺激(营业推广)等。知道并记住这些促销方法很容易,难的是不同的产品,在不同的情况下,应该如何具体应用这些手段,制定详细的促销方案,从而达到预期的促销效果,并尽量控制促销费用。

最后,我们来谈谈竞争策略。如果说竞争战略是谋"势"的话,竞争策略就是谋"术",它是竞争的战术问题。竞争策略的重点是进攻策略和防御策略,而企业用什么手段来进攻或防御呢?用 4PS。所以,市场营销组合是企业参与竞争的武器,是竞争策略的核心内容。当然,光有这些核心内容是不够的,还需要对这些手段进行很好的组合、运用,以实现竞争的目的。

 案例

某酿造厂元旦、春节期间的营销策略方案

总体指导思想:以推新品,促形象提升,促品牌忠诚,促整体销量。具体的营销计划是:

(1) 产品:从元月 1 日始推出新品草菇酱油和黑米醋,替代旧品。

(2) 价格:甲级 1 元,乙级 0.7 元。

(3) 渠道:①对本市市区市场,取消经销商层次,企业直接送货到各终端;②增加对食品连锁店的覆盖;③给县、乡镇市场上的中间商以更多的折扣或其他利益,以激发他们的积极性;④直接给超市或连锁店的店员某种利益以促销;⑤对各类饭店进行直销。

(4) 促销:①在当地主流报纸上刊登关于本企业的新闻报道,宣传企业的新产品;②在当地电视台做为期一个半月的广告,要选择合适的栏目和播出时段,做好广告创意设计;③3 000 份宣传单;④200 张日历画;⑤宣传横幅;⑥厂家宣传车;⑦促销期内,免费发放小袋品尝促销品;⑧职工利用亲朋好友关系,每人推销两大袋;⑨要求业务员每人再开发几个新零售点;⑩在县、乡镇及农村市场上,围绕"健康主题"搞一些健康宣传活动,如印发 3 000 份包含有本企业品牌标志和产品介绍的健康宣传小册子,利用农村广播进行宣传等。

四、执行营销计划

营销过程的最后一个环节是组织营销资源,执行和控制营销计划。将企业市场研究的结果和基于市场研究所制定的市场营销战略和策略,制作成一个具体的书面化文件,就是营销计划。营销计划的核心内容是市场营销的战略和策略,而战略和策略必须转化为具体的行动方案才有实际意义。公司必须设计一个能够有效实施营销计划的高效率的营销组织

系统，并合理配备各部门的经理和业务人员，规定他们各自的责任和权限。在小公司里，一个人可能要兼管营销调研、推销、广告、顾客服务等营销中的多项工作。在一些大公司里，会设置营销专业人员：产品和品牌经理、市场经理、销售经理、推销员、营销调研人员、广告人员和顾客服务人员等。

执行市场营销计划，一般的做法是：由营销副总经理将营销计划的各项工作和目标落实到营销的各个部门以后，再由各部门的经理牵头，领导本部门业务人员制定出本部门所负责工作的具体行动方案。例如，营销计划中有新产品开发的内容，那么，负责新产品开发的部门就要具体决定开发方法和步骤、负责人、参与人员、时间安排、资金预算、注意事项等。营销计划中有开展有奖销售活动的内容，那么，负责这部分工作的部门就应该拿出一套有奖销售的方案，方案要包括：此次活动何时开始、何时结束、活动规则、财务预算、奖品准备、兑奖办法、公证程序等。营销计划中有强化服务，提高服务水平的内容，那么有关服务部门就要制定出具体的措施，比如，服务时间延长、服务人员增加、开发新的服务项目、改变服务方式等。

在市场营销计划实施的过程中，可能会出现很多意想不到的问题，需要一个控制系统来保证营销目标的实现，即营销控制系统。营销控制包括年度计划控制、盈利控制和战略控制。通过这些控制系统可及时发现计划执行中存在的问题或计划本身的问题，诊断产生问题的原因，并及时反馈给有关的决策者和管理者，以采取适当的纠正措施。

营销计划的组织、实施和控制工作，实际上就是一个利用企业的资金、技术和人力资源来执行营销计划，实现营销目标的过程。其核心是管理者对"人"的管理问题。

总之，以上四大步骤就是企业营销管理的全过程。市场营销过程是企业营销管理活动一般应遵循的程序和步骤，也是营销管理的主要内容。

 章末案例

"爽" 牌冰淇淋　①

一、领受任务

冰淇淋是个小产品，却拥有一个大市场，因其利润丰厚，潜力惊人，引得无数资本竞折腰。打价格战，细分市场，开发新品，比广告赛口味，经过多年的激烈竞争，市场已经被几大巨头伊利、蒙牛、和路雪、雀巢等分割把持，剩下的小品牌寥寥可数，在夹缝中苟延残喘。

然而，就在 2002 年的冰淇淋行业，在 A 市有一个新品牌脱颖而出。它在全部营销预算只有 8 000 元的情况下，创造了在 6 个月的时间内启动 200 万人口的市场，完成销售额 500 万，区域市场占有率高达 40％ 的奇迹。这个品牌就是我们全程服务的 A 食品公司 "爽" 牌冰淇淋。

2002 年 3 月，朋友介绍，A 食品公司的王总来到笔者所在的营销公司寻求帮助。开门见山，王总直接将 A 食品公司的问题摆在了我们的面前。

A 食品公司是个小公司，只有三十多个生产工人，十个销售人员。经过几年的激烈竞

---
　① 资料来源：中国营销传播网，作者吴金河，编者有删改。

争，公司的发展越来越艰难。产品成本居高不下，售价低，形成了严重的价格倒挂，亏损厉害。产品品种杂乱，没有拳头产品，没有健全的销售通路，加上促销不力，没有知名度，利润低，走货困难，许多终端（指零售商）拒售公司产品，通路堵塞严重。由此形成了恶性循环，公司资金短缺，企业运作出现了困难局面，直至今天，公司账面上除了 5 万元的生产资金外，就只剩下 1 万元的流动资金。虽然公司仍然在坚持，但已经名存实亡，陷入了绝境。

消费旺季就要到了，可是该怎么来运作呢？没有资金，没有品牌，没有渠道……我们凭着年轻的激情和王总的期待与信任，开始了自己的无本营销之路。

二、一切从头来过

在 A 食品公司目前实力极弱的状况下，我们只能在强大的对手忽视的方面入手，重新切入市场。而重新切入市场，必须在短时间内塑造一个高知名度的品牌。没有传播费用，怎么办？唯一的免费传播途径，就是消费者的口碑。而要实现消费者传播就要求我们的产品能让消费者在最短的时间内产生认可。巡视 A 食品公司现有的产品与市场上竞品全无二样，缺乏独特的卖点。这就要求公司必须推新品，通过新品来传播品牌，打开市场。

1. 寻找反璞归真的差异化卖点，新品诞生

对于别的公司来说推出新品易如反掌，但对于 A 食品公司来说谈何容易。撇开新品独特的卖点先不说，仅在资金方面，推中档新品对于目前的 A 食品公司只能是天方夜谭，虽然早已经确定走低档路线，可 5 万元能推出什么新品呢？

低档产品虽然售价低，只有 0.5 元，但企业的生产成本是 0.2 元，通路费用至少 0.2 元，如果再算上企业的其他费用，就毫无利润可言，直接进入亏损。在生产原料中，鲜牛奶的价格最高，如果去掉不用，企业的利润就有保障了。但是不用牛奶，那不就成了 80 年代流行而现在早已消失的冰棍了吗？现在冰淇淋的口味已经变得异常丰富，成为一种重要的市场竞争手段，这种与潮流背道而驰的口味，消费者能接受吗？

我们在所做的市场调研中发现，曾有消费者反映，现在的冰淇淋越来越好吃，可在夏天也越来越不解渴，还油腻腻的。是啊，在炎炎夏日吃冰淇淋不就是为了解渴吗，可现在市场上的冰淇淋却越吃越渴。多年的竞争已经进入了误区，不但改变了消费者的消费观念和口味，也把企业自己导入了歧途，忘却了营销的目的就是满足消费者的原始需求，这种偏离，实际上创造了一个新的空白市场，成了新的机会所在。

经过分析我们还发现，冰淇淋不解渴、油腻，就是因为原料中奶油的存在，如果去掉它，我们的一切问题就迎刃而解了。这样的新品成本降低，功能明确单———解渴、凉爽，与市场竞品诉求点截然不同，形象个性鲜明。

2. 在给新品命名时，我们一气呵成

良好的开端是成功的一半，发现了市场的空白，找到了企业东山再起的机会，那种仿佛成功就在眼前的感觉太棒了，宛如在炎炎烈日下刚喝了一瓶冰镇汽水，爽极了！新品就顺理成章地被命名为"爽"了。

其实，"爽"就是我们新品的消费诉求点，就是要消费者在吃过产品后有一种爽的感觉。试想，在闷热的夏日，你吃过油腻的奶油冰淇淋能感觉爽吗？答案肯定是否定的。我们的新品就是要使消费者凉到底，能解渴而不感到油腻。

3. 目标消费者

冰淇淋的主流消费者是青少年，这也是几大巨头全力争夺的市场。"爽"的消费者却微有不同，因为爽是新瓶装旧酒，与 20 世纪 80 年代的冰棍是一样的，现在的 25～45 岁年龄段的人群对那时的冰棍仍留有美好的印象。我们对"爽"采取了与以前冰棍一样的包装，当这部分消费者看到"爽"时就会产生一种亲切感，勾起他们儿时美好的回忆。但在目前状况下以他们作为目标消费者是错误的，只能作为第二消费目标人群储备，因为他们现在大多事业有成，对冰淇淋消费很少，对于他们只能走怀旧路线，而这需要大量的传播宣传费用。我们只能望洋兴叹，舍此而顾彼，以青少年市场为第一目标。

虽然近几年人们的生活水平有了很大提高，但 A 市的消费水平仍然一般，尤其在非生活必需品上。中高档冰淇淋的市场主要是大学生和社会青年白领，而中小学生依然是不折不扣的中低档消费者。中小学生喜欢新鲜事物，兴趣转移快，口味不固定，虽然国内有很多品牌也瞄准了他们，一直在走平价这条路线，但产品口味上并没有什么创新，只是在包装和产品名称上做文章。如果这时我们突然以与众不同的口味，以标新立异的功能切入市场，效果定然不同，况且与其他产品相比，我们的产品功能是那么立竿见影，根本不用我们多做解释和宣传，消费者对产品的印象仍然深刻。

最后，为了让产品更有吸引性，我们针对中小学生喜欢甜食的特点，在产品配料中多加了食糖，更符合中小学生的口味。只有好的口味才能有好的口碑，这点对于缺粮少盐的我们尤为重要。

三、免费比利润重要

与其他新品上市不同，"爽"的上市没有铺天盖地的广告，没有大张旗鼓的公关活动，没有数量众多的销售人员。这主要是因为条件有限，但同时我们也非常清楚，这块市场是完全开放的，没有任何壁垒，谁都可以进入，第一个进入者就是第一品牌，所以我们的行动一定要快，要隐蔽，减少中间环节，渠道确定为"厂家→终端→消费者"的结构模式。

冰淇淋市场竞争非常激烈，由于我们是小企业的新品上市，好多终端对我们的新品并不抱什么信心和希望，所以直接铺货非常困难，即使货铺下去效果也难以保证。在这种情况下，我们决定用中小企业常用的"渠道倒立"方法来开发市场，我们直接从消费者做起，从学校做起，开发市场，拉动终端。

进入市场的途径有千百种，我们选择了一条捷径：免费。

1. 新品上市推广指导思想

A 市共六个行政区，学校众多，面积大，如果在市区全面上市仅靠十个销售人员简直就是天方夜谭。我们决定缩小范围，集中力量，一个区一个区地推广上市。于是便首先选择了位于最东面的区，然后再选位于最西面的区，一东一西，从两边向中间渗透，用市场地理位置来造势。每一次活动都力求费用最少，甚至零费用，而活动效果最好。在目标区域内，从地理位置上选择分布均匀，代表性比较强，有利于我们产品推广的二十家学校为重点突破口，巩固后，立即以它们为中心，以点带面，迅速向周边店铺扩散，以期能在短时间内形成强大的终端销售网络。

在选择终端时我们首先排除了各类商店和超市，进商店和超市对任何一个快速消费品来说都有着无穷的诱惑，我们也不例外。但我们的产品是低档产品，售价 0.5 元，利润仅在20％～30％之间，而进商店和超市的每年进场费是1万元，25％的扣点，再加上名目繁多的费用、节假日的低价促销，各种竞品的排斥，最后只能赔钱赚吆喝，没有丝毫的益处。所以在终端上我们只选择了杂货店、夫妻店、冷饮摊、社区小店等来销售产品。我们的这种选择也弥补了销售人员数量不足的劣势。

在各类学校中，我们重点在普通中学推广，因为这类学校学生的消费低，与我们产品路线一致，同时这类学校比起重点中学来管理不严，产品促销活动好进行。之所以不首选小学，是因为考虑到他们的身体一时难以适应我们的新品。

2. 促销准备

选定目标区域之后，我们对各个学校及周边零售终端进行了详细摸底调查并建立了档案，绘制了终端分布图。划分片区，分派任务到组到人。为了确保新品上市成功，我们又从其他部门抽调了二十人，分组有学校进行了"A食品公司新品爽冰淇淋上市，免费品尝"的宣传活动。同时在新品上市前，我们还进行了严格的集中培训。

3. 促销与铺货

免费品尝活动共进行了两天，一天一次，时间定在了学校中午放学时。为了增加活动的传播效果，每次免费品尝冰淇淋的数量限制在200根。这样一来，每一次都有很多同学无法品尝到免费的冰淇淋，而品尝到的同学则会把他对冰淇淋的感觉、口味等传播给其他同学，引起他们的兴趣，使其期盼第二次的免费活动。这样无形中就加深了他们对我们新品冰淇淋的印象，吃到我们冰淇淋后和他们想象中的那种感觉又相吻合。活动当时恰逢当地天气异常炎热，品过我们新品后，那种"爽"的感觉立刻传遍了全身，新品的鲜明个性被表现得淋漓尽致，新品的感觉与低价立刻征服了他们。

我们看到新品已经有了良好的市场反应，在第二天开展免费活动时告诉学生，从明天起，在学校周边的小店里都有我们的产品，并且价格是试销价，只卖0.3元，后天价格恢复0.5元的正常价。之所以这样定价，是因为消费者有买涨不买跌的习惯，我们充分利用这点，让消费者来购买我们的产品，冲击其他产品，让终端尽快树立对我们产品的信心。实际上这时，我们还没有向这些终端铺货，虽然这招很冒险，但我们当时对成功已经充满信心了。对于终端，我们并没有消极等待消费者来推动，而是对目标终端采取了欲擒故纵的策略，同时给了终端一个诱惑性非常大的促销措施。

第二天的免费品尝活动一结束，我们立即开始了终端铺货。根据我们的估计，第二天肯定会有很多学生来终端买我们的冰淇淋。因为天气预报说，第二天温度将创新高，天气更加闷热，而我们的产品在这时的切入已经成了学生们解渴的第一选择，其他冰淇淋的解渴效果与我们相比则相形见绌。所以我们估计一家小店一天200根是肯定不够的，断货是必然的，但我们决定一家就供200根，让市场断货，加大消费者和终端店主的需求，第三天再开始大规模供货。

对终端的诱惑性销售措施是，试销的200根冰淇淋销售所得归店里所有，但条件是售价只能是0.3元，否则一切免谈。面对送上门的财神，各终端大喜，纷纷表示全部接受并遵守，并表示作为第一品牌向消费者推荐。

果不其然，第二天，天气出奇地热，我们的冰淇淋成了市场抢手货，个个终端向我们打电话紧急订货。

新品上市一举成功，"爽"一炮打响。接下来，我们如法炮制，当我们才完成第二个目标区域的推广计划时，通过消费者的传播，新品已经成了全市的知名品牌了。剩下的任务只是销售人员对市场查缺补漏和补货了。

4. 活动费用预算

两次的活动费用一直在我们的控制之内，真正做到了少花钱多办事。详细费用清单如下：横幅 20 条 2 000 元，T 恤衫 40 件 400 元，促销用冰淇淋（成本价）5 600 元。共计 8 000 元。

四、简简单单做终端

我们深知，受现场人员、环境与宣传影响的购买者接近 60%，在二三线市场，这种影响就更为明显。面对各个品牌的终端拦截，想取得更多的发展也会较为困难。何况，各巨头价格战已经开打，开始向低档产品延伸。这种现象现在虽还未在我们身上表现出来，是因为终端现在正和我们的产品处于蜜月期，一旦过了蜜月期，他们对于产品的热情就会慢慢减下来。如果再考虑竞品的促销，他们极有可能移情别恋，而我们作为一家小企业，是没有足够的资源和他们做长久的竞争的。所以我们要未雨绸缪，强化终端占领。

虽然现在厂家为了争夺终端想尽花样，但对终端的吸引不外乎好的产品和销售策略。好的产品我们已经有了，我们必须拿出一个好的销售策略，来长久地笼络终端。我们发现在中低档次的冰淇淋销售中，厂家给终端的利润并不高，如 1.5 元的售价中，终端只得 0.3 元。我们决定用高返利给终端，我们的产品零售价是 0.5 元，我们给终端的利润是 0.3 元，这样一算，终端卖一根 1.5 元的产品和卖一根我们 0.5 元的产品利润一样，而我们的价位更低，更能走货。这样终端对销售我们产品的积极性大大提高，成为我们的最好的终端促销员，销量也节节上升。虽然我们的利润少了，但我们的销量上来了，我们的终端更稳固了。就这样，消费者与终端互动，一拉一推，形成合力，市场高速扩展，我们的成功就变得事半功倍了。

独木不成林，长久而言，单一产品撑不起一个企业的发展。我们借着"爽"的成功，一鼓作气，推出了同等价位的其他口味冰淇淋，大大丰富了产品线，形成了以"爽"为主打产品，以其他为策略产品和发展产品的格局。虽然后来市场上出现了和"爽"一样的产品，但远远不能和"爽"相提并论，我们的新产品已经稳稳占据了市场的领导地位。

学、做一体练习与实践

一、不定项选择题

1. 市场营销的最终目的是（　　）。
   A. 解决企业销售问题，打开市场　　　B. 把产品推销出去
   C. 研究市场，制定市场战略和策略　　D. 战胜竞争对手

2. 根据市场的定义，按照购买者的不同，我们可以对市场进行总体性分类，包括（　　）。
   A. 消费者市场　　　　　　　　　　　B. 政府市场

C. 生产者市场　　　　　　　　D. 买方市场

E. 事业机构市场

3. 顾客总价值包括（　　）。

A. 产品价值　　　　　　　　　B. 服务价值

C. 品牌价值　　　　　　　　　D. 形象价值

E. 人员价值

4. 市场营销组合中包括的营销因素有（　　）。

A. 产品　　　　　　　　　　　B. 定位

C. 销售渠道　　　　　　　　　D. 促销

E. 价格

二、名词解释

1. 市场营销；

2. 市场；

3. 市场营销观念；

4. 市场营销环境；

5. 市场营销战略；

6. 市场营销组合。

三、判断正误题

1. 市场营销是解决企业销售问题，为企业打开市场所做的努力。

2. 市场营销和推销是一回事。

3. 购买者组成市场。

4. 市场营销战略包括市场营销策略。

5. 市场营销是企业管理工作的核心。

四、简答题

1. 市场营销观念与生产观念、产品观念及销售观念最大的区别是什么？

2. 简述市场营销的步骤和内容。

3. 简述市场营销战略包括的内容。

4. 为什么说位置选择是企业最重要的市场营销战略？

五、案例分析题

1. 阅读章首案例《美国家庭仓库公司》，美国家庭仓库公司的经营活动体现了本章中的什么观点？它为什么能取得成功？

2. 阅读章末案例《"爽"牌冰淇淋》，说明"爽"牌冰淇淋的做法如何体现了市场营销管理的过程和内容。

六、讨论思考题

1. 谈谈你对市场营销的认识和理解。

2. 学习市场营销理论对创业有哪些帮助？

七、概念应用题

1. 找一家你认为最好的企业（可以是工业企业、商业企业、服务性企业等；可以是大企业、大商场，也可以是小企业、小商店、小服务店等）到该企业去做一番仔细的观察和了解，搜集该企业的信息并总结出它在哪些方面、哪些做法符合我们本章所讲的哪些内容。

2. 找一家你认为最差的企业，到该企业去做一些调研，搜集该企业的信息并总结出它在哪些方面、哪些做法违背了我们本章所讲的哪些内容。

第二篇　研究市场营销环境

篇首语：

　　企业是环境的产物，企业开展营销活动必然受到营销环境的影响。

　　在本篇里我们将重点介绍关于消费者市场、组织市场的知识，介绍一些研究市场的方法。

　　为了实现研究市场营销环境的目的，我们的目光不应仅仅局限于市场，我们还要把视野瞄向竞争者、中间商、宏观营销环境和企业自身的优势、劣势研究。

第二章　消费者市场

章首案例

中国"80后"消费调查 ①

20世纪80年代出生，目前年龄在20至30岁之间的年轻一代被称为"80后"，总数有2亿多人。从市场营销的人口世代划分理论来说，这个群体被称为新新人类或N一代（Neo—Generation），他们多为独生子女，成长于4—2—1的家庭。他们并不拥有财富，只不过是纯消费者，出手之间却吸引着数以万计厂商的注意力。"80后"一代经历了市场经济、全球化、互联网进程的洗礼，消费观念、消费行为呈现出与其父辈迥然不同的特征，对社会消费结构的影响越来越大。

■ 追求物质享受——玩要高档，穿要名牌，吃要美味

1984年出生的苏畅兴奋地摆弄着他新买的索尼PSP掌机，"能玩游戏，还能看电影、听歌、看小说，真酷"。在苏畅身上总能找到最新的流行元素：手里是新款商务手机，口袋里塞着ipod播放器，数码相机500万像素，IBM笔记本电脑无线上网。苏畅每天网上冲浪超过10小时，经常在网上买书、光碟、数码产品，闲时喜欢呼朋唤友去卡拉OK，假期会在网上寻找"驴（旅）友"共同出游。

像苏畅这样的"80后"，是时尚、个性的一代。传媒高度发达、信息高速流通、各种时尚元素充斥，营造了"时下最流行"的消费理念。他们对新生事物接受能力强，喜欢追随时尚、新鲜、前沿的消费潮流，看重产品的夸耀性、符号性，许多产品的本身核心功能反而成了次要因素。对他们来说，手机不仅仅是通讯工具，而是时尚的炫耀品。他们关注并第一时间拥有最新的电子产品。

"80后"具有强烈的"享受生活"的意念。以前的人看重"物质化消费"，钱主要用于置办"家庭资产"，大到住房，小到冰箱、彩电等，而"80后"则强调"感官型消费"，买CD、上网、互动游戏、旅游、聚会、健身等。他们容易受到奢侈消费品的吸引，品牌意识鲜明，电脑、MP3、数码相机等电子数码类产品成为必需品，日常娱乐消费及旅游消费比重增加。他们中相当一部分人讲究排场，互相攀比，吃要美味，穿要名牌，玩要高档。

随着消费观念的转变，大学生消费类型也已逐步由"生存型"向"享受与发展型"转变。新生代市场监测机构2005年所做的"21世纪中国大学生消费与生活形态研究报告"表明，一些高端消费品正越来越多地进入大学生消费图谱，60%的人拥有手机，27%的人拥有个人电脑，20%的人拥有PDA，12%的人拥有MP3，7%的人拥有数码相机，"阿迪

---

① 本案例由编者根据有关资料编写而成，资料源自《中国经营报》、新华网、《市场报》等。

达斯""耐克"在大学生市场的份额均超过了 10%。

根据某机构的调查,"80 后"群体平时最乐意消费的五个项目分别是:服装、电子产品、娱乐消费、创意产品和动漫商品。而对于"近期你最想拥有的一件消费品"这个问题,有差不多半数的"80 后",选择了手机、数码相机、MP3、笔记本电脑以及 PSP 之类的电子产品。

■ 消费心理——追求时尚、个性、自我,乐于消费

对于"你最看中产品的哪些元素"这个问题,我们的调查中,有超过四成的"80 后"把"时尚元素"列为首选。同样的调查结果也出现在零点公司对"80 后"群体的调查中。根据零点的调查,"80 后"群体乐于购物的特征居于所有人群之首,他们对时尚的追求远远超过上几代人。

北京零点指标信息咨询公司媒体公关经理张贤说:"职场新人和现在在校学生群体,在追求时尚上是最突出的两个群体,职场新人的得分为 38 分,学生群体是 28 分,都是最高的。"

"80 后"对电子产品时尚需求的渴望,促进了这些产品的时尚化,加快了产品的更新换代。张贤说:"原来好像时尚产品只是时装服饰一类,每年都有这个、那个时装发布会。实际上,现在你可以看到,手机也会推出非常多的新款式,还有新功能,也就是说数码产品本身也非常具有时尚产品的特点。"

"80 后"从小处于家庭核心,形成了独立、自我的个性,不满足于标准化、模式化。他们有独立的思考方式和价值观,追求个性、与众不同。他们标榜"我就喜欢",崇尚"我有我风格""我的地盘我作主",喜欢个性化、独一无二的产品。

要与"80 后"沟通,便要够"酷",够"爽",够"潮",所以沟通题目应中西合璧,好玩一点。要知道他们爱参与,爱体验,爱口口相传。

从心态上来看,"80 后"更喜欢尝试新的品牌,意味着品牌过去的历史未必帮助提高忠诚度。"80 后"更重视自己的工作前途而相对会少花些时间与家人在一起。即代表他们以"个人"为重。因此"80 后"亦重视对于外表的吸引力的自我感觉良好,所以很留意潮流趋向,而且会为遇上新颖及奇特的东西而兴奋。

■ 媒体接触习惯

为买一台笔记本电脑,中国人民大学二年级的小松折腾了一个多礼拜。中关村的海龙大厦、鼎好电脑城不得不逛,不过小松乐而不疲的是网络搜索,贴吧里买家的点滴言论影响着小松的判断。

"品牌、价格、配置"这些都是小松的考虑,几天的网络"海选",不时通过 QQ 和短信向买过笔记本电脑的同学咨询。尽管筛选过程漫长,但小松却很满意,"买电脑嘛,当然得自己左挑右选。"

这是一个"80 后"在消费时的典型例子。他们在海量广告的浸泡中长大,遭受产品和各式信息的缠绕,但是,他们更相信自己的感觉和判断,同时,也擅长用搜索工具寻找答案。

网络已经成为"80 后"生活中不可或缺的组成部分。他们将大量精力、金钱投入网络,QQ、MSN 是日常沟通方式,网上购物日渐成为主要购物方式。

"80后"看电视的时间远少于一般人群,覆盖率不高。但在线机会几乎是27~36岁黄金消费群的两倍。电影院也较27~36岁多出一倍,但覆盖率几乎是在线的十分之一。"80后"看杂志的概率较高,特别是自己喜好的题材,但覆盖率不高,整体来说,"80后"看报纸时间较少(这亦是全球这个年纪的现象)。

"80后"极易受他人(特别是偶像或意见领袖)影响,因此建立一个同类社群,大家有共同兴趣及目的,通过口碑传播,最为有效。如能用上刘翔或姚明,专门设计推出电脑及在线游戏,把品牌及产品巧妙混入其中,让参与者可与偶像一起跨越障碍或打篮球,最为有效。

"80后"对高科技产品及新事物的兴趣、接受度都异常高,所以在传播方面,可多用通讯或影音技术的载体把流行文化传送给他们,因此Podcast、动感地带等都正中下怀。

■ 品牌消费习惯

然而,抓住"80后"的心并非易事。他们对多数产品的品牌忠实度不高,习惯将各种品牌换来换去,这另一个角度说明"80后"接受新品牌的能力强,对厂商来说,这正是培养品牌忠诚度的最佳阶段。并且,一旦让"80后"喜欢上了某个品牌,他们会对该品牌喜欢得不得了。

"你要找到'80后'的特征元素,让你的品牌与他们产生概念对接。"在正邦品牌识别机构董事长陈丹看来,"80后"是非理性、非秩序的感性群体,有着属于群体的远离传统的语言。

企业要做"80后"的营销,应从品牌的表诉、产品本身的结构开始。"美特斯邦威是什么意思呢?"陈丹说,"名字本身没有任何含义,但是却有一种感觉,这种感觉为'80后'所喜爱。并且,其英文与汉语的音能对接上"。

"对'80后'的营销,要打破一切常规,反平时的规律。"陈丹建议,品牌名称可以从新诞生于"80后"的名词中去寻找(酷、玩家、PK、886等),也可以考虑英文的引入,趋势是数字化的、感性的,出奇制胜的,如"雅克"。

"在品牌设计上打破圆和方的概念,传统的商标讲究'意',而对'80后'的品牌,讲究'感性',意义并不重要,重要的是形式,是客观感受。应该好看、好记、好用、易于识别。"

"广告语上,更介于大众语言,更酷、更炫,以迎合'80后'所的反叛精神。传播上,针对'80后'的网络生存状态,要注重网络、新媒体的互动传播,包括音乐下载和QQ等即时通讯。"

与"数据业务打包,短信批量优惠"的业务描述相比,刺猬头、一脸坏笑的M仔卡通更容易被"80后"所接受,他们随着偶像周杰伦的街舞,在"流行、前卫、另类、新潮"的社区中,演绎着"我的地盘听我的"。

■ 倾向超前消费—— 敢于"花明天的钱,圆今天的梦"

与上一辈克勤克俭、量入为出的消费观念不同,"80后"超前消费意识崛起,花钱没有节制,挣多少花多少,很少考虑为将来储蓄,敢于花明天的钱,圆今天的梦。根据零点的调查,目前已经工作的"80后"青年,其每月生活支出是所有人群中最高的,平均每月每人支出为1 180元钱。

26岁的何田田在外企工作,收入不菲,却是"月光一族"。她每个月的支出有:饮食700元,房租1 400元,交通费250元,健身、休闲400元,交际支出500元,电话费250

元，水电煤气 120 元，共计 3 620 元，加上购置名牌服饰、化妆品及更换手机、数码产品的费用，"赤字"对何田田来说是很平常的。何田田的想法很有代表性，钱挣来就是为了花，虽然存款不多，甚至经常"赤字"，但我的生活质量很高。再说了，以我现在的收入，得存多少年才能买得起房子、车子啊，还不如提前享受生活呢！

"80 后"信贷消费的比例也相当高，刷卡、透支已成为很多"80 后"的日常经济行为。他们虽然经济能力不强，但敢于贷款买车、买房。随着一些银行在大学校园发行信用卡，一些大学生也步入信贷行列，用明天的钱为今天投资。

有研究人员分析认为，"80 后"的消费信心来自两个方面，一是家长们的默默奉献。很多"80 后"即使走上了工作岗位，在生活上还是依赖父母，家里还要贴补他们的零用钱，或是为他们买房，他们属于拿着父母的钱去购物、娱乐、享受的啃老族。另一种信心来自他们对自己未来收入的确信，认为自己有能力在将来赚到足够多的钱。

第一节 消费者购买决策过程

消费者市场是指所有为了满足个人或家庭生活需要而购买有形商品和服务的个人和家庭。消费者市场购买的目的是为了生活而不是其他。

消费者市场与组织市场（包括生产者市场、政府和事业机构市场）相比较，最具有复杂性。在这个市场上，消费者人多面广，且由于受年龄、性别、收入、受教育程度、居住地区、民族、宗教等的不同影响，他们会在需求、欲望、兴趣、爱好和习惯等方面形成很大的差异。同时，随着社会和经济的发展，随着人们生活水平的提高，消费者需求的内容、总量、结构和层次也在不断变化。

一、根据消费品的种类不同，对消费者市场进行的分类

（1）快速周转类消费品市场。快速周转消费品（fast－moving consumer goods，简称 FMCG）就是消费者经常购买、经常消费的消耗类商品。这类商品的范围很广，其中一些比较重要的种类有：包装类食品及其调料、饮料、酒（包括白酒、啤酒、葡萄酒、香槟酒等）、保健食品饮品、药品、烟草、糖果和口香糖、美容化妆品、洗涤用品以及其他一些消耗性的用品（如卫生纸、剃须刀片、除臭剂）等。

（2）耐用消费品市场。耐用消费品顾名思义就是使用期限较长的消费品。它与快速周转品的关键性区别就在于它不是一种消耗品，不是用用就"没"了，而是其形态将长期存在，长期供人们使用。它又分为：①低价值耐用品，常用的有：便宜的锅碗瓢盆等厨房用品、床上用品、便宜的服装服饰、卫生间用品、玩具、学习用品、娱乐用品、休闲用品、个人嗜好品等。②高价值耐用品，主要有：住房、家用电器（尤其是白色家电）、家具、交通工具、贵重首饰、贵重服装服饰等。

（3）服务类消费品市场。服务类消费品在本质上可以被描述为"一个行动，一次表演，一项努力"。

上述分类的思路最符合常人的感知和思维习惯，符合企业对产品和市场的管理模式，因此，无论是做市场研究，还是营销管理，这种分类都是消费者市场中最重要的分类。

二、消费者购买决策过程

消费者的购买决策过程具有阶段性，关于此有许多理论，其中比较典型的是四阶段模式。这个模式强调消费者的购买决策过程在消费者购买行为之前就已经开始，在购买后并没有结束。据此，企业的市场营销人员应重视整个购买决策过程而不要把精力只集中在购买行为上。一般来说，只有最复杂的购买类型才经过这样完整的四个阶段，而在其他较简单的购买类型中，消费者往往省去其中的某些阶段，有时也颠倒它们的顺序。

第一阶段：确认需要

人们为什么要购买？源自需要。无一例外，消费者的购买行为是从需要开始的。每一个人都有着各种各样的需要，但并不是每一种需要都要变成追求其满足的行为，更不一定都要变成购买行为。只有当消费者感到自己的某种需求必须通过购买来满足，并且这种需求因为受到外界的刺激，从而强化到一定程度时，需求才会变成真正的购买动机，才会产生购买行为。在这里有两个问题应引起我们的注意，一是消费者的内在需要，二是外界刺激。消费者的内在需要是产生购买动机的根本原因。但是，外界刺激也是诱发消费者购买动机的重要因素。外界刺激包括两类，一是企业安排的市场营销刺激，即4PS，二是环境刺激，如社会经济的发展，文化的变迁，气候的变化，技术的进步，自然环境的改变等。如消费者感到饥饿，这是内在需要，当他路过一家面包店时，看到很新鲜的面包，这是外部营销刺激。这时，消费者会感到更饿了，他很可能就会产生购买行为。

第二阶段：收集信息

消费者形成了购买某种商品的动机后，如果对这种商品及其市场行情不了解，往往就要先收集信息。由于买方和卖方的信息不对称，即买方所知道的商品和市场信息几乎总是比卖方少。所以收集信息对消费者而言具有重要的作用。消费者收集信息的积极性与量的多少，一般取决于他需要的强度、购买类型的复杂程度、已知信息的数量和质量以及进一步收集信息的难易程度等。

为了向目标市场有效地传递信息，企业应了解消费者获得信息的主要来源是什么，每一种信息来源对消费者的购买决策有什么影响等。因为现代社会是一个传媒业非常发达的社会，消费者每天都在接触大量的媒体，并从媒体中获得许多重要的消费信息，所以企业要特别注意了解和研究不同消费者群体的媒体接触习惯。例如，电视、杂志和报纸是中学生获得信息的主要渠道。尽管有超过三成的中学生上过网，但仅有约5%的中学生通过网络收集信息。大学生就大不一样了，在众多的信息渠道中，互联网已经成为大学生获得信息的首要渠道，其他渠道按比重从大到小依次排列是：同学朋友的口传、杂志、电视、电台、报纸等。对老年人而言，电视、电台信息的影响最大，占56.1%，报刊也不可小觑，占31.4%，其他就是邮寄广告、户外广告牌、广告宣传单和口传信息的影响，占12.5%。

一般来说，消费者会从以下四种来源获得信息。

（1）个人来源，即从家庭、朋友、邻居和其他熟人处得到信息。

（2）商业性来源，即从广告、推销人员、中间商、商品包装和商品陈列与展览等获得信息。这是厂商有意安排的信息源。

（3）公众来源，即从报纸、杂志、广播、电视等大众媒体的宣传报道和消费者组织等方面获得信息。

（4）经验来源，即消费者通过自己购买、使用商品得来信息。

以上四种信息来源对消费者的影响程度是不同的，一般来说，由企业控制的商业性来源信息起通知和刺激的作用，其他非商业性来源信息起验证和评价的作用。消费者认为经由个人来源和经验来源得到的信息，可信度最高。

消费者通过收集信息，就会对市场上某种产品的一些品牌及其特色有一定的了解，并逐步缩小对将要购买品牌进行评价选择的范围。企业必须设计适当的市场营销组合，以便使自己的品牌纳入消费者熟知的品牌组、可供考虑的品牌组以及可选择的品牌组。

第三阶段：判断、评价并做出购买决策

消费者在搜集信息的过程中或以后，会对各种不同的商品和品牌信息进行判断和评价。这种判断和评价会涉及许多方面，如商品的质量、外观、功能、价格、品牌知名度等。在具体的评价过程中，大多数消费者采用"理想品牌法"来进行判断。所谓"理想品牌法"就是消费者根据购买目的等因素设想出一种"理想产品"，然后拿"实际产品"与这种"理想产品"相比较，最接近"理想产品"的品牌就是消费者选中的品牌。

这样看来，消费者心目中有什么样的"理想产品"就显得非常重要了。消费者心目中的"理想产品"取决于消费者的心理，取决于他们的内在需求和所受到的外部刺激。但是，消费者的"理想产品"也并不是一成不变的，在其收集信息和评价过程中，会随着他们所接触到的产品，所接收到的信息而发生变化。这实际上为那些自己的产品与消费者"理想产品"不符的企业提供了"扭转乾坤"的机会。

显然，消费者对所收集到的信息进行判断、评价的过程，是一个不折不扣的心理活动过程（下一节将对此有详细论述）。这个过程对企业而言至关重要，因为消费者对不同企业产品的评价、判断，直接决定着消费者会不会选择购买自己的产品。在市场营销的战略和策略中，有一些内容就是要在改变消费者心理，在影响消费者评价和判断方面有所作为，从而引导消费者的评价朝着有利于本企业销售产品的方向发展。

消费者经过一番判断和评价之后，就会做出一系列购买决策。购买决策是购买者购买行为的行动指南，它决定了消费者将具体购买什么样的产品和品牌，是否立即购买，在什么地方购买，以及怎样买。

第四阶段：购后行为

（1）消费者购后的满意程度。一般来说，消费者的满意程度，取决于消费者对产品的预期性能与产品使用中的实际性能之间的对比。如果购后在实际消费中符合预期的效果，则感到满意；超过预期效果，则很满意；未能达到预期效果，则不满意或很不满意。实际和预期的差距愈大，不满意的程度也就愈大。因此，营销人员对其产品广告宣传时必须实事求是，避免夸大产品的优点，使消费者产生过高期望而难达到满意。

（2）消费者购买产品后的行为。营销中有一句谚语："最好的广告就是满意的顾客"。当消费者购买产品后感到满意或很满意，他会重复购买该产品并坚定自己对该品牌的信念，他还会对别人说这种产品的好话，促使其他消费者对该品牌产生好感。相反，如果消费者购买产品后感到不满意或很不满意，他就会说产品的坏话，要求退货或维修，并发誓再也不卖这种产品了。所以，消费者购后的感觉对企业市场营销有极大影响。企业必须采取一些必要的措施，如征求顾客意见，加强售后服务和保证，改进市场营销工作，尽量减少消费者购后产生的不满意感。

第二节　消费者购买行为模式

一、从企业营销的角度来研究消费者购买行为

我们描述一个人的购买行为，就是这个人（who）因为某些原因（why），在某个时间（when），到一定的地方（where），以某种方式（how）购买了他喜欢和想要的产品（what）。还有，一个人（who）因为某些原因（why），决定不购买某种产品（what）。所以，购买行为涉及 6 个方面，我们把它作一个归纳总结，即"5W1H"。

（1）谁会或谁在购买这种产品（who）。一种产品适合购买和使用的人群一般不止一个，都要找出来，并按照主要的、最大人群到次要的、较小人群排出顺序，从而确定主要、关键人群。另外，对于较复杂的购买，企业还要确定购买活动的不同参与者。一般而言，消费者购买活动的参与者有 5 种角色：发起者、影响者、决策者、购买执行者和使用者。研究"WHO"是企业确定目标市场的主要研究步骤。我们可以按照"这种产品适合哪些人购买和使用"的思路来研究，也可以按照"哪些人会购买和使用这种产品"的思路来研究。

（2）买什么（what）。要弄清楚消费者想要什么，他们对所要买的产品有什么要求，他们能够接受的价格水平等。人们买什么的问题，在一定程度上就是消费者选择产品和品牌的问题，这对制造商而言，具有重要的作用。制造商要据此制定合适的产品策略和价格策略，以满足消费者的购买要求。另外，对零售商和服务企业来说，他们关心的是消费者会在谁的店里购买其需要的产品和服务，而能不能将消费者吸引进店，并使他们采取购买行为，实际上也取决于店里的产品是否符合消费者的所需。

（3）什么时候（when）购买，消费者会不会立即购买。在许多情况下，消费者的购买都是有时间性的，这是消费者市场出现淡季、旺季之分的重要原因。消费者购买商品的时间往往受到消费地区、商品性质、季节、节假日和忙闲的影响。就消费者个体而言，还会受到个人结婚、生子、升迁、获得一笔收入，甚至个人情绪等的影响。另外，其他环境因素的刺激和企业有意安排的营销刺激也会促成消费者购买。

（4）什么地方（where）购买。这个问题至关重要，因为它涉及企业的销售渠道选择问题。不同的消费者和对不同商品的购买，都可能有不同的地点要求。例如，有些消费者愿意在大型商场、大型超市、大卖场购买，有些喜欢在专业店购买，有些要在品牌专卖店购买，有些喜欢在路边小摊上购买，有的喜欢在高档的购物场所购买，有的经常在低档的购物场所购买。企业必须针对商品特性和潜在购买者的购买行为特征，找出人们购买地点的规律。

（5）如何（how）购买和消费。这个问题包含的含义比较多，像购买数量选择、付款

方式选择等，都属于这一问题的范畴。特别是消费者的消费方式应该引起企业的注意。消费方式是指消费者使用产品的方法、用途、使用频率等。不同的人，购买同一种产品，但用途可能不一样。这不但告诉企业要生产多样化的产品品种和品目，以适合不同的用途，还有助于企业发现消费者未被很好地满足的需求，从而拓展产品的新用途，拓宽新产品开发的领域。

（6）购买者为什么（why）要/会购买。要弄清楚消费者购买的基本动机，不但要知道人们为什么要/会购买，还要弄清楚有的人为什么不买。另外，不仅要研究基本动机，还需要研究人们为什么要买这一种而非那一种产品，为什么要买这一品牌而非那一品牌，为什么要在此时、此地、用此种方式购买等问题。

上述"5W1H"为我们研究某种产品的消费者购买行为指明了研究的内容和方向，有了这方面的研究，我们就可以据此来制定企业的市场营销战略和策略，从而在市场上打开局面，实现营销目标。具体来说，对"谁（who）购买产品"的研究，是企业决定目标市场的主要依据，有利于企业锁定目标市场；对"买什么（what）"的研究对应于市场定位战略和产品策略；对"什么时候（when）买"的研究对应于营销活动的时机选择。例如，降价的时机、新产品启动渠道开始销售的时机、开始某种促销活动的时机等；对"什么地点（where）买"的研究对应于销售渠道的选择；对"如何（how）买"的研究对应于销售渠道管理中的一些政策选择、促销策略、市场定位等。

二、消费者购买行为模式

在描述消费者购买行为六个方面（5W1H）的问题中，"为什么（why）购买"对于企业制定市场营销决策有着极为重要的作用，因为许多决策必须在我们弄清楚原因之后才能正确而有效地做出。最明显的例子是我们必须知道消费者为什么买或为什么不买，才能有最到位的促销策略，以促进人们踊跃购买产品。

"为什么（why）购买"的研究对于企业制定营销决策很重要，同时，这项研究不是通过简单的观察就能够解决的，因为答案常常深藏于消费者的内心，且影响的因素既多又复杂。于是，人们把消费者购买决策的心理影响因素和心理活动过程称为消费者"黑箱"，并创立了一种模式来模拟研究消费者的购买行为，即刺激—反应模式（简称"S—R模式"），如图2-1所示。

这一模式理论认为，由于个人因素的不同，每个消费者都有自己各种各样、内在的需求和心理特质（即一般心理和购买心理）。消费者的潜在需求和心理特质，在一定情况下，总是会直接或间接地受到外部刺激的影响。外部刺激主要包括宏观环境刺激和企业安排的市场营销刺激（即4PS）。外部刺激进入并经过消费者"黑箱"，就会产生一系列看得见的购买者反应。对消费者"黑箱"的研究包括两方面的内容：①心理影响因素。其包括一般心理和具体的购买心理，这些心理因素会影响购买者对自身需求和外界刺激的理解与反应，从而影响着购买者的心理判断和决策活动过程。②消费者购买决策过程。即从产生购买动机到购后评价的整个过程，此过程会导致购买者的各种选择，并直接影响最后的消费者反应行为。

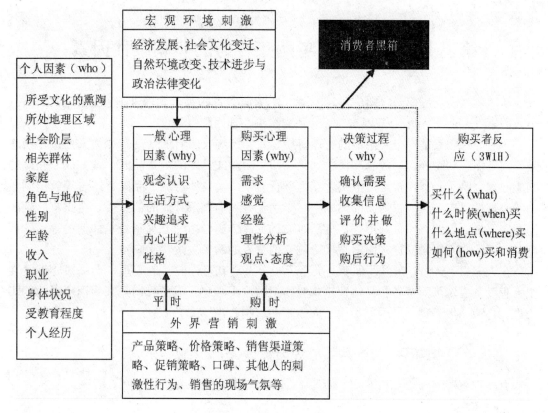

图 2-1 刺激—反应模式

案例

　　李女士今年 35 岁，有一份不错的职业，收入稳定，闲暇时间多，但身材日渐发福（个人因素——年龄、收入、职业、身体状况）。她几乎每月都要买衣服，但站在穿衣镜前，漂亮衣服和自己身材的矛盾，常令她苦恼万分（一般心理因素——生活方式、兴趣追求）。她想减肥和健身，渴望拥有一个魔鬼身材（购买心理因素——需求）。一天，她在大街上看见了一则路牌广告，内容是在离她家不远的商业区新开了一家瑜伽馆（外界营销刺激——产品策略、促销策略）。她很有兴趣，抽时间到这个瑜伽馆看了看，了解了许多关于瑜伽和这个馆的情况（决策过程——收集信息）。

　　她的同事也大多是女性，大家在一起谈论最多的话题除了孩子和家庭外，就是化妆、服饰、旅游等事情（个人因素——职业、相关群体）。加上社会经济发展，大家的工资逐渐上涨，旅游业兴起（宏观环境刺激）。渐渐地，她开始喜欢时尚的东西，性格上有些爱慕虚荣。在她以前的认识里，觉得瑜伽高雅而神秘（一般心理——内心世界、性格、认识）。所以，在她看了这家瑜伽馆以后，认为练瑜伽体现了自己的档次，在同事、朋友中间说起来也好听，想想能在舒缓的、空旷的、神秘的、自然的音乐声中，放松心情，感觉还真的有点雅致、高贵和愉悦，价格上自己也能够接受。最后，她还真的有点喜欢上瑜伽和这个瑜伽馆了（购买心理——感觉、理性分析、观点、态度，满足了自己的某种心理需求）。经过上述收集信息和评价活动过程，一周后，李女士就交钱购会员卡了（购买反应——在此馆立即购买瑜伽修炼服务）。

第三节　影响消费者购买行为的非刺激性因素

从"刺激—反应模式"图中可以看到，影响消费者购买行为的非刺激性因素有三种：个人因素（who）、一般心理因素（why）和购买心理因素（why）。

一般心理因素是一个人稳定的心理特质，它会影响人所有的活动，如为人处世、谈恋爱、找工作、购物等。一般心理投射到某一购买活动或具体的消费品时，就变成了相应的购买心理。购买心理因素是指消费者在消费行为中，对具体产品、品牌、广告等营销刺激物的心理性反应。比如，前面的案例中，李女士看到瑜伽馆开业的信息后，会想自己到底需不需要练瑜伽，练瑜伽好不好，自己对瑜伽及这个瑜伽馆的心理感受是如何的等，这些都是购买的心理因素。这些因素直接影响着消费者的购买决策（反应）。

个人因素（who）在很大程度上决定了一个人具有怎样的一般心理，而一般心理又在很大程度上决定了消费者在具体营销刺激物上的购买心理。下面我们先来谈消费者的购买心理，再谈一般心理，最后再说说个人因素的影响。

一、影响消费者购买行为的购买心理因素

有 6 种重要的购买心理因素：需要、感觉、经验、理性分析、观点、态度。

（一）需要

需要是消费者购买行为的内在原因和起点。需要分生理需要和心理需要，又分物质需要和精神需要。一般来说，心理需要和精神需要是相对高级的、高层次的需要；生理需要、物质需要是相对低级的、低层次的需要。

心理学家已经提出了各种关于人类需要的理论，最流行的有两种：一种是西格蒙德·弗洛伊德（Sigmund Freud）的理论；一种是阿伯拉罕·马斯洛（Abraham Maslow）的理论。这两种理论，对于研究消费者，分析和制定营销战略、策略具有一定的作用。

1. 弗洛伊德的需要理论

弗洛伊德是 20 世纪初期世界著名的心理学家。根据他的"心理分析理论"，人类心理由显意识和潜意识两部分组成。显意识就是人们现在意识到的或现在虽然意识不到但可以想起来的。潜意识是不能意识到的，包括原始的冲动、各种本能和被压抑的欲望，其中主要是性本能。人类的一切行动皆由存在于潜意识中的本能所推动。该理论在营销学上的意义是，营销者不仅要研究消费者的显意识，更重要的是要研究人们不易察觉的潜意识，采用一定的方法发掘消费者购买行为的深层动机。例如，一个人买了一辆名牌汽车，价格不菲，如果问他为何购买，他可能会说他喜欢这种车子，因为它容易操纵，外观美观。但是他真正的不愿告人的买车动机，却可能是开上这种名牌车子可以炫耀自己。

关于动机理论，弗洛伊德还有一个重要思想，他认为人格由本我、自我和超我三部分组成。本我是潜意识的结构部分，由先天本能和基本需要所组成，依据快乐原则活动，总是设法追求自己的满足。自我按现实原则活动，引导他的潜意识中的本能驱策力寻求"自

觉设计"的出路。超我是"道德化了的自我",按至善原则活动,引导他的本能驱策力进入友谊性阶段,从别人的赞美中寻找出路以逃避内心不可告人的痛苦或耻辱。由此可见,消费者购买行为的动机是很复杂的,营销人员既要了解并满足消费者的"自我"储积的强烈驱策力和冲动,又要了解和满足消费者的"超我"需要,即由驱策力进入友谊性赞美的状态并寻找逃避痛苦和羞耻的出路。

2. 马斯洛的动机理论

马斯洛是美国著名的心理学家,他的动机形成理论称为"需要层次论"。这个理论的基本点是:第一,人有多种需要,人的需要是从低级到高级具有不同层次的,只有当低一级的需要得到满足时,高一级的需要才会起主导作用,成为支配人行为的动机。第二,已满足的需要不会形成动机,只有未满足的需要才会形成导致行为的动机。第三,人的需要可分为五个层次,越是低层次的需要,需要强度越大。根据需要的层次性和需要强度与层次的反比例规律,人的需要体系呈金字塔状分布,如图2-2所示。

(1)生理需要:包括饥饿、干渴、栖身、性和其他身体需要。

(2)安全需要:保护自己免受生理和心理伤害的需要。

(3)社会需要:包括爱、归属、接纳和友谊。

(4)尊重需要:内部尊重因素,如自尊、自主和成就;外部尊重因素,如地位、认可、称赞和关注等。

(5)自我实现需要:一种追求个人能力极限的内驱力,希望实现自己的理想,包括成长、发挥自己的潜能、事业心和做出成就。

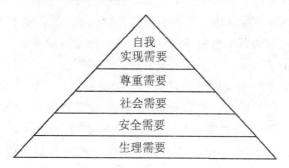

图2-2 马斯洛的需要层次论

马斯洛的"需要层次论"为市场营销者制定满足市场消费者群中各不相同的需要的营销策略,提供了理论依据。也就是说,企业要研究不同的目标顾客所处的需求层次,根据该层次的消费者的生活目标、购买心理,来制定合适的营销策略。

(二)感觉

是指某一商品的个别属性通过消费者的五种感觉器官(视觉、听觉、嗅觉、味觉、触觉),在消费者的大脑中形成的对该商品的印象。消费者产生了购买动机后,一般就会准备采取购买行为。但消费者的购买行为受其感觉的影响很大。一般来说,消费者在选择某种商品时,感觉好才有可能购买,而如果感觉不好,购买的可能性就几乎为零。所以,营销人员研究消费者的感觉非常重要。

两个处于同样情境的人,由于对情境的感觉不同,会产生不同的评价结果,从而导致不同的行为。如有的顾客对那些很会做说服工作的售货员感到反感，认为他们为了实现销售，可能有欺骗、虚假的言论；而有的人则喜欢该售货员热情、乐于助人的品性。为何人们对同样的情境或刺激会有不同的感觉呢？心理学家认为，人的感觉是有选择性的。感觉的选择过程有：

（1）选择性注意。人的一生中时刻面临着许多的刺激物，以商业广告来说，美国人平均每天接触到的广告超过 1 500 条，但引起注意的没有几条。人们将有选择地注意哪些刺激物呢？有三种情况较能引起人们的注意：一是与目前需要有关的刺激物；二是变化幅度较大、较为特殊的刺激物；三是人们预先知道或预期出现的刺激物。

（2）选择性曲解。人们面对客观事物，不一定都能正确认识。人们往往倾向于按照自己的偏见或先入之见来曲解客观事物，即把外界输入的信息与头脑中早已存在的模式相结合。这种按个人意愿曲解信息的倾向，就是选择性曲解。例如，对某一名牌产品，消费者对其深信不疑，即使出现另一新品牌的品质优于前者，消费者也不会轻易认可，总以为原来的品牌最好。

（3）选择性记忆。是指这样一种心理机制：人们在生活中，往往容易记住那些与自己态度、认识相一致的信息，而忘却那些不支持自己观点的信息。

（三）经验

人类的行为有些是本能的、与生俱来的，但大多数行为，是通过不断学习（消费实践也是学习），获得一定的经验，在经验的基础上做出的。

经验因素是造成快速周转品消费中消费者品牌敏感性高的重要原因，因为经过若干次的经验积累，消费者很快就会认准最适合自己的品牌。这一原理告诉我们，企业所提供的商品或服务，尤其是快速周转消费品要能经得住消费者经验的考验。我们必须打造一个真正好的产品，才有可能使之成为一个让消费者钟情的品牌。

从另一角度来看，学习和获取经验，是一个消费者逐步成熟，逐步变"精"的过程，所以，在厂商与消费者的博弈中，消费者的学习和经验就成为一个挑战因素。例如，消费者会逐步弄清厂商总是在什么情况下开展促销活动，他会选择在促销时购买，而平时不买；他会逐步明白厂商的一些"花招"，从而经过设计来巧妙地花钱，以期用最少的钱来获得最大的效用。所以，厂商要研究并关注消费者的学习规律和学习结果，目的有 3 个：①适应消费者的学习；②弥补自己在经营上的漏洞；③不断推出新的产品、新的经营模式，引导消费者与自己共同成长。

（四）理性分析

一些经济学家认为购买者是"经济人"。"经济人"的行为是合理的、理智的，其购买决策的做出应该是建立在理性的经济计算的基础上，换句话说就是，购买者总是追求最大效用。购物过程中，几乎每一个消费者都有一定程度的理性分析，只不过因为不同人具有不同的一般心理特质，会造成有的人在购物中理性分析的成分多，有的成分少。另外，不同的商品，对人们理智分析的要求程度也是不一样的，例如，购买一架钢琴和购买一本杂志相比，买钢琴肯定需要更多的理性分析，而买杂志在很大程度上是看喜不喜欢。

购买决策中的理性分析常见的有这样几个要点：①这个商品我是不是真的需要，即便需要是不是必须马上购买；②这个商品的效用如何；③价格是否合理，性价比如何。

（五）观点

在综合各方面信息的基础上，消费者对可能购买的产品、品牌及其制造商、销售商会有一些看法，他会在这个产品好不好、需不需要、是否值得信赖、购买会给自己带来什么影响等问题上，形成自己的观点。

（六）态度

如果说观点带有更多的理性成分在里面的话，态度就在很大程度上属于感性因素。也许消费者喜欢这个产品独特的造型，对这个品牌情有独钟，也许是对营业员有好感，也许是某个因素触动了自己的某种情感，甚至是因为与营业员赌气而做出决定。

二、影响消费者购买行为的一般心理因素

一般心理包括对事物的观念认识、生活兴趣追求、生活态度、生活方式、内心世界、性格、自我形象定位、是否易于接受暗示等心理特质。

1. 生活方式

也就是生活模式，它通过一个人的日常起居活动、兴趣和观点等方面表现出来。不同生活方式的消费者，需求不同，商品的价值观也不同。营销者需尽力了解产品与各种生活方式的关系，从而加强产品对消费者生活方式的影响。

2. 性格

如外向、内向、开放、保守、文静等。实践证明，消费者的性格类型与消费者的购买行为有很大的关联性。例如，自信的人或急躁的人购买决策过程较短，缺乏自信的人购买决策过程长。再如，外向型的消费者爱表现自己，喜欢参加社交活动，他们往往是新产品的早期购买者。消费者性格有下面几种常见类型：

（1）习惯型。消费者忠于一种或少数几种品牌，有固定的消费习惯和偏好。购买时心中有数，目标明确，一般不与别的品牌作比较，只要求成交便利、迅速。对待这类消费者，企业的任务是，保持产品质量、价格和一定的存货水平，对现有顾客进行强化工作，投其所好，使他们对本企业的品牌坚信不移。

（2）理智型。消费者购买商品时比较慎重和有主见。他们重视对商品的比较和选择，在购买商品之前，对所要购买产品的特色、性能、用途、服务、价格、质量等一般要反复考虑、比较、研究。他们选择产品有客观的衡量标准，购买时表现得十分冷静和谨慎，善于控制自己的情绪，不易受品牌、包装、宣传和销售气氛的影响，喜欢精心挑选。

（3）经济型。消费者特别重视商品的价格，对价格非常敏感。他们善于发现别人不易觉察的价格差异，对售价低廉的商品尤感兴趣。但是，有的经济型消费者，购买行为也可能与追求廉价者正相反。他们喜欢购买价格高的高档商品，信奉一分价钱一分货的说法，认为购物必须优质。价格越高，质量越好，从长远或总体来说越经济。

（4）冲动型。消费者不太讲究商品的用途、性能和价格，易受广告宣传、促销活动、周到服务和价格下调等各种外界因素的影响，多在感情冲动的情况下采取购买行为。对待这类消费者，营销部门宜多介绍新产品及其特性或优点，多做一些吸引人的促销活动，以引起他们的购买欲望。

（5）情感型。消费者对产品的象征意义特别重视，联想力较强，总是将个人喜好、个人情感甚至个人的理想追求带入购买行为。他们喜欢购买有一定文化内涵的产品，追求品位。

（6）不确定型。多指年轻的、新近才开始独立购物的消费者。他们易于接受新的东西，且消费习惯和消费心理正在形成之中。行为表现是：崇尚时尚流行，缺乏主见，没有固定偏好。

3. 自我形象定位

自我形象定位是指消费者在心目中把自己看成怎样一个人，怎样一种形象，或企图让别人把自己看成什么样的人。许多消费者在采购商品时，都要同自我形象相对照，当认为该商品与自己的形象相一致时，往往就会采取购买行为。因此，消费者一般选择符合或能改善其自我形象的产品或品牌，这就要求企业设计出符合目标顾客自我形象的产品和品牌形象。

三、个人因素

个人因素决定了你是怎样的一个人，内容包括：所受文化的熏陶、所处地理区域、社会阶层、相关群体、家庭、角色与地位、性别、年龄、收入、职业、身体状况、受教育程度、个人经历等。

1. 所受文化的熏陶

文化是人类欲望和行为最基本的决定因素，是一个社会的主流价值观念和行为规范。在一定文化环境中成长的人们，从小到大，他们会通过家庭、学校和其他社会交往活动，逐渐学到和形成一定的价值观念和行为规范，并根深蒂固地影响其一生。例如，在中国长大的儿童，受中华民族传统文化的熏陶，就有如下的主流价值观：通过读书成就功名、刻苦上进、内省、谦让、博爱和礼貌等。

每一种文化都包含着能为其成员提供更为具体的认同感和社会化的较小的亚文化群。不同的亚文化群在语言文字、价值观念、风俗习惯、教育普及程度、艺术和美学观念等方面有所不同，因此消费行为差异很大。

（1）民族亚文化群。各民族在漫长的历史过程中，形成了各自的风俗习惯、生活方式和审美观，有些民族还拥有自己的语言文字，有独特的教育体系和教育方式。这些不同的特点都将导致各民族之间在需求和购买行为等方面的差异性。如食品、服饰、文娱等方面差异很大。

（2）宗教亚文化群。宗教是人类社会发展到一定阶段的历史文化现象。不同的宗教有与其独特的信仰、偏好、禁忌相联系的亚文化，因而，在购买行为和购买种类上表现出许多特征。

（3）种族亚文化群。如白种人、黑种人、黄种人等。不同的文化风格和态度，使他们在需求和购买行为上存在着很大的差异。

2. 所处地理区域

不同的地理区域、气候、人口密度等，导致了消费者不同的风俗习惯、生活方式，这些也必然会影响各地区消费者的心理。

3. 社会阶层

人们依据其职业、收入、所受教育程度、居住区域和住房类型等被划分到一定的社会阶层中。同一社会阶层的人往往有相似的社会经济地位、利益、价值观、生活方式、思维方式和生活目标，因而他们的生活习惯、消费水准、内容、兴趣和行为也相近，甚至对某些商品、品牌、商店、闲暇活动、传播媒体等都有共同的偏好。因此，社会阶层也是影响消费者购买决策、购买行为的一个重要因素。企业可以根据自己的资源，选择一定的社会阶层作为自己的目标市场。

4. 相关群体

所谓相关群体就是对个人的态度和观点有直接影响的群体。相关群体有两种基本类型：①个人具有成员资格并因而受到直接影响的群体，这其中又分为主要群体和次要群体。主要群体给人以最大的影响，如家庭、朋友、邻居、同事；次要群体则给人以较次要的影响，如某种团体。②个人并不具有正式成员资格，而是期望成为其中一员的群体，如某些人崇拜明星、社会名流。

人们的生活方式和偏好不是天生的，而是后天形成的。相关群体促使人们在消费上做出相近的选择，人们在消费上受相关群体的影响至少可分为三种方式。第一，相关群体使人们受到新的行为和生活方式的影响；第二，相关群体也会影响人们的自我观念，因为人们一般都想顺应群体的风尚和潮流，这是人的从众心理所致；第三，相关群体所产生的压力，会影响人们的产品选择和品牌选择。

相关群体对消费者购买不同产品的影响有所区别。其对购买不易为他人所觉察的商品如大部分日用品影响较小，对购买十分显眼的商品如汽车、彩电等影响较大。相关群体不仅会影响消费者的产品选择，而且会影响消费者的品牌选择。因此，在相关群体对购买行为影响较强的情况下，企业应设法影响相关群体的"意向领导人"（即对相关群体很有影响力的人），如各类明星、社会名流等，他们的服装、消费方式往往被许多崇拜者模仿。但是，值得市场营销人员注意的是，随着消费者消费意识的成熟，消费者心中的"消费意向领导人"是不断更新变化的，如从一味崇拜影星到崇拜在某方面有专长的人。这就需要企业的营销人员善于抓住消费者的"意向领导人"，并善于分析他们的特点，针对他们做广告，或直接请他们做广告，以对追随者起到示范或号召作用。

5. 家庭和家庭生命周期阶段

家庭是社会组织的一个基本单位，也是消费者最基本的相关群体，对消费者的购买行为影响甚大。企业市场营销人员要注意家庭中各成员对产品购买决策的参与程度以及他们承担的角色。据调查，主要由丈夫做购买决策的产品和服务有：保险、汽车、摩托车、电视机、烟酒等；主要由妻子决定的产品和服务有：洗衣机、厨房用品、食品柜、服装等；夫妻共同决策的产品和服务有：住房、家具、旅游和房间布置等。另外，丈夫一般在决定是否购买和在何时、何处购买等方面有较大的影响，妻子则一般在决定所购商品的颜色等外观特征方面有较大的影响。

家庭生命周期是指消费者从年轻时离开父母独立生活，到年老后并入子女家庭或独居生活而最终去世的家庭生命全过程。消费者处在不同的家庭生命周期阶段，会有不同的爱好和需要。营销人员应明确自己的目标市场所处的生命周期阶段，并在此基础上开发适销对路的产品和拟订适当的营销计划。西方市场学者把家庭生命周期分为 7 个阶段：①未婚阶段，即年轻、单身不住在家里；②新婚阶段，即年轻、无子女；③"满巢期"Ⅰ，即有 6 岁以下幼儿；④"满巢期"Ⅱ，即最小的孩子在 6 岁或 6 岁以上；⑤"满巢期"Ⅲ，即子女已大，但尚未独立；⑥"空巢期"，即年长夫妇，子女离家独立；⑦独居阶段，即单身老人，独居。

6. 角色与地位

每个人实际上都归属于一定的社会组织和群体，如家庭、俱乐部、工作单位、朋友圈等。每个人在一定的组织和群体中的位置可用角色和地位来确定。每一个角色都将在某种程度上影响其购买行为。每一角色都伴随着一种地位，这一地位反映了社会对他的总评价。

7. 性别

不同性别的人不但需要的内容有很大的不同，而且心智也经常有明显的差异。

8. 年龄

人们对衣、食、住、行各方面的消费需求，会随着年龄的变化而变化。因此，不同年龄的消费者对于商品有不同的需要和爱好。并随着年龄的增长，经验的不断丰富，消费者在不同的年龄阶段购买方式也会发生变化。

9. 经济状况

消费者的经济状况决定着其购买能力的大小，消费者一般都在可支配收入的范围内考虑以最合理的方式安排支出。

10. 职业

消费者的职业也会影响其消费模式，如教师一般需要图书、报纸杂志等文化用品，购买商品的理性程度较高，审美意识较强，更善于利用非商业性来源的信息。因此，市场营销人员有必要调查和识别那些对其产品和服务感兴趣的职业群体，按照他们的需要设计产品和品牌形象。

第四节　外界刺激与消费者购买行为

一、心理因素在消费者购买行为中的重要作用及其原因

营销界有一种观点，很巧妙地揭示了心理因素在影响消费者购买决策中的关键性作用，这个观点就是：市场上你的产品到底怎样并不重要，重要的是消费者认为你的产品怎样，你的产品在消费者心目中是怎么样的。我国一位营销专家说："品牌世界里没有真相。"还有一位广告公司的经理说："感觉就是现实。"这两种说法都是对上述观点的精彩演绎，说得非常形象。

心理因素在消费者购买行为中为什么具有如此重要的作用呢？有以下两个原因：

1. 信息不对称

在消费者决策过程中，第二个阶段是一个信息搜寻过程。此过程对消费者至关重要，因为其中存在一个重要的问题，即消费者与厂商之间的信息不对称问题。有的教科书将这

总结为消费者的非专家、非专业购买特性。

俗语说：南京到北京，买家没有卖家精。说的就是卖方非常熟悉和了解自己产品的情况，了解市场行情，而消费者因为不是一个专业买家，很多信息并不清楚。消费者在购买商品时，缺乏关于这种商品的专门知识和更多的销售信息。他们既不是专业采购人员，更不是产品的技术专家。以牙膏为例，牙膏几乎天天在用，但是，我们对于这熟悉的东西又知道多少呢？想想看，我们会准确判断牙膏质量的优劣吗？我们知道厂家的生产成本吗？知道商家的进货成本吗？对于这些问题我们都无法确定。

正因为消费者不是产品方面的专业买家，消费者有很多信息不知道，所以，消费者在做出购买决策的时候或多或少都有一种风险感。据美国一个专家小组进行的测定，将一个消费者的脉搏贴上传感器，测定消费者在真实的购买活动中。当他决定购买并掏钱付款时，其脉搏明显加快了许多。为了减少购买的风险，消费者对信息的收集工作非常重视。他们经常在商业街一路逛下来，货比三家。他们会详细地、尽可能多地收集信息，了解产品和厂商的情况。

实际上因为消费者不是专业买家，即使他们自认为已经收集了足够多的信息以后，仍然还是有很多不懂、不知道的地方。但购买决策总是要做出的，怎么办呢？无法求诸真实的情况，消费者就只好求诸自己的内心。消费者相信自己的内心不会欺骗自己，即凭感觉，凭以前的经验，凭自己理性的分析，凭已有的认识、信念和态度来做出购买决策。这些基本上都是购买的心理性因素。当然，正像我们已经知道的那样，这些因素又取决于消费者的一般心理因素。

2. 消费需求及其满足本身有很大的心理性成分

消费者需求行为不同于生产需求。生产者购买的生产资料，是用于生产制造过程，而制造是客观的，生产的产品多少，质量如何，成本高低等情况，是可以进行检验、测算的，是非常客观的。而人是一个非常主观的动物，也就是说消费者购买、消费的过程和结果是主观的、心理性的。表现在，需求有生理性需求和心理性需求，有物质性需求和精神性需求。毫无疑问，心理性需求和精神性需求都有非常多的主观性、心理性。例如，买衣服，有美的追求；欣赏一场电影或音乐会，是心灵的享受；购买礼物送人，是要表达情感等。即使那些生理性的、物质性的需求，其需求结果是否满意也是心理性的判断，如好吃不好吃，好喝不好喝，舒服不舒服等。

二、"S—R 模式"的运行机理

通过上面的论述，我们知道了在购买和消费活动中，人们受心理因素支配的成分很大，而心理因素是建立在感性基础上的，是最容易受到外界刺激因素影响的。即使是那些理智型的购买者，他们的购买也多是建立在经验、认识的基础上，而经验、认识同样会因受到外界因素的刺激而改变。这就是外界刺激因素对消费者购买行为产生重要影响作用的机理，也就是"S—R 模式"的运行机理。

作为一个反证性思考，我们来看看生产者市场。在生产者市场上"S—R"机理就不起作用了吗？也起作用，但是因为生产者购买行为的理性、客观性，使得"S—R"机理起作用的范围和程度远不及消费者市场。所以，生产者市场较多地依靠实实在在的质量、效能。

　　"S—R"机理，不但指明了刺激的重要性，也使我们认识到了刺激研究和刺激设计的方向，那就是试图顺应和改变消费者心理，从而使市场，使消费者购买行为朝着有利于企业营销的方向发展。

　　我们并不苟同产品不重要的说法，但我们同时强调，企业要通过独特的心理定位，通过设置有力的营销刺激，传递有效的营销信息，进而去影响消费者的心理。

三、外部刺激的具体作用

　　从图 2-1 中可以看出外部刺激有两类：一是宏观环境因素，二是厂商有意安排的市场营销因素和其他微观环境因素（口碑、其他人的刺激性行为、销售的现场气氛等）。对厂商而言，环境因素是不可控因素，是厂商要去认识并顺应其发展的。市场营销因素是能动的，是企业可控的，需要企业研究并采取正确的、有效的决策，从而在一定程度上左右消费者的购买行为，诱导消费者，刺激消费者。宏观环境因素只对消费者的一般心理产生影响，而市场营销因素和其他微观环境因素对消费者购买行为的影响是双重的，也就是说，它既会对消费者的一般心理产生影响，也会对购买心理产生直接的刺激作用。

　　1. 宏观环境对消费者一般心理的影响作用

　　宏观环境对购买心理的影响首先体现在对具体产品的需求上。例如，水资源越来越紧缺的信息，刺激了人们对节水产品的需求；技术变化刺激了人们对新产品的期待；社会文化变化刺激了对子女教育产品的需求；老年人口增多刺激了老年用品的需求等。

　　其次，宏观环境的变化也潜移默化地影响着人们的思维习惯、生活方式、心理承受能力和对事物的看法。例如，国家经济的发展状况和政府的经济政策会影响人们的消费信心指数，收入增加刺激了人们休闲意识的增强，科技发展会带来人们生活方式的改变，而生活方式变化会带来人们生活兴趣的转移、心理期待的变化等。

　　2. 市场营销因素对消费者一般心理的影响作用

　　有人曾经给市场营销下过一个意味深长的定义：市场营销就是传递生活标准给社会。可见，企业的市场营销活动对人们的一般心理是有影响的。这种影响主要体现在产品策略和促销策略上。

　　（1）产品策略设置生活标杆。从企业利益出发，我们要研究人们的一般心理，想办法引导人们的需求。市场营销理论告诉我们，企业不但要适应需求，而且要引导需求，走在需求的前面，牵着消费者的"鼻子"走。要做到这些靠什么呢？靠产品，靠不断开发出新、奇、特的产品。

　　（2）促销策略灌输生活标准。我们必须承认现代社会媒体的力量。现代社会媒体高度发达，它能够使某人一夜成为明星，使某产品（品牌）一夜之间家喻户晓。所以企业通过广告策略和其他沟通手段，不厌其烦地刺激我们的感官，并通过这种方式改变着我们的认识和观念。人们的认识、观念改变后，自然就会走向商场、超市，购买那些花花绿绿的产品，这时厂商趁机大赚其钱。

案 例

2006 年，中央电视台有一则广告，著名影星陈宝国说："我不吃油炸食品。"然后用扇子一把拨开油炸方便面。接着出现画外音：五谷道场。由此，吃非油炸方便面成为人们的一种新选择。

3. 市场营销因素对消费者购买心理的影响作用

通过产品和促销影响了消费者的一般心理，把消费者的目光引向了超市和商场。接下来，能不能让消费者多买自己的产品，而不买竞争对手的产品，也是靠营销因素（4PS）。

营销因素（4PS）对购买心理的影响具体表现在对产品的市场定位上、产品本身、价格因素里、商场超市里（代表销售渠道和销售现场的营业推广活动），以及促销活动中。也就是说，企业会通过产品、价格、渠道，并在销售现场搞各种各样的促销活动（即营业推广），配合各种媒体上的广告、宣传，来刺激需求，影响人们的感觉、认识、理性分析、观点和态度等。

4. 其他微观环境因素对消费者购买心理的影响作用

其他微观环境因素包括口碑、其他人的刺激性行为、销售的现场气氛等。这些因素的影响也不容忽视，甚至有时它们对购买者的影响作用会超过企业有意设置的营销因素。

四、研究消费者所敏感的刺激因素

在研究消费者购买行为时，还有一项工作也非常重要，那就是找出消费者特别重视的、能够对消费者的购买决策产生影响的关键性刺激因素。这些因素也就是消费者在收集信息时，在选择、评价时，重点关注、考虑，进行权衡的因素。另外，在这里还存在一个否定性刺激因素的问题。否定性刺激因素相当于一票否决制，即只要存在这个因素，那么这家企业或品牌立即被否决，不予考虑。例如，这个品牌的产品曾经出现过致人死亡的质量事故，那么消费者如果知道的话，一般情况下，是不会再购买这种品牌的。再如，样子、外观很难看的话，消费者会立即排除购买。显然，不同的市场上，消费者对各种刺激性因素的敏感度、理解方向是不同的。找出了消费者敏感的因素，也就为企业制定有效的营销措施（4PS），开展有针对性的营销活动指明了方向。

案 例

北京金色摇篮婴幼园的研究表明，收入高的消费者在给自己的幼儿选择婴幼园时，对下列因素有高度的敏感性（按照刺激因素的重要性排序）：

（1）婴幼园是否有特色。这取决于幼儿园的市场定位和产品特色。高端消费者特别重视从幼儿时期就给孩子以良好的教育。所以，他们找的不是一个仅仅看护孩子的婴幼园，还要求有特色教育、潜能培养。为此，经营者建立的双语幼儿园、音乐幼儿园、潜能开发婴幼园就很受那些有钱人的欢迎。

（2）婴幼园是否有一个知名的品牌。有钱人往往对品牌有高度的敏感性，在培养孩子的问题上更要重视品牌知名度。

（3）位置是否合适。尽管他们有钱、有汽车，但离家、离工作地太远的话，毕竟有许多不方便。

（4）价格。因为这些人有钱，所以他们需求的价格弹性不是特别高，也就是说他们对价格不是特别敏感。于是，我们并没有把价格因素排在很靠前的位置。但是如果价格太离谱，太偏离价值，也会使他们犹豫再三，毕竟挣钱不容易。

（5）婴幼园的广告、宣传是否有力度，促销沟通工作是否到位。

（6）否定性刺激因素。如曾经出现过安全事故，导致儿童重伤或死亡；非常差劲的口碑；幼儿园的内部设施、环境不好；婴幼园的外部环境差等。

第五节　消费服务市场

在消费者市场中，实际上存在着一个庞大的不同于有形商品消费的市场，那就是服务市场。有研究表明，社会越发展，人们的收入越高，休闲时间越多，则服务市场越大。这可以从服务业所创造的 GDP 占一个国家总 GDP 的比重变化中看出来。所以，服务营销是市场营销的重要组成部分，对服务市场及其购买和消费行为的研究自然也是市场研究的重要组成部分。

消费性服务产品市场，是消费者市场的组成部分，它也遵循我们在本章前面几节所讲的一些规律。但是，这个市场毕竟还有它的一些特殊性，有一些需要特别说明的地方。

对服务这种无形商品下一个定义似乎是一件很难的事情，况且下这样的定义似乎也没有什么意义。所以，我们将直接从对服务的分类开始认识。

一、从服务产业的角度来划分服务市场

（1）金融保险市场。包括存贷款、融资租赁、金融商品（外汇、有价证券、非货物期货等）转让、银行结算（如信用卡）、票据贴现、财产保险、人寿保险等。

（2）商贸市场。包括批发、零售等。

（3）信息市场。包括电信、互联网、邮政、市场调查、气象服务等。

（4）交通运输市场。包括陆路运输（铁路、公路、缆车、索道等）、水路运输、航空运输、管道运输、装卸搬运、托运等。

（5）旅游市场。包括旅行社服务、旅馆、餐饮等。

（6）医疗卫生保健市场。包括医院、诊所、病人看护治疗、老年人看护、心理诊疗、心理咨询、保健站等。

（7）法律服务市场。包括律师服务、法律咨询等。

（8）媒体市场。包括电视、广播、报纸、杂志等。

（9）文化教育体育市场。包括表演、播映、展览、培训、选美、讲座与报告会、图书资料借阅、学校、体育等。

（10）娱乐市场。包括歌厅、舞厅、卡拉 OK、音乐茶座、台球、高尔夫球、保龄球、游艺场（如射击、狩猎、跑马、玩游戏机、赌博、博彩）等。

（11）其他服务业。包括代理业（代购代销、代进出口、中介介绍服务、代托管等）、

修缮、装饰、租赁、咨询、美容、沐浴、理发、洗染、照相、美术、裱画、眷写、打字、镌刻、化验、录音、录像、复印、晒图、设计、制图、测绘、侦探等。

上述服务项目根据消费行为可分为：①基本服务消费行为；②追求精神和心理满足以及生活享受（闲暇放松、娱乐、情趣）的消费行为；③追求自身素质提高的消费行为。

二、根据服务活动的性质分类

有人把服务的性质描述为"一个行动，一次表演，一项努力"。据此，就存在两个基本的问题：它是针对谁（或什么）的？它是有形的还是无形的？这两个问题导致了4种分类：

（1）针对顾客的身体的有形行为：乘客运输、住宿、理发、外科手术、健身中心等。在传递这类服务的整个过程中，顾客需要在场以接受这样的服务所带来的预期效益。

（2）针对顾客的商品或其他实体的有形行为：货物运输、维修、洗衣、加油等。在这些情况下，被处理的物体对象必须在场，而顾客本人则不需要在场。

（3）针对顾客的思想的无形行为：广告、广播、教育、咨询、音乐会、信息服务等。在这种情况下，顾客的意识必须在场，但是顾客本人可以在场，也可以在某个服务设施内，或者在一个通过电子媒介相连的遥远的地方。

（4）针对顾客的信息或无形资产的无形行为：会计、银行、数据处理、保险、法律服务等。对于这种服务，一旦要求的服务开始实施，可能就不需要顾客的直接参与了（至少理论上如此）。

三、根据服务效果的耐久性分类

根据服务效果持续的时间对服务进行分类，可以分为耐用品和非耐用品。例如，擦一次皮鞋的服务效果一直延续到鞋子再次变脏；一次理发服务的效果持续到顾客感到头发长长了或者需要重新做发型的时候。从理论上说，还有一些服务效果将持续人的一生（如高等教育）。其他许多服务，如各种各样的娱乐，则十分容易遗忘，它所产生的效果只能持续到服务传递完成的那一刻。而像治疗骨折这样的医疗保健服务又如何呢？从理论上看，这样的服务成效可持续终生，因为如果不治疗，病人就可能终生残疾。然而，一旦身体痊愈了，人们就会忘记曾经接受过这样的治疗。所以，我们还应该讨论服务效果的感知期或半衰期。

经常有人说，如今的 MBA 学位的半衰期相当短，这反映了商业环境的迅速变化、管理的新风尚和新兴管理工具和理论的发展。如果现在你正在攻读 MBA 课程，你就应当明智地计划在未来通过大量的阅读、参加高级经理研讨班和你所感兴趣的领域内的商业会议来继续你的教育。

根据效果的感知期区分各种服务对服务营销有一些意义。那些效果随着时间的推移而迅速消逝的服务（像理发和清洁服务）因为其效果相当短暂，很不容易建立顾客的品牌忠诚，所以需要不断开展一些促销活动。而利益看起来将持续几年、十几年甚至几十年的服务则可能会在供应者和顾客之间建立一种长期的联系，这对于顾客引荐非常有益。

四、根据服务所经历的要素分类

一般来说，组成服务的要素有两类，一类是有形的，如建筑物的内部和外部、座位、床、膳食、车辆、设备、印刷材料等；另一类是服务人员。在顾客必须到企业去现场接受服务的情况下，对这两类要素的感觉就形成了他们全部经历的重要部分。显然，不同的服务，顾客所关注的要素是不同的，据此可将服务分为 4 类：

（1）顾客主要关注人的因素，主要以人为基础的服务，例如，管理咨询、个人家教、广告、会计服务、律师等。

（2）顾客主要关注设备的因素，主要以设备为基础的服务，例如，运输、电影院、衣服干洗、超市、快餐等。

（3）顾客同时关注人和设备的因素，人和设备都重要的服务，例如，高档酒店、餐馆、理发、空中旅行、大学教育、护理等。

（4）顾客只关注、重视结果，和企业的人、设备接触都少的服务，例如，保险、电视电台、汽车修理、信用卡等。

顾客在服务过程中的有形参与程度越高，服务人员、设备和场地就越有可能成为服务经历的重要组成部分。相应地，顾客在选择服务商时，就越有可能把选择的标准建立在他们对这些要素和服务效果的评价基础上。

值得我们注意的一个规律是，人的因素占主体的服务比那些主要以设备为基础的服务似乎更难以管理。因为与机器相比，人更难以管理一些，人也比较不容易保证产品质量的统一性。再加上出于降低成本的考虑，许多服务业出现了先进的机器设备代替人，顾客自助服务代替人员服务的趋势。

五、根据服务接触的程度不同分类

服务接触是指顾客同一项服务直接相互作用的一段时间。它覆盖了顾客为获得核心产品参与服务的生产与传递系统的整个过程，表示出他们同服务人员或设备的服务要素，或同这两者之间发生接触的水平。我们将服务分成 3 种水平的接触：

（1）高度接触的服务。顾客要到企业的服务现场，全程交互式服务，所有的人体处理服务都属于此类。例如，餐饮、旅馆、旅行社、美容、理发、大学教育、医疗、培训、咨询、律师服务等。

（2）中度接触的服务。顾客可能也需要到企业现场（或者服务提供者到顾客家里、双方都到一个第三方的场地），但是在服务传递过程中，顾客一般以自助服务为主，或者顾客不一定一直在现场。总之，他们与服务人员接触很少，即使有接触，接触的目的也仅限于建立关系、面对面确定问题、送来或带走需要服务的实体，或者仅仅是为了付款才接触。例如，歌舞厅、表演、电影院、超市购物、汽车修理、衣物干洗、图书馆、租赁等。

（3）低度接触的服务。顾客不用到企业现场去，传递一般都是靠电子媒介或其他有形的分销渠道相隔一定的距离实现的。这是当今以便利为导向的社会中一个迅速发展的趋势。脑刺激处理（如有线电视）和信息处理（如网上信息咨询）自然都属于这一类。此外，某些物体处理的服务也可归为此类，在这些服务的过程中，作为服务对象的物体可以被运送到服务现场，也可以通过电子渠道从一个遥远的地方传递到顾客所在地，进行"远程处理"（解决软件问题）。低度接触服务的例子有保险、广播、电视、电子银行、信用卡、邮局、电子商务等。

六、服务是一个系统

作为服务企业的产品，服务是指服务人员利用预先准备好的系统，对顾客的身体、思想（头脑）、有形实物、无形资产实施某种直接或间接的行为，从而产生预期效果的过程。这个过程实际上是由服务准备系统、服务生产及传递系统、服务促销及其他接触点系统三个子系统所组成的一个整体系统，如图 2-3 所示。这个系统的某些部分顾客是可以看到的，或者说是显而易见的；有的部分则被隐藏在企业内部，甚至顾客可能根本不知道它们的存在。有的人借用戏剧表演的概念，将顾客可以看见的部分叫做"前台"，将顾客看不见的部分叫做"后台"，这种比喻既形象又具有营销上的指导意义。

服务性企业营销的中心问题是提高顾客的满意度。显然，了解服务的三个子系统，有助于企业对照各子系统的具体内容来开展工作，从而提高工作质量，更好地服务顾客，取得满意的营销效果。

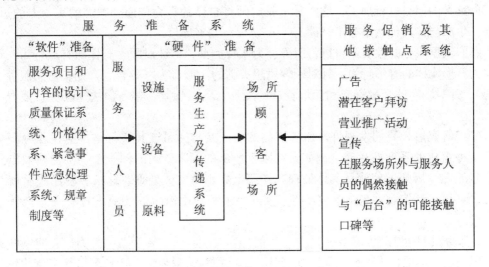

图 2-3　组成服务的三个子系统

（一）服务准备系统

（1）"硬件"准备。包括合适的位置，建筑物以及建筑物的内外装修、场地、设施、车辆、设备、各种用具、家具和摆设以及由有关的硬件所组成的具有一定目的的系统（如防火系统、物件传送系统等），甚至包括风景等。另外，还有开展服务所需的原料、辅料和外购的商品等。

（2）"软件"准备。包括服务项目和内容的设计（即核心产品和附加产品的设计）、服务"游戏规则"的设计、合理的服务价格及价格体系、服务所经历的流程图的设计、质量保证系统、各种规章制度、员工行为规范、员工职责权限的规定、人力资源培训系统、服务人员的必备技能、紧急事件应急处理系统等。

（3）服务人员准备。包括员工的招聘、培训等，要保证具有必备技能和责任心的员工，让他们各就各位，准备随时随地为顾客提供服务。

看起来企业应该准备的内容似乎很多，但是事实上，单就某一次或某一天服务而言，需要企业做的准备可能只是其中很小的部分。这是因为其他的内容实际上早就准备好了。例如，一家饭店在某一天的某个时间要开始营业了，这之前只需准备好做各种菜肴的原料，只需将各种用具洗干净，将卫生搞好，员工到位，然后就可以开门纳客了。

服务准备系统中有相当一部分的内容具有"前台"性质，即使那些处于"后台"的准备工作，也会直接影响企业在"前台"的服务效果。所以，企业要对各项准备工作精心谋划、设计，并不断改进、提高，从而不断提高其服务能力和服务水平。

（二）服务生产及传递系统

服务产品的生产及传递是指服务人员将服务加于顾客的身体、思想（头脑）、有形实物、无形资产上，并产生期望效果的过程。在这里，服务是服务人员与顾客之间直接或间接地交互作用的过程，所以其生产和传递过程大多是同时进行的。有人说餐饮服务可能是一个例外，因为它是先将菜肴做出来，再端上来。所以，它的生产与传递是分开的。其实不然，顾客进入饭店，点菜肴，这是一次信息处理；而厨师制作菜肴，相当于是对顾客所购买的菜肴的原料进行加工，这实际上是厨师将自己的行为传递到顾客的实物上的过程。因此，生产与传递仍然是分不开的。

我们根据服务的性质，可以将服务分为 4 种类型，即针对顾客身体的有形行为、针对顾客的有形实体的有形行为、针对顾客思想头脑的无形行为（教育、咨询、信息服务、艺术等）、针对顾客的金融资产和无形资产的无形行为（保险、银行、法律服务、证券投资等）。

仔细研究后，我们发现许多服务产品的生产及传递系统其实都是由上述 4 种服务中的若干种组成的系列性活动。例如，在刚才所讲的顾客就餐的例子中，接受他们点菜就是信息处理，厨师做菜就是实体处理，端菜上桌也是实体处理，让顾客享用菜肴就是身体处理（由饿到饱，并包含有身心享受），让顾客利用饭店的环境进行朋友聚会就是思想处理。

在服务的整个生产及传递系统中，我们把实现顾客最主要利益的行为过程叫做核心产品，把相关的其他行为过程叫做附加服务。还以顾客就餐为例，让顾客享受满意的菜肴是核心产品，接受顾客的房间预订、保管好顾客的物品、迎送问候顾客等就是附加服务。附加服务有许多种，我们可将其归纳为以下 8 个方面：

（1）信息服务。包括去服务地点的路线指示、时间安排/服务时间、价格、使用核心产品和附加服务的说明、提醒事项、警告、销售/服务的条件、变更通知、书面材料、定购确认、会计活动总结、收据和票据等。

（2）订单处理。包括接受申请、订单输入、预订（座位、桌子、房间、车辆或其他设备的租赁、与专业人员的约会、进入容纳能力有限的设施的权利）等。

（3）保管服务。包括照料顾客带来的孩子和物品（孩子照料、宠物照料、车辆停车场、衣帽间、行李处理、存放空间、保管箱/安全设施等），照料顾客购买的商品（包装、提货、运输、搬运、安装、检查和诊断、清洁、添加燃料、预防性的维护、修理和更新、升级等）。

（4）开账单。包括账户活动的定期对账单、单笔交易的发票、应付金额的口头说明、应付金额的机器显示、自己开账单（由顾客自己计算）、付款保密与安全等。

（5）咨询服务。包括建议、审计、个人咨询、产品用途的指导/培训、管理或技术的咨询等。

（6）招待服务（照料顾客）。包括问候、食物和饮料、厕所和盥洗室、浴室的成套用品、等候场地和便利设施（大堂、等候区域、座位、挡风遮雨的保护装置、杂志、娱乐、报纸等）、交通、安全等。

（7）例外服务。包括服务传递前的特殊要求（儿童的需要、饮食方面的特殊要求、医疗或残疾人的需要、宗教习惯、对标准生产程序的偏离）、处理特殊的沟通（赞美、建议）、解决问题（对产品故障的维修保证、解决使用产品中出现的问题、解决由意外事故、服务失误造成的困难和员工或其他顾客引起的问题）、补偿（资金赔偿、对不令人满意的商品或服务进行补偿、对有缺点的商品进行免费修理）。

（8）收款。包括顾客自助服务（插卡付款、电子资金转付、邮寄支票等）、直接向收款人或中介机构付款（清点现金和找零、支票处理、卡处理、优惠券抵扣等）、转账结算、签字结账、控制和核实（自动核实系统、人员核实系统）等。

（三）服务促销及其他接触点系统

不同于有形商品的营销，只有少数的服务企业是通过中间商的渠道销售的，例如，保险公司、旅行社、航空公司等，并且他们利用中间商的程度也是有限的。所以，服务性企业差不多都要有一个服务促销系统，来保证自己的市场占有率和足够的业务量。

由于大多数的服务都和顾客有接触度，有些服务的接触度还很高，所以，服务人员的工作态度和服务能力，对于提高顾客满意度极为重要。从这个意义上说，服务人员是顾客最重要的接触点和最重要的促销因素。因此，针对顾客接触人员（即客服人员）的激励计划通常是服务促销的重要组成部分，职位升迁、现金奖励、奖品、聚餐和表彰等都是常用的激励措施。

除此以外，服务性企业还可以使用多种方式，与潜在顾客进行营销沟通促销，如广告、人员推销、销售促进、宣传、公共关系（包括赞助）、指导材料（如宣传手册、录像带、软件）和公司设计等。

广告一般是最具主导性的促销工具，通常它是营销人员和它的未来顾客之间发生的第一次接触。印刷广告通常是指插入在报纸和杂志上的有偿信息，然而，规模更大的印刷信息也可能出现在户外媒体和公共交通车辆上，如广告牌和海报。另一种广告形式，通常是与销售促进相关联的，由店面橱窗中的陈列物组成。最后，还有一种直接营销，可采取的形式有邮递、电话营销、传真或电子邮件等。

销售拜访可以是人员的实地拜访，也可以是电话拜访。在销售拜访的过程中，沟通是双向进行的，销售代表应该更多地了解顾客，解答顾客提出的问题，顾客的疑问与反对也应该及时得到解答。

口碑是人员推销的另一种形式（如果口碑的内容是消极的，就是"阻止销售"），只不过它不是由领取报酬的销售队伍承担的，而是由感到满意（或不满意）的顾客承担的。

销售促进是指利用价格折扣、现场展示、有奖销售等多种形式，刺激顾客尽快采取购买行为的促销方式。销售促进在本质上是一种让利活动，它诉求顾客追求更大利益，以消费者喜欢占便宜的心理，通过五花八门的活动，来刺激顾客，达到迅速增加营业额的目的。销售促进的形式通常有价格折扣、派赠礼品、买一送一、优惠券、有奖销售、现场表演等。

服务企业的另一个沟通要素是公司设计。设计的对象是企业全部的有形要素，例如，标志、零售店面、车辆、员工制服和工具等。统一使用有特色的颜色、符号、字体和陈列方式，可以形成统一的可识别的主题，创造一种统一的、与众不同的视觉效果，从而给人留下深刻的印象。

服务传递的现场（如酒店、医院或银行）常常位于能够让众多消费者看到的显著的位置上。难以忘怀的建筑物和富有吸引力的标志能够传递来自整体形象的各种重要信息，从而突出表明一种独特的竞争优势。

注意，顾客除了接触到企业有意设计和发布的促销信息外，可能还有一些接触点是企业意想不到的。这些接触点也会影响顾客对企业的看法，从而具有了营销的意义。例如，当一名潜在顾客看见一辆属于某个快递服务企业的卡车抛锚在马路上，他会留下什么印象？或者，顾客在邮局购买邮票时，看到附近酒店的一名穿制服的雇员正对隔壁窗口的邮局服务员粗鲁地大叫大嚷时，又会留下什么印象？或者，当就餐的顾客因为某种原因误闯入饭店的食品制作间，看到卫生一片狼藉时，他下次还会光顾这家饭店吗？

 案例

联邦快递公司的核心产品和附加服务

小弗雷德里克·W. 史密斯在 1971 年创立联邦快递公司（Federal Express）的时候创造了夜间包裹传递这个概念，公司两年以后才开始实施这一想法，起先被认为是一项很独特的服务缓慢地培养需求。随着 1978 年对航空货运业放松管制的进程，该行业迅速发展起来，竞争也日趋激烈，许多新的竞争者在基础服务方面做得非常出色：取包裹、夜间运输和第二天送达包裹。很快，联邦快递的管理层认识到，如果公司还想继续成为市场的领导者并维持较高的价格，就必须重新思考服务的定义。经过一段时间的思索，他们把服务简单地定义为"顾客认为他们已经购买的所有行动和反应"。

这种表述清楚地说明服务产品本质是由一系列活动组成的，包括核心产品（联邦快递公司的核心产品就是在一个预定的时间之前把包裹运送到指定的地点）和一组附加的服务。这些附加要素包括：

提供建议和信息；

通过电话接受订单；

供应标签和某些类型的包装；

到托运人所在地取包裹；

提供运输的证明文件；

发出准确的、清晰的付款通知；

迅速解决问题；

追查偶然丢失的包裹。

第六节 品牌

品牌消费是任何一个消费者都不能回避的，也是消费者最普遍、最重要的消费行为。下面就让我们来了解一些品牌消费的知识，研究一些品牌消费的现象。

一、关于品牌的一些概念

（1）品牌。品牌俗称牌子，是制造商或经销商加在商品上的名称或标志。根据美国市场营销协会（AMA）定义委员会定义：品牌是一个名称、名词、符号、设计、象征或其组合，用来识别一个或一群卖主的产品或服务，使之与其他竞争者相区别。品牌是一个集合概念，它包含品牌名称、品牌标志、商标等概念在内。

（2）品牌名称。是指品牌中可以用语言称呼的部分。例如，饮料有可口可乐、百事可乐、健力宝等；汽车有福特、通用、大众、奔驰等；服装有雅戈尔、杉杉、红豆等这些都是较著名的品牌名称。

（3）品牌标志。是指品牌中可以被认知，但不能用语言称呼的部分，包括某种符号、象征、图案、色彩、艺术字或其他特殊的设计，甚至声音等。例如，美国米高梅片影公司以一只怒吼的狮子作为品牌标志；我国"永久"牌自行车以"永久"二字的艺术字组合成类似自行车的图案作为品牌标志等。

（4）商标。品牌或品牌的一部分在政府有关部门（商标局）依法注册并取得专有权以后，称为商标。商标受到法律的保护，是一项重要的工业产权和知识产权。国际市场上的许多著名商标，往往在许多国家注册。商标根据其知名度的高低和声誉的好坏，具有不同的价值，是企业的一项无形资产，其产权或使用权可以买卖。商标是一个专门的法律术语，围绕商标的行为是具有法律意义的行为。

（5）商品通用名称。商品通用名称是指一类商品所共有的名称，例如，电视机、浴霸、味精等。它不是品牌，不过有些通用名称是由品牌转化而来的。例如，"阿司匹林"（Aspirin）原是德国拜耳公司的著名品牌，后来成为通用药品名称。品牌一旦演变为商品的通用名称，便失去了品牌的专用性，原有企业也便失去了对它的专用权。所以，当一个企业开发出来一种全新的产品、品牌并很快备受欢迎时，必须立即去商标局申请注册，并严格保护自己的新商标，慎防他人将其用做该类商品的通用名称，并形成不容更改的惯例。

（6）自有品牌（private brand，简称PB）。又称私牌、中间商品牌，是指由中间商开发、培育，所有权属于中间商的品牌。中间商多采用找人加工的方法来获得产品，然后贴上自己的品牌来出售。

（7）贴牌。是指拥有某一品牌的企业，自己不加工制造产品，而是委托别的企业加工制造出来以后，贴上自己的品牌在市场上销售。私牌实际上就是贴牌的一种。

二、为什么需要品牌

尽管我们常常听到这样的说法：现代社会是个品牌社会，到处充斥着品牌。但是，细心的人们仍然会发现，市场上有些产品并没有被加之以品牌，或虽然有品牌，但品牌显得并不重要，如水果、蔬菜、馒头、筷子、煤炭等。品牌为什么对这些产品而言似乎就不重要，而对另外一些产品就重要呢？这要取决于消费者对品牌的敏感度。品牌敏感度是指消费者在购买产品时认品牌而购买的程度。也就是说，对于不同的产品，有时他们会认品牌而购买，有时会忽视品牌的存在。

那么，消费者什么时候认品牌而购买，什么时候不认呢？我们需要首先来探讨消费者为什么要认品牌而购买。前面我们曾经讲过，消费者的购买行为具有非专业、非专家购买特性。也就是说，他们缺乏关于产品的专业知识和足够的市场信息，他们在做出购买决策时常常有一种冒风险的感觉，因此，消费者会非常重视信息收集工作。但信息的获取需要成本，所获取的信息还有一个真伪的问题。为了减少信息搜寻的成本，并保证信息的真实，消费者在购买、消费的实践中摸索出了一种既有效又省事（搜寻成本低）的办法，那就是认品牌而购买。厂商知道了消费者的这一购买规律，自然就会采取相应的行动。他们首先设计一个吸引人的品牌，保证一定的质量水平，并通过广告、宣传或人们的口传来树立自己产品质量好、信得过的形象，从而为自己的品牌逐步建立起一个较为忠诚的顾客群。所以，品牌价值的实质是厂商的保证与承诺。哪一天厂商的产品质量下降了，违背了自己的保证与承诺，没有实现自己的保证与承诺，消费者就会认品牌而不买。

所以，品牌的敏感性取决于消费者在购买某种产品时，非专家购买特性的程度高低。程度越高，敏感性越强；程度越低，敏感性越弱。一般来说，结构简单、材质清晰的产品，比较容易判断其质量，消费者的非专家购买特性程度低，品牌敏感性弱；相反，那些结构复杂、材质不清晰、不容易判断其质量的产品，消费者的非专家购买特性程度高，品牌敏感性强。据此，我们可以做出一些基本的判断：①产品的档次越高，品牌的敏感性越强。所以，中高档快速周转消费品的品牌敏感性强，低档的弱。②产品的价值越大，品牌敏感性越强。所以，高价值耐用消费品的品牌敏感性强，低价值的弱。

上述研究的意义在于：对于品牌敏感性强的产品，企业一定要舍得花钱做品牌。相反，对于品牌敏感性弱的低档、低价值产品，企业就不要在品牌上下工夫。

另外，企业打造品牌是有成本的，除了保持质量的一致性、稳定性外，还要花费广告费、宣传费等。并且品牌销售的市场区域越大，企业所追求的品牌知名度越高，打造品牌的费用越大。而在低档、低值产品市场上的企业，实际上是负担不起这样的费用的。所以，市场上就形成了这样一种现象：越是低档、低值产品、低端市场，企业打造品牌的积极性越低。

三、名牌的营销价值

一个品牌如果没有知名度和美誉度，其价值是很低的。品牌的知名度和美誉度越高，其价值也就越大。

具有高知名度和美誉度的品牌就是名牌。名牌有两大营销价值，一是促销的价值，表现为名牌产品卖得快、卖得多。二是增值的价值，表现为名牌产品的价格几乎总是比不知名品牌要高。

名牌之所以具有两大营销价值，原因在于名牌产品的厂商所提供的保证与承诺更值得信赖。但是，我们发现有一种奇怪的现象，那些特别知名品牌产品的价格，有时会比同类的相对不太知名品牌产品的价格高许多。这真的是因为知名品牌的产品比其他品牌好若干倍吗？真的是因为知名品牌的保证与承诺价值比其他品牌高出若干倍吗？非也。其真正的原因是在那些知名品牌的背后和品牌内涵里，还有其他极有价值的东西存在。这就是品牌的心理价值，或叫精神价值，有一位品牌营销专家还称之为情感价值。具体来说就是融入、嵌入品牌中的特色、形象、历史、情感、故事、品位、人物、文化、传统、希望、精神、追求等。这些东西中的某一点或几点，与品牌天然浑成，极大地提升了品牌的价值。这些内涵不但值钱，而且具有不可复制性，虽然无形但它又确实存在。

 案例

当你看到或听到"耐克"这个品牌时，你会想到什么呢？可能会有：美国、NBA、乔丹、美国文化、体育精神等。当人说起"杭州西湖"时，你会联想到什么呢？脑子中会不会浮现出各种西湖胜景，会不会想起白蛇、许仙、法海、文人墨客的西湖诗词、西施与范蠡等？

学、做一体练习与实践

一、不定选择题

1. 影响消费者产生购买动机的外界刺激因素包括（　　）。

    A. 消费者的内在需求　　　　　　B. 市场营销因素，即 4PS

    C. 环境因素　　　　　　　　　　D. 消费者的购买心理因素

2. 消费者购买行为涉及的 6 个方面中，被称为消费者"黑箱"的是（　　）。

    A. who　　　　　　　　　　　　B. why

    C. when　　　　　　　　　　　 D. where

    E. what　　　　　　　　　　　　F. how

3. 形成消费者非专家、非专业购买特性的根本原因是（　　）。

    A. 消费者与厂商之间的信息不对称　　B. 消费者不善学习

    C. 心理因素　　　　　　　　　　D. 市场太复杂

4. 品牌敏感度高，品牌很重要的产品一般具有的特征是（　　）。

    A. 结构复杂　　　　　　　　　　B. 材质不清晰

    C. 不容易判断其质量　　　　　　D. 产品档次高

5. 名牌之所以具有高营销价值，除了其质量有保证外，还存在其他极有价值的东西，这就是（　　）。

    A. 名牌价值　　　　　　　　　　B. 品牌的心理价值

    C. 品牌的美誉度　　　　　　　　D. 品牌的知名度

二、填空题

1. 根据消费品的种类，可以将消费者市场分为_____、_____、_____。

2. 消费者获得消费信息的来源有＿＿＿＿＿、＿＿＿＿＿、＿＿＿＿＿、＿＿＿＿＿。

3. 消费者购买行为涉及 6 个方面，我们一般把它归纳为"5W1H"，即＿＿＿＿＿、＿＿＿＿＿、＿＿＿＿＿、＿＿＿＿＿、＿＿＿＿＿、＿＿＿＿＿。

4. 马斯洛的"需要层次论"把人的需要分为五个层次，从低到高依次是＿＿＿＿＿、＿＿＿＿＿、＿＿＿＿＿、＿＿＿＿＿、＿＿＿＿＿。

5. 影响消费者购买行为的非刺激性因素有＿＿＿＿＿、＿＿＿＿＿、＿＿＿＿＿。

6. 影响消费者购买行为的外部刺激因素有＿＿＿＿＿、＿＿＿＿＿。

7. 对于＿＿＿＿＿＿＿＿＿的产品，企业一定要舍得花钱打造品牌。

三、名词解释

1. 消费者"黑箱"；
2. 相关群体；
3. 家庭生命周期；
4. 自有品牌；
5. 贴牌。

四、判断正误题

1. 按照消费品的种类不同，消费者市场分为快速周转类消费品市场和耐用消费品市场。

2. 个人因素影响一般心理，一般心理因素影响购买心理。

3. "S—R 模式"的运行机理，同样适合生产者市场。

4. 消费者需求及其满足程度具有很大的心理性成分。

5. 社会越发展，人们的收入越高，则消费服务市场越大。

6. 有的产品需要品牌，有的不需要品牌。

五、简答题

1. 简述消费者购买决策过程。
2. 简述模拟研究消费者购买行为的"S—R 模式"。
3. 市场营销因素有哪些？市场营销因素对消费者购买行为有怎样的影响作用？
4. 简述消费者的非专家、非专业购买特性。
5. 从市场营销的角度，描述消费服务是怎样的一个系统。
6. 商标与品牌有什么区别？
7. 名牌具有什么营销价值？

六、案例分析题

请阅读章首案例《中国"80 后"消费调查》，描述"80 后"的消费心理特征，并试着说明是哪些个人因素和宏观环境刺激因素形成了"80 后"的这些心理特征。

七、讨论思考题

1. 营销专家们说过"品牌世界里没有真相"，"感觉就是现实"。请解释这两句话背后所隐藏的深刻含义是什么？

2. 品牌作为一种营销因素，在哪些消费品上面发挥的作用比较大？为什么？

八、概念应用题

1. 运用本章所讲的内容，剖析你在消费方面的一般心理特征，并找出形成你的这些心理特征的个人因素和社会环境因素。

2. 挑选一个你比较熟悉的名牌，试着总结出该名牌中包含的心理价值（或精神价值）。

第三章 组织市场

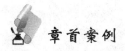

章首案例

某企业的供货商评价制度

该企业对供货商的评价主要有两种：一是对供货商投标资格的审查；二是对现有供货商的继续评审。评价的标准有：供应可靠性、产品质量、价格、服务和技术能力，其他还有销售管理的质量、劳工关系、雇员士气、成本水平、生产工厂和设备的现代化等。企业根据每项标准的重要程度，分别对其规定了一定的权数，权数介于0～1之间，所有评价标准的权数之和为1。被评价的供货商在每一个标准上的得分由购买人员根据有关情况判断给出，最高分为10分，最低分为0分。各标准得分与加权数乘积的加总为供货商的得分总计。通常规定有合格供货商的最低得分数，并依次比较各供货商的得分数。有时，如果有必要的话，还要对供货商进行访问。访问人员要填写下面的表格：

访问的公司：　　　　　　　访问日期：　　　　　　　联系人：

访问目的：

要求获得以下信息资料：工厂面积、职工人数、企业组织结构、企业发展计划、房屋建筑物和设备状况、员工状况、工厂气氛、产品线、质量控制、技术与研发情况、发货（运输方式、期限）、购买成本评价、交换降低供货成本设想。

....

观察结论：

对被访企业的建议：

尽管这种评价供货商的程序十分简单，并且多少有点人为的主观判断，但是，从实际效果来看，这种程序不仅是正确的，而且作为处理与供货商关系和掌握主要供货商数量和质量的工具也是必要的。这个得分数可以作为与供货商讨论其工作绩效的主要依据，并可与之讨论如何改进。甚至可将供货商的得分以文件形式通知他们，告诉他们公司评定其供货绩效的实际资料。作为对供货商评价程序的一部分，该企业会随时访问主要供货商的生产工厂并与供货商管理当局进行讨论。对于主要的原材料供货商，企业还要求供货商提供关于供应品的某些财务信息和其他有关资料。

前面一章我们介绍了消费者市场，但是，对许多企业来说，它们并不销售产品给消费者，而是将产品卖给了各类组织机构。这些组织机构购进大量的设备、原材料、零部件、办公用品和服务等，形成了庞大的组织市场。组织市场由生产者市场、政府和事业机构市场组成。

第一节　生产者市场的分类及其特点

生产者市场又叫产业市场，是由一切购买商品和服务，将它们用于生产其他商品或服务，以供销售、出租的企业所组成。也就是说，生产者市场的购买者是生产企业，其购买的目的是为了企业的生产或经营活动。生产者市场主要由以下产业构成：①农业、林业、牧业和渔业；②矿业；③制造业；④建筑业；⑤通信业；⑥运输业；⑦公用事业；⑧金融和保险业；⑨服务业等。

一、产业用品与服务的分类

产业用品与服务的分类方法很多，一般的分类为：建筑物，重型设备，轻型设备，零部件，原材料，维护、修理和经营用品，服务等。

(1) 建筑物和重、中型设备。包括：①建筑物包括建筑物及其附属设备（如钻机井架、化工设备、水塔和起重机）。②大型机械，如机床、汽轮机、巨型电子计算机、机车、压力机和挖掘设备等。③设备，通常是成套设备、生产线以及为特殊用户的需要而特别设计和制造的单件产品。建筑物和重、中型设备，作为固定资产差不多都可在用户的资产负债表中找到。购买整套设施和主要设备所需资金常常是借入的，其期限大约等于该项资产的预计寿命。在西方国家，融资租赁也是生产者获得重型设备的常用方式。

(2) 原材料、燃料等。原料就是那些处于生产过程起点的海产品、农产品、森林产品和矿产品。园木、铁矿石、谷物、鱼和原油等均是原材料。真正销售这类产品的企业很少，大多企业要原材制进行某些加工处理。原材料通常在市场上进行交易，价格是由供应量和需求量来确定的。

材料就是经过提炼、破碎和切割等加工处理而增值了的原材料，加工过的材料的等级和规格一般都是标准的。如化工产品是由空气、石油和煤等基础材料制成的。酸、脂肪和食油、燃料油和钢材也是加工过的材料。它们都是许多生产活动的基础原材料。加工过的材料一般有好几个供应来源，而这些产品本身并没有多大差异。供应商主要靠提供服务来进行竞争，就是通过增加服务而使产品"增值"。用户是根据这些服务的贡献来选择购买的。不间断地供应和产品质量符合标准是十分重要的，因为不能及时交货或质量不合标准，容易造成用户生产经营活动的中断。

(3) 轻型设备是指小型设备，其特点是购价低、使用寿命短。例如，电动和手工工具、叉车、微型电机和工夹具。这些产品通常具有统一的规格和外形，很容易从几家相互竞争的供应商那里买到。

(4) 零部件是已完工的产品，并将成为用户成品的一个组成部分。其可分为两种：一是标准件，如螺丝、螺母、紧固件、小型电机、半导体和电容器等；二是非标准件，如集成电路、仪器、仪表、塑料制品、玻璃制品等。制造厂一般从销售商那里购买标准件，直接从生产厂那里购买非标准件。

对于许多制造厂来说，销售零部件是一项重要的收入来源和利润来源。通常，购买者最感兴趣的是鼓励两家以上潜在厂商进行竞争，以便有可能从中选择供应来源和获得有利价格。供应商必须保证不间断地提供按规定要求生产的产品，以取得竞争优势。只有那些与下家有固定的供货关系，或有一定的品牌知名度和声誉的零部件供应商，才能确保获得一定的竞争优势。

（5）维护、修理和经营用品是维持企业正常经营所消耗的、不构成产品实体的物品。这些物品通常是可以互相代替的，即每种物品都有许多来源，一种厂牌的产品很容易为另一种厂牌的产品所代替。这些产品的分销特点是多渠道供应。这类产品常见的有：润滑剂、链条、锯片、磨具、燃料、清洁用品以及纸张等各种办公用品。维护、修理和经营用品的单价往往很低，购买批量也小。这与它们的可替换性和广泛的可获性有关。这类产品每次购买的数量相当少，通常都是按年需要量签订合同，由一家销售商根据规定期限依次补充各种用品。这样做是为了取得数量折扣或优惠价格。这类产品的购买计划可以用简易的计算机程序来制订。当它们的库存量下降到预先规定的水平时就发出订单（有规则地重复购买的零部件和原材料也可以采用这种方法）。

（6）服务是指所有的无形产品，服务可以与产品实体一起购买。例如，某项服务合同是某项设备购买合同的一个组成部分。生产者和机关团体购买的服务比较明显，如财产保险、银行业务和其他金融服务，建筑物维修服务，审计服务，各种咨询服务（包括设计和企业管理咨询服务），运输公司的运输服务，广告公司的广告服务，市场营销调查机构的服务以及数据处理服务等。虽然在生产者市场中服务费用的比重不一定有在消费者市场中所占的比重那么大（在消费者市场中服务费用约需花掉个人可以任意支配的收入的一半以上），但对于大多数的生产者来说，服务项目的费用也是一个很可观的数字。对于一个企业来说，服务的经营和有形产品的经营是同样重要的。服务是无形的这个特点增加了服务销售与购买的复杂性。服务的规格要求很难确定，而销售者也感到确定标准和保证质量是一个难题。服务质量不仅决定于服务人员的技术熟练程度，而且还决定于其服务态度和其他个性特点。因此，在服务的市场营销中，人不仅起着核心的作用，而且也是造成服务供应者之间产生服务差别的重要原因。由于实际提供服务的人也就是销售服务的人，所以对人对己同样重要的是管理这些服务员的方法和制度，包括激励、培训、监督和控制等。所有这些，精明的购买者必然会进行仔细比较。

二、生产者市场的特点

与消费者市场相比，生产者市场具有一些鲜明的特征：

（1）盈利性购买。生产者的经营目的就是为了盈利，所以生产者购买时所追求的应该是为了更好地生产，更好地盈利。他们一般首选那些能够带来更低的成本费用，或带来更大效益的产业用品。

（2）购买者比较少，购买量较大。一般说来，产业市场上的营销人员面对的顾客比消费者市场上的顾客要少得多。而且，由于资本和生产集中，有些行业的产业市场由少数几家或一家大公司所垄断。如美国固特异轮胎公司的命运关键取决于来自三家汽车制造商巨头（即通用汽车公司、福特汽车公司和克莱斯勒汽车公司）中的任何一家的订货单。因此，产业市场上的营销者要处理好与客户特别是大客户的关系，有时两三家客户的去留就能决定一个企业的命运。

（3）需求缺乏弹性。许多产业用品的总需求并不受价格变化的影响。皮鞋制造商在皮革价格下降时，将不会采购大量皮革；同样，当皮革价格上升时，他们也不会因此而大量减少对皮革的采购，除非他们发现了某些满意的皮革替代品。产业用品的需求之所以缺乏弹性，主要是因为生产需求的刚性较大，生产计划和生产要求不易更改。另外，对于占项目总成本比例很小的产业用品和服务来说，其需求的弹性更小。例如，皮鞋上的金属鞋孔价格上涨，几乎不会影响其需求水平。

（4）专家或专业采购。由于产业用品特别是设备的技术性强，企业通常都雇有经过训练的、内行的专家或专业人员负责采购工作。因而生产者市场的购买均属理性行为，基本上没有冲动性的购买。复杂而重要的采购项目还会涉及更多的人员，甚至企业最高主管也会参与决策，决策过程也更为规范。因此，营销者必须选派受过良好训练的专业推销人员，来与买方的专业采购人员洽谈生意。

（5）供需双方关系密切，保持长期业务关系。由于购买者人数较少，大买主对供应商来说更具重要性，所以销售几乎总是与在技术规格、交货要求等方面与购买者密切合作的供应商中达成。购买者对供应商的依赖性很大：保证供应原材料、零部件；不断供应维修用配件和主要设备的技术修理服务；有效的订货、装运与交货；通常还有放宽的信贷条件等。卖方在客户购买决策过程的各个阶段，往往要参与合作，帮助客户寻找能满足其需要的产品和劳务，并按客户要求的品种、规格和时间，定期向客户供货，并提供售后服务。产业市场的营销者通过有效的服务，与客户保持长期业务关系，从而保证自己产品的销售量和市场占有率。

（6）直接购买。产业购买者往往直接向生产者采购所需产业用品，而非经过中间商环节。特别是那些技术复杂、单价很高的产品，以及需要按特定要求制造的产品更是如此。

（7）租赁。许多产业购买者日益转向设备租赁，以取代直接购买。因为某些重型设备、车辆等产业用品单价高，用户通常需要融资才能购买，而且随着科技的发展技术设备更新很快。所以，在西方国家，企业所需的大型设备有越来越大的部分不采取完全购买方式，而是采取租赁方式取得。

（8）购买参与者多，购买决策过程复杂。这是生产者市场很重要的一个特性。原因有两点：①生产者市场上的购买是一种组织购买，而组织购买参与者的利益与组织利益常常是不一致的，这样，购买的参与者就有可能为了一己私利而做出有损企业利益的购买决策。因此，出于牵制的目的，企业的购买决策一般要由多人参与，并有着复杂的购买决策程序。②生产者市场的购买往往涉及许多复杂的技术问题和经济问题，需要花费很多时间反复论证，所以影响购买的人多，决策过程也要复杂得多。例如，购买技术复杂的大型设备，企业一般会成立一个采购委员会，在这个委员会里除了训练有素的采购业务人员外，还有一些技术专家，甚至高层经理也可能参与。

第二节　生产者市场购买者行为研究

一、生产者市场购买者的购买类型

生产者市场的购买决策程序有的比较复杂，有的不太复杂，这取决于购买类型。产业购买者的购买类型有三种：简单的重复购买、修正的重复购买和新购。

简单的重复购买就是从原先的供应商那里购买以前已经买过的东西，购买的项目很少有变化。这种购买可以用电脑来处理，以一种程序化的常规方式进行，在存货下降到某一水平时，或在一个月的某一天自动进行订购。

修正的重复购买就是对以前购买过的某些东西的购买，但需调查了解有关供应来源和购买条件的资料。因此，企业购买原材料时就可以要求几个供应商报价，或要求他们提供有关其产品的资料。

新购就是购买以前没有购买过的东西。要经过从需要的确认，到确定所需物品的特性和数量，拟订指导购买的详细规格等购买决策程序的所有阶段。在新购中，购买者以往的经验没有多大用处，他必须关心购买目的，确定重要的供应来源和制定评价各种供应来源的准则。

这三类采购业务的决策，以简单的重复购买最直接和简便，新购最复杂。新购的决策必须包含以下内容：①产品规格；②价格幅度；③交货条件和交货时间；④服务条款；⑤付款方式；⑥订购数量；⑦可考虑的供应商名单；⑧选定的供应商。其他两类采购业务的决策，则只包括上述内容的某几项即可。

系统购买是另一种买卖方式，它起源于政府购买大型武器或通讯设备。政府不是购买各种部件，然后再将它们装配起来，而是希望供应商提供完整的成套设备及其所必要的各种服务，即通过采购一次性整体解决其问题，而不是对涉及的各个问题分别做出决策。

还有一种形式就是系统承包，即由一个单独的供应商给采购者提供其维护、修理、操作所需的全部物料。这样，从购方来说，由于存货的任务转嫁给了销售方，同时减少了挑选供应商的时间从而降低了费用支出，并能使供货价格保持在一个较低水平；从卖方来说，由于有固定的需求，从而使经营成本降低。

系统购买和承包这两种方式广泛适用于产业市场大规模工程项目的交易，如水坝、钢铁厂、水利系统、卫生系统、油气管道、公共设备，甚至新城镇的建设。实践证明，订单往往被那些能提供最完整系统以满足购买者全部需要的公司获得。

二、产业购买过程的参与者

产业市场的营销人员，不仅要了解谁在产业市场上购买，产业市场的特点，而且要了解谁参与产业购买者的购买决策过程，他们在购买决策过程中充当什么角色，起什么作用。也就是说，还要了解其顾客的采购组织，以便采取相应的对策。

各个企业的采购组织有所不同。小企业只有几个采购人员，大企业有很大的采购部门。有的企业的采购部门经理有权决定采购什么规格的产品，由谁供应；有的只有较小的决策权。在重要而复杂的采购决策中，采购经理只能按照"采购中心"决策者的意图办事。

在任何一个企业中，除了专职的采购人员外，还有一些其他人员也参与购买决策过程。所有参与购买决策过程的人员构成"采购组织的决策单位"，市场营销学称之为"采购中心"。企业的"采购中心"通常有五类参与者：

（1）使用者。就是真正使用所购产品的人，通常采购某种产品的要求是由他们首先提出来的，他们在规格型号的决定上有直接作用。

（2）影响者。即向决策程序增添资料或决策准则，在企业外部和内部直接或间接影响购买决策的人员。在企业里技术人员通常是最主要的影响者。

（3）信息控制者。即控制进入"采购中心"的信息的人员。如企业的技术人员、购买代理商、采购人员等。

（4）采购者。具体执行采购任务的人员，他们负责选择供应商并与之谈判。在较复杂的采购工作中，采购者还包括参加谈判的公司高级职员。

（5）决策者。就是"采购中心"里有权最后决定供应商的人。在日常的采购中，采购者就是决策者；在复杂的采购中，企业的领导人通常是决策者。

并不是任何企业采购任何产品都必须有上述 5 类人员参加购买决策过程。企业"采购中心"的规模就大小和成员多少会随着欲采购产品的不同而有所不同。例如，一个企业如果采购办公用的文具，可能只有采购者和使用者参与购买决策过程，而且采购者往往就是决策者。在这种情况下，采购中心的成员较少，规模较小。如果企业要采购一条生产线，其技术性强，单价高，购买情况复杂，参与购买决策过程的人员较多，"采购中心"规模就较大。

如果一个企业的"采购中心"的成员较多，供应商的营销人员就不可能接触所有的成员，而只能接触其中少数几位成员。在这种情况下，供应商的营销人员必须了解谁是主要的决策参与者，以便影响最有影响力的重要人物。

三、影响产业购买者购买决策的主要因素

产业购买者的购买行为和决策过程受许多因素影响。有些营销人员认为经济因素最为重要，另外一些营销人员认为采购者对诸如偏好、注意力、避免风险等个人因素反应敏感。实际上，产业市场上购买者既对经济因素有反应，同时对个人因素也有反应。一般来说影响产业购买者购买决策的主要因素有四大类，即环境因素、组织因素、人际因素和个人因素。如图 3-1 所示。

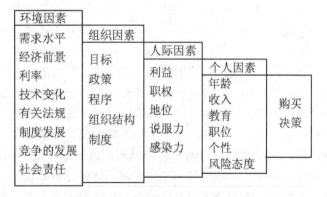

图 3-1　影响产业购买者购买决策的因素

（1）环境因素。产业购买者受当前经济环境或预期经济环境诸因素的重大影响，例如，在需求水平、经济前景因素上，经济衰退时期社会需求水平普遍降低，经济前景不容乐观，这时产业购买者就会减少对厂房或设备的投资，并设法减少存货。供应商营销人员

在这种环境下刺激采购是无能为力的，他们只能在增加或维持其需求份额上作艰苦的努力。同样，产业购买者也受到技术因素、政治/法律因素、社会责任关心内容和程度的变化以及经济环境中竞争发展因素的影响。供应商的营销人员必须密切关注所有这些环境因素，测定这些因素将如何影响采购者，并设法使问题转化为机会。

（2）组织因素。属于企业内部因素。每个购买企业都有自己的经营目标、发展战略和有关于采购的业务程序、组织结构和规章制度等。这些因素必然会影响购买决策。

（3）人际因素。"采购中心"通常包括一些具有不同利益、职权、地位、说服力和感染力的参与者。各个参与者在决策中所起作用显然有大和小、关键和一般的区分。这种人际关系会影响产业购买者的决策行为。

（4）个人因素。指"采购中心"的参与者，特别是其中关键人物的个人情况。尽管产业购买行为多数是理性行为，但要由具体人员来实施，受其中关键人物的年龄、收入、教育、职位、个性、对风险的态度等因素的影响。例如，有的购买者是简练型，有的是外向型，有的是追求完美型，有的是经济型，有的是事必躬亲型等。受过良好教育的年轻采购人员，往往很挑剔供应商；经验丰富的采购人员，善于抓住供应方的漏洞，以获得交易上的好处。

四、产业购买者的决策程序

购买决策是企业从某供应商购买产品与服务的决议，它是由企业的多名成员参与进行，通过一整套复杂活动所形成的。购买不是一件事情，而是企业的一项决策制定程序，其结果是产生一项合同责任。供货企业的市场营销人员要了解企业购买决策过程各个阶段的情况，并采取适当措施，以适应客户在各阶段的需要。

产业购买者的决策程序一般分为循序渐进的阶段：①认识需求；②确定需求；③详细说明需求；④寻找潜在供应商；⑤接受和分析供应商建议；⑥选择供应商；⑦选择订货程序；⑧执行情况反馈和评价。

就某一用户具体行为而言，不一定都循此模式，其经历步骤的多少，取决于购买情况的复杂程度。例如，新购必然经历全部八个阶段，修正的重复购买经历阶段少一些，简单的重复购买经历的阶段最少，一般只包括详细说明需求项目的特点和数量阶段以及执行情况反馈和评价阶段。下面以新购为例，说明产业购买者购买行为的八个阶段。

（1）认识需求。这是用户购买行为过程的初始阶段。当企业中有人认识到了某个问题或某种需要可以通过得到某一产品或服务就能解决时，便开始了采购过程。企业需求是由内在和外在刺激因素所引起的。就内在因素而言，下列情况是导致需求的最常见事例：公司决定推出一种新产品，因而需要新设备和各种材料，以便生产该产品；一台机器报废，需要更新或新的零部件；采购的一些材料不尽如人意，公司转而寻找另一家供应商；一位采购经理意识到有一个能获得物美价廉产品的机会。从外在因素来看，采购人员参观展销会，通过浏览广告，或接到某一能提供物美价廉产品的销售代表的电话、寄来的信函等便产生了一些新的购买想法。因此，供应商的营销人员可以通过直接发信、电讯营销、访问有希望的买主等手段来激发潜在购买者的需求。

（2）确定需求。认识需求以后，第二步是确定所需品种的特征和数量。就标准项目来说，这不是大问题。而对复杂项目而言，采购人员要和使用者、工程师等共同研究，确定所需品种的特征和数量。特征包括可靠性、耐用性、价格及其他属性。供货企业的营销者在此阶段要帮助采购单位的采购人员确定需求。

(3) 说明需求。确定需求后第三步是指定专家小组，对所需品种进行价值分析，做出详细的技术说明。价值分析是一种降低成本的方法，通过价值分析，对各部件仔细加以研究，以便确定能否对它进行重新设计或实行标准化，并运用更便宜的生产方法来生产产品。这里所说的"价值"，是指某种产品的"功能"与这种产品所耗费的资源（即成本或费用）之间的比例关系。其公式为：

$$V（价值）＝F（功能）÷C（成本）$$

公式中的"功能"是指产品的用途、效用、作用，也就是产品的使用价值。实际上，人们购买某种产品就是要购买这种产品的功能。而价值分析的目的是：耗费最少的资源（即成本或费用），生产出来或取得最大的功能（即使用价值）。产业购买者在采购工作中要进行功能分析，调查研究本企业要采购的某种产业用品是否具有必要的功能。例如，假设某家具公司要采购制造沙发用的沙发布（原料），过去这家公司一直用纯棉的沙发布，现在市场上有两种代用品，即化纤的沙发布和人造革。经过功能分析，发现这三种沙发布的"必要的功能"（包括使用功能和贵重功能）都一样，这家公司就采购价格最便宜的原料；如果这三种原料的功能不一样，但价格一样，就采购功能最大的原料。采购单位的专家小组要对所需品种进行价值分析，并写出技术说明书，作为采购人员取舍的标准。当然供应商的营销人员也要应用价值分析技术，向顾客说明其产品有良好的功能。

(4) 寻找潜在供应商。一旦产品要求被具体化后，采购者将设法认识其最适宜的卖方。他们会通过查找工商企业名录或交易指南，进行计算机网上搜索，观看贸易广告和参加贸易展览会寻代供应商。供应商的任务就是要被列入主要的企业名录中，制定一个强有力的广告和促销方案，在市场上建立良好的信誉，并确定谁是寻找供应商的买主。

(5) 接受和分析供应商建议。购买者会邀请合格的供应商提交供应建议书，有些供应商只送来一份产品目录或派一名销售代表。对复杂或花费大的项目，购买者会要求每一家潜在供应商提供详细的书面建议。购买者淘汰了一些供应商店，就会要求剩下的供应商提出正式说明。因此，营销人员必须精于调查研究，书写和提出建议，他们的建议必须是营销文件，而非只是技术文件。其口头陈述应该鼓舞购买者的信心，使公司的能力和资源处于强有力的地位，以便在竞争中脱颖而出。

(6) 选择供应商。购买中心的成员研究供应商的建议并选出一个或几个供应商。在选择供应商时，购买中心常会列出需要的供应商素质及相对重要性。在一项调查中，采购经理认为下列要素是影响供应商和客户的最重要因素：优质的产品和服务、及时交货、道德的公司行为、诚实的沟通以及具有竞争力的价格。其他重要因素还包括维修和服务能力、技术帮助和咨询、地理位置、过去的业绩以及声誉。购买中心的成员将根据这些特点来对供应商进行排序，并找出最好的供应商。

在做出最终的选择之前，购买者会试图与较好的供应商进行谈判，以争取更有利的价格和条件。最后，他们会选定一个或几个供应商。许多购买者喜欢有多个供应来源以免过分依赖于某一个供应商，并可以在以后的时间里不断比较几个供应商的价格和表现。

(7) 选择订货程序。产业购买者在选定供应者以后，就发出正式订货单，在订货单上写明所需要产品的规格、数量、要求、交货的时间、保修条件等项目。现在西方国家日趋采用"一揽子合同"的做法，而不是"定期采购交货"。这种合同要求供应者必须按规定随时向买方供货，等于把买方存货放在供应商手中。所以这种合同又叫"无库存采购计划。"当需要采购时，买方的电脑会自动打出订单，发给供应者。这种方式使供应商的产品销路较有保障，可减弱竞争的影响。

（8）执行情况反馈和评价。生产者购买产品后，其采购部门还要经常向使用者征求意见，了解他们对购进的产品是否满意，检查和评价各个供应商履行合同情况，然后根据这些反馈和评价，决定以后是否再向其购货。因此，供应商应认真履行合同，尽量提高购买者的满意程度。

第三节　组织市场中的其他市场

一、政府和事业机构市场

政府市场是指所有为了行使政府职能而购买产品的政府机关。例如，政务机关、军队、警察等。在我国，中国共产党以及各民主党派的各级机构也具有政府性质，也属于这一市场。

政府市场购买的目的是为了行使政府保卫国家、管理社会、建立和维护公共物品的职能。它完全使用政府预算资金（也就是政府的钱、纳税人的钱），购买的产品往往以各类办公用品和服务为主，其次是公共物品如公路、铁路、水利设施、国防设施、消防设备、绿地以及其他公共设施等，另外还有军队和警察使用的枪支弹药、飞机大炮等军用品。

事业机构市场是指完全或部分使用政府预算资金，从事带有公共事业性质的公立学校、医疗机构、媒体机构、博物馆、公园、体育场、国家艺术剧院等。它购买的目的是为了从事自己的事业，购买的产品是从事事业所需要的物品及服务。

政府与事业机构的购买行为具有以下特点：

（1）使用财政预算资金，俗称花的是"公家"的钱。这种购买作为组织购买，其采购参与人，特别是采购的决策人的利益与组织利益（常常也就是社会利益）之间不一致的矛盾更为突出。所以，为了防止和减少"以购谋私"的行为发生，采购中更需要多人参与，形成相互制约的牵制关系。其采购的制度性、程序性、规范性、透明性、公平性要求更高，采购决策过程更加复杂化。

（2）政府和事业机构采购的目的是行使政府职能或开展社会事业，追求社会效果，不具有营利性。但是，因为要接受各方面的监督，而社会监督的重点往往是价格，所以，政府采购的交易条件非常注重价格，在正常情况下，他们总是向那些能够提供符合规格要求而标价又最低的供应者购买商品。

（3）凡是使用政府预算资金的采购，原则上必须接受社会监督。这种监督由财政部门、政府审计部门、媒体和社会舆论的监督组成。有时大型的政府采购甚至要接受国会（议会）的咨询和监督。由于大量监督的存在，政府采购往往比生产者购买更为慎重，购买程序更为复杂。政府为了物色供应商，除经常印发一些书面材料，详细说明采购要求之外，对于采购的手续也有比较细致的限制和规定。所以，供应商应根据政府采购机构的商品需求和购买的程序规定来开展活动。

（4）采购方式多采用公开招标和合同议购的形式。公开招标的采购方式因为其较严格的制度性、程序性、规范性、透明性、公平性，被老百姓形象地称为"阳光工程"。在我国尽管合同议购采购方式以及其他不规范的采购还不少，但公开招标的采购方式越来越多地被采用。

所谓公开招标，就是政府的采购机构在报刊上登广告或发出函信，说明要采购的商品的品种、规格、数量等具体要求，邀请供应商在规定的期限内进行投标。供应商如果想做这笔生意，就要在规定的期限内填写标书（其格式通常由招标人规定），填写清楚可供商品的名称、品种、数量、交货日期、价格等，密封后送交政府的采购机构，最后由政府的采购机构在规定的日期开标，选择报价最低且符合要求的供应商成交。政府采购机构采用这种采购方法，无须与卖方反复磋商，而且处于比较主动的地位。但供应商之间必然产生激烈的竞争。在竞争中，供应商为了夺标，必须注意以下几个问题：一是必须仔细考虑自己的产品是否达到招标人的要求，合约的条件对自己是否有利；二是标价是否最低。一般情况下，政府的采购机构将会把订单交给标价最低的供应商。因此，既要有利可图，又要保证夺标，报价的高低是一个关键；三是要符合政府采购机构的特殊需求。特别是一些机械设备，维护费用也要由供应商负担，免费维修期长的供应商将可能夺标。

所谓议价合约选购，是指政府采购机构和一个或几个厂商接触，最后只和其中一个符合条件的厂商签订合同，进行交易。政府的采购部门往往是在某些采购业务涉及复杂的计划、有较大的风险、竞争性较小的情况下，才采用这种选购方式。

二、组织市场中的消费性购买行为

无论是企业、政府或者是事业机构都会有对消费品的购买需求，这种需求同样涉及吃穿用住行各个方面。这类购买行为经常发生，且购买量、购买频率和规模还相当大，它们绝对是消费品市场不可忽视的、占有相当比重的部分。

组织市场中的消费性购买行为往往有以下的情况：

（1）作为职工或工作人员的福利、奖励的消费品购买。例如，年终购买副食品发放；"三八"妇女节为女同志购买妇女用品或家庭用品；购买各种奖品；为获得荣誉的先进职工和工作人员组织旅游、参观等；职工的劳动保护福利如劳保服装、夏季的降温用具、冬季的取暖用具等；职工的体检和医疗等。

（2）为了活跃职工精神文化生活，融洽职工关系而举办一些群众性活动的消费。例如，聚餐、舞会、旅游、运动会、青年活动、联欢会等，这些活动会形成对餐饮、娱乐、旅游、食品、服装、礼品、会场布置用品等的需求。

（3）组织开展公共关系活动的消费。例如，招待消费、周年庆典、庆祝会、展览会、各界酒会、客户洽谈会、联谊会等。公共关系活动形成的消费需求有餐饮、娱乐、食品、礼品、服装、会场布置用品等。

（4）工作场所、工作过程中的生活消费。例如，工作午餐、晚餐；企业促销活动中给消费者的促销品；以工作为目的而形成的出行、住宿、餐饮需求等。

（5）企业办社会方面形成的消费需求。例如，职工食堂、医院、幼儿园、学校等的消费性购买。尽管企业办社会的情况正在逐步减少，但目前仍存在。

（6）企业的工作人员出差。流动性的存在和发展是许多需求增长的源泉，例如，旅馆、餐饮、箱包、饮料、纪念品、乘坐交通工具等。

我们之所以要专门讨论组织团体消费的问题，目的是要提醒消费品的生产厂家和经营者不要忘了或忽视组织市场中的消费需求。企业要注意研究自己的产品有哪些组织用户，并注意开发之。

一般而言，组织市场的消费需求具有不确定性、临时性、突发性的特点，很少采用招标的形式。相应地，相关的生产企业、商业企业和服务企业要走出去，预先主动对各类组织进行推销拜访，与这些组织建立良好的关系，建立通畅的信息沟通渠道。企业要熟悉和了解各个组织的购买决策参与人员、购买决策程序和过程，影响他们购买选择的关键性因素。一旦这些组织有某种消费需求，我们自己的企业要成为他们购买的首选。

学、做一体练习与实践

一、不定项选择题

1. 与消费者市场相比，生产者市场具有的鲜明特征是（　　　）。

　　A. 需求弹性大　　　　B. 专家购买　　　　C. 直接购买

　　D. 租赁　　　　　　　E. 购买决策过程复杂

2. 影响产业购买者购买决策的组织因素是指（　　　）。

　　A. 企业发展战略　　　B. 采购制度　　　　C. 市场机会

　　D. 组织结构　　　　　E. 规章制度

3. 影响产业购买者购买决策的个人因素是指（　　　）。

　　A. "采购中心"参与者的个人因素　　　　B. 关键人物的个人因素

　　C. 年龄　　　　　　　D. 对风险的态度　　　　E. 人际关系

二、填空题

1. 生产者市场的购买者是_____，他们购买的目的是_____。

2. 产业购买过程的参与者包括_____、_____、_____、_____、_____。

3. 影响产业购买者购买决策的主要因素有_____、_____、_____。

4. 价值分析中所说的价值是指某种产品的_____与这种产品所耗费的_____之间的比例关系。

三、名词解释

1. 生产者市场；

2. 价值分析；

3. 政府市场；

4. 事业机构市场。

四、简答题

1. 生产者市场具有哪些特点？

2. 为什么说生产者市场具有专家或专业购买的特征?

3. 简述影响产业购买者购买决策的主要因素。

4. 简述产业购买者的决策程序。

5. 政府与事业机构的购买行为具有哪些特点?

6. 组织市场中为什么会有消费性购买行为?

五、案例分析题

阅读章首案例《某企业的供货商评价制度》,本案例所讲的内容与本章的哪个内容相对应? 如果你是这家企业的供货商,案例中的信息对你有哪些启发?

六、讨论思考题

你是否同意以下的说法:政府的繁文缛节给那些向政府提供产品和服务的小厂商增添了不少没来由的负担。为什么?

七、概念应用题

1. 选择一家制造企业,请详细了解该企业的主要原材料或主要设备的采购程序以及影响企业购买行为的主要因素。

2. 了解某政府部门或某事业机构的物品采购程序以及有关制度和规定。

第四章　竞争者和中间商

 **章首案例**

中国牙膏市场上的竞争者

中国牙膏市场容量巨大，从 20 世纪 90 年代中后期开始，市场规模以年均 5% 的比例保持快速增长。2006 年牙膏产量达 74 亿支，销售额超 100 亿元。据调查，目前中国城市居民有三分之一人群没有养成良好的刷牙习惯（即未能每日早晚两次刷牙）。在广大农村地区，约有 57% 的人不刷牙，而农村目标消费群人口基数在 5 亿以上，因此未来市场潜力不可限量。

一、竞争者及竞争态势

经过二十余年的激烈竞争与反复较量，中国牙膏市场明显区分出三大阵营：

第一阵营是由高露洁、佳洁士、中华、黑人组成的外资军团，该军团目前占据 65% 左右的市场份额，实力最为强大。其中，高露洁和佳洁士堪称"牙膏双雄"，各自有超过 20% 的份额，比被联合利华收购的第三名中华牙膏的份额都要高出一倍。高露洁、佳洁士均以氟、钙为主要成分，以防蛀牙、固齿和美白为市场切入点，一直占据着牙膏高端市场。二者比较，高露洁稍占优势。高露洁在中国消费者心目中是"口腔健康专家"的品牌形象，而佳洁士将营销目标瞄准儿童，广告上频繁出现的是一张张儿童"没有蛀牙"的笑脸。通过在儿童心目中树立良好的品牌形象，来影响父母选择牙膏品牌。宝洁公司还想让少年儿童在"佳洁士"的产品和广告中成长，形成对佳洁士的品牌忠诚和消费习惯，培养潜在的市场。

第二阵营是由两面针、冷酸灵、黑妹、田七、蓝天六必治等本土领军品牌组成的"本土联军"。这些企业都是传统的牙膏企业，该军团目前占据 15% 左右的市场份额。以两面针、草珊瑚、芳草等为代表的国内品牌以中草药为主要成分，针对牙龈提出了消炎、止痛、去火的功效。民族品牌开始由低端向中高端价位反攻。

第三阵营是近年来崛起的 LG 竹盐、牙博士、纳爱斯、云南白药、严迪等组成的第三方阵。该方阵既有外资企业，也有本土企业，之所以将之归为第三方阵，是因为它们都通过细分市场、差异化营销成功走出了第三条发展道路，即重点强调牙膏的功能，创造了功能牙膏的新品种。

二、定位竞争

现阶段市面上牙膏的定位竞争分为三种情况：

一类是跨国企业在高端市场已经出现了某种程度的饱和，或者说已建立了稳固的地位，但中低端市场对其来说是相对薄弱的市场。因此这些企业从市场覆盖和垄断竞争的需要出发，力推低端廉价产品，其发展策略已经在持续创新产品、密集投放广告的基础上，向低端市场渗透，以打压二线、三线竞争品牌获得更广阔的生存空间。其价格体系已形成高中低的梯队搭配。

一类是国内民族传统领军品牌与其他部分已有一定区域市场基础的二线、三线品牌牙膏产品，一方面为提升品牌形象，另一方面出于营运费用与利润的现实需要，产品开始由低端向高端纵深挺进，因此产品价格体系呈现出由低到高的强劲发展趋势，力求分切高端市场蛋糕。

最后一类是定位于终端渠道，并以纯终端操作模式为主要营运手段的新兴外资品牌或国内市场新兴企业与产品，为维持其业已形成的地面推动型获利模式，自始至终均以高价位产品盯牢部分细分市场与目标消费群。其策略可描述为：高价差、高毛利、高投入，终端拦截、实效促销，产品线横向延伸、市场滚动发展，专攻区域品牌。

三、竞争手段

功效、价格、品牌仍是影响消费者购买行为的三大主要因素。在这三个因素中，国产民族品牌有着不可比拟的强大优势。不仅具有品牌亲和力，还有成本优势、中药传统技术、本土人文优势。从区域和价格结构看，城市市场，牙膏产品进一步向高档化发展；农村市场，低价位产品销售量将快速上升。

（1）产品升级。通过功能开发，开发出新的品类，实施品类战。国外品牌多以健康概念（富含某因子、物质等），冠以科学头衔。国内品牌多冠以中草药头衔。在中草药牙膏市场中，蓝天六必治、两面针、田七、芳草、洁银等老品牌位居主导地位，不断推陈出新；黑妹、冷酸灵等新品牌不甘落后，竞相推出新产品，云南白药、严迪、立白、飘影、名人等企业纷纷介入，推波助澜。高露洁、佳洁士等国际品牌也意识到中草药牙膏市场的巨大潜力，开始打草本牙膏的广告。

从产品结构看，市场进一步细分化，新品大量涌现，广泛为市场所接受的是口感特殊并具有多种功能的产品。如符合中国传统消费习惯的中草药牙膏、盐味牙膏、符合国际口腔用品发展潮流的增白牙膏、多合一牙膏和生物牙膏等。这方面的新品正蜂拥上市，如草珊瑚纯天然中草药牙膏、高露洁蜂胶牙膏和全效护理牙膏、纳爱斯营养牙膏、高露洁草本美白牙膏、中华金装全效牙膏、云南白药牙膏、蓝天生物酶牙膏等。

（2）价格战如火如荼。外资品牌稳固占据城市市场后，营销重心开始大幅向农村倾斜，价格由高价位向低价位渗透。最近高露洁公司针对中国本土企业的主导产品中草药牙膏，推出草本牙膏（含田七、西瓜霜的牙膏），进行低价打压。一向以高价位出现在中国消费者面前的佳洁士也采取了最为见效的价格战，并首次在其强根固齿牙膏广告中高声叫卖"只售两块九！"

（3）渠道变化。从渠道结构看，终端逐步成为口腔清洁用品营销中的战略性营销资源。与此同时，传统批发流通市场的经销商，多层级分销覆盖较大面积的区域市场的能力普遍削弱。渠道竞争的情况是，主流终端店铺中，日化用品（或口腔护理用品）专区中，近60%的货架为高露洁、佳洁士、中华等少数强势品牌占有。行业中其他10个以上或更多的品牌/产品，只能在不足40%的有限货架资源中进行争夺。在全国重点大型零售企业2004年的商品/品牌市场综合占有率排名中，前4位的名次是：佳洁士22.12%、高露洁

21.79%、中华 12.02%、两面针 6.30%。

（4）市场促销。广告宣传仍是牙膏市场最重要的营销手段，牙膏厂商根据自己的产品进行定位，有针对性地加大广告宣传力度，建立品牌形象，以争取更大的市场份额。

另外，渠道领域的促销竞争分为两大层面。其一是流通渠道，厂商提供陈列费用支持以促进深度覆盖是主要促销手段；其二是终端渠道，促销表现形式主要有：支付货架陈列费用、投入促销导购人员、开展消费者促销（包括赠品捆绑促销、加量装促销、抽奖活动等数种）。

企业要想在市场上获得成功，仅仅了解市场（顾客、客户）是不够的，还必须了解竞争者和中间商。如果说市场是影响企业市场营销第一位因素的话，则竞争者和中间商就是第二、三位的因素。我们需要了解一些关于竞争者和中间商的基本知识，从而更好地开展市场营销活动。

第一节　竞争者

盈利是企业经营的内在动力。企业在追求盈利的市场营销过程中，不可避免地会遇到竞争，会发生对顾客的争夺战。发生这种争夺或者因为他们看到了改善自身销售状况的机会，或者因为一个或几个竞争者感到有压力。总之，竞争因素从来都是一个不容忽视的重要环境因素。

一、商业即战争

毋庸置疑，竞争给企业带来了压力，但这种压力何尝不是一种动力呢？正因为竞争者的存在，才使企业的营销活动具有挑战性和丰富多彩。所以，有人说"对手是帮手"，这句话不无道理。

除了垄断行业，绝大部分的企业都会面临或大或小的竞争压力，而在诸如食品、饮料、酒、保健品、化妆品、手机、家电、汽车等众多领域，竞争还非常激烈。因此，有人说："商业即战争，商业的本质特征就是抗争。"

因为竞争的存在，企业的市场营销过程，就不仅仅是满足市场（顾客）需求的过程，同时还是一个对付竞争者，战胜竞争者的过程。有的人甚至走得更远，认为竞争因素在引导企业市场营销决策时比市场因素更重要，企业应该变市场导向为竞争导向。

实际上，因为市场和竞争的复杂性，争论两者谁更重要是徒劳无益的。我们不妨将二者结合起来，就是这样一句话：企业要想在竞争中占据优势，就必须在满足顾客的需要和欲望方面比竞争者做得更好。企业在制定市场战略和策略时，必须考虑竞争的因素；在制定竞争战略和策略时，必须考虑市场的因素。缺少任何一方的战略和策略都是残缺不全的。所以，看似两种战略和策略，实际上是一种。

在市场商战中，知己知彼才能制定正确的竞争战略与策略，才能取得竞争优势。不了解和不掌握竞争对手的情况，企业制定的竞争战略和策略就是盲目的，就不可能有必胜的把握。

对竞争对手的充分了解有赖于深入的分析，而深入的分析又有赖于掌握对手的大量可靠的信息。实践证明，掌握竞争对手的相关信息本身就是一项挑战性的工作。

二、谁是企业的竞争者

竞争者是指提供相同或同类产品，与本企业争夺同一类顾客（客户）的其他同类企业和品牌。品牌因为是企业产品在市场上的名号，所以，人们常常直接以品牌来代替竞争企业。

一般来说，大家都会认为确认企业的竞争者是一件很容易的事情。如可口可乐公司知道其主要竞争者为百事可乐公司，麦当劳知道它在与肯德基竞争，格力空调的对手如云，有美的、海尔、奥克斯等。大多数情况下的确如此，但也经常有例外的情况。

（1）自己的产品似乎与其他任何企业的产品都不一样，那么，是不是就说明不存在竞争者呢？不是这样的。例如，有一家公司生产一种姜汁饮料，甜甜的、辣辣的，市面上未发现有相同的产品，但货架上与姜汁饮料毗邻摆放的还有可乐、茶饮料、菊花饮料等，顾客假如只买一瓶饮料，买了可乐，就不能买姜汁了。这个时候，姜汁饮料就与其他的饮料形成了竞争的关系。也就是说，经营同类产品的企业都有竞争关系。

（2）我知道谁在与我们竞争，但竞争者太多了。这是我们经常面临的困惑，例如，一家白酒品牌有数以百计，甚至数以千计的竞争对手。遇到这种情况，我们可以先区分不同的档次。档次差别太大的产品，因为目标市场不同，所以不能算"争夺同一市场"。假设我们的白酒售价5元一瓶，那么，我们与售价几十元，甚至几百元的产品显然几乎不存在竞争关系。其次，在竞争者很多的情况下，我们可以把他们分成具有强劲竞争力的若干个主要竞争对手和竞争力相对较弱的一群竞争对手。对于后者，我们就不需要一一确认他们的名字或品牌了。

（3）对于初、中级营销人员来说，确认谁是竞争者，还有更实际的认知和操作要求。初、中级营销人员都是在市场的"前线"，这个市场"前线"有非常具体的地理界线和销售渠道。还以卖5元左右的某白酒品牌为例，假设营销者是一位区域市场经理，负责北京市场的销售，分销渠道是北京市场上的小型零售店、杂货店、小餐馆等。那么，我们只需确认在北京市场上，在小型零售店、杂货店、小餐馆这些渠道里，有哪些白酒品牌在与我们竞争就可以了。至于在上海市场、在大连市场、大型商场、高级酒店里出现的白酒品牌，可以忽略不计。

总之，市场上只有实际地或潜在地威胁到我们自身市场地位的、与我们争夺同一顾客群（客户群）的竞争者，才是我们真正的竞争者。竞争者应该是明确的，有名有姓，或有明确的范围界线，不能是模糊的、假想的、想当然的。

三、根据不同竞争地位划分的企业类型

竞争地位就是竞争实力，根据竞争实力的不同，可以将企业分成4种类型。

（1）市场领导者。指在某种产品的市场上占有率最高、实力最强的企业。一般说来，市场领导者在价格变动、新产品开发、分销渠道的宽度和促销力量等方面处于主宰地位。

它是市场竞争的导向者，也是其他企业挑战、效法或回避的对象。

（2）市场挑战者和市场跟随者。指那些在市场上处于次要地位（第二、三甚至更低地位）的企业。这些处于次要地位的企业可采取两种战略：一是向竞争者挑战，成为市场挑战者；一是安于次要地位，参与竞争但不扰乱市场局面，在"和平共处"的状态下求得尽可能多的收益，成为市场跟随者。每个处于市场次要地位的企业，都要根据自己的实力和环境提供的机会与风险，决定自己是"挑战"还是"跟随"。

（3）市场补缺者。市场补缺者就是寡头竞争市场上的弱小企业。每一产业的市场都是非常复杂的，即使是超大型企业也不可能占领市场上所有的细分市场。每一产业的市场又都是在不断发展的，在发展中就会不断出现新的市场机会。所有这些被大企业忽略的细分市场和新的市场机会就为一些小企业提供了生存和发展的空间。补缺者在市场上往往采取聚焦战略，通过专业化经营来获取最大限度的收益，也就是在大企业的夹缝中求得生存，并伺机谋求大的发展。

四、竞争的目标和手段

在初、中级营销人员看来，竞争者争夺的对象是顾客（客户），竞争追求的目标就是增加销售，扩大市场占有率。为了实现这一目标，竞争者以人们熟悉的方式展开争夺。他们通常采用的手段是价格竞争、广告战、给中间商更多的好处、开发新产品、增加顾客服务等。在有些行业中，竞争的核心是价格。而在有些行业中，价格并不是竞争核心，而其核心是如下一些因素：性能、特色、新产品革新、质量和耐用度、保修、售后服务、品牌形象等。

五、关于竞争方面的法律

和竞争相关的有两方面的法律，即反不正当竞争法和反垄断法。

1. 反不正当竞争法

《中华人民共和国反不正当竞争法》于 1993 年 9 月 2 日第八届全国人大常委会第三次会议通过，1993 年 12 月 1 日起施行。我国制定反不正当竞争法，其目的是为保障社会主义市场经济健康发展，鼓励和保护公平竞争，制止不正当竞争行为，保护经营者和消费者的合法权益。

不正当竞争行为，是指经营者违背自愿、平等、公平、诚实信用的原则和公认的商业道德，损害其他经营者的合法权益，扰乱社会经济秩序的行为。不正当竞争行为具有如下特征：

（1）实施不正当竞争行为的主体是经营者，即是指从事商品经营的法人、其他经济组织和个人。

（2）实施不正当竞争行为的经营者在主观上有违背自愿、平等、公平、诚实信用的原则和公认的商业道德的过错，客观上有实施反不正当竞争法规定的不正当竞争的客观事实。

（3）实施不正当竞争行为所侵犯的客体是我国反不正当竞争法所保护的而被不正当竞争行为所侵害和扰乱的市场竞争秩序和社会关系。

企业可能实施的不正当竞争行为有以下种类：

（1）假冒行为。假冒行为是指假借和冒充其他经营者或其商品的名称、注册商标、包装、装潢等，以使人产生混淆和误解的行为。主要包括如下行为：一是假冒他人的注册商标；二是擅自使用知名商品特有的名称、包装、装潢，或者使用与知名商品近似的名称、包装、装潢，造成和他人的知名商品相混淆，使购买者误认为是该知名商品；三是擅自使用他人的企业名称或者姓名，引人误认为是他人的商品；四是在商品上伪造或者冒用认证标志、名优标志等质量标志，伪造产地，对商品质量做引人误解的虚假表示。

（2）限购排挤行为。限购排挤行为是指公用企业或者其他依法具有独占地位的经营者，限定他人购买其指定的经营者的商品，以排挤其他经营者公平竞争的行为。

（3）商业贿赂行为。商业贿赂行为是指经营者采用财物或者其他手段进行贿赂以销售或者购买商品的行为。经营者销售或者购买商品，可以以明示方式给对方折扣，可以给中间人佣金。经营者给对方折扣、给中间人佣金的，必须如实入账。接受折扣、佣金的经营者必须如实入账。在账外暗中给予对方单位或者个人回扣的，以行贿论处；对方单位或者个人在账外暗中收受回扣的，以受贿论处。

（4）虚假宣传行为。虚假宣传行为是指经营者利用广告或者其他方法，对商品的质量、制作成分、性能、用途、生产者、有效期限、产地等作引人误解的虚假宣传的行为。此外，广告的经营者在明知或者应知的情况下，代理、设计、制作、发布虚假广告，也构成虚假宣传行为。

（5）侵犯商业秘密行为。侵犯商业秘密是指经营者不正当获取、披露或使用权利人商业秘密的行为。所谓商业秘密，是指不为公众所知悉，能为权利人带来经济利益，具有实用性，并经权利人采取保密措施的技术信息和经营信息。侵犯商业秘密的行为主要包括：以盗窃、利诱、胁迫或者其他不正当手段获取权利人的商业秘密；披露、使用或者允许他人使用以盗窃、利诱、胁迫或其他不正当手段获取的权利人的商业秘密；违反约定或者违反权利人有关保守商业秘密的要求，披露、使用或者允许他人使用其所掌握的商业秘密。第三人明知或者应知上述所列违法行为，获取、使用或者披露他人的商业秘密，视为侵犯商业秘密。

（6）低价倾销行为。低价倾销行为是指经营者以排挤竞争对手为目的，以低于成本的价格销售商品的行为。但有下列情形之一的，不属于不正当竞争行为：销售鲜活商品，处理有效期限即将到期的商品或者其他积压的商品，季节性降价，因清偿债务、转产、歇业降价销售商品。

（7）搭售行为。搭售行为是指经营者销售商品，违背购买者的意愿搭售商品或者附加其他不合理的条件的行为。

（8）不正当有奖销售行为。不正当有奖销售行为是指经营者在销售商品或提供服务时，以提供奖励为名，实际上采取欺骗或者其他不当手段损害用户、消费者的利益，或者损害其他经营者合法权益的行为。下列行为均构成不正当有奖销售行为：采用谎称有奖或者故意让内定人员中奖的欺骗方式进行有奖销售；利用有奖销售的手段推销质次价高的商品；抽奖式的有奖销售，最高奖的金额超过五千元。

（9）诋毁商誉行为。诋毁商誉行为是指经营者捏造、散布虚假事实，损害竞争对手的商业信誉、商品声誉的行为。

（10）通谋投标行为。通谋投标行为是指投标者之间串通投标，抬高标价或者压低标价，以及投标者和招标者相互勾结，以排挤竞争对手的公平竞争的行为。

2. 反垄断法

2007 年 8 月 30 日第十届全国人大常委会第二十九次会议审议通过了《中华人民共和国反垄断法》，该法于 2008 年 8 月 1 日起施行。其立法目的是为了预防和制止垄断行为，保护市场公平竞争，提高经济运行效率，维护消费者利益和社会公共利益，促进社会主义市场经济健康发展。

我国《反垄断法》规定，中华人民共和国境内经济活动中的垄断行为，适用本法。中华人民共和国境外的垄断行为，对境内市场竞争产生排除、限制影响的，适用本法。经营者依照有关知识产权的法律、行政法规规定行使知识产权的行为，不适用本法；但是，经营者滥用知识产权，排除、限制竞争的行为，适用本法。农业生产者及农村经济组织在农产品生产、加工、销售、运输、储存等经营活动中实施的联合或者协同行为，不适用本法。

我国反垄断法规定的垄断行为包括如下几种：

（1）经营者达成垄断协议。垄断协议，是指经营者之间达成或者采取的旨在排除或者限制竞争的协议、决定或者其他协同行为。其主要表现是：经营者采取共同行动，通过联合限价、提价等方式操控市场价格，联合限制生产或销售数量，或者相互分割市场，以达到排除、限制竞争的目的。

我国《反垄断法》第十三条规定，禁止具有竞争关系的经营者达成下列垄断协议：①固定或者变更商品价格；②限制商品的生产数量或者销售数量；③分割销售市场或者原材料采购市场；④限制购买新技术、新设备或者限制开发新技术、新产品；⑤联合抵制交易；⑥国务院反垄断执法机构认定的其他垄断协议。

第十四条规定，禁止经营者与交易相对人达成下列垄断协议：①固定向第三人转售商品的价格；②限定向第三人转售商品的最低价格；③国务院反垄断执法机构认定的其他垄断协议。

经营者能够证明所达成的协议属于下列情形之一的，不适用本法第十三条、第十四条的规定：①为改进技术、研究开发新产品的；②为提高产品质量、降低成本、增进效率，统一产品规格、标准或者实行专业化分工的；③为提高中小经营者经营效率，增强中小经营者竞争力的；④为实现节约能源、保护环境、救灾救助等社会公共利益的；⑤因经济不景气，为缓解销售量严重下降或者生产明显过剩的；⑥为保障对外贸易和对外经济合作中的正当利益的；⑦法律和国务院规定的其他情形。属于前款第一项至第五项情形，不适用本法第十三条、第十四条规定的，经营者还应当证明所达成的协议不会严重限制相关市场的竞争，并且能够使消费者分享由此产生的利益。

（2）经营者滥用市场支配地位。市场支配地位，是指经营者在相关市场内具有能够控制商品价格、数量或者其他交易条件，或者能够阻碍、影响其他经营者进入相关市场能力的市场地位。

我国《反垄断法》规定，禁止具有市场支配地位的经营者从事下列滥用市场支配地位的行为：①以不公平的高价销售商品或者以不公平的低价购买商品；②没有正当理由，以低于成本的价格销售商品；③没有正当理由，拒绝与交易相对人进行交易；④没有正当理由，限定交易相对人只能与其进行交易或者只能与其指定的经营者进行交易；⑤没有正当理由搭售商品，或者在交易时附加其他不合理的交易条件；⑥没有正当理由，对条件相同的交易相对人在交易价格等交易条件上实行差别待遇；⑦国务院反垄断执法机构认定的其他滥用市场支配地位的行为。

有下列情形之一的，可以推定经营者具有市场支配地位：①一个经营者在相关市场的市场份额达到二分之一的；②两个经营者在相关市场的市场份额合计达到三分之二的；③三个经营者在相关市场的市场份额合计达到四分之三的。有前述第二项、第三项规定的情形，其中有的经营者市场份额不足十分之一的，不应当推定该经营者具有市场支配地位。

（3）具有或者可能具有排除、限制竞争效果的经营者集中。经营者集中，是指下列情形：经营者合并，经营者通过取得股权或者资产的方式取得对其他经营者的控制权，经营者通过合同等方式取得对其他经营者的控制权或者能够对其他经营者施加决定性影响。

由于经营者集中可能产生或者加强其市场支配地位，对市场竞争产生不利影响，并且一旦完成集中，纠正成本较大。国际上的反垄断法通常采取事前申报的办法对集中行为进行控制，规定达到一定标准的经营者集中，要在实施前向反垄断执行机构申报。我国对经营者集中同样规定了事前申报制度。

（4）滥用行政权力排除、限制竞争。行政垄断是相对于经济性垄断的概念，是指行政机关或者授权的组织滥用行政权力，排除、限制市场竞争的行为。

我国《反垄断法》对"滥用行政权力排除、限制竞争"专设一章，明确规定：行政机关和法律、法规授权的具有管理公共事务职能的组织不得滥用行政权力，限定或者变相限定单位或者个人经营、购买、使用其指定的经营者提供的商品；不得妨碍商品在地区之间的自由流通；不得以设定歧视性资质要求、评审标准或者不依法发布信息等方式，排斥或者限制外地经营者参加本地的招标投标活动；不得采取与本地经营者不平等待遇等方式，排斥或者限制外地经营者在本地投资或者设立分支机构；不得强制经营者从事《反垄断法》规定的垄断行为；不得制定含有排除、限制竞争内容的规定。

第二节　中间商

一、企业利用中间商来分销自己产品的原因

绝大部分制造企业生产出来的产品都必须通过分销渠道（主要由中间商组成）才能到达市场，才能送到消费者或产业用户手中。因此，某一市场分销网络的构成和中间商的许多具体情况也是影响企业市场营销的重要因素之一。企业必须弄清楚自己要依靠什么样的中间商，中间商在哪里，中间商的具体情况，中间商有哪些要求，以及如何与中间商打交道等众多关于中间商的问题。

制造企业为什么愿意把部分销售工作委托给中间商呢？这种委托意味着放弃对于如何

推销产品和销售给谁等方面的某些控制。然而从另一个角度看，制造企业也获得下列好处：

（1）许多制造商缺乏进行直接营销的财力资源。例如，通用汽车公司通过一万多个独立经销商出售它的汽车，但是要买下这些经销商的全部产权，很难筹集到足够的资金。

（2）在某种情况下，直接销售并不可行。例如，箭牌糖果（中国）有限公司发现，在全国建立口香糖小零售店，或者挨家挨户出售口香糖，都是不现实的。通过由各种独立的私有的中间商所组成的巨大的分销网来推销口香糖，事情会容易得多。

（3）利用中间商的目的就在于中间商能够更加有效地推动商品广泛地进入目标市场。中间商凭借自己的各种联系、经验、专业知识以及活动规模，将比制造企业自己干更加出色。

（4）中间商使商品流通更顺畅。为了把制造企业生产的商品和服务分类与消费者需求分类之间的差距弥合起来，这一程序是必要的。这种差距是由于制造商一般生产大量的种类有限的商品，而消费者则通常只需求数量有限但种类繁多的商品这一事实造成的。

（5）中间商使制造企业的产品卖到更远、更多的地方。制造商的产品被广泛地分销到各地、各类市场上是需要"腿或者翅膀"的，中间商就是这样的角色。制造企业利用中间商的链条越长（如代理商→一级批发商→二级批发商→零售商）产品销得越远；利用中间商的数量越多，购买产品的顾客（或客户）类型越广泛，数量也越多。

二、中间商的功能

中间商是介于生产者和消费者（或产业用户）之间，把商品从制造商那里转移到消费者（或用户）手里，参与商品流通业务并独立于生产者之外的商业环节。生产越发展，交换越扩大，中间商的作用就越突出。中间商一头连接生产者，一头连接最终消费者或产业用户，是销售渠道的重要组成部分。

中间商弥合了制造商和消费者（或用户）之间在时间、地点和持有权等方面的缺口，在这个过程中，它执行了一系列重要功能：

（1）信息收集和传递。在市场上，中间商与顾客（客户）、竞争者和其他市场参与者有着广泛而直接的亲密接触，每经过一段时间，通过有意收集、调研或无意积累，手中都会掌握大量的市场环境信息。另外，中间商多是市场营销专家，中间商的意见、建议常常是制造商营销决策时要重点参考的内容。

（2）谈判。尽力达成有关产品的价格和其他条件的最终协议，以实现产品所有权或者持有权的转移。

（3）订货。中间商向制造商订货对制造商销售产品具有极为重要的意义。

（4）促销。制造商的产品能不能卖得好、卖得多和中间商的促销努力有很大关系。

（5）融资。收集和分散资金，以负担渠道工作所需费用。

（6）承担风险。在执行渠道任务的过程中承担有关风险，如运输风险、仓储毁损风险、市场价格波动风险等。

（7）物流。承担产品从原料到最终顾客的连续的分拣、包装、储存、运输等工作。

三、从企业的市场分销网络来认识中间商

当我们逛超市的时候，面对货架上琳琅满目的商品，我们是否曾经问过自己这样一个问题呢？天南地北外地厂家的产品是怎样"跑"到商场、超市的货架上呢？这就涉及对分销渠道（主要是中间商）和分销渠道网络的认识问题。

（一）分销渠道的概念和构成

所谓分销渠道，又叫销售渠道，是指产品从生产者向消费者流转的通道。在这一通道中，有一系列的机构或个人参与商品的交换活动，他们共同构成商品流通的有序环节。这种有序环节又是连接生产与消费的桥梁与纽带。

由于商品本身和市场情况的不同，每一种商品都有自己的分销网络规律，从而形成不同的销售渠道模式。我们从大的方面来划分，消费品和生产用品的销售渠道模式就有很大的不同。

1. 消费者市场的销售渠道构成模式

生产者→消费者；

生产者→零售商→消费者；

生产者→批发商→消费者；

生产者→批发商→零售商→消费者。

 案例

福建泉州的 D 公司是一家年销售额 3 000 万元的中小型食品企业，公司生产各种小食品 5 个品类 30 多个品种。2004 年，公司计划将产品打入河南市场。他们派出业务人员对河南市场进行了考察，发现郑州市作为一个交通发达的商贸物流中心，对河南省的地级市，甚至对河北、山东、山西的一些地级市有很强的辐射力。公司就在郑州市的某大型食品批发市场选择了一家经销商，作为 D 公司在河南的总经销商。这家经销商有三个渠道销售 D 公司的产品：①采取坐店批发的方式，将产品批发给外地来郑州进货的二级批发商或大零售商。②坐店批发给郑州市的二级批发商和一些中小型零售商。③采取送货上门的方式，对选择的十几家大型零售商直接供货。福建泉州 D 公司的小食品就这样进入了河南各地的超市和商铺。

2. 生产者市场的销售渠道构成模式

生产者→用户；

生产者→经销商→用户；

生产者→代理商→用户；

生产者→代理商→经销商→用户。

 案例

铜在被最终使用者购买（用作其他产品的组成部分）之前，可能要经过一系列的制造商和批发商之间的交易。它可能被一家金属生产商（铜厂）卖给金属批发商（有色金属批发公司），然后批发给铜材料加工厂，制成铜线再卖给五金交电批发商或电线批发商，接

着铜线又可能卖给电机厂用于生产电动机，再卖给机电设备批发商，然后又再次分销给汽车、摩托车、叉车等制造商。制成的各种车辆最后又通过不同的分销渠道流向市场，被机构或个人买走。

（二）中间商介绍

以上销售渠道构成中，生产者指生产企业，而经销商、代理商、批发商和零售商则构成了不同类型的中间商。

中间商按其在流通过程中所起的作用不同，分为批发商和零售商。按其是否拥有商品所有权分为经销商和代理商：

1. 批发商

批发商是指向生产单位或其他商业企业购进或代理商品，再转售给其他商业企业出售或其他生产企业用于进一步加工的经销商。

批发商的重要功能是向生产企业购买或代理商品，再向零售商或其他生产者出售、分配、运输、储存商品，进行资金融通和风险负担等。

批发商的种类很多，按照不同的标准分类，主要有以下几种：

1）按批发商在商品流通中的地位分类

生产地批发商。负责在生产地收购商品，并供应批发企业和当地零售企业。它是批发流转的起点。

中转地批发商。中转地批发商是处于批发流转的中间环节，一般设在交通枢纽城市。

接收地批发商。接收地批发商是一般设在进口口岸，负责从进口企业接收进口商品，调往销地。

消费地批发商。消费地批发商是批发商品流转的终点，负责从生产地、中转地或接收地批发商那里接收商品，向本地零售商或生产企业供应商品。

2）按服务地区分类

全国批发商。全国批发商担负全国性的商品批发业务。我国商业部门的一级采购供应站就起着全国批发商的作用，其地址一般设在工业集中的大城市和外贸口岸。

区域批发商。区域批发商承担某一地区的商品货源组织，分配供应，我国商业部门的二级采购供应站一般起区域批发商的作用。

地方批发商。地方批发商只担负某一市县或某一贸易区的批发业务，其主要任务是为本地零售商提供商品货源，同时收购本地部分产品。

3）按批发商营销商品的种类多少分类

一般商品批发商。其特点是经销的商品种类繁多，例如，百货批发站、综合批发店。

专业商品批发商。其特点是只经销某类商品。

4）按是否拥有商品所有权分类

经销批发商。它拥有所经营商品的所有权。

代理批发商。它不拥有所经营商品的所有权。

2. 零售商

零售商是直接把商品销售给消费者的中间商。它处于商品流通过程的终端，直接服务于最终消费者，通过其营销活动，使商品离开流通领域，进入消费领域，从而实现商品的使用价值。零售商的特点是：①交易对象是最终消费者；②一般有特定的营业场所和营业设施，各种商品和消费者直接见面，当场挑选成交，是一次性完成的现货交易；③销售商品的数量比较少，但销售频率比较高，点多面广；④交易过程中和结束交易后，向购买者提供相应的服务。

在商业组织中，零售商业的种类繁多，变化最大，构成了复杂多样的零售系统。零售商按其经营特征一般可分为以下几种类型：

1）一般商店

这类商店单门独户经营，不参加任何组织。它主要经营一些日常必需品，商品种类齐全，供消费者选购。

2）专业商店

这类商店专门经营某一类商品的某一种商品。例如，五金店、服装店、电器商店、家具店、眼镜店、手表店等。

3）超级小市场

这种市场一般以销售食品为主，采用顾客自取货物的销售方式，类似一些超级市场，只是规模小些。

4）方便商店

方便商店是指设在居民居住附近的一种小型商店。这类商店具有营业时间长、方便群众、服务周到及时的优点。

5）百货商店

百货商店是以经营日用工业品为主的综合性零售商店，具有经营范围广、商品类别多、花色品种齐全的特点，这是零售商品最早出现的形式，是零售商业的重要组成部分。

6）连锁商店

它是由多家销售同类商品的零售商店组成的一种规模较大的联合经营组织。它的经营特点是由中心组织统一向生产者选购商品，以扩大定购批量，获得最大的优惠价格，从而可以采取薄利多销的方针争取顾客。

7）超级市场

超级市场是一种薄利多销，采取自动售货方式的大型零售商业组织。它与一般的商场比较起来，具有以下特点：①占地面积大，现代超级市场占地面积一般在2 000平方米以上；②自动售货，商品包装整齐美观，被陈列在货架上供顾客自主选取；③货色品种繁多；④薄利多销；⑤周围有宽广的停车场。

8）邮购商店

邮购商店主要是通过向顾客寄送商品目录来吸引顾客购买商品。它联系顾客的主要方式有：寄送附有商品图片的目录和订货单；在报刊刊登广告时附寄订货单或直接向顾客邮寄广告、订货单，顾客凭订货单向商店购买货物等。

9）折扣商店

折扣商店的经营特点是常以赊欠方式进货，以低价出售商品。进货后，争取尽快把商品销售出去，以便迅速把商品转化为现金。售货时常选用自取选购方式，商品较单一，营业时间长。

10）购物中心

购物中心是指由许多商店有计划地集合在一起，专门做某一地生意的商业区域。这些商店共同使用道路和停车场，共同分担公共费用，表面上是一个整体，实际上各自售货、自负盈亏。

3. 代理商

代理商亦称代理批发商或代理行。它是指接受生产者的委托从事销售业务，从代办业务中取得一定数量的佣金，但不拥有商品所有权的中间商。按照代理商与生产者购销业务联系的特点，可分为制造商代理商（也叫企业代理商）、销售代理商、寄卖商（也叫佣金商）、经纪商、拍卖行等。

1）制造商代理商

制造商代理商是独立经营的商业组织。它与制造商就价格、销售地区、承接订单程序、运输服务办法、质量保证、佣金标准等方面签订合同，在指定的销售区域销售制造厂的产品。代理商可经营与所代理的制造商没有竞争关系的几种相关产品。制造商按销售数量或销售额的一定比例支付佣金。制造商代理商负责推销商品、办理销售手续，本身可以不设仓库，由顾客向生产企业取货。企业代理商和企业是委托代销关系。一个生产者可以同时委托多个代理商，它们同时在不同的地区推销产品，生产者本身也可以同时参加销售活动。

2）销售代理商

销售代理商是指独立地接受委托，负责代理包销生产企业全部产品的中间商，销售代理商不受地区的限制，并且拥有一定的定价权。生产企业在同一时期只能委托一家销售代理商，并且销售代理商本身不得再进行其他的销售活动。销售代理商实际上是企业的独家代销商，要承担更多的责任和义务，而且规定不能代销其他企业的同类产品。

3）寄卖商

寄卖商是指接受生产者委托向消费者进行现货交易的代理商。它与委托人不建立长期的关系，销售之后所得货款扣除佣金和有关销售费用后再支付给生产者。他们通常设有门市部和仓库。这种代销形式因消费者能及时购得现货，所以，易于成交。寄卖商对发掘潜在购买力、开辟新市场、处理积压滞销商品都有较好的作用。

4）经纪商

经纪商是既无现货，又无商品所有权，只为买卖双方提供产品，价格及有关市场信息，为交易双方起到穿针引线作用的中间商。一般情况下，经纪商与买卖双方均无固定联系，既不单纯代理卖方，也不单纯代理买方，但又同时可以代表交易双方。成交与否，仍取决于买卖双方。产品成交后，从中提取一定佣金，但佣金比例一般较低。

5）拍卖行

拍卖行为卖主和买主提供交易场所和各项服务项目，公开拍卖方式决定价格，促成买卖双方成交，从中收取规定的手续费或佣金。

4. 经销商

经销商是指在从事商品交易的业务活动中拥有商品所有权的中间商。他们往往独立经营，自负盈亏，自己承担着能否售出商品的风险。批发商、零售商都属于经销商。

学、做一体练习与实践

一、不定项选择题

1. 根据竞争实力的不同，可以将企业分成 4 种类型，即（　　）。

   A. 市场领导者　　　　　B. 市场挑战者　　　　　C. 市场跟随者

   D. 市场补缺者　　　　　E. 市场垄断者

2. 将产品销售给最终消费者的中间商叫（　　）。

   A. 批发商　　　　B. 经销商　　　　C. 零售商　　　D. 代理商

二、判断正误题

1. 所有的企业都会面临或大或小的竞争压力。

2. 企业在制定市场战略和策略时，必须考虑竞争的因素；在制定竞争战略和策略时，必须考虑市场的因素。缺少任何一方的战略和策略都是残缺不全的。

3. 某企业的产品与其他任何企业的产品都不一样，所以该企业不存在竞争者。

4. 市场上只有实际地或潜在地威胁到我们自身市场地位的、与我们争夺同一顾客群（客户群）的竞争者，才是我们真正的竞争者。

5. 中间商是制造商将产品分销到各地、各类市场上的"腿或者翅膀"。

三、填空题

1. 如果说_____ 是影响企业市场营销第一位因素的话，则_____和_____ 就是第二、三位的因素。

2. 因为竞争的存在，企业的市场营销过程，就不仅仅是_____的过程，同时还是一个_____ 的过程。

3. 市场上只有_____的竞争者，才是我们真正的竞争者。竞争者应该是_____，不能是_____ 。

4. 根据竞争实力的不同，可以将企业分成 4 种类型，即_____ 、_____ 、_____ 、_____ 。

5. 在初、中级营销人员看来，竞争者争夺的对象是_____ ，竞争追求的目标就是_____ 。为了实现这一目标，竞争者以人们熟悉的方式展开争夺。他们通常采用的手段有_____ 、_____ 、_____ 、_____ 等。

6. 和竞争相关的重要法律有两部，即_____和_____ 。

7. 中间商按其在流通过程中所起的作用不同，分为_____和_____ 。按其是否拥有商品所有权分为_____ 和_____ 。

四、名词解释

1. 市场领导者；
2. 市场补缺者；
3. 中间商；
4. 批发商；
5. 零售商；
6. 代理商。

五、简答题

1. 什么是不正当竞争行为？其有哪些特征？
2. 简述不正当竞争行为的种类。
3. 简述我国反垄断法规定的垄断行为的种类。
4. 企业为什么要利用中间商来分销自己的产品？
5. 中间商具有哪些功能？
6. 简述消费者市场有哪些常见的销售渠道构成模式。
7. 简述生产者市场有哪些常见的销售渠道构成模式。

六、案例分析题

阅读章首案例《中国牙膏市场上的竞争者》，谈谈你对我国牙膏市场的总体印象。假如你是一家新品牌的牙膏企业，根据目前的市场情况，你将怎样参与市场竞争？

七、讨论思考题

1. 竞争手段和市场营销策略有什么关系？
2. 中间商在企业市场营销中有什么意义和作用？
3. 批发商和零售商之间有什么区别？

八、概念应用题

1. 选择一个你比较熟悉的市场，观察市场上的竞争者，并把你的观察和思考写出来。
2. 到超市选择一种产品，结合本章你学到的中间商知识，推测这种产品可能会经过怎样的中间商渠道，最终"跑"到超市的货架上。

第五章　宏观市场营销环境

 **章首案例**

英国雷利自行车公司

英国雷利自行车公司是成立于 1887 年的世界老字号自行车生产商，雷利自行车公司自成立以来，由于生产的自行车质量好而饮誉世界。往日的人们若能有幸拥有一辆雷利自行车，就如获至宝。不少买了雷利自行车的顾客，即使使用了六七十年，车子仍十分灵巧。有这样一个事例，某位顾客在 1927 年以 9 英镑买下一辆雷利自行车，直到 1986 年每天还在骑，仍舍不得把它以古董的高价卖出去。雷利自行车成为高质量的代名词，它行销世界各地，尤其在欧美更是抢手货。

然而，随着时间的推移，市场需求却在悄悄地变化，而此时的雷利公司却行动迟缓，没有什么创新。自行车是作为一种方便、灵活的交通工具流行起来的。但到了 20 世纪六七十年代，比自行车更理想的交通工具——轿车，在一些经济发达的国家开始普及。自行车与轿车相比，就显得速度慢、活动半径小。所以消费者纷纷选购轿车作为自己便利的交通工具，自行车消费陷入低潮。

同时，在新技术的冲击下，发达国家里自行车主要消费者青少年的消费偏好也发生了很大变化。以往，16 岁以下青少年购买雷利自行车的，约占英国国内自行车消费量的 70%。而现在，青少年感兴趣的是电子游戏机了。在欧美工业化国家里，自行车即使免费赠送给青少年，也未必受欢迎。青少年消费偏好的这一变化，给雷利自行车带来了很大的打击。

面对变化了的市场，许多精明的企业家或进行多元化经营，分散经营风险；或根据市场的新情况研制、开发新产品，增强企业的生存能力与发展能力。在自行车行业，一些富有开拓精神的企业家，很快设计生产出新型的自行车，使它集游玩、体育锻炼、比赛于一体。这样一来，自行车又很快成为盈利丰厚的"黄金商品"。如美国的青少年，迷上这种多功能自行车的比比皆是，购买一辆这种新车需 200 至 300 美元，一顶头盔约 150 美元，各种配套用品约 250 美元，更换零件平均约 100 美元，这种连带消费，使那些应变能力强，率先开发出新式自行车的厂商财源滚滚。

然而，雷利公司却一直坚持"坚固实用"的生产经营理念。直到 1977 年，实在难以维持下去了，它才投资筹建自行车比赛队，想让雷利自行车在体育用品市场上大显身手。1980 年，雷利自行车终于成为自行车大赛的冠军车，雷利自行车因此名声大振，当年在法国销售达 4 万辆。雷利公司尝到甜头后，便集中力量发展作为体育运动器械用的自行车，想借此重振雄风。谁料天公不作美，1986 年夏天，北欧各国一直是阴雨绵绵，寒冷潮湿的气候，使自行车运动无法进行，购买自行车的人锐减，造成雷利自行车积压严重，公司周转资金严重不足。

　　亚洲一些国家和地区自行车业的崛起和低价销售，也使雷利自行车不得不退出传统的利润丰厚的美国等市场，从而加快了它衰落的步伐。雷利自行车原来有30％是出口外销的。其出口目标主要是欧美国家，特别是美国市场。但20世纪80年代以后，亚洲一些国家、地区的厂商以低廉的价格和灵活多样的行销方式，相继夺走了雷利自行车在欧美的市场份额。例如，一度风行美国的花式自行车，每年都可销售几百万辆。这本来是雷利自行车公司的传统市场，但在中国台湾厂商与美国行销商的默契合作下，这笔生意却被台湾厂商抢走了。他们采取了中国台湾地区生产的商品挂上美国商标的推销方法。中国台湾地区的自行车厂家由于对美国市场不太了解，不想为自己的商标花重金进行广告宣传，则将自行车直接以出厂价供给美国的经销商，美国经销商再将这些自行车打上自己的商标然后出售。这种自行车销价低且质量可靠，很快在市场上打开了销路。到1986年，这种自行车在美国的销售量达580万辆。

　　雷利自行车公司不仅失去了欧美的自行车市场，而且也失去了第三世界的自行车市场。以往，尼日利亚年平均进口雷利自行车都达数万辆。1986年以后，英国与尼日利亚两国关系日渐恶化，尼日利亚政府对英国设置贸易壁垒，从而使雷利自行车无法进入这一市场。祸不单行，两伊战争爆发，昔日雷利自行车的另一大买主——伊朗，出于战争需要，几乎全部停止了雷利自行车的进口。此外，往日的财政困难、产品积压、人员过剩等一系列问题更日趋严重，使得雷利自行车日趋困难。

第一节　宏观市场营销环境扫描

一、人口环境

　　市场是由具有购买欲望与购买能力的人所构成的。这种人越多，市场的规模就越大。因此，人口的多少直接决定市场的潜在容量，而人口的年龄结构、地理分布、婚姻状况、出生率、死亡率、人口密度、流动性、文化教育等特性，又会对市场产生深远的影响。人口环境对市场的影响具有整体性和长远性的特点，这种影响直接反映到消费需求的变化上。

1. 人口数量及其增长速度

　　人口数量是影响基本生活资料需求、基本教育需求的一个决定性因素。当然，人口数量的多少与社会购买力水平的高低并没有必然的联系。一个人口众多的发展中国家的总体购买力可能比一个人口少得多的发达国家的总体购买力水平还要低。但是，由于人们的购买力总是首先投向基本消费品，人口越多，这部分基本消费需求及其派生出来的产业用品的需求绝对数量就会越大，因而，对于那些与生产基本消费品相关的企业，这是一种发展机遇。

　　从世界范围看，人口发展趋势是增长率过高，特别是发展中国家增长过快。20世纪末世界人口已达到60多亿，其中的80％在发展中国家。人口不断增长对于企业的市场营销存在两方面的影响，一方面，增长的人口具有充分的购买力，就意味着市场需求的增加，会给企业带来更多的市场机会；另一方面，人口增长而购买力未随之增加，势必引起对食物、住房、能源、交通等的压力，引发一系列的社会问题，从而恶化企业的营销环境。

发达国家的人口出生率下降，儿童减少。这种人口动向对儿童食品、用品、服装、玩具等行业是一种环境威胁。因此，近几年来美国等发达国家某些经营儿童食品和用品的公司，或者到人口出生率高的国家去寻找市场，或者采取"转移"的对策，改行经营其他业务。如美国吉宝公司过去经营儿童食品，现在转向老年人食品、人寿保险等盈利较多的行业。另一方面，这种人口动向对某些行业有利。例如，许多年轻夫妇有更多的闲暇时间和收入用于旅游、在外用餐、娱乐，因而给旅游业、旅馆业、饮食、体育娱乐业提供了有吸引力的市场机会，促进了第三产业的发展。

在我国，人口多、人口增长率高是人口环境的两大特点。这就表明，我国市场发展的潜力极大，企业的营销机会很多。特别是儿童市场，因为其出生率高、数量多，所以儿童食品、服装、玩具、用具以及相关的产业面临着很好的发展机遇。另外因为我国是"一对夫妇只生一个孩子"，所以我国的孩子备受宠爱。他们成了"小皇帝""小公主"，他们从糖果到电脑应有尽有。6个大人——父母、祖父母、外公外婆，围着一个小孩团团转。这种趋势，以及由此引出的"独生子女现象"值得企业营销部门去认真研究，从中获得更多有利可图的市场机会。但是，在不利的方面，今后半个世纪内，我国的企业都将在人口继续增长的严峻环境中运行，人口快速增长，吃掉了一部分经济增长，制约着经济的发展，破坏着生态环境。这些均应引起企业的重视。

2. 人口结构

这里主要是指人口年龄结构。在发达国家，一方面由于人口出生率长期以来不断下降，年轻人越来越少，使人口平均年龄居高不下；另一方面，由于人的寿命不断延长，使老年人越来越多，使人均年龄不断上升。所以，发达国家的人口老龄化趋势明显。

我国由于实行计划生育政策，人民生活水平的大幅度提高，相对以前来说，呈现出"低出生率、低死亡率、低增长率"的"三低"的特点，例如，据初步统计，从20世纪80年代到20世纪末，近二十年的时间内，由于实行计划生育，我国至少少出生了3亿人口。这样以来，也大大加快了我国人口老龄化趋势。有资料显示，到2000年，我国65岁以上的老人为8 913万，占人口总数的7.03%，而国际上老龄化社会的标准是65岁以上人口占人口总数的7%。这就意味着我国现在已经步入老龄化国家的行列。

许多国家的这种人口动向，无论对社会还是对企业市场营销的影响都将是深刻的。由于人口老龄化，老年人的医疗和保健用品、助听器、眼镜、旅游、娱乐等市场需求会迅速增加，这样就会给经营老年人用品的行业和老年人旅游业、娱乐业提供巨大的发展潜力，被人们形象地称为"银色市场机会"。

3. 人口的地理变化

居住在不同地区的人们由于地理位置、气候条件、传统文化、生活习惯的不同，而表现出消费习惯和购买行为的差异。特别值得企业营销管理当局关注的是人口的流动性和人口迁移的趋势。

近年来，我国的人口地理分布出现了几个值得企业营销人员高度重视的趋向：①人口迁移，人口从农村流向城市，内地流向沿海，不发达地区流向发达地区；②城市人口增长的速度明显加快；③随着城镇化的快速发展，直接从事农业的人口迅速减少；④每年随着农闲、农忙和春节而形成的农民短期流向城市打工，再返回农村，再流向城市，再返回的"农民工流动"现象越来越明显。

4. 社会家庭状况

家庭是社会的细胞，也是商品的主要采购单位。一个国家或地区家庭单位的多少，直接影响着消费品市场的需求量。例如，新的家庭单位的出现，势必会增加对住房、家具、家用电器等家庭用品的需求量。

随着经济的发展和家庭观念的更新，家庭规模更趋于小型化。在消费者市场上，企业应注意研究家庭单位的这种变化，多开发一些小型化产品，在数量、规格、型号、包装上适应现代家庭的需求状况。

当今社会"非传统家庭"的出现和逐渐增多，也被认为是社会家庭状况发生变化的一个方面。传统家庭是指由丈夫、妻子和孩子（有时也包括祖父母）所组成的家庭。但是，今天的家庭还应包括独身、单亲、"丁克"（不要小孩的夫妇）、空巢（年长的夫妇，无子女同住）等这些"非传统家庭"。各个家庭群体都有自己的需求和购买习惯。例如，独身、分居、丧偶、离婚者群体需要较小的公寓、小包装食品以及小型化的器具、家具和设备等。营销者应当考虑非传统家庭的特殊需要，因为非传统家庭户数的增长速度正快于传统家庭的增长速度。

二、经济环境

经济环境是指一个国家或地区的经济发展速度、失业率、通货膨胀、经济发展质量、经济结构及其变化等。经济环境与一个国家或地区的市场状况有着极为密切的关系。

（一）对经济环境的基本判断

（1）按照经济学的理论，经济发展速度、失业率、通货膨胀率是衡量一个国家或地区经济状况最重要的 3 个指标，增长、失业和通货膨胀被确定为 3 大宏观经济问题。长期以来，实现经济高速增长，同时保持高就业率和低通货膨胀率一直是各国宏观经济政策所追求的目标。

用于表示经济发展速度的指标是国内生产总值（gross domestic product，简称 GDP）。GDP 是衡量经济中产出的标准指标，是一国居民一年内生产的所有最终产品和服务的货币总价值。根据 GDP 的大小，我们可以做出一国或地区的经济是繁荣、停滞或衰退的判断。

尽管提高生活水平是人们追求的中心目标，但是当经济陷入停滞或衰退时，大家直接关注的就是失业率了。失业是指愿意工作而且有工作能力的人没有在生产中得到就业，它是人力资源没有得到充分利用的表现。对失业者本人及其家庭来说，失业意味着经济拮据以及生活方式的改变。如果一个人长期失业，他就无力应付日常支出，并不得不搬到更便宜的住房和在其他方面降低生活水平。

通货膨胀的直接表现就是价格上涨。但是，如果仅有一种物品的价格上升，这并不是通货膨胀。如果大多数物品的价格上升，才是通货膨胀。通货膨胀率是一般价格水平上升的比率。当存在高通货膨胀时，职工会担心他们的工资不能与价格水平同步上升，从而生活水平下降。投资者担心他们未来得到的收益不如他们所投资的钱值钱。另外，通货膨胀的发生不仅会给居民和投资者带来实际的损失，还会打击他们对未来的信心，甚至当通货膨胀率较高时还会造成人们的恐慌。对市场而言，通货膨胀在短期有可能刺激需求的增长，甚至可以说温和的通货膨胀是维持市场繁荣的源泉之一。但是，理论研究和实践都表明，长期的或激烈的通货膨胀对经济、对市场的危害很大。

（2）经济发展的质量是指一国或地区经济发展的效率、效益如何。经济发展的质量可以用人均生产率、百元产值消耗资源量、社会平均盈利水平等指标来衡量。近几年来，在评价一国或地区经济发展质量时人们开始越来越关注自然环境的问题。经济发展与自然环境之间存在着一定的矛盾，在有些较落后的国家和地区，这种矛盾可能还会相当突出。因此，联合国创造了一套新的国民收入核算体系，称为绿色 GDP。它试图把对环境和自然资源的某些影响结合进来。假设一个穷国决定砍伐已经生长了几百年的森林来增加自己的收入，砍伐森林增加了经济中可衡量的产出（GDP），但是用绿色 GDP 来衡量经济发展的话，就要从传统的 GDP 中减去自然资源的耗费量。这样一来，计算出的绿色 GDP 很可能是负数，因为砍伐森林直接减少了森林资源，甚至极有可能造成环境的恶化。

（3）经济结构重点指产业结构，即一国或地区不同产业各自所占的比重，它们之间的相互关系如何。例如，第一、二、三产业的结构，资源消耗型产业与技术型产业的结构，高科技产业的比重等。

（二）几个经济指标

我们在做市场营销的经济环境研究时，要在总体把握上述内容的基础上，特别关注下列一些直接影响市场潜力、市场发展方向和市场变化的经济指标：消费者收入、消费者信贷及居民储蓄、消费者支出模式、居民消费物价指数和居民消费信心指数等因素。

1. 消费者收入水平

消费者收入水平是影响购买力的重要因素，消费者收入水平的高低不仅决定着消费者市场的购买力水平的高低，而且影响着市场容量和消费者支出模式。

企业营销人员在分析消费者收入时，必须注意区分消费者"货币收入"和"实际收入"，"可支配的个人收入"和"可随意支配的个人收入"。所谓货币收入是指消费者在某一时期以货币形式表示的收入量，货币收入又叫名义收入。

所谓实际收入是指某一时期的货币收入扣除物价变动影响后的收入。如某人元月份货币收入 800 元，同月物价上涨 8%，则此人元月份实际收入为：$800 \times (1-8\%) = 736$ 元。

可支配的个人收入是指扣除消费者个人缴纳的各种税款和交给政府的非商业性开支（如各种费用）后可用于个人消费和储蓄的个人收入。可支配的个人收入是影响消费者购买力和消费者支出的决定性因素。可随意支配的个人收入是指可支配的个人收入减去消费者用于购买生活必需品的支出和固定支出（如房租、水、电、煤气费、养老保险费、医疗保险费等）所剩的那部分个人收入。

可随意支配的个人收入是影响奢侈品、旅游等高档消费的重要因素。

2. 消费者储蓄和信贷变化

城乡居民的收入不可能全部用来购买商品和劳务，总有一部分以各种形式储蓄起来，形成一种推迟了的潜在的购买力。从我国城乡居民的储蓄存款来看，到 1997 年底，我国城乡居民存款余额高达 60 000 亿元。这一数字说明居民的收入不断增长，实际购买力日益提高，国内潜在购买力非常巨大。企业应关注居民储蓄的增减变化，了解居民储蓄的不同目的，以便科学地预测市场需求规模和结构的变动，捕捉新的市场机会。

另外，消费信贷规模对购买力的影响也很大。消费信贷是指消费者在银行获得用于消费目的的贷款，或凭信用先取得商品的使用权，然后分期付款。消费信贷在西方国家很流行，美国尤盛。我国现阶段仅在商品房、汽车、上大学等方面开始有信贷推出，其他尚不多见。有些经济学家认为，允许人们购买超过自己现实购买力的商品，可以创造更多的就业机会，满足更多的需求，创造更多的财富，从而刺激经济的发展。

3. 消费者支出模式变化

消费者的支出模式取决于消费者的收入水平。改革开放 20 多年来，我国居民的消费支出模式发生了巨大的变化，由过去的温饱型正向小康型转变，某些地区正在向富裕型转变。其表现如下：①食品消费质量进一步提高，消费比重逐年下降，恩格尔系数逐步降低；②衣着消费增势平稳，其消费的时装化、名牌化、个性化倾向更加明显，中高档服装成为居民消费追求的目标；③耐用消费品拥有量显著增加，彩电、空调、洗衣机、冰箱在大中城市基本普及，小汽车、钢琴、电脑也开始进入家庭；④居住条件明显改善，居住支出的比重日益增大，房地产市场成为持续的经济增长点；⑤城乡居民用于教育、旅游、娱乐等方面的支出也有相当大的增长。消费者消费模式的变化对企业的发展战略和营销决策都有极其重大的影响，企业必须随时研究其发展变化根据消费者支出模式的特点，制定相应的营销战略和策略，使企业立于不败之地。

4. 居民消费价格指数（CPI）

CPI 是反映一定时期（年、季、月）内城市、农村居民所购买消费品价格和服务项目价格水平变动趋势、变动程度的相对数。居民消费价格指数曾称为居民生活费用价格指数。运用居民消费价格指数，可以观察、分析消费品和服务项目零售价格变动对城乡居民实际生活费用支出的影响程度。

我国国家统计局从 2001 年元月起，停止公布长期沿用的商品零售价格指数，开始发布居民消费价格指数。这个指数是在原来公布的商品零售价格指数的基础上，采用国际通行的计算公式，增加 220 多种商品和消费项目统计，以 2000 年价格水平为固定对比基期计算的。修改后的调查商品和服务项目的数量由 325 种增加到 550 种左右，其中包括汽车、汽油、移动电话、电脑等商品，以及家庭服务收费、电话月租费等项目。

5. 居民消费信心度指数

居民消费信心是影响市场消费需求增长变化的一个重要心理因素。居民消费信心指数是反映居民消费信心随着时间的推移而发生增减变化的程度的指标。按照我国著名的调查公司——零点调查公司的统计调查方法，居民消费信心度指数由三项指标构成，即居民对国家经济发展水平的评价、对当前个人经济状况的评价和对当前消费时机的认同感。企业要关注有关部门或组织发布的居民消费信心度指数，及时发现市场的一些变化，从而做出正确的决策。

 案例

根据中国烹饪协会与中国商业联合会、中华全国商业信息中心所发布的数据，2009 年我国餐饮业实现零售额 17 998 亿元，2010 年已突破 2 万亿元。中国餐饮行业已经连续 18 年保持高速增长，年均增长率 16%。预计到 2020 年，中国餐饮市场总量将达到 7 万亿元。

我们为什么能肯定在连续增长后，中国餐饮还能维持较高的增长率呢？这是因为推动中国餐饮市场高速增长有三大力量，未来这三大力量不是在减速，而是在增速。

（1）中国城市外来人口不断增加，导致城市人口爆炸，拓展了餐饮市场的横向基础，为餐饮市场增长提供了持续的强劲动力。1978 年中国城市人口为 17 245 万人，2007 年增长到 59 379 万，30 年增长了 4.2 亿，城市化率以接近每年 1% 的速度提高。以此推算，2020 年中国城市人口约为 8.7 亿，比 2007 年增加了 2.7 亿。这相当于中国餐饮市场的消费人数增加了 50%。同时旅游市场的火暴发展、人们商务及非商务交往的大量增加，导致城乡之间、城市与城市之间人口流动也大大加剧，这也是餐饮消费的重要人群。

（2）人均 GDP 持续增长，提升餐饮市场的纵向空间。1978 年中国人均 GDP 为 190 美元，2007 年增长到 2 360 美元，30 年增长了 2 170 美元。随着我国人均 GDP 的持续增长，餐饮市场的空间将更广阔。基尼系数告诉我们，人在收入刚开始增加时，会将钱大量花在食物上，而随着收入的进一步增加，人们已经吃饱，消费转向其他方面。而餐饮恰恰不是食物，是其他。30 年餐饮史告诉我们：吃饱之后，餐饮才刚刚开始。人们越不关心食物，就越关心餐饮。

（3）生活方式变更，大大增加了人们的餐饮消费频率。这表现为人们社交应酬越来越多，家庭外出就餐也越来越多。

三、自然环境

自然环境是人类赖以生存的家园，也是企业市场营销活动的重要环境。市场营销者应该明白，威胁与机会是同自然环境的 3 个趋势密切相关：原材料和能源短缺，环境污染日趋势严重和政府干预不断加强。

1. 原材料和能源短缺

地球上的自然资源有三大类：①取之不尽、用之不竭的资源，如阳光、空气、水等。这类资源从长远看依然存在危机。如人类生产和生活中大量使用"氟里昂"这种物质，从而造成对大气中臭氧层的潜在危害，现在极地上空不断扩大的臭氧层空洞，已令许多人忧心忡忡。水的问题实际上更为严重，因为近几十年来生产和生活用水量增加很快（估计世界用水量每 20 年增加 1 倍），加上世界各地水资源分布不均，很多地方对水体的污染严重，所以，淡水资源已经是世界上许多国家面临的主要问题了。我国的水资源情况并不乐观，在北方大部分地区存在不同程度的缺水，一些大中城市在一定季节已存在严重缺水。另外，一些大江、大河、大湖污染严重，三江源植被遭到破坏，水量减少。所有这些问题不仅会影响人民生活，而且已对企业构成一种环境威胁。但是，换一个角度来看，特别是对环保产业来说这种环境状况中又孕育着巨大的市场机会。开发出不对空气、水构成危害的新设备、原料和工艺，开发污水处理系统和水资源循环利用系统等，都是社会所急需的，未被满足的需求。②有限但可以更新的资源，如森林、粮食等。我国森林和耕地资源本来就少，加上人们不注意保护，减少很快。所以封山育林，防止土地沙化和水土流失，保护和充分利用耕地资源，在我国已是一个非常重要的问题。③有限又不能更新的资源，如石油、煤炭、铁和有色金属矿物等。近十几年来，由于这类资源供不应求或在一段时期内供不应求，使得以此稀有资源为原料的企业面临成本大幅度上升的威胁。

稀有资源的有限供应和价格的上涨，促使人们不断研究和发展各种新能源、新材料，从中发现新的市场机会。例如，由于石油涨价，煤又重新被普遍使用；企业大力探求太阳能、原子能、风能以及其他形式能源的实用性手段。仅仅太阳能领域，已有成百上千的企业推出各种利用太阳能的产品，用于家庭供暖和其他用途。还有一些汽车公司，正在研究有实用价值的电动汽车、太阳能汽车等。另外，大量的企业在开发和使用防止污染，废物、废水回收利用等技术中尝到了甜头，这样既减少了污染，又降低了成本。同时，在环保和充分利用资源问题上积极行动的企业往往能得到政府的资助和夸奖，得到公众的称颂，利于企业树立起良好的道德形象。

2. 环境污染日趋严重

有些生产活动不可避免地破坏了自然环境。公众对环境污染问题越来越关心，纷纷指责环境污染的制造者，政府也向企业施加压力，使企业不得不采取措施控制污染，这种动向对那些造成污染的企业是一种环境威胁。同时，这种动向也给控制污染，研究与开发不致污染环境的制造设备和工艺以及新型包装材料等企业造成了新的机会。

3. 在环境保护和资源利用问题上政府干预不断加强

由于自然资源的短缺和环境污染的加重，政府加强了对自然资源的管理，更加重视环保工作，制定了一系列有关环保的法律法规。如北京已出台汽车尾气排放标准；河南省1997年关闭了300多家小造纸厂；淮河流域环境治理等，这将制约一些企业的营销活动。由于治理污染需要投资，使企业成本增加，但从长远来看，会带来良好的社会效益。因此，企业必须加强环保意识，在营销过程中，担负起保护环境的责任。

四、技术环境

科学技术是改变人类命运的最富戏剧化的因素之一。科技创造了许多奇迹，如青霉素、心脏手术、计算机、互联网等；技术也造出了恐怖的魔鬼，如氢弹、神经性毒气、高性能歼击机等；技术还造出了诸如飞机、汽车、网络游戏、核能等福祸兼备的东西。

科学技术是第一生产力，它一旦与生产结合起来，就会对经济产生重大影响，伴随而来是新兴产业的出现，传统产业的被改造和落后产业的被淘汰；新材料新工艺的产生，企业市场营销模式的巨大变革。

（1）知识经济。近20多年来，人类科学技术飞速发展。在这个过程中，以信息技术为代表的高科技发展，正在将我们带入一个知识经济的新时代。知识经济是以高科技产业为支柱产业，以智力资本（知识资本）为主导因素，以信息为重要资源，以科技创新为内在动力的一种可持续发展的新型经济。它有别于农业经济、工业经济，而是一种新的社会经济形态。

（2）科技发展带来无限的创新机会。科学家们现在正从事着范围惊人的新技术研究，这些新技术将会给我们的产品及生产过程带来革命化的影响。在生物技术、微电子、机器人和材料科学方面，人们已经取得了令人振奋的成果。科学家们现在正在加紧研究实用太阳能、艾滋病治疗、超导体、精神健康的化学控制、用于家庭护理的机器人等。此外，科学家们还正在考虑一些尚带有幻想性的产品，如小型飞行汽车、立体电视、太空居住等。科技的创新会给企业市场营销带来无限多的机会。

（3）科技发展的步伐加快。这是现代技术发展的重要特征。现代人有许多新的构思正在孕育之中，新构思与成功应用之间的时间差正在迅速缩短，技术引入期至生产高峰期之间的时间距离也越来越近。

（4）科技是一种创造性的破坏力量，会引起社会产业结构的重大变化。在 20 世纪的最后几十年里，信息、医药生物工程、农业生物工程、新材料、新能源、空间发展与服务、海洋、环保等新兴产业风起云涌。同时，所有产业的内部结构，也发生着重大的变化，落后的技术、产品和服务在逐渐消失，新的技术、产品和服务不断出现。所有这些都会给企业的市场营销带来更多的机遇与挑战。

（5）科技发展导致人们生产和生活方式的巨大变化。例如，随着个人电脑和互联网的普及，使得不少人可以坐在家里工作，而不必每次花费半个小时或更多的时间往返奔波于上下班的路上。这样将会减少汽车的污染，使家庭作为一个工作单位而更紧密地聚合在一起，并带来更多以家庭为中心的娱乐与活动，而且还会对购买行为和企业营销绩效产生重大影响。

五、政治/法律环境

政治因素主要是指国家的政体、政局、政策等。政体是指国家（或地区）的性质、体制、政治倾向。政局是指执政当局的稳定程度、与邻国的关系、边界安定性、社会安定性等。政策是指政府在某一时期、某一领域的管理方针和制度性规定，主要应注意其倾向性、稳定性和连续性。法律因素是指与市场营销有关的法律、条例、规定、标准、惯例、条约等。政治/法律环境对企业市场营销活动具有鲜明的强制性影响，主要表现在以下几个方面：

（1）国家（或地区）的政体、政局变动对企业市场营销活动的影响。这种影响可能不是太直接，但是这种大的政治环境，会对经济环境产生大的作用，造成经济发展或萎缩，经济的波动，投资人投资信心的变化。

（2）有关政策对企业营销活动的影响。这些政策包括人口政策、就业政策、能源政策、物价政策、财政与货币政策、产业政策等。例如，政府实行紧缩的财政、货币政策，会使税赋水平提高，贷款更难和成本更高，从而使企业的税费和财务费用提高，损害企业的营销竞争力。再如，我国国家计划扶植和大力发展的产业，其中的企业就会在税收、贷款和产业进入等方面享受优惠；若是国家限制发展的产业，其中的企业就会面临较严峻的政策环境。

 案例

2011 年 7 月 9 日，中共中央召开全国水利工作会议，9 位中央政治局常委提出了一系列改善、发展我国水利事业的政策。这一政策实施以后，必定会促进水利工程机械、相关设备、材料以及水利建设施工市场的较大需求。

还比如，国家发展战略规划功能区的政策，会对规划为功能区的区域经济增长形成强劲的推动力，进而推动当地居民收入水平提高，促进当地零售业、服务业市场需求增长，造成相应的商机。

（3）一个国家与他国的国际关系对企业营销活动的影响。随着经济全球化的浪潮，国与国之间的关系，越来越多地影响着各国的经济，进而影响众多企业的发展。例如，对中美两国关系的"冷暖"变化，体会最深的恐怕莫过于两国间有贸易往来的企业家们。

（4）经济立法对企业市场营销活动的影响。经济立法旨在建立和维护经济秩序，每一项新的法律法规的颁布或修改，都会直接或间接地影响企业的营销行为。经济立法首先是保护企业的利益不受侵害。如《反不正当竞争法》中规定了不正当竞争行为的类型，对企业的营销手段就有一定的限制，但通过禁止不正当竞争行为，保护了正当竞争企业的合法权益。

经济立法的第二个目是保护社会利益和消费者的合法权益免受不正当商业行为的侵害。如果对其放任自流的话，社会利益就没有保障，某些企业就会在产品中掺假、做虚假广告、用价格引诱消费者、用包装欺骗顾客。

经济立法的第三个目是国家向企业收取部分剩余产品或其生产所带来的社会成本，以更好地管理社会和维护国家机器的正常运行。如每个国家都制定有一套繁杂而严密的税法体系，以规范企业的纳税行为。

六、社会/文化环境

人们所处的社会塑造了人们的基本信仰、价值观和道德行为规范。人们几乎不自觉地接受了确定与自身、与他人、与自然及与宇宙关系的世界观。狭义的文化就是指一个社会千百年来逐渐形成的，影响和制约着人们行为的世界观、价值观、风俗习惯、伦理道德、生活准则和一定的生活态度等。市场营销者在产品和品牌的设计，广告和服务的形式等方面，要充分考虑当地的文化因素，要研究不同社会阶层和群体的需求特点和购买者行为。下面是营销者感兴趣的一些文化特点：

（1）核心文化价值观有高度的持续性。比如，我国有农历正月初一过春节的传统；西方国家在公历12月25日过圣诞节的传统，这些传统可以说世代相传，从不间断。

（2）每种文化都由亚文化构成，每个社会都包含着亚文化，即人们因共同的生活经历与环境而持有的共同的价值观。佛教徒、基督徒、青少年、老三届，其成员都有着共同的信仰、爱好和行为，这就构成亚文化。不同的亚文化群所表现出来的需要与消费行为各不相同，市场营销人员可以将这些亚文化群作为目标市场。

（3）从属文化价值观随时间变化。虽然核心价值观相当持久，但是文化的摇摆也会发生。例如，前些年人们购买服装喜欢求同，而现在购买服装喜欢个性化，这就导致营销路径的转移及生产的小批量、多品种、多花色的特点。营销者必须适应并预期从属文化价值观的特征及其变化。

 案例

我国葡萄酒产业的营销环境分析

△有利的环境要素

（1）独特的自然环境要素。中国的自然环境，无论是日照时间、降雨量还是昼夜温差，都适宜酿酒葡萄的生长。仅河北省酿酒葡萄种植面积已达26万亩，酿酒葡萄总产量达到20多万吨。因此葡萄酒原料十分丰富。

（2）存在非常具有吸引力的市场。中国人口多，经济持续快速增长，居民可支配收入不断增加，生活水平迅速提高，购买力逐步增强。而且，外国人员来华经商、旅游等日益频繁，这些都为中国葡萄酒市场需求的不断扩大创造了条件。

（3）适宜的文化环境。中国酒文化源远流长。酒已经成为中国人的一种文化积淀，成为各种社交场合必不可少的消费品。从文化层面上来讲，中国人对酒的需求非常强烈且根深蒂固。近几年来，随着大家对白酒危害性认识的加深，同时由于厂家对葡萄酒特别是干红葡萄酒宣传力度的加大，人们对干红的需求日益增加，喝干红已经成为保护身体、提高品位的一种时尚。

（4）良好的政策环境。葡萄酒系酒精度较低的发酵酒种，品格高雅，加上种植葡萄可以开发利用山坡地、沙砾地等不宜种植粮食的土地资源，因此，在我国的酿酒政策中一直鼓励葡萄酒的发展。

△不利的环境要素

（1）葡萄酒技术工艺有一定差距。我国葡萄酒行业还处于发展起步阶段，葡萄酒的酿造技术，产品质量、档次、品种等还无法与国际水平相比。

（2）葡萄酒市场正处于发育阶段。中国葡萄酒市场虽然存在巨大潜力，但是远没有达到快速成长的时期，市场的发育和成熟需要一定时间。

（3）竞争环境恶劣。入世后，技术雄厚、品牌强势的国外企业冲破中国高关税和相关保护政策的壁垒，以低价位进入中国，从而使国内葡萄酒市场竞争更趋激烈。

第二节　SWOT 分析

一、什么是 SWOT 分析

SWOT 分析是战略分析中针对企业内、外环境所进行的一种分析理论，它既简单又实用，因而在战略分析和决策中被人们广泛采用。它是指对企业的优势（Strength）、弱势（Weakness），对企业在市场上所面临的市场机会（Opportunity）和环境威胁（Threat）所进行的全面分析、评估。企业优势和弱势的分析实际上就是企业内部环境分析的两个方面，市场机会和环境威胁的分析实际上就是企业市场营销外部环境分析的两个方面。

SWOT 分析作为一种企业战略和策略的分析工具，其思路是：分析自己有哪些优势、哪些弱势，看看产业中、市场上有哪些机会、哪些威胁，从而决定做什么、怎样做。其制定战略和策略的导向是：利用和发挥自己的优势（"手掌理论"——发挥自己拇指、食指、中指之位置最好、最灵活、最长的优势），避开或补齐自己的弱势（"木桶原理"——木桶盛水的多少取决于最短的那块木板，所以要补齐之）；避免或尽量减少环境威胁给自己带来的损失，以保证生存；努力抓住市场机会，以扩大销售，增加利润，谋求更大的发展。

二、对市场机会和环境威胁的分析评价方法

企业的市场营销环境是不断变化的，这种变化一方面会给企业的市场营销活动造成有利的机遇，即市场机会；另一方面也可能给企业带来不利的影响，即环境威胁。每一个企业都面临着许多市场机会或环境威胁。企业要设立环境预警系统，通过市场营销信息系统来严密监测环境中的微观和宏观因素，加强对环境因素变化趋势的分析和研究，及时发现和预测其能给企业带来的市场机会或环境威胁。企业一旦获得某种因素已经发生或可能将要发生的变化和变化动向时，要首先判断这种变化或变化动向对企业来说是环境威胁还是市场机会，然后再作进一步的分析和评价。

在某一段时期，企业可能同时面临着多个环境威胁因素，或市场机会因素。但并不是所有的环境威胁都一样大，也不是所有的市场机会都有同样的吸引力，这些因素需要结合有关情况和企业的优势、劣势作一番深入的辨析，以确定哪些是需要企业马上采取对策的机会或威胁，哪些是暂时不必考虑或虽然暂时不用考虑但应当给予适当关注的机会或威胁。

1. 对市场机会的分析、评价

企业可采用"市场机会矩阵图"来加以分析、评价，如图 5-1 所示。

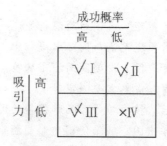

图 5-1　　市场机会矩阵

"市场机会矩阵图"的横坐标代表成功的可能性，这种可能性一方面取决于环境因素本身的发展；另一方面取决于企业自身的能力条件，即面对可能出现的市场机会，企业有没有相应的优势资源和竞争力条件，根据企业的资源和竞争力条件，企业利用该市场机会取得成功的概率有多大。纵坐标代表市场机会潜在的吸引力大小，即有利于企业增加盈利和发展的程度。图中矩阵Ⅰ表示成功的可能性和潜在的吸引力都大；Ⅱ表示潜在的吸引力大而成功的可能性较小；Ⅲ表示成功的可能性较大而潜在的吸引力小；Ⅳ表示成功的可能性和潜在的吸引力都较小。

对所有的市场机会因素，企业都从成功概率和潜在吸引力这两个方面进行分析和评价，并将结果填入矩阵图中，看某一市场机会因素落入哪一矩阵区域。显然，区域Ⅰ中的机会是最佳机会，企业应准备若干计划以追求其中一个或几个机会。一般来说，企业要想抓住市场机会，往往意味着要投资。区域Ⅳ中的机会太小了，可以不必考虑。区域Ⅱ、Ⅲ中的机会应该密切加以注视，因为其中任何一个机会的吸引力和成功概率都可能随着环境的变化而变化。

2. 对环境威胁的分析、评价

企业可采用"环境威胁矩阵图"来加以分析、评价。如图 5-2 所示。

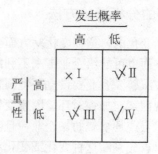

图 5-2　　环境威胁矩阵

"环境威胁矩阵图"的横坐标代表威胁发生的可能性，与市场机会的分析角度相同，这种可能性同样取决于环境因素本身的发展和企业自身的资源条件、竞争力条件，只不过方向相反罢了。纵坐标代表威胁的严重性，即威胁可能造成成本增加，销量减少，从而减少利润。图中矩阵Ⅰ表示发生概率和严重性都较大；Ⅱ表示发生概率低而潜在严重性大；Ⅲ表示出现威胁的可能性大而潜在的严重性较小；Ⅳ表示出现威胁的可能性和潜在严重性都较小。

对所有的环境威胁因素，企业都应从发生的可能性和严重性这两个方面进行分析和评估，并将结果填入矩阵图中，看某一威胁因素落入哪一矩阵区域中。显然，区域Ⅰ中的威胁是关键性的，因为它们会严重地危害企业利润，甚至危害企业的持续经营，并且出现的可能性也最大，属于真正的威胁。公司需要为每一个这样的威胁准备一个应变计划，这些计划将预先阐明在威胁出现之前，或者当威胁出现时，公司将做哪些改变，以对付这种威胁。一般说来，对付威胁，企业有三种可以选择的对策：①反抗，即试图限制或扭转不利因素的发展。②减轻，即通过调整企业的市场营销战略和策略来适应环境的变化，以减轻环境威胁的严重性。③转移，即决定转移到其他盈利更多的行业或市场。区域Ⅳ中的威胁比较微弱，可以不加理会；区域Ⅱ、Ⅲ中的威胁不需要制订应变计划，但需要密切加以注视，因为随着环境的变化，它们可能发展成严重威胁。

三、企业优势、弱势分析

企业通过市场机会和环境威胁的分析、评价，识别出了最佳的市场机会和关键性的威胁因素。接下来制订抓住机会或对付威胁的市场营销计划时，必须结合企业自身的优势和弱势，特别是在对待市场机会因素的问题上更应如此。原因在于市场上往往有很多机会，但并不是所有的机会都适合企业来做。况且，企业要将某一市场机会变成现实的机会，也就是说企业试图采取行动来抓住某种机会时，最主要的行动往往是投资，而投资就意味着企业要冒风险。因此，识别环境中有吸引力的机会是一回事，拥有在机会中成功所必需的竞争能力是另一回事。企业必须分析自身的优势和弱势，以便于制订更切合实际的应对环境变化的计划。

1. 企业优势

企业优势指的是企业所擅长的某种东西，或者企业所特有的能够提高企业竞争力的东西。企业的优势往往有以下几种形式：

（1）一项技能或重要的专门技术。如低成本制造诀窍、技术诀窍、一套无缺陷制造跟踪记录方法、能够不断提供上乘客户服务的技能、能够不断开发革新性产品的技能、卓越的大规模采购技能、独特的广告和促销诀窍。

（2）宝贵的有形资产。如现代的生产工厂和设备、吸引人的不动产地点、遍布全球的分销网络或设施、自然资源储存，或者可以随时变现的、充裕的资金。

（3）宝贵的人力资产。如经验丰富、能力强大的劳动力、关键领域里有才能的职员、积极上进的职员，或者深深地植根于组织之中经过长时间建立起来的学习能力和诀窍。

（4）宝贵的组织资产。如高质量的控制体系、专有技术、重要的专利、采矿权、忠诚的客户群、强大的资产负债能力和很高的信用等级、计算机辅助设计和制造系统等。

（5）宝贵的无形资产。如品牌形象、企业声誉、购买者商誉、很高的职员忠诚度、积极的工作环境和企业文化。

（6）竞争能力。新产品推向市场的开发周期短、订单生产的制造能力强、强大的特约经销商网络、与关键供应商之间建立的强大的伙伴关系、研究与开发新产品的能力、组织灵敏能够很快地对变化的市场环境和新机会做出反应的能力。

（7）某种能够使企业在市场上获取竞争优势的成就或属性。如很低的整体成本、市场份额领导地位、优秀的产品、很宽的产品线、很强的企业名称识别度，或者很好的客户服务。

2. 确定企业的弱势和资源缺陷

企业弱势指的是企业缺少或做得不好的某种东西（和其他企业相比较而言），或者指某种会使企业处于劣势的条件。一家企业的内部弱势可能与以下因素有关：①缺乏有竞争力的技能和专门技术；②缺乏有竞争力的有形资产、人力资产、组织资产，或无形资产；③在关键领域里竞争能力正在丧失或很弱。一项弱势究竟会不会使一家企业在竞争中受到伤害，取决于这项弱势在市场上的重要程度以及这项弱势会不会被企业所拥有的优势所抵消或减弱。

一旦企业的管理者确定了企业的资源优势和资源弱势，就必须认真仔细地估量这两大类因素，因为它们对战略的制定有着重要的意义。某些资源优势可能比另一些资源优势具有更为重要的竞争意义，它们更有助于制定强大的战略，建立强大的市场地位和决定企业的盈利水平。同样地，有些资源弱势如果不予以弥补的话，可能会对企业产生致命的打击，而另外有一些资源弱势则不那么重要，它们很容易得到矫正，或很容易被企业的资源优势抵消。一家企业一旦出现资源弱势，就表明企业的管理者必须评价企业的资源基础了：企业现有的哪些资源缺陷需要纠正？企业是不是有重要的资源缺口需要填补？提高企业未来的资源基础需要采取什么措施？

 案例

李宁体育用品有限公司是我国一家著名的企业，其拥有的"李宁"品牌更是家喻户晓。我们根据李宁公司的历史和近几年的经营情况，研究市场形势和它所面临的竞争态势，特别是与耐克、阿迪达斯等国际知名品牌对比，对它做出以下 SWOT 分析：

（1）优势

国内第一体育品牌

高知名度和高消费者忠诚度

国内市场占有率最高

成熟的市场运作经验（营销网络、特许经营）

既具备设计高档时尚产品的能力，又更了解中国消费者

二十多年积累的品牌号召力

与中国体育界良好的关系

（2）劣势

市场细分不清，功能专业化不够

实际消费群体年龄偏大，与自己的目标消费群体差距大

品牌定位不清，核心价值模糊

产品设计、产品广告、开店风格、形象代言人混乱，传递信息不一致，产品档次不高，品位不够，在一类城市不是很受欢迎，给消费者的感觉是中档产品。在开发高档产品方面，与洋品牌相比，品牌形象、资金实力可能会显得力度不够

（3）机会

2008 北京奥运会，政府出台发展体育产业的政策

体育用品市场发展速度快，市场空间大，尤其是青少年市场

公司已经认识到品牌经营的重要性

（4）威胁

行业竞争加剧，高端市场受阻于国际品牌，低端市场受到国内品牌挤压

消费者对国际品牌更为喜爱，很大一部分的现有消费者的理想品牌是耐克

将有更多的国际品牌进入，参与竞争

学、做一体练习与实践

一、不定项选择题

1. 影响消费者购买力和消费支出的决定性因素是（　　）。

A. 货币收入　B. 实际收入　C. 可支配的个人收入　D. 可随意支配的个人收入

2. 影响奢侈品、旅游等高档消费的重要因素是（　　）。

A. 货币收入　B. 实际收入　C. 可支配的个人收入　D. 可随意支配的个人收入

3. 人口老龄化对（　　）企业来说是一种机会。

A. 通信　　　　B. 娱乐　　　　C. 保健品　　　　　D. 休闲服装

4. 随着居民收入水平的提高，下列说法中正确的有（　　）。

A. 恩格尔系数逐步降低　　　　　B. 恩格尔系数逐步提高

C. 高档耐用消费品市场增长　　　D. 居民消费价格指数下降

二、填空题

1. 市场营销的宏观环境包括六大环境，即_____、_____、_____、_____、_____、_____。

2. 一般来说，企业要想抓住市场机会，往往意味着要_____。

3. 对付环境威胁，企业有三种可供选择的对策，即_____、_____、_____。

三、名词解释

1. 经济环境；

2. 个人可支配收入；

3. 可随意支配的个人收入；

4. 居民消费价格指数（CPI）；

5. SWOT 分析。

四、简答题

1. 作为一种企业战略和策略的分析工具，SWOT 分析的决策思路是什么？

2. 如何利用"市场机会矩阵图"来分析评价市场机会？

3. 如何利用"环境威胁矩阵图"来分析评价环境威胁？

五、案例分析题

阅读章首案例《英国雷利自行车公司》，从 20 世纪六七十年代以后，全球自行车市场的营销环境发生了哪些变化？针对这些变化，雷利自行车公司应该如何应对才是正确的选择？

六、讨论思考题

1. 企业为什么要研究并密切关注市场营销环境的变化？

2. 要想做好 SWOT 分析，其基础是什么？

七、概念应用题

1. 请列举最近 5 年来，我们的生活所发生的一些明显变化（可以是大的方面也可以是小的方面），并从营销角度来论述这些变化的意义。

2. 收集有关大学生就业环境方面的信息，并对未来 2～3 年内该环境中可能发生的变化做出预测。据此，说说你将对自己的大学生活和学习所做出的改变。

3. 选择一个你所熟悉的企业（可以是大企业，也可以是一个很小的企业），对该企业和市场做一番调查和分析，列出其 SWOT。

第六章　市场研究的一些分析方法和理论

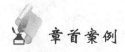

章首案例

李维斯公司①

1853 年，利维·斯特劳斯，一个卖帆布裤给加利福尼亚淘金者的巴伐利亚移民，发明了牛仔裤。自那以后，牛仔裤就一直是美国生活的一部分。而且，李维斯公司也一直统治着牛仔裤行业。20 世纪 50 年代到 70 年代，生育高峰期②出生的人逐渐成年，年轻人的数量急剧膨胀，因此卖牛仔裤很容易。李维斯公司要做的仅仅是生产足够多的牛仔裤以满足看起来永远得不到满足的市场。但是到 20 世纪 80 年代初为止，生育高峰期出生的人逐渐老化，他们的品味也随着自己腰围的变粗而发生改变。他们买牛仔裤的数量减少了，而穿的时间则变长了。同时，18～24 岁年龄段的人，即通常认为最有可能买牛仔裤的人，也在不断缩减。因此，李维斯公司发现在衰退的牛仔裤市场上不得不为自己的市场份额进行奋斗。

起初，尽管牛仔裤市场在衰退，但是李维斯公司仍然坚守其牛仔裤基本业务。公司凭借大量增加广告以及在西尔斯、潘尼等全国性零售店内进行销售的方式寻求销售量的增长。在这些战术失败之后，李维斯公司开始尝试多元化经营，进入增长更快的时装和专业服装行业。它仓促增添了许多新产品线，包括新款时装、运动装和体育装等。到 1984 年为止，李维斯公司的多元化经营陷入混乱状态，涉及的行业范围从牛仔裤一直到男人用的帽子、滑雪装、跑步装，甚至还有妇女穿的涤纶紧身短衬裤和斜纹粗棉布孕妇装。其结果是仅在一年之内利润就下降了 79%，极为悲惨。

1984 年，李维斯公司为了扭转不利形势，公司新任管理层实施了一个大胆的战略新计划。它卖掉了绝大多数销量不佳的时装和专业装，使公司回到向来最擅长的业务：生产和销售牛仔裤。作为先行者，李维斯公司重新启用了它的拳头产品：最基本的缩水后贴身的 501 型牛仔裤。公司投资 3 800 万美元用于现时经典"501 型蓝色牛仔裤"广告攻势，即一系列时兴的、纪实风格的"现实广告"。从来没有一个企业在一类服装上花过这么多钱。这时，许多分析家对这一战略提出疑问。正如其中一位分析家所说："这对一条普通的牛仔裤来说简直花费太多了。"但是，501 型蓝色牛仔裤攻势使消费者想起了李维斯公司的悠久传统，并使公司重新确定以传统的蓝色牛仔裤生产为中心。在接下来的四年里，这一广告攻势使 501 型蓝色牛仔裤的销售量翻了两倍多。

---

① 本案例选自华夏出版社 1998 年出版的《科特勒市场营销教程》。
② 在美国，生育高峰的一代是指从 1946 年到 1964 年期间出生的人口。这一期间人口出生率达到历史最高点，出生人数约 7 500 万，占美国人口的三分之一。

　　在建立起这种固定的蓝色基调之后，李维斯公司开始增添新产品。例如，它成功地在基本产品线中增设了预洗、磨洗和彩色牛仔系列。1986 年末，李维斯公司引进了多克斯（Dockers）产品系列，即休闲、舒适的棉裤，这针对的消费者是生育高峰期出生的现已逐渐变老的男性。由于该新产品系列是对牛仔裤系列的自然延展，所以产生了比预计要大得多的吸引力。不仅成人购买多克斯产品，而且他们的孩子也购买。看起来，每一个美国男性青少年都至少需要一条在见女朋友的父母时穿得出来的棉裤。自开发以来的十年中，多克斯产品系列已成为盈利十亿美元的成功产品。李维斯公司继续为正在变老的生育高峰期出生者开发新产品，例如，为那些穿不下剪裁较纤瘦的 501 型蓝色牛仔裤的男士设计宽松合身的牛仔裤。

　　除了推出新产品之外，李维斯公司还努力开发新市场。例如，公司在 1991 年开展了特别针对妇女的牛仔裤广告攻势。这次名为"女士牛仔裤"的广告攻势，投资 1 200 万美元，为期三年，很富有创新精神，其特色是由女艺术家来表演展示穿有蓝色牛仔裤的女性形体。公司还开展了一次全国西班牙语电视广告运动，旨在增强对新兴的、增长迅速并忠诚于品牌的西班牙裔市场的吸引力。

　　但是，李维斯公司最巨大的转变是在国际市场上。公司现在已成为唯一真正全球型的美国服装制造商。它的战略是"全球思考，当地行动"。公司管理着一个合作紧密的全球市场营销、制造和销售系统。李维斯公司每年都会召集世界各地的经理，共同讨论产品和广告创意，并寻觅那些具有全球影响力的创意。例如，多克斯产品系列源于阿根廷，但现在已成为全球畅销产品。在其全球战略中，公司鼓励当地商店根据各自的国内市场改进产品和营销方案。例如，在巴西，公司开发了斐美妮娜曲线剪裁牛仔裤系列，提供巴西妇女喜爱的特别紧身款式。

　　在绝大多数国外市场，李维斯公司大胆地宣传其深厚的美国文化。例如，詹姆士·迪安几乎是日本所有利维广告中的中心人物形象。印度尼西亚广告中表现的则是一群穿着李维斯牛仔裤的青少年驾着 60 年代出品的敞篷车绕着美国衣阿华州的杜布克市兜风。而且，几乎所有的外国广告都以英语音乐为特色。但是，和美国人通常认为李维斯产品只是普通结实的粗布衣服不一样，绝大多数欧洲和亚洲消费者认为它们是特别时髦的代名词。同时，其定价也完全符合对顾客的吸引力：一条李维斯 501 型牛仔裤在美国卖 44 美元，到日本约为 63 美元，在巴黎则高达 88 美元。

　　李维斯公司大胆创新的全球营销活动取得了极好的成效。由于国内市场的继续收缩，国外销售量已成为促进李维斯公司成长的主要原因。海外市场现在创造 34% 的公司总销售额，46% 的未扣除公司费用和利息前利润。或许更为瞩目的是，公司国外业务正以五倍于国内业务的速度增长。李维斯公司还在寻找新的国际市场机会，例如，第一家正式销售李维斯牛仔裤的俄罗斯商店最近已向大众开放，而且公司正在向渴望拥有牛仔裤的印度、东欧消费者销售牛仔裤。

　　这些引人注目的战略及营销计划使李维斯公司变革成为一家朝气蓬勃的、能够盈利的企业，使公司能够更好地把握不断变化的市场机遇。通过建立以牛仔裤为核心的坚实基础，再伴以精心设计的产品和市场开发方案，李维斯公司已找到了在国内牛仔裤市场衰退的情况下提高利润的方法。正如一位公司观察家所说的，李维斯公司早就知道"只要正确地组合坚持不懈和精明能干这两大要件，策划新产品和打开新市场就可以不费吹灰之力。"

前面第二、三章我们对消费者市场和组织市场的认识是站在买方角度来进行的，主要了解买方是怎样买东西的，且侧重于对买方个体行为的研究。本章我们站在卖方（企业）的角度，来讲一下研究市场的一些方法。显然，在本章我们将侧重于对市场的群体性和整体性研究，因为企业的营销战略和策略很少只针对某单个顾客，往往针对的是市场整体或整体中的群体。

第一节　产品分类研究

企业主要是靠产品来满足顾客需求的，所以产品是我们进行市场研究的基础。当我们进行产品研究，思考产品问题的时候，会发现产品实际上是一个内涵非常丰富、复杂的概念。为了辨识产品，我们必须首先来对产品做一个层次上的划分。产品里包括产品大类→品类→品种→品目这样几个不同层次的概念。

一、产品大类

是指具有相同的使用范围、售给同类顾客群、有相同销售渠道的一系列密切相关的产品。例如，食品、保健品、化妆品、炊事用具、家用电器、床上用品、机床、自动控制设备、环保设备等。

二、产品品类

每一产品大类中都有许多不同的品类。品类是指具有相同使用功能，或相同原料、相同产品形式的一类产品。例如，食品按使用功能分为速食品、保健食品、食品调料等，按原料可分为肉制品、面制品，按产品形式分为速冻食品、小食品等；服装按功能分为上衣、裤子、裙装等，按原料分为丝绸服装、棉布服装等，按产品形式分为西装、旗袍等；家用电器按功能可分为电视、空调、洗衣机、冰箱、微波炉、电脑等；化妆品按功能可分为护肤品、祛斑霜、口红、指甲油等；保健品按原料可分为参制品、蜂产品、保健酒等；机床按功能可分为车床、铣床、刨床、磨床、钻床等。

产品大类和品类的划分，合并起来就是我们常说的某一类产品或产品类别。产品类别的划分常常与企业的战略性决策相联系。具体而言，就是它与企业经营领域的选择有关，决定着企业是选择单一业务经营战略还是多元化经营战略。如果选择多元化经营战略的话，那么，还要决定做哪些类别的产品，进入哪些类别产品的市场。例如，我国著名的饮料企业"娃哈哈"集团，后来又进入童装的经营领域；某彩电企业现在决定增加电脑产品的生产，进入电脑市场领域；某化妆品企业决定增加两大产品类别：口红和指甲油。

三、产品品种

每一产品品类中又有许多不同的品种。品种是指某一品类中具有相同产品形式、用料、功能、技术与工艺、档次、质量或品牌的产品。产品在这一层次是最为丰富多彩的，也是变化最快的。我们平时常说的某种产品，确切地说就应该是指产品品种。造成不同产品品种的变量非常多，以下所列举的只能说是比较常见的几种情况。

（1）根据产品形式不同所进行的划分。产品形式是指产品的不同形态、性状。产品形式不同的背后是技术的不同。如肉制品中的分割肉、火腿肠、肉罐头等；蜂产品中的蜂胶、蜂浆、蜂粉、蜂蜜等。

（2）根据用料不同所进行的划分。例如，肉制品中的猪肉、鸡肉、牛肉制品等。

（3）根据技术与工艺不同所进行的划分。如肉制品里包括高温、低温肉制品，电视分普通电视、背头电视、等离子电视等。

（4）根据价格不同所进行的划分。因为价格代表了产品的质量和档次，所以也可以说是根据质量与档次划分。例如，高端产品、低端产品；一级品、二级品等。

 案例

某乳制品公司对冰淇淋产品的品种划分，按照产品质量和价格方面的差异，分为：①超溢价产品，使用最高质量的原料，口味独特，品牌知名度极高，价格很高，产品附加值高。②溢价产品，使用较高质量的原料，有一定口味，品牌知名度很高，价格低于超溢价产品，高于普通和经济型产品。③普通产品，使用标准质量的原料，大众口味，有一定的品牌知名度，标准价格，大众化市场。④经济型产品，使用标准质量原料，口味中等偏下，使用制造商品牌，价格低，针对大众化市场。

（5）根据更具体的产品功能不同所进行的划分。某一品类的产品肯定具有相同的功能，但大体功能相同，不等于功能完全相同。例如，牙膏分洁齿型、预防型、美容型、生态型、生物型等；同为车床，但车的功能是不一样的，从而形成不同的车床品种。

（6）根据产品性能不同所进行的划分。像压力等级、燃料利用率、敏感度、精确度这类性能上的差异，和产品种类的技术与设计相关。它往往反映了研究与开发、制造复杂性和测试上的差异。

（7）根据产品与辅助性产品与服务的不同关系所进行的划分。产品、辅助性产品与服务之间的关系不同，往往是价格敏感性、转换成本、歧异性的关键标志。

（8）根据包装不同所进行的划分。许多产品品类的包装非常重要，也可能是形成不同品种的重要变量。

我们注意到在讲述品类和品种时，都有基于功能、用料和产品形式的划分，那么，分出来的到底属于品类呢，还是属于品种呢？很简单，注意层次性就可以了。也就是说，如果你是在大类中按功能、用料或产品形式划分，那么分出来的肯定是品类。如果是在品类中分，分出来的肯定就是品种了。另外，还有一种不是太精确的区分方法，即品类是客观形成的，是通用的，大家都知道的。品种的形成是企业赋予的，是人为的，是企业在生产某一品类产品时，对产品形式、技术模式、产品档次等变量进行开发和选择的结果。

任何产品大类的品类、品种划分很难有一个标准的分类目录，有时某大类产品中品类和品种的区分也可能是模糊的，但这并不影响我们对产品及其对应的市场所做的思考和研究。

四、产品品目

是指某一产品品种中具有不同规格、形状、花色、包装的产品。例如，火腿肠可以分成块状的和条状的、大包装和小包装等。它体现了购买者在产品外在因素上的需求差别。企业应生产不同品目的产品，来更好地、最大限度地满足市场需求。

第二节　市场细分

从企业角度来研究市场，是要研究一群人和一群组织的购买行为规律，也就是说企业必须进行群体性研究，正所谓"物以类聚，人以群分"。本节我们来介绍一种非常有用的进行群体性市场研究的方法——市场细分。

一、市场细分的含义

市场细分是指企业为了发现新的市场机会，更好地进行市场营销决策，把一个整体市场划分成各次级单元。即把市场中的顾客，划分成不同的顾客群。我们把划分出来的各个顾客群叫做细分市场，或叫做子市场。每一个细分市场都是由具有类似需求倾向的购买者构成的群体。分属不同细分市场的购买者对同一种产品的需要和欲望存在着明显的差异，他们可能需要不同的产品和市场营销组合；而属同一细分市场的购买者，他们的需要与欲望则极为相似，他们可能需要几乎相同的产品或市场营销组合。可见，市场细分就是首先寻求顾客之间在同类需求中的差异，然后将需求差异最小者或类似者归为一类，从而形成若干个细分市场。因此，细分时要按照"各个细分市场之间需求的差异尽可能大，各个细分市场之内需求的差异尽可能小"的原则进行。

在本质上，市场细分就是对顾客的分类，或者说是对顾客的分群。例如，把方便面市场按照年龄分成成人市场、儿童市场；按照地理位置分成北方市场、南方市场；按照顾客的喜好不同分成普通口味市场和麻辣口味市场等。

市场细分是从 market segmentation 翻译过来的，而 segmentation 的本意应译作"切割、分割"。那么，将市场细分叫做市场切割是不是更形象生动，更易于理解呢？

综上所述，我们对市场细分下了这样一个定义，即市场细分就是把市场切割成具有不同需要、性格或行为的群体，每个购买者群体可能需要单独的产品或营销组合（4PS）。

 案例

某乳制品公司对冰淇淋市场所进行的细分：（1）按照消费者的收入水平、在产品质量和价格方面需求的差异，分为：①高端市场。高收入水平，对质量、口味要求高；②中端市场。收入中等，对质量、口味要求较高；③低端市场。低收入水平，对质量、口味要求中等偏下。（2）按照消费者购买意图的差异，分为：①随机性、冲动性购买；②带回家消费。（3）按照消费者的购买地点的差异，分为：①街边、居民区的冷饮店；②百货店、超级市场；③体育、文化等临时销售场所；④餐馆。

二、市场细分的作用

在制定市场营销战略时，企业的基本任务是发现和了解市场机会，然后制定与执行一套有效的营销战略与策略。在一般情况下，市场细分是完成这一任务的关键环节。正因为如此，市场细分的概念一经提出，就为企业家们广泛接受，被誉为具有创造性的新概念。实践表明，科学合理地进行市场细分，对于企业通向经营成功之路具有重要作用。

（1）市场细分是一种很好的市场研究方法。当我们面临复杂事物的时候，认识和研究它的最有效的一种方法就是分类。

（2）正确的市场细分有利于企业制定正确的市场营销战略和策略。不同的细分市场，其需求和购买行为有很大的不同，因此他们的吸引力不同，所需要的市场营销组合也不同。在市场营销问题上，企业所面临的关键战略、策略问题是：①企业在市场中的哪个或哪些细分市场上经营。企业拟进入的、打算为之服务的细分市场就是目标市场；②在不同的细分市场上，企业应该采用怎样的市场营销组合（即 4PS）。

（3）市场细分有利于企业发现新的市场机会。在市场细分的基础上，通过对各细分市场上的消费者群的需求满足程度和市场上竞争状况的详尽分析，找出哪些细分市场上的需求已经满足，哪些未被满足，哪些尚无适销产品去满足；找出哪些细分市场竞争激烈，哪些尚待开发。这样，就为企业发掘新的市场机会，形成新的富有吸引力的目标市场打下了良好的基础。对于顾客需要满足程度较低的细分市场，往往存在着极好的市场机会，不仅销售潜力大，而且竞争者也较少。这时若尽快抓住机会，结合企业资源条件，确立宜于自身发展的目标市场，并以此为出发点设计出能发挥本企业优势的营销策略，就能迅速取得市场优势，占领该市场。

 案例

个人 PC 寻求细分"破局"

2005 年 3 月 8 日，TCL 数码电子事业部借国际妇女节之际推出了全球范围内的首款女性液晶 PC 系列产品（SHE 5216 与 SHE 3216），并赋予其一个全新概念的子品牌——"SHE"。没过多久，方正科技将今年 1 月推出的全球首款儿童家用电脑方正卓越 C100 正式命名为"鼠米"电脑。

柔和而时尚的色彩，流线型的花蕾音箱，水滴型的按键，可爱的卡通接线标识，独特的 5 朵金花快捷键，全方位的圆角处理……TCL 的"SHE"女性电脑可谓是重新诠释了电脑作为现代工具的"实用主义"。这款 TCL 女性液晶 PC 由外到内都折射出鲜明的性别特征和浓郁的女性色彩，从设计理念到产品品位、从硬件配置到软件应用、从 ID 设计到细节雕琢都围绕女性需求进行了创新。"鼠米"电脑的情况也类似。有精心设计的儿童锁，轻易实现成人/儿童双模式切换。内置的"方正阳光学堂"软件也着重于对儿童学习兴趣的培养。还有，显示器的防水设计，也体现了产品的人性化。

同样的细分趋势也将会体现在商用产品领域。有人认为，家用 PC 至多只占 40% 的市场份额。未来市场细分的重点将会出现在需求量更大的行业采购当中。赛迪顾问推测，未来台式 PC 产品形态发展将凸显行业应用需求特征。例如，保密部门需要的安全电脑，网吧、教育行业需要的高度可管理电脑，证券行业需要的简易终端，以及节约空间占用的小体积电脑等。

三、市场细分的依据

市场细分实质上就是对某种商品的购买者，按照某种标准加以分类，划分为具有不同需求特点的若干个群体的过程。细分的基础就是购买者需求的差异性，造成需求差异的原因很多，这些原因称为市场细分因素，这些因素也就成了市场细分的依据。

　　我们以消费者市场为例来说明。确定消费者市场细分依据的重要理论根据是我们在第二章中对于消费者购买行为的研究，特别是第二章中的"S—R"模式图。从图中我们可以看出来，细分的基础在于个人因素，因为个人因素是造成消费者差异的根本因素。而心理特性与购买行为特征的不同，都是不同的个人因素派生出来的。所以，消费者市场细分最主要的依据就是个人因素。最常用的细分依据有：性别、年龄、收入水平、职业、地区、受教育程度、身体状况、家庭类型等。有时有人也直接以一般心理因素和购买心理中的需求因素，甚至以消费者在某些方面的行为特征作为细分依据。具体就是观念认识、生活方式、兴趣追求、内心世界、性格和针对某一类产品的具体需求类型、购买用途（目的）、使用率（使用量）、新老用户、品牌忠诚度等。

　　同样的原理也适合对生产者市场、行政和事业单位市场的细分。生产者市场常用的细分依据有：买方所在的产业（决定了产品最终的用途）、买方的经营模式、买方的规模与所有权性质、买方所在的地区与财务力量、买方的订货模式、买方的技术水平等。行政和事业单位市场常用的细分依据有：购买组织的类型（政府机关，教育机构，医院、公共事业、文化单位、媒体机构等）、购买产品的用途、购买的规模、购买的决策方式等。

　　任何企业都可用一定的依据对自己所面对的市场进行细分。但是，由于各个企业的任务和目标不同，经营方向和具体产品也不同，因而在细分依据的选择上有所不同。这种差别表现在选用细分依据的内容、数量和难易程度三个方面。比如，科技书刊的营销，区别需求差异的因素，主要是受教育程度、职业和追求利益等；服装产品的市场营销，则受年龄、生活方式、社会阶层、地理位置及收入等的影响。两者比较不难发现，服装市场细分的依据比科技书刊市场更多、更复杂。所以，企业应根据实际情况，选用适当的依据，灵活地进行市场细分。

　　下面我们具体地介绍一下消费者市场、企业、行政和事业单位市场的细分依据。

（一）消费者市场细分的依据

1. 地理细分

　　所谓的地理细分，就是企业按照消费者所在的地理位置对市场细分。如城市与农村、南方与北方、山区与平原、国内与国外、不同的区域和行政区划等。处于不同地理位置上的消费者，具有不同的购买需要而形成不同的细分市场。例如，农村的自行车购买者喜欢加重型，而城市的购买者则喜欢轻便型。

　　在这里，我们还想特别说明，按照地理区域所做的市场细分在营销实际操作中具有重要的实战意义。一个企业在开发市场的时候一般只能一个区域一个区域地开发，因此，当企业在选择开发市场的方向，制订市场开发计划，安排销售力量常常要遵循区域细分市场的思路。另外，由于种种原因，不同的竞争者，在不同的区域市场上，其竞争的实力是有差别的，这对企业制定区域竞争战略和策略也具有重要意义。

2. 人口细分

　　人口细分即按照人口的一系列统计因素来辨别消费者需求上的差异。所谓人口的统计因素指年龄、性别、家庭人口数、收入、职业、教育程度、家庭生命周期、宗教、种族、国籍、社会阶层等。如服装市场就可以按性别、年龄、收入等因素加以细分；家具市场则可根据户主年龄、家庭人口数、收入水平等因素加以进行细分。

3. 心理和生活方式细分

所谓的心理和生活方式细分，就是按照消费者的思想态度、个性、内心渴望和生活方式等因素上的差别对市场进行细分。

消费者的思想态度表现为喜欢或不喜欢，以及兴趣、观念、信仰不同。生活方式是指一个人，或者一个群体对于生活消费、工作和娱乐的不同看法或态度。例如，节俭朴素、崇尚时髦、爱阔气讲排场等都是对不同生活方式的描述。西方国家已有许多企业，开始针对不同生活方式的消费群体，设计不同的产品和安排不同的市场营销组合。例如，女性时装生产企业，分别为朴素的女性、时髦的女性和男性化的女性设计不同的服装，以适应她们不同的生活方式的需要。

个性是指消费者的个人性格。个性不同也会产生消费需求的差异。因此，西方国家的有些企业根据消费者的不同个性对市场进行细分。

 案例

法国的露华浓是一家世界著名的香水生产企业，它把化妆品市场按人们的年龄与生活方式的不同划分为七个细分市场，为每一个细分市场开发一类香水。例如，古典露华浓是针对那些生活严肃、崇尚规范的女士们开发的；查理露华浓是对那些自信、有抱负而外出工作以实现自身价值与生活追求的女士们开发的；而公主型露华浓是专门为那些注重时髦、容貌、等级地位并已获得舒适生活的女士们生产的。

以查理露华浓为例，查理是一个男性名字，用它来命名这类香水能很好地反映这类女士追求的生活特点。露华浓公司把她们描述为兴奋、大胆、不受规范约束、业绩惊人的查理女士，因而它的广告采用了一个头戴类似男用的黑色帽子、挂领带、着正式装的职业女性形象。查理露华浓香水的销售非常成功，是世界上销售量最大的香水之一。

4. 购买行为细分

就是根据购买者对商品的认识、态度、使用与反应等行为将市场细分为不同的购买者群体。属于消费者购买行为的因素有多种，主要的有：

（1）购买理由。消费者可以按照引起其购买产品的理由而被区分为不同的群体。例如，飞机乘客包括因商务、旅游、探亲等原因而外出的人。航空公司根据因不同理由而外出的飞机乘客的特殊需要，为其提供不同的服务项目，如包机、往返机票等多种形式，以适应其需要。

（2）利益寻求。消费者基于不同的购买动机，在购买某类商品时往往寻求不同的利益。企业可以根据顾客所寻求的利益的不同而实现市场细分。

 案例

美国市场学者杨克洛维奇（Yankelo vich）利用"利益细分法"曾对钟表市场进行细分。他发现，1962年大约有23％的钟表购买者着重低廉的价格，46％着重于钟表的耐用性、及时的准确性以及款式的美观等一般的质量的要求，31％的购买者则追求钟表的象征性价值。当时，著名的钟表公司大多集中力量适应最后一类顾客的需要。他们竞相制造昂贵的手表，强调其产品的声望，而且都是由珠宝店出售其产品。但是美国钟表公司，权衡得失，决定全力以赴适应前两类占总数69%的顾客。公司推出取名为"天美时"（Tunax）的物美价廉的手表，一年内保修，而且利用新的销售渠道，通过一般商店大量销售，终于使该公司成为当时世界上最大的钟表公司之一。

（3）使用者情况。很多市场可按使用者的情况，细分为对某一产品的未使用者、曾使用者、以后可能使用者（潜在使用者）、初次使用者和经常使用者等类型。市场占有率高的企业，一般都更重视潜在使用者以扩大市场，而小企业则更注意经常使用者采用其产品。当然，对潜在使用者和经常使用者应采用不同的市场营销组合。

（4）使用率。市场如果按对某一商品的使用率进行细分，则可分为少量使用者、中量使用者和大量使用者（在快速周转消费品市场上，对此类使用者有一个更形象的称谓是"重度消费者"）等类型。这种细分策略也称为"数量细分"。大量使用者往往只占消费者总数中较小的比例，而其消费的商品数量却在总量中占较大的比重。例如，有人经调查研究后发现，50%的啤酒饮用者消费了88%的啤酒。显然啤酒公司对吸引大量使用者将更感兴趣。研究还发现某种商品的大量使用者常会具有某些共同的个人的、心理的和接触广告传播媒介的习惯。以啤酒的大量使用者为例，他们多为体力劳动者，年龄在25~50岁之间，每天看电视三个半小时以上，而且特别喜爱体育节目。这些信息资料显然有助于营销人员确定产品的档次、拟订价格、设计广告和选择广告媒介。

（5）品牌忠诚程度。购买者对某种品牌的忠诚程度也可作为市场细分的依据。按照品牌忠诚程度，一般可以将消费者分为四类，即坚定忠诚者，任何时候都只购买一种品牌；适度忠诚者，同时忠于两种或多种品牌：转移忠诚者，从忠于一种品牌正转向忠于另一种品牌；游离忠诚者，此类消费者购买多种品牌的产品，但是不忠于任何一种品牌。每个市场都不同程度地包含上述四类消费者群。企业分析忠诚程度不同的群体，就可以发现问题，以便采取适当措施，改进市场营销组合。

（6）准备阶段。在任何时候人们都处于对某种商品的不同购买准备阶段。据此可将消费者细分为六类，即根本不知道该产品；已经知道有这种产品；知道得相当清楚；已经产生兴趣；希望拥有该产品；打算购买。企业可以针对不同的阶段，运用适当的市场营销组合，使之逐步向打算购买阶段推进，以促进销售。

最后，需要特别注意，在第三章中，我们讨论过组织市场中的消费性购买行为，换一种说法就是消费者市场中还存在着大量的组织购买，存在着大量的企事业和社会团体，它们是消费者市场上重要的购买力量。这一点在市场细分时不容忽视。

（二）企业、行政和事业单位市场的细分依据

由于企业、行政和事业单位是作为组织来从事购买活动的，所以其细分依据侧重于对组织本身的特性及影响购买的制度性因素。企事业和社会团体市场的细分依据：有下列几种：

1. 客户类型

常见的对客户类型的一种粗分方法，是将客户分为制造商、服务提供者、政府及政府出面组织的事业机构、军事机构、民间团体、其他非营利性组织等。

2. 客户所在的行业或领域

这个问题决定了客户购买产品的用途，而用途不同，就要求企业设计出不同的产品和不同的4PS。例如，皮带式输送机产品的客户分为煤矿企业、食品企业、冶金企业、粮食储运企业、装配作业企业等，显然，这些不同行业的企业对皮带输送机的具体用途不同，于是对产品有着不同的要求，价格也会有很大的差别。再如，惠普公司的电脑系统部门，选择那些有最佳增长前景的特殊行业作为自己的目标市场。

3. 客户的地理位置

客户的地理位置包括国家或地区、国家内区域、城镇、乡村。客户所在的地理位置不同，距离本企业远近就不同，气候、地形、地貌、经济和社会发展状况等亦有很大差异。

4. 客户的规模

客户的规模有大、中、小三种类型客户。

5. 客户的所有权性质

客户的所有权性质包括国有、集体所有、私营、股份制、合作制、中外合资、中外合作、外商独资、民间团体等。

6. 客户的财务力量

客户的财务力量有强、中、弱三种类型。

7. 客户的订货模式

客户的订货模式又可以分为若干类细分变量：

（1）根据客户寻求的利益，或者说客户重视的购买标准。有的客户追求质量，有的追求服务，有的追求价格低廉，有的追求卖方对自己的适应性等。

（2）根据产品对客户的重要程度。同样的产品对有些组织是重要的外购品，对自身的业务影响很大；对有些组织是不重要的，客户购买时可能采取比较随便的态度。

（3）根据客户的权利结构。有的客户的采购权利高度集中，有的比较分散；有的是工程技术人员在企业占主导地位，有的是财务人员占主导地位，有的是企业专设的采购组织占主导地位。

（4）根据对供应商的忠诚程度。有的客户对供应商高度忠诚，有的则低度忠诚。

（5）根据购买的程序和制度性规定。一般而言，大的、正规的公司有较严格的采购程序和制度性规定，小的、不太正规的公司可能在这方面比较灵活。

四、如何进行市场细分

明确了细分依据，不等于就能够很好地掌握市场细分的方法，从而自如地应用在市场营销活动中。事实上，许多人反映市场细分这种方法很不容易掌握。究其原因，就在于细分目的的多元性和细分对象的复杂性。

细分的目的很多，但总结一下，不外乎两种：①寻找市场机会；②为了重新选定目标市场，并有针对性地进行市场定位和制定市场营销策略。细分的复杂性主要体现在产品品类、品种多而复杂，细分市场多而复杂（细分依据多，一个依据又细分出若干个细分市场，那么，最后细分出来的就更多）。

市场细分的步骤分为以下几层：

第一层，界定细分范围，界定将要细分的产品/市场界线

人们在经营中，思维习惯往往是先考虑我经营什么产品，即使你正处于创业的思考期，正在寻找市场机会，你也会有产品目标，即你打算经营哪一类产品。所以产品是人们思考问题的起点，产品研究是界定细分范围的第一步。

那么怎样确定产品界线呢？如果产品属于同质产品或相似产品，产品界线就很容易确定，如煤炭市场、汽车市场、空调市场、牙膏市场、车床市场等。如果产品属于差别性很大的产品，因为这类产品很复杂，就要根据细分的目的，根据自己拟进入的产品经营领域，或已经身处其中的经营领域，来明确自己细分的产品范围。这就需要先做一个产品品类、品种的研究。例如，你经营了一个小型服装加工企业，那么你的产品经营范围就不会很大，你就需要在服装品类上界定。如果你做衬衫，那你就细分衬衫市场；你做裤子，那就细分裤子市场；你做小孩子穿的衣服，那就细分童装市场。如果你经营一家大型服装加工企业，资产过亿，那么你的产品经营范围就大，你就需要分别细分多个品类的产品市场。例如，西服市场、皮草服装市场、裤子市场、裙装市场等。做流通业，特别是做零售业更需要对产品进行品类上的划分，然后，再对各个品类市场进行细分。

 案 例

对电影市场细分，必须首先对电影产品进行品类研究，根据美国好莱坞的分类方法，电影可以分为13类：爱情片、武打片、科幻片、伦理片、悬疑破案片、历史片等。

这一步骤，除了研究产品以外，还要界定市场界线。例如，一家小型饮料企业，初期产品只在本地销售，当它要细分饮料市场的时候，只能将自己的市场细分范围界定在低档产品的本地市场，它如果试图去细分高档的全国性市场，就没有意义了。

在界定将要细分的广泛产品/市场界线的时候，过分狭窄，或过分宽泛都是不合适的，因此，必须找到一个折中点。如果企业在某一产品/市场领域已经获得成功，目前的地位就可以是一个非常好的出发点，其必须努力发挥企业的优势，避开它的劣势和竞争对手的优势。

第二层，在界定的产品/市场范围内进行细分

（1）先确定若干个细分依据。前面讲了许多细分依据，但我们要确定对将要细分的市场具有重要意义的依据，也就是造成不同需求的因素。在这个因素影响下，会产生具有不同需求的群体。例如，细分衬衣市场，性别就是重要的细分依据，而地区就不是，因为不同地区的人对衬衫的需求差异不大。

（2）根据细分依据分别、逐一进行细分。这一步是一个粗略的、初步的细分。因此，这一步并不难。例如，根据性别，分为男性市场、女性市场；根据收入水平分为高、中、低收入群体；根据购买的目的，分为不同的目标市场。

（3）描述各细分市场的需求类型、需求特点。

（4）按照细分有效性的要求，对按照同一细分依据细分出来的细分市场进行合并或分化，然后，找出按照不同细分依据细分出来的各细分市场之间存在的逻辑关系，进行细分市场叠加，并筛选出需要的、有效的细分市场，去掉那些明显无效的细分市场，以达到优化的目的。最后，还要对最终确定的细分市场命名。

是不是有效的细分市场取决于以下几个因素：①细分出来的市场必须达到一定的规

模，并具有相对的稳定性。如果市场规模小，容量不足，或需求不稳定，那么这样的细分市场也就没有什么实际价值。例如，老年人衬衣市场，其规模小，一般来说价值就不大。②该细分市场的需求特性可以明确地描述，也就是说，相对于其他细分市场而言，顾客对某种产品的需求具有明显的差异性，且顾客在需求特性上的差别是可以获得确切资料来证明的。③细分出来的市场企业拟进入或可以进入。

下面是一些关于"叠加"的例子：①高收入男性衬衣市场（收入＋性别）；②地方土特产市场可以细分为购买用于自己享用的预算有限的游客（目的＋收入＋顾客类型）；③购买作为礼品的单位客户（目的＋顾客类型）；④购买用于自己享用的本地居民（目的＋区域）。

另外，要特别说明的是，市场细分与产品品类、品种的划分结合起来，常常能够发现和细分出来更有价值的细分市场。如西服分正装、休闲装，而利郎公司加进了对人们职业的细分——商务人士与非商务人士，从而找到了一个新的细分市场：商务休闲男装市场。这说明，细分常常不是一次性完成的。通过合并、分化、叠加，可以找到一些新的细分市场。

第三层，对最终确定的细分市场做精细研究

对各细分市场，作更深入的考察。明确各顾客群体的特点已知哪些，还要了解哪些，以便决定各细分市场是否需要再度细分，或加以合并、分化、叠加。然后，分析、估量已确定的各个细分市场的规模和性质，仔细审查、估计各细分市场的大小、竞争状况和变化趋势。

五、地理细分市场

地理细分在细分市场的时候是一个重要的、不容忽视的研究内容，这不仅仅是因为不同地区的消费者在购买需求和行为上具有许多差异，还因为其在其他方面深刻地影响着企业的市场营销决策。

（1）市场的地理范围实际上具有非常现实的市场营销战略意义。因为，企业要占领市场，必须一片一片地、一个城市一个城市地占领，很少能够一下子全面出击，大获全胜。所以，区域市场是企业确定市场范围的一个思考模式，是企业循序渐进开发市场的"路线"，是企业制订市场营销计划的重要思路。

（2）区域目标市场是企业的能力所及，包括企业的资金能力、管理能力、市场运作经验、人员能力、技术水平所决定的产品受欢迎程度等。

（3）区域目标市场反映了企业战略的一部分。它既反映了企业参与经营的地理范围，也反映了战略步骤。

（4）不同的地理区域，企业的服务成本不同，包括运输等物流成本、市场调研成本、因不熟悉、不方便的损失成本等。

（5）不同的地理区域，服务的难度不同。例如，由于企业与顾客距离远，便给企业造成许多不便。

（6）生产者市场上，由于不同地区有不同的自然、经济和社会条件，有不同的产业带，不同的产业发展重点，不同地区的政府有不同的产业政策等。这些，都是服务生产者市场的企业应该考虑的问题。

（7）我国由于幅员辽阔，经济条件差别大，所以自然形成东、中、西部市场，形成南方市场和北方市场。

（8）我国城乡差别比较大，城市大小也不同、辐射力不同。据此，可以把我国市场分为一、二、三、四级。一级市场有北京、上海、广州、天津。二级市场指省会城市和部分经济发达省份，如青岛、大连、苏州、厦门等。三级市场指地级城市。四级市场指县城（含县级市）及其以下的乡镇、农村。不同的市场，其价值不同，企业服务它们的市场营销战略和策略也应该不同。

第三节　产品／市场位置和产品／市场矩阵图

一、产品分类研究和市场细分之间的关系

当我们进行市场细分时，必须首先确定对哪一类市场进行细分，而这个"哪一类市场"实际上就是根据产品品类进行划分的。产品品类划分，实际上就是我们对人群进行市场细分的总体市场，是市场细分的起点和基础。例如，现在对方便面市场进行市场细分，而方便面市场实际上只是众多食品品类中的一种。再如，对电视机市场进行市场细分，对高档电视市场进行细分。对服装市场进行细分，对服装市场中的裙装市场进行细分，对服装市场中的西服市场进行细分，对旗袍市场进行细分等。

当我们把某一产品大类进一步做一个类、种、目的分类，对市场进行一个详细的细分，并把二者对应起来时，我们就能够得到比较完整的对市场的认识。尽管这样做很复杂，但我们要想深入地研究市场，更好地满足市场需求，就必须这样做。

二、产品与细分市场之间的对应关系

满足某种市场需求靠某种产品，某种产品就是为了满足某种市场的需求。所以，产品与市场之间存在着一定的对应关系，即一种产品肯定有它对应去满足的一个或几个细分市场，反过来，一个细分市场肯定有它所愿意购买的一种或几种产品。例如，某种高档消费品，其质量好，价格贵，适应高收入和其他有高档需求的群体购买；反过来说，高收入群体是高档产品的主要购买者。再如，中国移动的"全球通"用户服务，是一种移动通讯 VIP 服务产品，它服务好，附加值高，但要求每月的话费必须达到一定的数量。这些特点决定了"全球通"最适合高社会地位和高收入人群使用。反过来说，这"两高"人群也很愿意成为"全球通"用户，尽管它的话费要求高。这样分析的结果是，"全球通"与高社会地位、高收入人群的细分市场就存在着对应关系，这个细分市场就是"全球通"最佳的目标市场。

明确了产品与市场总是存在着一定的对应关系，可以帮助我们解决许多问题。我们可以从产品出发，来研究某一种形式的产品适合什么样的人群购买，从而确定该产品的目标市场，并分别研究这些目标市场的需求特点，进而改进产品和市场营销组合（即 4PS），以适应这些目标市场的需求。我们还可以从市场出发，先大致确定企业的目标市场是哪个或哪些细分市场，然后来研究这个或这些细分市场喜欢什么样的产品，我们企业的产品是不是适应目标市场的需求，需要做哪些方面的改进等。

三、产品/市场位置

明确了产品与细分市场之间的对应关系之后，我们要引入一个在市场研究和市场营销决策中极为重要的一个概念：产品/市场位置。

产品/市场位置是指营销人员在做市场研究时，根据产品和市场所划定的范围，从产品角度出发，研究者要明确研究所指的是什么品类、品种的产品；从市场的角度出发，研究者要明确是哪一个或哪些细分市场。

产品/市场位置这个概念的重要性，来源于前面我们在第一章里提到的"市场之大与企业之小"之间的矛盾。因此，它是企业市场营销战略的重要内容之一，决定着企业经营市场的方向和范围。如果企业选择的方向失误，经营范围过宽或过窄，都将给企业的营销活动带来灾难性的后果。

从研究市场的角度来看，产品/市场位置这一概念也具有极其重要的意义。当我们要去研究市场的时候，会发现市场是非常复杂的，尽管如此，我们并不是束手无策。我们可以通过产品/市场位置来界定明确的研究界限。这样一来，在此位置上的产品和市场情况就比较清晰，就不会出现研究起来力不从心的局面。另外，明确了要研究的产品/市场位置，我们就可以准确地描述在此位置购买者对产品的要求，描述需求特征及其变化趋势，描述竞争状况等。

四、产品与市场是企业发展的两个基本元素

产品与市场是企业发展的两个基本元素，企业其他方面的发展必定通过产品与市场的发展来承载和体现。例如，技术的发展，其目的是为了能开发更好的产品，更顺利地进入有利可图的细分市场。因此，技术发展是手段，在产品与市场上的发展是目的。

那么，企业到底怎样发展呢？我们通过图6-1所示的产品/市场矩阵图来说明。

	现有产品	新产品
现有市场	1.渗透	3.产品开发
新市场	2.市场开发	4.多元化

图6-1　产品/市场矩阵

（1）市场渗透。即产品、市场均不变，靠原有产品，在原有市场上努力增加销售量，提高市场占有率。具体措施如：改进广告宣传和推销工作，在某些地区增设商业网点，通过多渠道将同一商品送达同一市场，短期降价等。其中又包括三种：①千方百计使现有顾客多购买本企业的现有产品；②把竞争者的顾客吸引过来，使之购买本企业的现有产品；③想办法在现有市场上把产品卖给那些从未买过本企业产品的顾客。

（2）市场开发。产品不变，企业开发新的市场领域。开发新的市场领域有两重意思：①开发新的区域市场，即由原来小的区域市场，逐步进入更大的区域市场。由一开始的本

地市场，发展到大的区域市场，到全国市场，甚至将产品卖往国际市场。②开发新的顾客群，即发现产品新的用途、新的使用人群，从而扩大产品的市场。企业开发新的市场，往往需要采用新的销售渠道，有时要求企业在更大的范围里做广告和进行其他促销活动。

（3）产品开发。市场不变，向原来的市场提供改进的或新开发的产品。注意，这种新产品是指在原来的产品品类上开发出的新的品种或品目，并不指开发新的品类。

（4）多元化经营。多元化是指企业进入完全崭新的产品和市场领域。这里的"崭新"是指企业开发以前从未接触过的新产品品类和新的市场领域。多元化的问题属于企业非常重要的战略性选择，属于企业战略问题，与我们本书所研究的市场营销问题不属于一个决策层次，故在此处不多做论述。

第四节 产品生命周期理论

一、产品生命周期的各个阶段

产品生命周期是指产品的经济寿命（与产品自然寿命或使用寿命无关），即一种新产品从开发、上市，在市场上由弱到强又从盛转衰，直到被市场淘汰为止的全过程。我们讲产品有一个生命周期就是说3件事：①产品有一个有限的市场生命；②在产品生命周期不同的阶段，销售量有高有低，产品利润有高有低；③在产品生命周期不同的阶段，需要不同的营销策略。

大多数关于产品生命周期的讨论，把一种典型产品的销售历史描绘成一条"钟"形曲线，如图6-2所示。这条曲线分为4个阶段，即引入期、成长期、成熟期和衰退期。

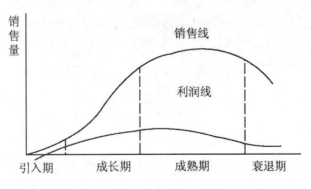

图6-2 产品生命周期图

（1）引入期。引入是指产品被引入市场的最初阶段。该阶段的主要特征是：①产品刚刚问世，对市场缺乏足够的了解，购买者少，销售量小；②产品尚未定型，仍需根据顾客要求改进产品，生产批量以小为宜；③由于生产批量小，生产费用高；④由于成本高，销售量有限，所以一般利润较低，甚至处于亏损状态；⑤市场尚未完全形成，竞争者尚未加入，竞争者少。

（2）成长期。成长期指产品被市场接受，销售量迅速增长的时期。此阶段的主要特征是：①产品已被市场接受，销售量迅速增长；②产品基本定型，随着销量的增加，开始进行大批量生产；③批量增大，经验积累，工艺改进，使产品单位成本降低；④销售额增大，成本降低，利润增长速度加快；⑤市场逐渐形成，竞争者相继介入，竞争开始加剧。

（3）成熟期。成熟期是指产品市场达到饱和的阶段。这一阶段的主要特征是：①市场扩展到最大程度，销售量达到最高，并呈相对稳定状态，增长速度放慢，甚至出现略微下降；②生产批量大，市场上各企业的产量总和达到最高点；③生产技术、工艺成熟，加上生产批量大，销售量大，从而使成本降至低点；④利润在其中的某个时点升至最高点，而后开始下降；⑤众多厂商争夺容量已基本稳定的市场，竞争异常激烈。

另外，需要特别注意，在刚才说到成熟期产品的市场特征时，我们提到，成熟期是指产品市场达到饱和的阶段。在这里，人们所说的饱和，常常是笼统的，是指某一产品品类在总体市场上的供求态势。例如，根据有关资料显示，我国的彩电产业在很早以前，其产能已经大大超出预计的市场总需求量，处于饱和状态。但是，"饱和"一词其实更多的是指产品的供应已经足够多了，是从供应角度和竞争的角度来说的，它并不是指市场不需要这种产品了。这时，市场需求量仍然是非常大且稳定的，市场仍存在着巨大的发展和增长空间。因此，饱和的市场上并不意味着已经没有市场机会了。如果企业能够开发出来独特的新的产品品种的话，该企业的市场仍然是可以实现强劲增长的，企业仍然可以创造优异的市场业绩。

（4）衰退期。衰退期是指产品老化、落后，被一种新的品类或品种替代，导致顾客兴趣转移，从而逐渐被市场淘汰的阶段。这一阶段的主要特征是：①销售逐渐萎缩，甚至出现大滑坡；②由于销售量迅速下降，工厂生产萎缩；③销售量低，促销费用增加，因而成本上升；④利润明显下降；⑤市场缺乏吸引力，竞争淡化。

二、产品生命周期的其他形态

并非所有的产品都呈"钟"形产品生命周期。研究人员确定了 6 到 17 种不同的产品生命周期形态。下面是其中的几种，如见图 6-3 所示。

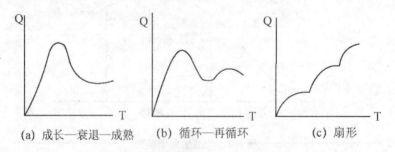

　　(a) 成长—衰退—成熟　　　(b) 循环—再循环　　　(c) 扇形

图 6-3　一些常见的产品生命周期形态

图 6-3（a）显示了成长—衰退—成熟的形态。有些化妆品品牌常常具有这种特点。这种产品一般在首次导入时，销售量迅速上升，然后就稳定或"僵化"在低于最高水平的某一水平上。这一僵化水平之所以能维持，是因为用过并认为有效的顾客的重复购买和后期采用者的首次购买。

图 6-3（b）显示了循环—再循环形态，其常常用来描绘新药的销售。制药公司积极推销其新药，于是出现了第一个周期。后来销量下降，公司对新药发动第二次促销，这就产

生了第二个周期（通常规模和持续期都低于第一个周期）。

图 6-3（c）是另一种常见的形式——扇形，它是基于发现了新的产品特征、用途或用户，而使其持续成长。例如，尼龙销售就显示了这种扇形特征，因为许多新的用途——降落伞、袜子、衬衫、地毯等，一个接一个地被发现。

还有三种产品生命周期形态独具特色，如图 6-4 所示。

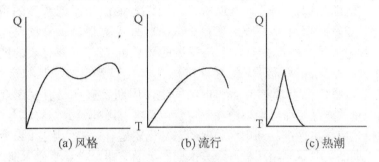

图 6-4　风格、流行和热潮生命周期

（1）风格。风格是人类活动在某一领域中独特的表现模式。不同时代、不同区域、不同民族、不同文化往往有不同的消费风格。如服装有礼服、便服、奇装异服、民族服等风格。风格一旦形成，从时兴到不时兴很可能延续几代人，在此期间时而风行，时而衰落。

（2）流行。流行就是在某一领域里目前为大家所接受或追求的一种风格。流行一般要经过 4 个阶段：标新立异阶段、模仿阶段、大众风行阶段、衰退阶段。流行品多趋向于缓慢地成长，暂时地保持流行，并缓慢地衰退。

（3）热潮。热潮是指那些迅速引起公众注意，人们狂热地使用，很快达到销售的顶峰，又迅速衰退的时尚。其周期相当短暂，而且吸引的顾客也较有限。它们的外表经常表现为新奇或善变，其对象是寻求刺激者、标新立异者或好表现自己者。

三、对产品生命周期理论适用性评价

从制定市场营销策略的角度看，产品生命周期理论并不适用于产品大类和品类，而主要适用于具体的产品品种。例如，当我们试图去划分和描述电视的生命周期阶段时，就会发现它们的生命周期是无限期的。但是，如果说背头电视或等离子电视，则它们的生命周期阶段可能是能够预测的，并且预测者显然能够从预测中获得策略制定方面的某种启发。

虽然我们已经将产品生命周期理论的适用范围仅仅界定在具体的产品品种上，但是，当人们试图来预测某种产品的生命周期阶段并用来指导策略的制定时，研究人员还是发现了不少的问题。这些问题严重削弱了该理论作为策略制定工具的有用之处。

大家对产品生命周期理论的批评集中在以下几点：①产品生命周期的形式和持续时间很容易变化，不同的产品并不总是呈现"钟"形。特别是在现代市场越来越复杂，变化越来越快，竞争越来越激烈的情况下，这个问题尤其突出。②产品的这些阶段并没有可预见的期间，换句话说，就是产品究竟处于生命周期的哪一阶段通常不很清楚。一种产品似乎可能进入了成熟期，而实际上它可能正处在成长阶段另一个高潮之前的增长平缓期。③一种产品在市场上的销售变化轨迹会受到许多因素的影响，经常呈现出百花齐放的状态。因此，很"规范的"产品生命周期就带上了一定的人为色彩。在实践中，它并不一定是销售发展的必由之路，自然也就不可能成为左右营销方案制定的常用变量。我们可以假设某个品牌已被消费者接受，但是这几年销路不好，这可能是因为其他因素的影响。例如，广告太少，在主要连锁店中没有被陈列，或有大量"仿制"的竞争产品进入市场而企业并没有去有效应对。管理当局不去思考改正措施，反而认为他的品牌已经进入衰退阶段。因此，他撤回促销预算的费用，并把这些资金转入研究开发新项目中去。到第二年该品牌处境更糟，于是越发惊慌。

　　要解决产品生命周期理论在实践运用领域的尴尬局面，一种有效的办法便是明确界定产品品种，以及该品种所对应的细分市场。当我们界定的产品和市场范围较小，并界限明确的话，我们会发现该产品和市场的生命周期轨迹还是有一定规律的。

　　即使我们同意"产品生命周期理论在制定营销策略上用处较少"的观点，但是，作为一种观念性理论，用来描述产品和市场如何动态变化还是有一定的用途的。另外，对于思考新产品在引入期的策略，制定明显进入衰退期产品的策略，产品生命周期理论仍不乏有很好的指导意义。

 案例

开发旧产品"钱"途大

　　时下，人们十分关注新产品开发，认为这是企业致胜的唯一出路，其实旧产品并不都是一无是处，只要细心开发，同样大有"钱"途。

　　比如，呼拉圈，经过前几年的热销，这两年已成为冷门。有人断言，这个老产品已经是明日黄花。但是，韩国的一家企业推出一种按摩型的呼拉圈后，却在当地再次引起了销售热潮。原来，这种呼拉圈的内圈中增加了磁条，具有刺激消化、按摩腹部肌肉、帮助减肥等功效，深受当地青年尤其是女青年的喜爱。一个小小的改进，使这个老产品焕发了生机。而英国一家公司则将传统的闹钟改进成为具有催眠和闹时双重功能后，在老年人中赢得了市场。

　　旧产品开发的办法有很多，细分市场为首选。面对越来越激烈的雨伞市场竞争，一些厂家在细分市场上做了文章，他们适时开发出情侣型、时装型、运动型和旅行专用型系列产品，有适合老年人做手杖用的助步避雨两用伞，有小巧别致的儿童伞，有骑车人专用的帽子伞……每一种产品都充满情趣，迎合了各种消费者的独特消费心理，在市场上保持了较高的份额。

　　开发旧产品必须研究旧产品的不足，并妥善地加以解决。地球仪放在教师的办公桌上很占位置。有一家企业便生产出充气式的地球仪，用时充气即可，不用时放掉气，可以像一张纸那么随便叠放，携带也非常方便，深受地理教师和野外工作者的欢迎。

第五节　市场演变理论

一、市场演变的含义

　　市场演变是指随着时间的推移，某一市场所发生的变化。这种变化的表现是，该市场上产品品种和细分市场发生了变化，或具有某种变化趋势。市场演变要求企业要认清市场上产品品种、细分市场的变化规律和变化趋势，从而未雨绸缪，制定正确的市场营销战略和策略。

我们在第二、三章所讲的市场知识多是静态的，我们认识了市场的分类、购买者的购买行为模式、受哪些因素的影响、购买决策过程等内容。在本章的第一、二、三节所讲的产品分类，市场细分、产品/市场位置和矩阵图，亦是从静态的角度对市场进行认识和分析。在本章的第四节所讲的产品生命周期理论，虽然是动态研究，但它仅仅是从产品的角度，且只是研究产品品种这个层次的周期性演变规律，是单层次的、单线条的、局部的。而在本节的市场演变研究，一方面是动态的，要研究市场的变化规律；另一方面是市场层面的，是对购买者的某一类需求变化规律的研究。按照产品层次来说就是要研究某一品类产品的市场需求变化规律问题，如彩电市场、电脑市场、自行车市场、服装市场、服装机械市场、成人教育市场、图书市场、美容市场、摄影市场等。我们要研究这些市场随着时间的推移，购买者群体有哪些变化，他们购买的产品品种有哪些变化，他们的购买方式、购买心理、购买时间、购买地点等方面有什么变化（即 5W1H 方面的变化），以及这种变化和变化趋势对企业市场营销工作的影响等。

二、市场演变研究的意义

市场演变规律和趋势的研究对市场营销决策具有重要的指导意义。当进行决策时，我们必须有长远的眼光，用一双慧眼，从纷繁复杂的、快速变化的市场上，找出本企业所服务市场的变化规律和可能的发展趋势。例如，我国的自行车市场，随着近年来社会的变迁，人们生活水平的提高，在大城市里步行、公共交通和私人汽车正越来越多地取代自行车作为出行工具，大众化的自行车市场正逐步走向衰落。但是，我们注意到与此同时，在大城市里，自行车市场上一个新兴的细分市场正快速成长，即高档化、休闲性、保健性的自行车市场正在走进大城市中收入高、注重休闲、保健群体的生活中。相应地，这一新出现的细分市场要求的自行车是轻质的、高档化的、具有健身和休闲的作用。自行车企业必须及早地认识到自行车市场的这一演变趋势，抓住这一市场机会，及早投资，进入这一新的产品/市场位置。再如，在服装机械市场上，随着我国服装业整体水平的提高，服装机械市场的演变趋势是高档化、多样化、高技术性。因此，大型服装机械制造企业必须努力提高技术水平，不断开发出多样化、高技术水平的产品；同时，小型的、实力较弱的服装机械制造企业在此趋势面前，必须走专业化道路。另外，在服装机械市场上，有一个问题值得探讨，即服装机械是往高速化方向发展呢？还是速度并不重要呢？有两种观点：①因为服装需求的多样化、小量化（即大批量生产、的服装越来越少）趋势，服装加工企业对服装机械的速度要求并不是很高。②市场是不是需要高速化，要看是哪一类产品。如果是用于完成常规性工序的服装机械，应该是高速化的；如果是用于完成独特性工序的服装机械，则对速度的要求并不高，甚至会专门要求该类机械要低速而精细。

三、市场演变的表现

市场演变的表现是，该市场上产品品种和细分市场发生了变化，或具有某种变化趋势。只要某一市场发生了演变，那么，该市场肯定出现了新的细分市场，同时，可能原有的某一细分市场萎缩，甚至消失。伴随着新的细分市场出现，必然对产品提出新的要求，相应地，就会出现新的产品品种，而这种新产品正代表了市场的某种新的发展方向、新的趋势。

因此，市场上新的细分市场和新的产品品种的出现，某一旧的细分市场和产品品种的衰落，肯定是市场演变的结果，是我们研究市场演变的落脚点。企业去研究市场演变时，可以先观察近年来或近期市场上，新的细分市场或新品种的出现情况，分析这些新的细分市场和新品种是否能代表市场的未来发展方向和趋势，分析这些新的细分市场和新产品出现的原因，从而做出市场演变的正确判断，并随势而动，做出正确的市场营销决策。

四、市场演变的驱动因素

市场演变的驱动因素有很多，有时一些偶然性的社会因素也会造成市场的演变。例如，2003年我国一场突如其来的"非典"疫情，改变了许多人的观念和生活方式，从而造成了餐饮市场的某些趋势性变化。在本节我们只讨论几个重要的、便于理解的因素。

（1）人口因素。对消费者而言，人口因素的变化是决定某一市场容量大小、市场需求增长率以及购买者构成的主要决定因素。任何一个市场都是由不同的细分市场构成的，每一细分市场都有自己特定的年龄、收入水平、性别、受教育程度和地理位置等特征。这些特征会随着一个社会人口数量、人口性别结构、地区分布状况、年龄结构、教育结构、家庭结构、贫富差距大小（财富流向、分布）等的变化而变化，从而推动市场的演变。

（2）需求变动。市场演变的本质就是需求的变动，需求变动的源泉又在哪里呢？在于影响购买者因素的趋势性变化。例如，影响消费者市场的文化因素、社会因素、心理因素等。具体来说，文化因素中的社会价值观、审美观、社会风俗，人们追崇的生活方式、社会信念，社会因素中的社会阶层的变迁、群体性思潮的变化、家庭变化，心理因素中的流行性心理需求、社会性意识、信念和态度等，这些因素的变化都会推动需求发生变化。

（3）居民收入水平的变化。居民收入水平的变化是推动市场演变的强大动力。它会带来人们消费心理、消费习惯的变化，进而造成需求的变化。例如，如果一个社会的居民收入是不断提高的，那么，其所导致的大的市场演变方向应该是更多的市场化即许多原来顾客自己动手做的事情，变成到市场上购买。例如，自己缝制衣服→买衣服，自己做饭→到饭店吃饭。

（4）竞争。如果我们将前面讲的3个因素归纳为是对市场演变的"拉"动因素的话，那么，竞争因素就是对市场演变的"推"动因素。因为这种驱动力不是来自于市场的变化，而是来自于企业。企业出于竞争的需要，会自觉地进行产品创新和营销创新。企业要想在市场上抢占先机，占据有利的位置，产品创新是一个重要的竞争手段。在这个竞争过程中，企业通过产品创新，会开发出来连消费者或产业用户都意想不到的新功能、新品种，从而推动了市场的演变、发展。营销创新同样会推动市场的演变。通过营销创新，企业开发出新的市场营销主题、新的营销渠道、增加广告投入、使用新的广告媒介、利用电子商务等，这些行为可能会极大地改变某一市场的面貌，开发出更多、新的细分市场。例如，轮胎企业通过超市、大卖场这一渠道来销售自己的轮胎，实际上是促成了"在超市、大卖场购买家庭备用胎"这一买方群体的出现。再如，利用电子商务来营销，实际上是促使市场上出现了一个使用网络来购物的消费者细分市场。

有一种理论认为是科技发展、科技创新推动了新产品的开发，进而推动了市场的演变。实际上，科技开发新产品必须由企业来完成，而企业通过科技开发新产品的动力是什么呢？是竞争。所以，说到底是竞争的力量推动着科技的进步和新产品的不断出现，推动着市场的演变。企业必须密切关注本企业所在的行业有哪些新的技术正在或将要实现突破，关注这种突破可能会给市场带来的新产品，并积极参与技术开发、新产品开发工作。

 章末案例

成功的家教中间商①

几年前应聘时，面试的人问了我一个问题："你大学四年学的知识中，毕业以后对你影响最深、用得最多的知识是什么？"

这个提问迫使我对自己的营销工作历程做了一个回顾。我发现对我产生直接影响并且收益最多的是大学二年级《市场营销学》课程中的产品/市场矩阵图理论②。不论在我读大学做兼职家教中间商时，担任保健品营销经理时，还是自己创业开一间手机出租店时，以及应一些杂志稿约谈一项事业的创业设计时，我都自觉有意识地应用了这个产品/市场矩阵图的思路。它成为我本人应用最多的营销理论知识。

这个矩阵图的意义在于提出了一个企业扩大销售量，进而使企业获得发展的思考方法。无论大小公司都面临着扩大业务的问题，所以应用很广。按照这种模式思考，一定能找到提高销量而又切实可行的方法。当然前提是对所在行业相当熟悉，还要有一些商业灵感，思维要比较开阔。在具体使用这个矩阵图时，按照思考点至少可以想出 20 种以上方法，然后根据自己的实际剔除因为成本太高等原因做不到的方法，最少可以在 5 个方面改进而增加销量。对于小型创业生意，此扩展模式可以在几乎不投入资金的前提下进行，唯一改变的是经营者更加勤奋。

1992 年高校经商热中，我们管理学院学生会成立并注册了"武汉大学管理学院康腾商务中心"，其中一项主要业务便是家教中心，并贴了海报在校园公开招聘竞选家教中心主任。刚好我那学期正在学习"市场营销学"课程，也刚好学到市场成长战略的理论。能利用产品/市场矩阵图找出一些扩大家教业务方法去竞选不是很好？报名后我按照这个图考虑出了大约 10 多种几乎不需要任何成本又切实可行的拉到家教业务的方法。我的竞选演讲就是将这个矩阵图先画到教室黑板上，然后一条条说我的思路。结果我在全票而没有竞争对手的情况下，当选为这个家教中心的负责人。从此，我开始走上了营销之路。

从家教市场来看，旧产品（服务）是指中小学家教服务，旧市场指针对中小学生家长的目标客户，而旧有的获得业务方法（渠道）就是在商场门口摆摊设点，下面来看看在这种传统运营模式之外，如何运用这个方格图使我们不投入任何资金而扩大业务。

1. 市场渗透方法

大学生获得家教业务的方法就是用毛笔字写一张家教海报，然后在人流量大的商场门

① 本案例选自《中国商贸》2003 年 2 月杂志，编者有删改。
② 见本章第三节的有关内容。

口摆摊设点，守株待兔式等家长来请家教。记得当时在武汉中南商场门口大约有各大学及个人的摊点近 10 个。如何在这个现有服务、现有市场的前提下获得更多的家教业务，我进行了一点小小的创新。

利用"明星"效应：我所在的大学有好几个省的文理科状元，于是我请他们去现身拉家教，海报上加上一条"山东省文科状元做你孩子的家教"。于是望子成龙者纷纷前来咨询。

利用家长心理附加值竞争：当时就有武汉的报纸开始注意和报道大学贫困生的问题，我在大学登记了一批贫困学生后，商场摊点海报加上一条"名牌大学贫困生欲做家教"。家长总是要请家教的，不如请一个家庭确实有困难的大学生。于是又增加了业务。

直接吸引竞争对手的客户：凡是在其他摊点咨询过的家长，都是有意请家教的，在他们咨询但不满意而离开后，我们再上前请他们到我们的摊点来谈。凭武汉大学在武汉的名气，业务又大大提高了一步。

2. 产品（服务）开发的方法

传统的家教概念就是为中小学生请一个大学生来家里教课。当时在家教中心登记的大学生有几百个，我们能找到的家长有限，于是我思考如何针对中小学生扩大家教服务范围来增加业务，所需做的仅仅是在海报上多写几条服务项目，使家长们能够对号入座地请家教，增加了大量新的业务。

开发钢琴、舞蹈、书法、绘画等专业家教项目：大学除了艺术系的大学生可以做以上专业方面的家教，校园里其他获得了各种等级证书的大有人在。而专业家教确实一直都是一个家长关心的热点。只需将这些大学生证书的复印件摆摊拿出来，也能吸引很多家长。

开发"周日校园家教"项目：开发新的家教服务项目需要潜心关注市场的需要并适时地推出。比如，我碰到的一个家长说他的小孩学习成绩很好，他只是想让孩子从小就多感受名牌大学的气氛，希望小孩每周能去号称全国校园环境"五朵金花"之一的武大校园内接受家教。于是我就推出了"周日校园家教"项目，改变了大学生上门服务的传统，从而开发了一个新的市场。

开发奥林匹克竞赛等高端家教项目：一般家长只有孩子成绩不好才请家教，如果你的孩子成绩好并正在准备奥赛，而武大有很多在奥赛上拿过全国前几名有准备经验的大学生，你是否试一试呢？虽然此类需求不是很大，但此类家教的收费与中介费都是普通家教的几倍，我们觉得还是挺划算。投入也只是将他们奥赛名次复印展示而已。

3. 开发新市场

同样的产品或服务，除了在地理位置上从武昌扩大到汉口可以增加业务外，还可以拓宽几条销售渠道。传统家教业务的销售渠道是在商场门口摆摊设点。而我则安排几名大一新生到其他目标对象集中的地方摆摊设点拉业务。

小学校门口：摆摊时间设在放学后家长接小孩时，又以等待放学的时间效果最好。

大型菜场集贸市场门口及住宅小区门口、公园门口等，摆摊设点的时间在下班后天黑前。

4. 多样化经营的方法

家教多样化经营的关键是能跳出中小学家教的限制，吸引成人这类新的目标客户。而此类市场有着商业价值。

开发 TOEFL、GRE 等高端家教服务项目吸引成人市场：许多在校外的人因为出国需要，除了进学习班，他们还希望已经考过高分、有经验的人来单独辅导。而名牌大学的"考试机器"太多了，正好满足他们的需要。

开发小语种家教市场项目吸引成人市场：大学外语学院有法语、西班牙语、韩语等小语种的大学生，而社会上许多人因为工作需要掌握一点这类语言，而这类语言不像英语、日语等有众多培训班，所以家教的机会应运而生。

自考、考研家教项目吸引成人大学生市场：自考的考试科目与在校大学生学的一样，每周在海报上推出不同自考专业所需要的大学生家教，当然能扩大业务，考研也一样。

5. 再努力

在成功地进行了产品和市场的开发以后，我又通过在销售中介（即销售渠道）和促销上的新的努力，实现了在新的、更高层次上的突破。

一是和几个家政公司合作，我提供丰富的大学生家教老师资源，家政公司顺带说服那些请保姆的市民请家教。需要做的工作只是在家政公司门口贴一张"武大家教"海报而已。二是和小卖部合作，在一些小卖部也挂一个"武大家教"的招牌，如果有家长与小卖部老板联系家教，就有大学生去小卖部面谈。成功之后中介费由家教中心与小卖部五五分成。

其实，至今更让我自豪的是，当时抓住时机举办了一次家教交流会，几天内成功地谈成上百个家教，使自己成为当时武汉最大的家教中间商。每年春天武大樱花开放时，整个武大成为一个公园，成千上万的武汉市民来赏樱花。于是我们策划组织了一个"看樱花，请家教"的促销活动。在校园门口拉横幅、发传单，吸引部分家长来武大体育馆，而那里有许多欲做家教的大学生等着供他们选择。由于方便与可选择余地大，来请家教的人很多而我们通过收门票来盈利。

学、做一体练习与实践

一、不定项选择题

1. 与企业的战略性决策相关联的产品层次有（　　）。

　　A. 产品大类　　　B. 产品品种　　　C. 产品品目　　　D. 产品品类

2. 根据产品／市场矩阵图，企业发展的方向有（　　）。

　　A. 渗透　　　B. 技术进步　　　C. 产品开发　　　D. 多元化　　　E. 市场开发

3. 产品生命周期处于引入期阶段的主要特征有（　　）。

　　A. 竞争者少　　　B. 购买者少　　　C. 生产费用高　　　D. 利润低，甚至亏损

4. 产品生命周期处于成长期阶段的主要特征有（　　）。

　　A. 生产、技术成熟　　B. 销售量迅速增长　　C. 竞争开始加剧　　D. 批量增大

5. 产品生命周期处于成熟期阶段的主要特征有（　　）。

　　A. 销售量达到最高　　B. 销售量稳定　　　C. 成本低　　　　D. 竞争异常激烈

6. 产品生命周期处于衰退期阶段的主要特征有（　　）。

　　A. 销售量萎缩　　　B. 利润下降　　　C. 促销费用增加　　D. 竞争淡化

7.（　　）是市场演变的结果，是我们研究市场演变的落脚点。

　　A. 新的细分市场的出现　　　　B. 新的产品品种的出现

　　C. 竞争的加剧　　　　　　　　D. 技术进步

　　E. 旧的细分市场和品种的衰落

8. 市场演变的驱动因素有（　　）。

　　A. 人口因素　　　B. 竞争　　　　　C. 需求变动　　　D. 居民收入水平变化

二、填空题

1. 产品概念内涵丰富、复杂，包括_____ → _____ → _____ → _____四个层次。

2. 最重要的消费者市场细分因素是_____，因为_____是造成消费者差异的根本因素。

3. 市场细分就是把市场_____成具有不同需要、性格或行为的群体，每个购买者群体可能需要单独的_____。

4. _____与_____是企业发展的两个基本元素。

5. 典型的产品生命周期包括四个阶段，即_____、_____、_____、_____。

6. 从制定市场营销策略的角度看，产品生命周期理论并不适用于产品大类和品类，而主要适用于具体的_____。

7. 市场演变表现为该市场上_____和（或）_____发生了变化，或具有某种变化趋势。

三、名词解释

1. 市场细分；

2. 市场细分依据；

3. 产品品类；

4. 产品品种；

5. 产品/市场位置；

6. 产品生命周期；

7. 市场演变。

四、简答与论述题

1. 简述市场细分的作用。

2. 简述消费者市场细分的依据有哪些。

3. 简述生产者市场细分的依据有哪些。

4. 如何进行市场细分（即叙述市场细分的步骤）？

5. 简述产品与细分市场之间的对应关系。

6. 明确产品与市场之间的对应关系有什么作用？

7. 简述产品/市场位置这个概念的重要性。

8. 请论述产品生命周期各阶段的特点。

9. 产品处于成熟期的话，市场已经达到饱和状态，这是否意味着市场已经没有价值，没有增长空间了？为什么？

　10. 简述市场演变研究的意义。

　11. 简述市场演变表现在哪些方面。

五、案例分析题

　1. 阅读章首案例《李维斯公司》，（1）李维斯公司用到了哪些市场细分的依据？它是怎样利用这些细分依据进行细分的？（2）请分别试着用产品/市场矩阵理论和产品生命周期理论评价李维斯公司市场营销战略和策略的得与失。

　2. 阅读章末案例《成功的家教中间商》，案例中的"5. 再努力"部分，是不是超越了产品/市场矩阵图？为什么？

六、讨论思考题

　1. 当对某一市场进行细分时，你认为最困难的地方在哪里？为什么？

　2. 产品/市场位置理论有什么用途？

　3. 请用产品/市场位置理论来解释市场演变的表现形式。

七、概念应用题

　1. 选择 2～3 个你所熟悉或感兴趣的产品大类，试着对其进行产品品类、品种、品目的划分。

　2. 选择 2～3 个你所熟悉或感兴趣的市场，分别对其做出有效的市场细分。

　3. 选择 1～2 种产品，对其做出产品生命周期的阶段划分，并说明你的分析依据。

　4. 选择一种你认为演变比较明显的市场，试着描述其演变过程。

第七章　市场营销信息系统和市场营销调研与预测

 **章首案例**

佳洁士净白牙贴①

当你在杂货店的货架上看到令人眼花缭乱的各种产品，如爽口片、沐浴露、棉签条，都会使你笑容更灿烂、更阳光。而在几年之前，这类把口腔保健和美容结合起来的产品，市场上根本看不到。电影明星愿意向好莱坞的牙科医生支付成千美元，为的是使牙齿更加洁白，一般老百姓就只能不胜羡慕地看着他们明媚的笑容。

但是，调查研究使佳洁士公司（Crest）口腔护理产品的营销管理人员相信：这一需求尚未满足，存在着巨大的商机。自那之后，一切就都变了。许多营销研究公司，包括全美民意研究与信号公司，都参与了研究。例如，从焦点访谈中发现，消费者对于能够买到自我服务性质的牙齿增白剂，只要有效、使用方便、价格适中，都非常热心。调查中分发了问题调查表，收到的代表性答卷也证实了这将是一个巨大的市场。在线产品概念测试揭示，即使价格达到50美元左右，仍然存在着需求。这一价格已经足以支付研制和初期促销费用。调查研究还揭示，牙科医生对此也非常关心，很怕这类产品会减少他们的业务，而他们在推荐口腔护理产品中是很有影响力的。

研制开发人员提出了一种创意，推出一种洁净、狭长形粘纸，使用时将它粘贴到牙齿上。产品有效性测试证实，消费者认定该产品能使牙齿增白。研究还显示，消费者可以容忍粘纸贴在牙齿上的最长时间为30分钟。研究甚至还帮助消费者选定了品牌名称：佳洁士净白牙贴（Crest Whitestrips），并在广告中将其效益定位为"易于使用"和"高效增白，非牙膏能比"。

营销管理人员没有在零售店使用传统的测试市场，而是在消费者杂志上发布信息广告和其他类型的广告以推介产品，并向消费者介绍可以购买到佳洁士净白牙贴的网站。这样的做法不但使产品的销量大增，而且使零售商看到，即使零售价定在44美元，需求仍然很旺。通过互联网，调查人员可以在几天之内就把消费者市场测试的信息传达给营销管理人员。例如，当研究人员发现，顾客中80%为女性，而不是原来预测的男女各半时，广告商马上对媒体广告的重点进行了调整润色。

当佳洁士净白牙贴推向全国时，它成了20年中最成功的新产品之一。一年内，佳洁士净白牙贴的销售额高达2亿多美元，一跃成为同类产品的领头羊。佳洁士同时又推出了

---

① 本案例选自［美］William D. Perreault 等著，胡修浩译，《基础营销学》，上海人民出版社，2006年版，个别处有改编。

专供牙科医生向病人推销的医用牙贴，这也帮助了该产品的成功。有些牙科医生报告说这种牙贴提起了人们对其他护牙美容产品的兴趣。

竞争者的反应非常迅速，立刻有新产品进入市场，如曼泰丹（Mentadent）的"牙齿增白系列"和高露洁（Colgate）的"就是白"等，价格竞争开始加剧。但在牙贴市场的形成过程中，研究继续扮演着决定性角色。例如，牙贴原型推出市场三年之后，信息资源公司（Information Resources Inc.）的研究数据显示，佳洁士净白牙贴在同类产品中仍然一枝独秀，销量达到总数的一半以上。为了保住领先地位，佳洁士不断推出新产品，其中之一是佳洁士上光凝胶，它价格较低，供人们晚间睡觉时贴在牙齿上，另一种是净白牙贴的升级换代产品，增白成分更加浓缩，它的一大卖点是起效快一倍。许多零售商都把曼泰丹的产品从货架上撤下，换上佳洁士的三种增白产品。根据互联网销售数据，零售商知道曼泰丹产品的销售败给了高露洁和佳洁士。

当一个企业或市场研究机构试图去做市场营销调研与预测的时候，它必须对某一具体的市场进行研究，例如，对××市方便面市场的调查与研究、对我国旅游市场的调查、对××市居民快餐消费需求的调查与预测等。市场调研与预测可以说是对我们前面所讲的市场研究内容的总结和具体运用，是将我们前面所讲的市场知识、市场营销环境知识和一些市场研究方法在某一具体范围市场上的运用。

第一节　市场营销信息系统

没有市场信息，对市场的研究就无法开始。企业如不重视市场营销信息的开发，其营销行为就会陷入盲目状态。有人说："管理好一个企业，就要管理好它的未来；而管理好未来，就要管理好信息。"

一般来说，市场研究信息的来源主要有三类，一是收集公共信息资料。主要来源有各类媒体的新闻报道、报纸杂志以及网络上的文章、竞争对手所在地的报纸、招聘广告、政府文件、管理层的演讲、分析家的报告、送交政府和监管部门的档案、专利记录、法庭记录等。二是收集实地资料，主要来源有销售人员、工程人员、分销渠道、供应商、广告机构、竞争对手、专业会议、商会、市场调查公司、证券分析家等。三是通过专门进行的市场调研活动收集资料。

仅仅知道市场研究的信息来源是远远不够的。企业必须建立一个市场营销信息系统，通过制度性的组织系统来收集和积累信息，从而很好地掌握市场动态，及时发现市场机会与环境威胁，并为企业制定市场营销战略和策略服务。

市场营销信息系统是由企业的信息管理人员，使用必要的设备和工具，通过一定的途径，按照确定的工作程序、制度和方法，为营销决策者收集、挑选、分析、评估和传递其所需要的、及时和准确的信息的一套工作系统。其结构如图7-1所示。

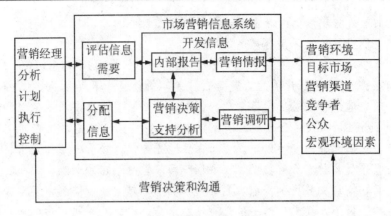

图 7-1　市场营销信息系统

从图中可以看到营销信息的获取、开发是通过 4 个子系统来进行的，这 4 个子系统有内部报告系统、营销情报系统、营销调研系统和信息分析系统。信息被获取和开发出来以后，要传递给营销经理（营销决策者），帮助其从事市场营销的分析、计划、执行和控制，最终使他们的营销决策和计划再流回市场，与营销环境相沟通。

1. 内部报告系统

市场营销人员运用的最基本的信息系统是内部报告系统。这是一个报告订单、销售额、价格、存货水平、应付账款、应收账款等的系统。通过这种分析，营销管理者能发现重要的机会和问题。目前，订单—收款系统和销售报告系统是比较有效的内部报告系统。

2. 市场营销情报系统

市场营销情报系统是公司经理用以获得日常的关于营销环境发展的恰当信息的一整套程序和来源。通过这一系统，将环境最新发展的信息传递给有关的管理人员。企业一般比较重视普查资料、各企业统计资料及市场研究这三个方面。营销管理者大多数自行收集情报，他们常通过阅读书籍、报刊；与顾客、供应商、分销商或其他外界人员交谈；同公司内部的其他经理和人员谈话来收集信息。但这种方法带有相当的偶然性。此外，还可训练和鼓励销售人员去发现和报告新发展的情况；鼓励分销商、零售商和其他中间商把重要的情报报告公司；委托专业人员或专门机构收集营销情报；建立信息中心等。国外一些大公司的情报网几乎遍及全球，如日本丰田公司的情报系统就渗透到美国每个小城镇，丰田汽车无论在哪条公路上发生问题，公司总部当天就能得到情报并及时做出反应。

3. 市场营销调研系统

市场营销调研系统是指系统地设计、收集、分析和提出数据资料以及提出跟公司所面临的特定的营销状况有关的调查研究结果。其主要任务是收集、评估、传递管理人员制定决策所必需的各种信息。小型公司可请企业外部的专门机构和人员来设计并执行调研项目；大型公司则需要设立自己的营销调研部门从事调研活动。调研的范围主要包括确定市场特征、估算市场潜量、分析市场占有率、销售分析、商业趋势研究、短期预测、竞争产品研究、长期预测、价格研究、新产品测试以及各种专项调研。调研部门的工作主要侧重于特定问题的解决，即针对某一问题正式收集原始数据，加以分析、研究，写出报告。

4. 信息分析系统

信息分析系统是要对通过前面 3 个系统所得到的信息进行积累、分类、统计、整理，并做深入的分析、归纳、总结和研究，去粗取精，去伪存真，从中发现和预测市场变化与发展的规律、趋势，以帮助决策者制定正确的营销战略和策略。信息分析工作可以完全由信息管理人员凭借自己的经验和分析技能来完成，也可以借助人们预先编制的电脑统计分析软件来辅助进行。

企业要认真对待营销专家对建立市场营销信息系统的建议，要组建市场营销信息机构，配备市场营销信息管理人员，认真设计信息采集、积累、报告和分析的制度、程序、方法，并使这个系统真正运转起来，发挥它的作用。只有这样，企业才能及时发现一些重要的市场变化和发展的信息，发现别人所不易发现的市场机会与威胁，并正确把握市场发展趋势，制定正确的应对方案。

第二节　市场营销调研的内容和程序

一、市场营销调研的类型

市场调查是按照一定目标进行的。根据调研目标的不同，有不同类型的营销调研。

1. 探索性调查

探索性调查指企业对需要调查的问题尚不清楚，无法确定应调查哪些内容，因此只能收集一些有关资料进行分析，它帮助企业查明问题产生的症结，找出问题的关键，确定进一步调查的重点内容。例如，某企业最近产品销量下降，但弄不清是什么原因造成，不知道关键在哪里。这就可以采用探索性调查，找出原因，明确关键，然后再做进一步的调查。

2. 描述性调查

描述性调查是企业针对需要调查的问题，采用一定的方法，对市场的客观情况进行如实的描述和反映。这类调查主要是通过对实际资料的收集、整理，了解问题的过去和现状，从中寻找解决问题的办法和措施。如对市场潜在需求、市场占有率、分销渠道及促销方法等的调查，都属于描述性调查。

描述性调查的目的是对某一个问题做得答案，它比探索性调查要深入细致。所以，需要细致地研究制订调查计划和收集资料的步骤，并注重对实际资料的记录。描述性调查多采用询问法和观察法收集资料。

3. 因果性调查

因果性调查是了解市场中出现的有关现象之间的因果关系的调查。在市场调查中，经常遇到一些回答为什么的问题。如近期某产品的销量有所下降，可能是该产品的市场供应量已接近饱和，可能是竞争者的产品有所改进等。因果性调查就是要在描述性调查的基础上，收集有关市场变化的实际资料，运用逻辑推理和统计分析的方法，找出它们之间的因果关系，从而预见市场的发展变化情况。

4. 预测性调查

预测性调查是在取得过去和现在的各种市场情报资料的基础上，经过分析研究，运用科学的方法和手段，估计未来一定时期内市场对某种产品的需求量及其变化趋势。从竞争的角度预测竞争对手对某种产品市场（有时也包括替代品）的供应量，以及估计本企业在未来一定时期可能实现的销售量和销售额。这类调查已属于市场预测的范围。（内容详见市场预测一节）

二、市场营销调研的内容

市场营销活动涉及面广，所以市场营销调研的内容也非常广泛而繁杂。概括起来说，市场营销调研的内容一般包括市场需求情况调查、市场竞争情况调查和本企业市场营销战略和策略实施效果调查 3 大内容。

1. 市场需求情况调查

主要调查和了解现实的和潜在的顾客是哪些人，人数有多少，他们的购买力如何，顾客可以分为哪些种类，他们有什么样的消费心理，影响人们购买选择的因素有哪些，各因素的变化情况如何，顾客对目前市场上的产品有哪些不满意的地方，有哪些新的要求，现实的和潜在的需求量有多大，需求的发展趋势如何等。

2. 市场竞争情况调查

在企业所在的市场范围内，如果是寡头竞争或寡头垄断的市场结构的话，企业还必须密切关注竞争对手的情况，做好市场竞争情况调查。调查内容包括企业的竞争对手是哪些企业，谁是主要竞争对手，竞争对手的营销目标、营销战略和策略，竞争对手的优、劣势，潜在竞争对手的情况，竞争对于的未来发展趋势等。

3. 本企业市场营销战略和策略实施效果调查

调查内容包括本企业的市场营销战略和策略是否有问题或缺陷，其实施效果如何，哪些地方做得好，哪些地方做得不好，做得不好的原因何在，需要做什么样的调整和改进等。

三、市场营销调研的程序

现代市场营销调研是一种科学研究活动。在长期的实践中，为了保证市场调研的质量和效率，形成了一套严格的工作程序。

市场营销调研一般分为 4 个阶段 7 个步骤：

（1）确定问题和调研目标阶段。分两步：①初步情况分析；②做探索性调研。

初步情况分析就是要根据现有的市场信息资料（包括管理者本身的观察和市场营销信息系统提供的资料），对市场的基本情况、产品情况和竞争情况进行分析，围绕要调查的问题做出一些推测和假设。

在做出初步分析之后，调研人员可能对问题的症结还把握不准，或者有些二手资料是否可靠还需进一步核实，调研的课题是否有价值还不能确定，调研的目标是否明确还得重新检验，这时就需要进行探索性调研。探索性调研也称为"初步调查"。调研人员在这个环节的主要工作有三项：第一是查找有关文献资料。比如，调研项目的主题是"产品销售量最近为什么下降"，那么就应该查找有关该产品性能、质量、产量及社会环境方面的记录，包括企业内部和外部的资料，如报纸、杂志、档案等相关资料。第二是访问有关方面的专家。这里所谓的"专家"，是指对该问题有实际经验或有一定研究水平的人员，可以是工程师、管理干部、营销员，也可以是生产工人。在访问中认真听取专家的意见，以形成初步的认识。第三是研究几个有启发性的案例、事例。其目的不在于收集资料，而在于通过解剖案例、事例，从中得到启发，增进对未来调查对象以及环境的感性认识。

通过上述两个步骤，调研者要将调查的问题、范围、目标具体化，即明确规定要调查的主要指标和因素。比如，在上面提到的例子中，将"销售量为什么下降"这一题目，变成若干具体的调研项目，如提出"替代品的出现是其主要原因"的假设，或提出"研究顾客需求变化"的调查重点等，并对替代品或顾客需求变化的表现及拟调查的具体方面给予明确的限定，形成规范的调研提纲。这样一来，调研人员对调研就有了较清晰的思路和丰富的感性认识，从而为完成调研方案的编制奠定了基础。

（2）制定收集资料的方案阶段。分两步：③决定收集资料的途经和方法；④准备调查问卷。

市场调研的过程，在很大程度上就是获取信息、收集资料的过程。那么怎样获取我们所需要的信息和资料呢？要确定调研的对象、调研的方法、调查人员的数量、来源、调查的起止时间、调查的地点、调查的质量要求以及调查预算等。针对这些内容，调研者要制定一套详细的方案。

根据实际情况设计一份完美的调查问卷是关系到市场调查能否成功的重要条件之一。调查问卷是调查人调查时向被调查人发问并记录答案的问卷。调查问卷可以使调查内容标准化、系统化，便于统计处理和汇总分析。所以它具有投入少、产出多、见效快的效果。一般只要投入较少的人力，在几个月甚至几个星期内即可获取详细的资料。

调查问卷设计的目标是使问卷能够顺利、正确、圆满地完成调查任务。因此在设计时必须把握住该项调查的主题，围绕主题引导被调查者坦率地谈出自己的意向。要注意使所设计的问题切合实际，具有合理性，否则，就会影响被调查人员的回答，影响调查结果的误差及其可用性。

（3）实地调研阶段。一个步骤：⑤进行实地调研。

就是依据调研方案选定的方法和时间安排，选取调查对象，并实地收集资料，以取得系统性、准确性和及时性的高质量的调查结果。这个阶段关键是控制好调研的质量，即制定明确的质量标准和检查验收程序，对调查过程中可能产生的各种误差给予整体性预防和及时纠正。

为了保证现场实地调查能够达到预期的目标，应该挑选和培训市场调查人员。培训市场调查人员的方法，可采用实例教学、演习和经验交流等。

在现场实地调查中，经常遇到的问题是：①被访者不在家。因此，最好预先约定调查访问的时间。②被访者不予合作，拒绝回答问题。这就要求调查者说明调查意图，消除被访者的疑虑，取得被访者的信任，必要时还可以发放一些小礼品来激励被访者合作。③被访者随便回答，造成误差。因此，调查者要善于启发引导并辨别真伪，运用巧妙的办法进行核实。④由于调查人员的年龄、性别、态度或语气的关系，而使调查结果产生偏差。因此，要提高调查人员的素质，同时要合理组织，加强互相配合与复核检查，以保证调查材料真实可靠。

在实地调查中，主要的环节是询问，而询问是一种技巧。询问有两种功能：①把所询问的事项向受访者传达；②造成受访者愿意回答的气氛。因此，必须注意询问的语气、用词、方式等，要适合受访者的身份和知识水平。例如，对工程师尽量使用工程方面的术语，而对普通居民则不宜使用高深的专有名词。为此，要研究调查对象的心理及社会环境，洞察他们的心理和社会可容性，避免可能出现的心理抗拒。

（4）调研总结阶段。分 3 个步骤：⑥整理分析资料；⑦提出调研报告；⑧进行追踪调研。

尽管在实地调查中千方百计地提高了调查质量，但是，真正要使调查资料真实可靠，还需要经过整理分析。具体来说就是将资料分类、统计、梳理、排序，并做深入的分析、归纳、总结和研究。调查人员要找出有关信息资料中的内在联系，发现记录不完整和数据资料前后矛盾的地方，应审核情报资料的根据是否充分，推理是否严谨，阐述是否全面，结论是否正确。整理分析工作可以完全由信息管理人员凭借自己的经验和分析技能来完成，也可以借助人们预先编制的电脑统计分析软件来辅助进行。

调研报告是全部调研工作的成果和结晶，也是调研工作能否发挥作用的重要环节。调研报告编写的程序应包括主题的确立、材料的取舍、提纲的拟订和正文的形成等几个环节。在编写调研报告时，要注意紧扣调研主题，力求客观、重点突出，避免或少用专门的技术性名词，必要时可用图表说明，使企业决策者一目了然。

追踪调研有两种：一种是对于关键问题，通过一段时间的连续调查了解其变化情况。另一种是为了巩固市场调查的成果和验证调查材料的真实性，在写出调研报告后，还要做追踪调查，即了解调研报告中提出的方案是否已被采纳，实际效果如何，采取什么具体措施，绝不能以为写出了调研报告就是市场营销调研的终结。

第三节　市场调研的方法

市场调查的方法包括如何确定调查对象和实地调查两大部分。

一、确定调查对象的方法

选择确定调查对象是进行市场调查中一项重要的技术性工作，它关系到调查的速度与取得调查资料的准确性。选择调查对象的方法一般有 3 种：全面调查（市场普查）、典型调查和抽样调查。

1. 全面调查法

全面调查法也叫市场普查法，就是以调研者计划要调查的总体作为调查对象，适合调查范围中的个体数量有限的情况。例如，企业对中间商情况的全面调查；生产者市场上，销售大型设备的企业，对其所有潜在客户的摸底调查；广告公司对其所有客户的回访等。

全面调查法的优点是取得的资料比较全面、准确，缺点是工作量很大。

2. 典型调查法

典型市场调查是指选择那些具有典型意义或有代表性的样本进行的专门调查。这种调查方式是在对调查对象做全面分析、比较的基础上，有意识地选择少数具有代表性的样本作为典型，对其进行比较系统、深入的调查，也就是所谓的"解剖麻雀"。但是，它不是随便选一部分单位进行调查，而是要选择对市场总体有代表性的部分单位进行调查。典型调查的目的，不仅仅是停留在对典型单位的认识上，而是通过对典型单位调查来认识同类市场现象总体的规律性及其本质。

一般情况下，典型市场调查有两种类型：一种是对调查总体中有典型意义的少数样本进行调查；另一种类型是按一定标准将调查总体划分成若干类别，再从各类别中选取部分具有代表性的样本进行调查。典型调查的关键是恰当地选择典型样本，使之具有充分的代表性。这种代表性的具体标准，应根据每次市场调查的目的和调查对象的特点来确定，不能一概而论。

典型调查方式的优点是能够获得比较真实、广泛和丰富的第一手资料；调查范围小，调查样本少，有利于节约调查的人力、物力、财力和时间，有利于迅速地取得调查结果，灵敏地反映市场情况的变化。

缺点是在选择典型单位时是根据调查者的主观判断，难以完全避免主观随意性；用部分调查样本的调查结果来判断调查总体的特征，缺乏有力的科学依据，并且往往难于对总体进行定量研究；对于调查结论的适用范围，只能根据调查者的经验判断，无法用科学的手段做出准确测定。所以，如果对调查推断精度的要求较高，就不宜采用典型调查的形式，而应采用随机抽样方式。

在典型市场调查中。必须着重解决好以下几个问题：

（1）必须正确选择典型单位。在选择典型单位之前，对市场现象的总体情况要进行必要的分析。一般来说，在选择典型单位时大致有两种做法，一种是从市场调查总体中直接选择代表性单位；另一种是在对市场调查总体分类后，从各类中选择典型单位。前者适用于市场现象的发展比较平衡，总体各单位之间无明显差异，在这种条件下，从总体中直接选择典型单位即可保证对总体的代表性。后者适用于市场现象总体发展的不平衡，总体各单位之间具有明显差异，且这种差异可以将总体划分为若干类别，在这种条件下，应该从各类中选择典型单位。这种情况在市场现象中是常见的，如居民的收入有高、中、低之分，从而决定居民的消费水平也有高、中、低的差异。市场有城市、乡镇之分，从而决定了消费者的商品需求结构不同等。

（2）典型市场调查必须把调查与研究结合起来进行。必须在调查过程中伴以深入、细致的研究，不但要说明现象在目前的情形，还要研究现象是如何发展变化的，有时还必须研究现象的本质和未来的发展变化趋势。

（3）要正确使用典型市场调查的结论。关键在于严格区分典型单位所具有的代表同类事物的普遍性一面和典型单位本身由一定条件、环境与因素所决定的特殊性一面，必须对这两方面的内容加以科学的区分和说明，而且要特别说明其普遍性所适用的范围。切不可不加区分地把典型市场调查得出的结论作为普遍性的结论，也不可不分时间、地点、条件地将普遍性结论生搬硬套。

3. 重点调查法

重点调查法就是指在调查总体中，针对选取的一部分重点样本进行的非全面市场调查。所谓重点样本，是指在调查总体中处于十分重要地位的样本，或者在调查总体和总量中占绝大比重的那些样本。由于这些重点样本数量不多，而且在调查总体中又极具代表性，因而采用重点市场调查的方式能够以较少的人力、物力、财力以及时间，较准确地掌握调查对象的基本状况。

重点市场调查样本与一般样本的差别较大，不具有普遍的代表性。这种调查的目的在于对调查对象的基本情况做出估计，一般情况下不能用重点市场调查的综合指标来推断调查对象总体的综合指标。但在市场需求和市场供给的调查中，也可以利用重点市场调查所得的资料，对总体调查进行粗略的估计。例如，某家电生产企业向全国范围内的100家批发零售企业供货，根据以往的销售统计资料，其中20家企业的供货量占该企业总供给量的80%以上。现对这20家批发零售企业进行重点市场调查，了解到它们本年度向企业的进货量为10万件，据此可大体估计出该企业本年度的总需求量应在12.5万件左右。

4. 抽样调查法

抽样调查法是根据概率统计的随机原则，从被研究的总体中抽出一部分单位作为样本进行调查，以样本的调查结果来推断总体的一种非全面调查法。它具有调查方式科学、费用少、资料获取及时、调查结果准确等优点。因此，抽样调查法是市场调查中最规范、使用范围最广的方法。

要保证抽样调查的科学性、准确性，做好抽样设计是关键。抽样设计包括3个内容：一是确定抽样对象（调查哪些人）；二是确定样本大小（调查多少人）；三是确定抽样方法（如何抽取样本）。

（1）抽样对象。抽样对象并不总是显而易见的。例如，要想了解家庭购买电视机的决策过程，究竟应调查丈夫、妻子还是全体家庭成员？要想了解工业用户对所采购产品的意见，应调查用户的采购部门、使用部门还是领导部门？只要购买者、使用者、决定者和影响者处于分离状态（即不是由同一人承担），调研人员就需要对抽样对象做出选择。

（2）样本大小。大样本当然比小样本提供的结果更可靠，但大样本的调查成本高，而且往往没有必要。只要抽样方法正确，即使样本不足总体的1%，也同样能提供可靠的调查结果。

（3）抽样方法。抽样方法主要有两大类：一是非随机抽样；二是随机抽样。

非随机抽样法是指在整体中不是每一个体都有机会被选作样本。非随机抽样也可分为三种具体方法：一是任意抽样，即调研人员任意选择样本，如在街头上任意找几个行人询问其对某产品的看法和印象；二是判断抽样，即调研人员根据自己或专家的经验来判断由哪些个体来作为样本；三是配额抽样，即首先对总体进行分组，然后由调研人员从各组中任意抽取一定数量的样本。

随机抽样也叫概率抽样，就是在广泛的对象中，不做任何有目的的选择，用偶然的方法抽取样本，总体中每一个体的机遇是相等的。随机抽样是一种严密、科学的方法，在市场调查中已被广泛使用。在大多数情况下，如果没有特别说明，抽样调查就是指随机抽样。随机抽样遵循随机性原则，这样，可以避免调查时的主观因素的干扰，从而保证所抽取的样本对总体有足够的代表性；另外，在由样本推断总体的估计过程中，抽样估计的精确度及可靠程度还可以测定并控制。随机抽样的方法很多，常用的有如下几种：

（1）简单随机抽样。简单随机抽样是指在随机抽样中采取最简单的方法，这种方法适用于所有个体都差异不大的情况的调查。简单随机抽样中常用的方法有抽签法和乱数表法。

抽签的方法就是把被调查的总体各点写在标签上，把顺序打乱，然后随便抽出一定数量作为样本。

乱数表法就是把0～9的数字打乱顺序，随便排列，编成乱数表，表格的数目根据调查点的需要决定，每个数字可以出现多次。

（2）分层随机抽样。分层随机抽样调查指把调查的总体按特性分成若干层，在每层中抽取一定数量的样本。这种方法适用于那些个体差异性很大的情况的调查。怎样分层，并无一定规则。例如，对消费者的调查，一般可按收入多少分层，也可按性别、年龄、家庭人口等标准分层。

（3）分群随机抽样。分群随机抽样就是把被调查的对象分为若干群，然后再从中抽取一个或几个群，抽中的群中所有的个体都是被选中的样本。分群抽样与分层抽样不同。分层随机抽样的各层之间差异很大，层内样本之间差异不大；而分群随机抽样则是群之间差别不大，群内样本之间却差异很大。如调查用户，按分层随机抽样法，在收入高的一层中全是高的，收入低的一层中全是低的。而在分群随机抽样中，在每一群中都有高、中、低三种。

（4）等距抽样。等距抽样就是把被调查的总数编号排列，然后每隔一定的距离从总体中抽取一个样本。抽样的间隔距离由调查总数除以样本总数所得，其公式是：

$$抽样间隔距离＝调查总体单位数÷样本总数$$

二、实地市场调查法

1. 观察法

观察是调查人员在现场对调查对象的情况直接观察记录，并取得第一手资料的一种方法。其特点在于当被调查者被调查时并不感到正在被调查。因为调查人员不直接向被调查者提出问题要求回答，而是利用自己的眼睛或照相机、录音机、摄像机和其他仪器对调查对象的活动和现场加以考察记录。观察法又分两种类型：

（1）直接观察法，就是在现场凭借自己的眼睛观察市场行为的方法。具体包括：①顾客观察法。顾客观察法是指在各种市场中以局外人的方式秘密注意、跟踪和记录顾客的行踪和举动以取得调查资料的方法。顾客调查法常常要求配备各种记数仪器，如录音摄像器材、记数仪器、记数表格等，以减轻调查者记数的负担和提高资料的可信度，如对顾客的客流量、顾客购物的偏好、顾客对商品价格的反应、顾客购物的路径、顾客留意商品时间的长短、顾客产生冲动购物的次数、顾客付款是否方便等方面的调查。为了使调查更深入，有时往往辅之以商场中堵截访问的方法。②环境观察法。环境观察法就是以普通顾客的身份对调查对象的所有环境因素进行观察以获取调查资料的方法。有时也称此种方法为"伪装购物法"或"神秘购物法"。这种方法是让接受过专门训练的"神秘顾客"作为普通的消费者进入其所调查的环境。观察者可以观察调查对象的购物环境，如颜色、布局、货架摆放、通道的宽窄、装饰等，也可以观察服务情况，以监督控制服务的质量和效果。

 案例

帕科·昂得希尔是著名的商业密探，他所在的公司叫恩维罗塞尔市场调查公司。他通常的做法是坐在商店的对面，悄悄观察来往的行人。而此时，他的属下正在商店里努力工作，跟踪在商品架前徘徊的顾客。他们的目的是要找出商店生意好坏的原因，了解顾客走进商店以后如何行动，以及为什么许多顾客在对商品进行长时间挑选后还是失望地离开。通过他们的工作给许多商店提出了实际的改进措施。

如一家主要是青少年光顾的音像商店，通过调查发现这家商店把磁带放置过高，孩子们往往拿不到。昂得希尔指出应把商品降低放置，结果销售量大大增加。

再如一家叫伍尔沃思的公司发现商店的后半部分的销售额远远低于其他部分，昂得希尔通过观察和拍摄现场解开了这个谜：在销售高峰期，现金出纳机前顾客排着长长的队伍，一直延伸到商店的另一端，妨碍了顾客从商店的前面走到后面，针对这一情况，商店专门安排了结账区，结果使商店后半部分的销售额迅速增长。

（2）间接观察法，就是通过对现场遗留下来的实物或痕迹进行观察以了解或推断过去的市场行为。如国外流行的食品厨观察法，即调查人员通过查看顾客的食品厨，记下顾客所购买的食品品牌、数量和品种，来收集家庭食品的购买和消费资料。这种方法对一些家庭日常用品的消费调查非常重要。再如，通过对家庭丢掉的垃圾等痕迹的调查，也是较为重要的间接调查方法。被誉为美国市场调查创始人之一的查里斯·巴林，为了向羹汤公司证明蓝领工人的妻子买罐头汤而不是自己做，把城市各处的垃圾经过科学抽样后收集起来，清点罐头汤盒的个数。

 案例

一次，一个美国家庭住进了一位日本人，奇怪的是，这位日本人每天都在做笔记，记录美国人居家生活的各种细节，包括吃什么食物，看什么电视节目等。一个月后，日本人走了。不久丰田公司推出了针对当今美国家庭需求而设计的物美价廉的旅行车。如美国男士喜爱喝玻璃瓶装饮料而非纸盒装的饮料，日本设计师就专门在车内设计了能冷藏并能安全防止玻璃瓶破碎的柜子。直到此时，丰田公司才在报纸上刊登了他们对美国家庭的研究报告，同时向收留日本人的家庭表示感谢。

2. 实验法

实验法是在一定范围的市场内，对于市场营销的某个因素，如产品质量、设计、包装、价格、广告、陈列等加以实验的方法来测定顾客的反应，然后根据实验结果，决定是否值得对某个营销因素进行改进。实验法通常采用两种方式：

（1）时间先后对比法。在市场条件大致相同的情况下，首先对正常经营情况下进行测量，然后再测量某个因素发生变化（如价格、包装、广告等）后的情况，进行不同时间的对比，了解变化的效果。

（2）同时间不同区域调查。同一时间，将调查对象分为几个组，进行对比，了解变化的效果。这样可以排除由于时间不同而可能出现的外来变数的影响。如由于市场形势、购买力、消费心理、季节、价格等变化，都会程度不同地影响实验效果，而如果在同一时间对比，则会大大提高实验效果。如把同一类产品采用包装或无包装分别在条件大致相同的两个商店进行试销，然后测量其结果，来了解包装对销售量的影响。

实验法突出的优点是切合实际，可提供较真实的资料、方法科学。其缺点是可变因素难于掌握，实验时间长，成本较高。

3. 询问法

这是应用最广泛的一种方法，以询问的形式向消费者收集资料，了解情况。询问调查法大致可分为四种方式：

（1）面谈调查法。这是调查者面对面地向被调查者提出询问，并予以当场记录的方法。调查者可以根据事先拟定好的调查问卷或调查提纲进行提问，也可采取自由交谈的方式进行。面谈调查法的优点有：①由于直接与被调查者见面，能当面听取被调查者的意见，并观察其反应。②富于灵活性，即可根据被调查者对访问问题的态度，进行详细调查或简要调查，若发现调查者不符合抽样设计要求，可以停止调查。③能互相启发，发现新的问题，对询问表中不太清楚的问题可给予解释，并能较深入地了解情况。④资料的真实性较强。⑤询问表的回收率较高。面谈调查法缺点是：调查成本较高，尤其是小组访问，要花费较多的人力和时间。调查结果容易受调查人员技术熟练程度的影响。

（2）电话调查法。这是由调查员根据抽样设计的要求，用电话向调查对象询问意见，以获取所需资料的方法。此法的优点是：资料收集快，调查成本最低，可按事先拟定的询问表询问，便于统一处理。缺点：不易取得被调查者的合作，谈话时间不能太长，不能询问较为复杂的问题，谈的问题也不能深入。

（3）邮寄调查法。又称通信调查法，即将设计好的询问表、信函等通过邮局寄给被调查者，请其根据自己的想法填好寄回。优点是：调查的区域广泛，凡邮政所能达到的地区都可以列入调查的范围；被调查者可以有充分的时间来回答询问；调查的成本较低；能避免个人访问中可能产生的调查员偏见的影响。缺点是：询问表、征订单的回收率较低，回收的时间也较长，被调查者有时还会误解问卷的意义。

（4）留置问卷调查法。此法是访问员将调查表当面交给被调查者，经说明和解释后留给调查对象自行填写回答，再由访问员按约定的时间上门收回的一种收集资料的方式。留置问卷调查主要的特点是将"面谈"与"笔谈"结合起来，既可缩短调查周期，又能够对被访者回答的完整和可信性给予及时评价与检查，并保证问卷有较高的回收率。留置问卷调查法可以适合较大范围和较复杂问题的调查，已经成为现代市场调查中收集资料的一种主要方式。

第四节　调查问卷的设计和调研报告的撰写

一、调查问卷的结构

（1）开场白。开场白是调查员与应答者见面时说的话，它要求在短时间内说明"我是谁，从哪里来，来做什么，需要对方如何配合等"。开场白的要求很高，必须逐字斟酌，好的开场白可以调动应答者的积极性，使调查能顺利进行；反之，开场白不好，也可能一开始就把事情弄糟，使调查无法进行。

（2）被调查者个人背景资料。包括被调查者的性别、年龄、职业、受教育程度、家庭人口、收入状况等。注意，这些问题显然多少都带有一定的隐私性，人们一般不愿准确回答，解决这一难题的办法是可以把这些问题放到问卷的最后。另外，在问这些问题时，我们可以设置一些选择区间，即满足了人们愿意模糊的心理，又能够保证我们调查者的需要（实际上，我们并不需要太准确的个人背景资料）。如您的年龄属于：A.18～25 岁　B. 26～36 岁　C.37～45 岁　D.46～55 岁　E.56 岁以上。

（3）问题。根据问题的内容来划分有认识性问题、知晓性问题、行为倾向性问题、心理性问题、态度性问题等。问题是调查问卷的主体，因为调查者期望得到的资料，都是通过问题问出来的。问题给出前要有一个填表指导，告诉被调查者如何填写问卷，或将填表指导纳入开场白中。

二、问题形式

问题的形式会对回答者造成影响。营销研究人员问问题分为封闭式和开放式两种。封闭式问题包括所有可能的答案，被调查者从中选择一个或几个答案。开放式问题允许被调查者用自己的话来回答问题。封闭式问题规定了回答方式，使阐释和统计分析变得比较容易；但是，开放式问题因为回答不受限制，所以，常常能揭露出更多的信息。

1. 封闭式问题

（1）是非题。即提出问题，请被调查回答"是"或"否"，"有"或"无"，二者必答其一，所以又叫两分选择法，如：您喜欢吃快餐吗？是□，否□（请在□内画"√"）。是非题可在很短时间内得到明确的回答，调查的结果也容易整理和记录，但不能表示出来意见和程度差别。

（2）多项选择题。就是调查者对调查的问题预先列出多个可能的答案，让被调查人员从中选出一个或数个答案，最后统计选择的哪一项次数最多，就显示其最重要。如请问你选购电冰箱时，哪些因素最重要？　A. 式样漂亮□　B. 省电□　C. 价格低□　D. 使用方便□　E. 是否名牌□　（请在□内画"√"）。

（3）序列题，又称顺位题。这类问题主要是让被调查者判断某项目的重要程度，按先后顺序排列答案而设置的。如您选购服装的条件，请按下面所问的项目，以 1、2、3……作为评价的顺序填在□内：

价格□　　　款式□　　　面料□　　　颜色□　　　质量□

（4）认可程度量表。被调查者可以在同意和不同意的量度之间选择。如您是否同意下列说法？自动取款机比人工服务更方便、快捷。（请在□内画"√"）

坚决不同意□　　不同意□　　不同意也不反对□　　勉强同意□　　坚决同意□

（5）重要性量表。对某些属性在重要和不重要的量度之间选择。如品牌偏好在您的购物选择中，A. 极重要□　　B. 很重要□　　C. 有点重要□　　D. 不重要□ E. 根本不重要□（请在□内画"√"）

（6）排序量表。对某些属性进行排序分等。如您认为××移动通信公司的服务质量，A. 极好□　　B. 很好□　　C. 好□　　D. 尚可□　　E. 低劣□（请在□内画"√"）

（7）语意差别量表。在两个意义相反的词之间列上一些尺度，选择代表他或她意愿方向和程度的某一点。如××航空公司，（在您认可的那一点后的□内画"√"）

大□　　　　　　　　　小□

安全□　　　　　　　　不安全□

现代化□　　　　　　　老式□

2. 开放式问题

（1）自由问答题。即调查者不提供任何答案，被调查者可自由回答。如您对现在使用的××牌电冰箱有何意见？

（2）回想式问题。这种方式主要用于测定企业、品牌、广告等被消费者记忆的程度，在消费者心目中的印象是否深刻。如请写出您知道的电冰箱品牌、厂家；请您举出最近在电视中知道的化妆品品牌等。

（3）语句完成法。提出一些不完整的语句，由被调查者完成该语句。如当我选择××品牌时，在我的决定中最重要的考虑点是（或我主要是看中了它的）＿＿＿＿＿＿＿。

（4）词汇联想法。给出一个公司或品牌或产品等的名称，由被调查者写出他或她头脑中涌现出的一个或几个词汇。如海尔公司＿＿＿＿＿＿；"李宁牌"服装＿＿＿＿＿＿；剃须刀＿＿＿＿＿；旅行社＿＿＿＿＿＿。

三、在拟定调查问卷时应注意的问题

（1）所拟的问题都是有必要的。列入不必要的问题，不但浪费时间，还会增加资料处理的麻烦，有时也会因问题过多，使被调查者厌烦。

（2）所拟的问题是被调查者有能力回答的，并且一般是先易后难。

（3）问题要明确，不要含糊。如您对××牌彩电是否满意？这个问题就不具体。明确的问题是：您对如意牌彩电的质量是否满意？或您对如意牌彩电的销售服务是否满意？

（4）避免用多义词或笼统的询问。如一般、普遍、基本、大概等。如您一般使用哪种牌子的洗衣粉？应改为：您使用的是哪种牌子的洗衣粉？

（5）避免用带有暗示性或引导性的词提问。如您喜欢吃太阳牌锅巴吗？这样提问容易把答案引到喜欢或不喜欢上来，不利于调查的进行。可改为：您喜欢吃什么牌（太阳牌、北京牌等）的锅巴？

四、市场调研报告的撰写

概括地评价调查过程、总结成果、提出对策思路与建议以及需要进一步调查研究的问题，是撰写市场调研报告的核心内容。

1. 市场调研报告的格式

市场调研报告作为一种特殊的应用文，其格式总的特点是开门见山，准确简练。从一般结构上看，一篇完整的调研报告由标题、目录、摘要、正文和附件等几部分构成。

（1）报告标题。报告标题应简明准确地表达报告的主要内容，可以只有正标题，也可以采用正副标题的形式。作为一种习惯做法，标题的下方，紧接着注明报告人或单位、报告日期，然后另起一行，注明报告呈交的对象。这些内容编排在报告的第一页上。

（2）报告目录与摘要。当报告的页数较多时，应使用目录或索引形式列出主要纲目及页码，编排在报告题目的后面。报告还应提供"报告摘要"，编排在正文的前一页。摘要以浓缩的方式说明本次调查的基本情况和主要分析结论，并将重点放在主要调查发现和建议的对策措施上。

（3）报告正文。正文是指完整的市场调研报告，一般包括 4 个主要部分：第一部分是调查方案，包括整体方案和技术方案的执行结果评价；第二部分需要指出分析问题的角度或出发点，包括对一些测量方式的解释以及调查误差的估计；第三部分提炼分析的结论性意见；第四部分提出建议对策，或依据资料对发展趋势进行估计等。

（4）附录文件。市场调研报告的附件往往是大量的。附件是正文报告的补充或更为详细的专题性说明。

2. 写调研报告需注意的问题

一篇高质量的调研报告，除了符合调研报告一般的格式以及很强的逻辑性结构外，写作手法是多样的，但其中必须注意以下两点：

（1）报告要言之有据，简练准确，朴实无华。

（2）报告不是流水账或数据的堆积，过多地堆砌数字常会使人感到眼花缭乱，不得要领。所以运用数据要适当，准确的数据证明事实的真相往往比长篇大论更能令人信服。

第五节　市场营销预测

市场营销预测实际上是企业对有关市场营销情况所做的面向未来的预测性研究活动。市场营销预测对于我们接下来所做的市场机会研究，对于企业在选择目标市场时对某一细分市场的评估工作，对于企业科学地确定市场营销目标等都具有非常现实的作用和意义。

一、市场预测的原理

市场预测方法以一定的科学原理为依据。市场预测方法所依据的科学原理一般可以分为以下几个方面：

（1）连贯性原理。连贯性是指预测对象的发展会依据过去和现在的发展规律延续向前发展。判断一个人的情况，人们常说："看看他的过去，就可以知道他的现在；看看他的现在，就可以知道他的将来。"这种说法其实依据的就是连贯性原理。这一原理的存在主要是因为在任何市场预测对象，其内在结构及其构成因素的相互作用都具有一定的规律性，所以使得这些因素必然依据某种规律向前发展。如人们生活习惯、消费习惯、消费模式的变化以及季节性产品销售的周期性等，一般都具有很强的连续性，很难在短时期内变化。因此，市场预测对象的连贯性就为市场预测工作的开展提供了依据，使人们可以根据预测对象的连贯性规律，对市场预测对象的发展变化趋势和变化程度做出正确的估计。

在利用连贯性原理进行预测时，一般要求预测对象所处的系统具有稳定性。只有在系统稳定的条件下，预测对象才可能依据原来的规律继续发展。一旦系统的稳定性遭到破坏，预测对象的规律将会发生变化。这时应用连贯性原理进行预测就可能产生误差，误差的大小将随系统稳定性变化的大小而不同。

（2）类推性原理。许多事物的发展变化通常会表现出一些类似的特点。类推性就是指根据与预测对象的变化有类似特点的事物的发展变化规律，来推测和估计预测对象的发展变化趋势和变化程度。如可以根据其他国家在与我国处于类似经济发展阶段的消费需求和消费结构变化规律，预测我国的消费需求和消费结构变化前景。使用类推性原理进行预测的关键在于发现预测对象与已知事件之间的共同性或类似点。如果已知事物或事件与预测对象之间无类似性或共同性可言，则不能应用类推性原理进行预测。

（3）相关性原理。相关性是指预测对象与其影响因素之间的相互联系。由于任何事物的发展变化都不是孤立的，都是与其他事物的发展变化相联系的。利用相关性原理进行市场预测，就是要找出影响预测对象变化的各种因素，以及这些因素与预测对象的相互依存关系，然后根据这些影响因素的变化估计预测对象的变化。如对于食物的消费，人口和购买力是最主要的影响因素，这样就可以根据人口和购买力的变化预测对食物的需求的变化。

在利用相关性原理进行预测时，除要找出各相关因素与预测对象之间的相关关系外，还必须分析在预测期内这些因素与预测对象之间的相关性是否会发生较大的变化。如果将发生较大的变化，预测结果将会出现较大的偏差。

二、市场营销预测的分类

（1）根据预测的内容分类。与市场营销调研的三大内容相一致，市场营销预测也有3大内容：①市场需求预测，主要预测在某一确定的市场范围内，某种产品在未来一定时期的市场需求发展趋势、需求容量和潜力等；②竞争状况预测，预测潜在的新进入资本量、竞争者的总产能（即市场供应量）、供求对比状况、价格走势、未来替代品的有关情况等；③本企业市场营销效果预测，包括本企业可能实现的销售量、销售额、市场占有率、利润额和利润率等。市场预测的这3大内容是密切联系的。一般情况下，企业先要对市场的总体需求情况有一个预测，然后，预测市场竞争（即供应）情况，判断供求对比状况，最后再来预测本企业可能实现的营销结果。

（2）根据预测的市场区域范围分类。市场区域的限定范围不同，产品需求量、供应量和本企业销售量的预测结果也会不同。企业应根据预测需要和具体情况，合理确定预测的市场区域范围，其包括：①全球市场预测。②全国市场预测。③区域市场预测，区域可以是很广大的区域，例如，东北区、华北区、华东区等；也可以是某个省（市、自治区）；还可以是某一城市、县；相对于一些服务性质的小店而言，预测的范围可能只是某一街区或街道。

（3）根据预测的时间范围分类。可以分为：①短期预测，即对预测对象近期的发展变化情况所做的预测，期限一般为 1 年。如果企业是为了制定当前的市场营销策略，只需进行短期预测即可。②中期预测，即对预测对象较长时期的发展变化情况所做的预测，期限一般为 2～5 年。中期预测多用于企业制定中期规划和中期营销策略。③长期预测，即对预测对象长期的发展变化情况所做的预测，期限一般为 5 年以上。如果企业要制定长期战略，则必须进行长期预测。

（4）根据预测的方法分类。①定性预测。定性预测法又称经验判断法，它以市场调查为基础，依赖于预测人员丰富的经验和知识以及综合分析能力，对预测对象的未来发展前景，做出性质和程度上的估计和推测。这种方法由于受预测者的主观因素影响大，不用或很少用数学模型，较难提供有准确数据依据的预测值，往往只能得出预测对象的大致发展趋势和状态。其优点有：A. 适用范围广。由于影响市场需求的因素有很多，如经济形势、政府政策、消费者的心理等，其中的许多因素并不能用定量方法衡量，所以在市场预测中，定性预测方法应用很普遍。因此，在预测对象受不能定量化的因素影响较大，或不能定量化的因素较多，资料不充分或不可靠，预测对象牵涉的领域比较广泛，预测期较长的情况下，常用定性预测。B. 预测方法比较简单，操作成本低。C. 预测中对消费者的消费行为、动机等有着较多的分析和研究。D. 定性预测方法往往是定量调查的前提，市场调研者或决策者往往把这两种预测方法结合起来使用。②定量预测。定量预测方法需要通过选用适当的数学方法进行预测，得出预测结果。因此，在应用定量预测方法进行预测时，要求具有完整的统计资料。在预测对象的发展变化比较稳定，偶然性突发因素影响小的情况下，选用适当的数学方法进行定量预测，可以得到比较准确的预测结果。但是实际上影响预测对象的因素很多，在应用定量方法进行预测时，所选择和建立的数学模型不可能把所有的因素都考虑进去，而是只考虑某些主要的影响因素，或者只考虑所有影响因素的总的效果。于是，应用数学方法定量预测的结果出现误差在所难免。

三、进行市场预测的具体方法

企业在进行市场预测的时候，首先要对所预测的市场定义一个明确的界限或范围，市场范围的大小直接决定着产品的市场需求量的大小。对于市场范围的确定，除了要明确刚才在分类中所讲的市场区域范围和时间范围外，还要明确：①产品范围，具体是哪一品种或品类；②买方范围，具体是高收入群体还是低收入群体，是男性还是女性，从事哪些职业，有哪些爱好，有哪些行为习惯等。

进行市场预测的具体方法有很多，根据预测的原理，我们将这些方法分为以下几种：

1. 对比类推法

对比类推法是指利用事物之间具有共性的特点，把已发生事物的表现过程类推到后发生或将发生的事物上去，从而对后继事物的前景做出预测的一种方法。对比类推法，依据类推目标，可以分为以下几种：

（1）领先指标预测法。这种方法比较简单易行，只要找出一个与某产品销售量直接相关的统计数据，就可以推算出某产品潜在的销售量。例如，家具销售量主要根据结婚户指标推算求得；洗衣机和电冰箱销量一般是按新建住房数估算的。

 案例

在预测我国北方某城市生日蛋糕的市场需求总量时，我们只知道该城市的总人口数为 35 万人，我国在 2000 年已经步入老龄化国家的行列，而国际上老龄化社会的标准是 65 岁以上人口占人口总数的 7%。据此，我们可以推测，该城市的老年人人口数大约为 2.45 万人。24 500÷365≈68，即每天大概有 68 位老人过生日，假设有一半的老人过生日时购买生日蛋糕，则这个城市每天有 34 个蛋糕的销售量。假设每个蛋糕的平均价格为 50 元，则每天的销售额为 1 700 元，每月为 51 000 元。

（2）产品类推法。有许多产品在功能、构造技术等方面具有相似性，因而这些产品的市场发展规律往往又会呈现某种相似性，人们可以利用产品之间的这种相似性进行类推。

（3）地区类推法。地区类推法是依据其他地区（或国家）曾经发生过的事件来进行类推。这种推算方法把所要预测的产品同国内外同类产品的发展过程或变动相比较，找出某些共同相类似的变化规律性，用来推测目标的未来变化趋向。

（4）行业类推法。这种对比类推往往用于新产品的开发预测，以相近行业的相近产品的发展变化情况，来类比某种新产品的发展方向和变化趋势。

（5）局部类推法。这种方法以某一个企业的普查资料或某一个地区的抽样调查资料为基础，进行分析判断、预测和类推某一行业或整个市场中的产品数量。在市场预测中，普查固然可以获得全面系统的资料，但由于主客观条件的限制，使得所普查的结果不够客观。于是在许多情况下，运用局部普查资料或抽样调查资料，预测和类推全面或大范围的市场变化，就成为客观需要。

2. 集合意见法

集合意见法又称集体经验判断法，它利用集体的经验、智慧，通过思考分析，判断综合，对事物未来的发展变化趋势做出估计。由于企业内的经营管理人员、业务人员等比较熟悉市场需求及其变化动向，他们的判断往往能反映市场的真实趋向，因此，这是进行短、近期预测常用的方法。这种方法可以分为以下几种：

（1）经理人员判断法。是指销售预测以有关经理人员如销售经理、市场经理或销售商的估计为根据。这种方法省费用、效率高因为这些人贴近市场，对市场情况和发展方向较清楚，所以应让他们提出估计，然后综合意见，做出预测。

（2）销售人员估计法。这种方法是由企业经理把与营销活动有关或熟悉市场情况的管理人员、业务人员等召集起来，让他们根据已收集的信息资料和经理提出的预测要求，依靠自己丰富的市场经验和判断能力，对市场未来发展趋势或某一营销问题做出判断预测。然后把经理、管理人员、业务人员的预测方案和预测结果集中起来，加以综合分析，确定出最终预测值。

（3）购买意见法。也可以称为用户意见法。这种方法通过一定的调查方法选择一部分或全部潜在购买者，直接向他们了解预测期购买商品的意向，并对商品需求或销售做出估计。听取用户意见的方式多种多样，可直接上门调查，也可打电话询问，或者是通过订货会、展览会等形式，听取用户的购买意向和了解购买力水平。这种方法特别适用于本企业有固定协作关系的老顾客，能做出比较准确的预测结论。在缺乏历史统计数据的情况下，运用这种方法，也可以取得数据，做出推断。因而，这种方法在市场调查预测中得到广泛应用，特别适用于高档耐用消费品，能使供应商对市场提供适销对路的产品。但该预测方法的缺点是：只能预测一些具有共同特点的产品，而对某种具体品牌的产品缺乏指导意义。

（4）专家会议法。这种方法是由预测组织者邀请与预测对象有关的专家一起开会，由专家针对预测对象进行讨论，最后得出预测结果的方法。采用专家会议法进行预测，预测结果与专家的选择有很大关系，因此，所选专家必须是与预测对象有关的专家。

采用这种方法进行预测的优点是：可以通过专家之间相互交流与讨论，获得比较多的信息；同时各位专家从不同的方面对预测对象提出自己的看法，对影响预测目标的因素也能比较全面地考虑到；再是通过专家会议讨论，可以取得相互启发，集思广益的效果。还可以相互弥补个人某些方面的不足，对预测对象的分析可以更深入，并使问题易于集中，使预测结果能够快速、准确地得出。

但是，使用专家会议法进行预测也有它的缺点，因为采取开会讨论的方式，参加会议的人数就受到限制，所以很难收集到各种意见，而人数一多，既要每个人都发表意见，又要开展讨论，这种方法就会遇到比较大的困难；也可能出现多数人的意见被采纳，而少数人的正确意见被忽略的问题；也可能会受权威人士的意见影响，其他人受到压抑而不能真正发表自己的意见；另外参加会议的都是专家，易受心理因素的影响，如宁愿坚持自己的错误意见，而不愿当众修改自己的意见，尤其是预测的组织者和权威专家；再是专家的口才对预测有比较大的影响，口才好的人，有时论据也不一定充分，但仍能产生比较大的影响力，这些都会给预测结果的准确性带来影响。

（5）德尔菲（Delphi）法（专家调查法，或背靠背征询法）。德尔菲法是一种通过发函询问的方式进行预测的方法。其具体做法是向和预测对象有关的领域的专家发函，提出问题，并要求专家对问题进行答复，由预测组织者将专家的答复意见进行综合整理，再将整理后的意见反馈给各专家征求意见，通过这样的反复征询过程，最后得到预测结果。德尔菲法是由美国兰德（Rand）公司的研究人员所创造的，现在已成为应用很广泛的一种预测方法。德尔菲相传是古希腊神话中的神谕之地，德尔菲城中有一座阿波罗神殿可以预测未来，为了表示使用这种预测方法的权威性，因而就借用这一名字命名这一方法。

采用这种预测方法进行预测，可以兼是专家个人判断法和专家会议法的优点，同时可以避免这两种方法的缺点。与其他类型的定性预测方法比较，德尔菲法有下面一些特点：

①匿名性。使用德尔菲法进行预测，每一位被征询的专家只是与预测组织者保持

联系，所选专家互不见面，也不发生任何联系，都是以"背靠背"的方式接受调查，对所提的问题进行讨论和回答。各位专家对所调查的问题只知道别人有些什么看法，但并不知道谁持那种意见。这样专家们就可参考别人的意见，不公开地改变自己的意见，服从正确的意见，从而既充分发挥了专家个人的分析判断能力，又可以避免专家面对面讨论的那些心理因素，如有损自己的威望等想法。

②反馈性。德尔菲法函询征集不是一来一往就能统一意见，而一般必须经过几轮反复后才能集中意见。因为所选各位专家对同一预测问题的看法不可能一开始就完全一致。在每一轮的专家征询表收回以后，预测组织者要把各专家的意见进行综合整理，然后设计新的调查表发送各位专家，说明各专家对问题有几种看法，各种看法的依据是什么，使专家的意见得到沟通，并使其有机会反复思考，以便对问题做出新的判断。

使用德尔菲法进行函询，一般认为以进行四轮为宜。因为轮数太多会使专家们感到厌倦，以至于答复率下降。但并不是说德尔菲法必须进行四轮，如果经过两轮或三轮后意见已经比较统一，那就没有必要再进行了。

③收敛性。采用德尔菲法进行预测，一般经过几轮反馈后，多数情况下专家的意见会逐渐趋于一致，论据充分的意见会得到大多数专家的接受，呈现出收敛的趋势。

3. 时间序列预测法

(1) 趋势及周期预测法。这种方法主要是利用较长时期的统计资料，从这些资料中可以明显地发现它的变动规律。市场销售的变动规律，一般有以下四种形态：长期趋势的变动、周期循环的变动、季节性波动和不规则变动等。在具体运用此法时，必须掌握大量的较长期的资料，否则，就会失去它的科学性和正确性。

(2) 简单平均法。也叫算术平均法，是把过去时期的时间序列数据全部相加，再除以资料的期数，求得平均值，以这个平均值作为下期的预测值。

(3) 移动平均法。这种方法是用靠近预测期的各期销售额的平均数来预测未来时期的销售额，并随着时间的推移，不断引进新的数据来修改平均值。计算公式是：

$$M_{t+1} = \Sigma X / n$$

式中：M_{t+1} 表示 $t+1$ 期的预测值，n 表示移动资料期数，X 表示观察期数据。

例如：某区域 1～4 月份的实际销售额分别为 350 万元、400 万元、360 万元、450 万元。如果 n＝3，则 5 月份的预测销售额为：(400＋360＋450) /3＝403.33 (万元)。

(4) 指数平滑法。是用上一期的预测值和实际值，采用平滑系数 a 来调整数据，从而得出下一期预测值的方法。计算公式为：

$$M_{t+1} = aX + (1-a) M$$

式中：M_{t+1} 表示 $t+1$ 期的预测值，X 表示本期实际值，M 表示本期预测值，a 表示平滑系数，平滑系数限于 0＜a＜1。

例：已知某市房地产市场某年 1～8 月份的市场价格，试用指数平滑法预测 9 月份的市场价格。(a 为 0.4)

月份	1	2	3	4	5	6	7	8

实际价格	2 400	2 500	2 450	2 510	2 490	2 500	2 510	2 540
预测价格	2 400	2 400	02 440	2 444	2 470. 4	2 478. 24	2 486. 94	2 496. 16

9 月份的预测价格为：M＝0.4×2 540＋0.6×2 496.16＝2 514（元/平方米）

（5）时间趋势直线预测法。如果预测对象在时间序列上近似地呈现出逐期增长态势的话，则可以将预测对象的变化趋势拟合成一条相应的直线，即将预测对象视为时间的函数，只要求出了该直线的方程式，就可以用它来预测以后时期的数据。设该直线为：y＝a＋bt,其中，y 为预测对象的数据，a、b 为待计算的参数，t 为时间。为了计算的方便，可以将时间序列 t 设定为一组 $\Sigma t=0$ 的数据。设定时，如果时间的期数为奇数，则可以将中间的那一期作为 t＝0，以前的时期依次为－1，－2，－3，……以后的时期依次为 1，2，3，……如果时间的期数为偶数，则可以将前一半的时期从中间开始依次确定为－1，－2，－3，……后一半的时期从中间开始依次确定为 1，2，3，……如果我们设定了 $\Sigma t=0$，经过数学推导，可以得出计算 a、b 的公式如下：

$$\begin{cases} a=\Sigma y/n \\ b=\Sigma yt/\Sigma t^2 \end{cases}$$

例：假如某企业 1991～1995 年的销售额（y）分别为 480 万元，530 万元，570 万元，540 万元，580 万元，现需运用时间趋势直线预测法预测 1996 年的销售额。由于期数为奇数，我们将 1993 年设定为 t＝0，1992 年设定为 t＝－1，1991 年设定为 t＝－2，1994 年设定为 t＝1，1995 年设定为 t＝2，则 1996 年应设定为 t＝3，yt 依次为－960，－530，0，540，1 160，t^2 依次为 4，1，0，1，4，所以

$$\Sigma y=2\ 700$$
$$\Sigma yt=210$$
$$\Sigma t^2=10$$

将有关数据代入计算公式，则得：

$$\begin{cases} a=2\ 700/5=540 \\ b=210/10=21 \end{cases}$$
$$y=540+21t$$

由于需预测 1996 年的销售额，将 t＝3，代入上式，得
$$y=540+21\times 3=603（万元）$$

即 1996 年的销售额预测为 603 万元。

4. 因果关系分析法

这种方法是基于市场营销活动中存在着各种变量之间的因果联系而提出的，即因为某一种或几种自变量因素的变化导致了我们要预测的对象发生相应的变化，它们之间有着高度的正相关关系，这种关系可以根据以往的实际数据，拟合成相应的数学模型（即回归方程式）。然后，再预测预测期自变量的数据，代入方程式中，从而预测出结果来。这种方法包括一元线性回归、多元线性回归、一元非线性回归等多种模型。我们在这里只讨论一元线性回归法。

一元线性回归法是指只有一个自变量对因变量产生影响，而且两者之间的关系可以用一元线性回归方程来表示：

$$y=a+bx,$$

其中，y 为因变量，即预测对象。x 为自变量，即影响因素。a、b 为待计算的参数，即回归系数。a、b 的数值可以用最小二乘法求解，求解公式为：

$$\begin{cases} b=(n\Sigma xy-\Sigma x\Sigma y)/[n\Sigma x^2-(\Sigma x)^2] \\ a=(\Sigma y-b\Sigma x)/n \end{cases}$$

 **章末案例**

冬凌草含片市场调查方案设计

一、确定调查目的和内容

调查目的：调查了解郑州市咽喉类含片的市场情况、竞争态势和济药集团冬凌草含片的市场营销效果、存在的问题等。

调查内容：①咽喉类含片总体市场容量、容量差值；②咽喉类含片总体市场需求特点及变化趋势；③竞争品及竞争对手营销策略；④冬凌草含片的郑州市场销售状况及市场地位；⑤冬凌草含片营销组合策略及相应措施的运作效果；⑥冬凌草含片营销中存在的问题与机遇；⑦附带宣传冬凌草含片。

二、人员组织

市场调查方案需要高素质的调查人员去具体执行。我们在本次调查中，充分发挥高校强大的智力人才和学生优势，一线调查人员由某高校市场营销专业 60 名三年级学生充任，利用四周实习时间展开调查工作，先培训、后上岗。高质量地完成调查任务是评定实习成绩的唯一依据。二线指导分析人员既是咨询公司的员工又是学生的专业任课教师，身兼指导学生实习和为企业提供咨询服务的双重任务。

三、信息收集途径

信息收集分两个步骤：

（1）案头调查。主要收集二手统计资料，包括企业内部和外部两类来源。企业内部统计信息主要通过济药集团销售科、驻郑办事处两个途径获取；企业外部统计信息主要通过《郑州市情》、有关报纸杂志、统计机构及工商行政管理机构、医药管理部门等途径获取。

（2）原始信息收集。主要通过调查人员上门获取第一手资料，通常有实地观察、座谈访问、问卷调查和现场试验四种方法。本次调查确定采用实地观察、问卷、交谈的形式连续协同进行。实地观察法主要观察各零售药店咽喉类含片销售实况，收集探索性原始信息；问卷法则坚持即时填表法，一者避免延期填表造成的回收率低，二者可双向质疑、答疑，提高可信度、准确度。其主要用于收集描述性原始信息。交谈法则主要用于了解深层次的探索性问题，其范围和深度均超过调查问卷本身。上述调查形式可归纳为"一看（观察）、二填（填调查问卷）、三谈（深层交谈）"。

四、调查对象及抽样方案

考虑到冬凌草含片是一种保健药品，与一般商品不同，其消费除取决于消费者个人外，还受到医院及医生、消费者所在单位医疗保健制度的影响。医药经销单位是重要的中间流通环节，此外，含片的主要消费者是噪音工作者，如果只是简单地调查消费者是很难达到调查目的的，因此，我们将调查对象确定为以下几类：消费者、医院（药房、相关科别医生）、医药经销单位（药品批发机构、零售药店）。其中医药经销单位和医院采用全面调查方式，消费者调查采用配额抽样，即先对总体按区分组，然后由调查人员从各组中任意抽取一定数量的样本。

五、设计调查问卷

问卷设计的基本要求是：覆盖面能满足预期调查目标的数据要求，语句亲切、简洁、明了、逻辑性强、有针对性。问卷共 3 份，其中消费者 1 份，医院 1 份，医药经销单位 1 份。消费者问卷尽量采用封闭式提问，医院及医药经销单位问卷可适当增加开放式提问。主观宣传内容放在最后一条，调查人员应要求填表人按先后顺序填写，以免产生先入之见，影响调查结果的客观性、公正性。为使问卷调查取得预期效果，问卷初步设计好后经过一组调查试用，试用结果满意再正式发放和使用。

学、做一体练习与实践

一、不定项选择题

1. 以调查某一时期某种产品的销售量为何大幅度滑坡为目的的市场调查是（　　）。
   A. 探索性调查　　B. 描述性调查　　C. 因果性调查　　D. 预测性调查
2. 市场营销调研和市场营销信息系统的主要区别是（　　）。
   A. 市场营销信息系统主要研究环境变化
   B. 市场营销调研是为了解决具体问题
   C. 市场营销信息系统提供连续不断的营销管理信息
   D. 市场营销信息系统是相互作用的，并且其发展是定向的
3. 在各种调查方法中，样本数量不多且又极具代表性，节省人、财、物的方法是（　　）。
   A. 重点调查法　　B. 典型调查法　　C. 抽样调查法　　D. 全面调查法
4. 在各种调查方法中，调查方式科学、节省费用、调查结果准确的方法是（　　）。
   A. 重点调查法　　B. 典型调查法　　C. 抽样调查法　　D. 全面调查法
5. 集合意见法包括的具体方法有（　　）。
   A. 销售人员估计法　　B. 专家会议法　　C. 德尔菲法　　D. 典型调查法
6. 德尔菲法是（　　）。
   A. 定性预测法　　B. 定量预测法　　C. 集合意见法　　D. 专家会议法
7. 时间序列预测法包括（　　）。
   A. 移动平均法　　B. 趋势预测法　　C. 回归预测法　　D. 周期预测法

二、填空题

1. 市场研究信息的来源主要有三类，即＿＿＿＿＿＿＿、＿＿＿＿＿＿＿、＿＿＿＿＿＿＿。

2. 市场营销信息的获取、开发是通过 4 个子系统来进行的，即＿＿＿＿＿＿＿、

_____、_____、_____。

3. 实地市场调查方法有_____、_____、_____。

三、名词解释

1. 市场营销信息系统；

2. 描述性调查；

3. 因果性调查；

4. 抽样调查法；

5. 分层随机抽样；

6. 分群随机抽样；

7. 市场预测；

8. 德尔菲法；

9. 定性预测；

10. 定量预测。

四、简答题

1. 简述市场营销调研的类型。

2. 简述市场营销调研的内容。

3. 简述市场营销调研的程序。

4. 简述市场营销调研的方法。

5. 简述市场预测的原理。

6. 简述市场预测的具体方法。

7. 德尔菲法具有什么特点？

五、案例分析题

1. 阅读章首案例《佳洁士净白牙贴》，该案例说明了什么？

2. 阅读章末案例《冬凌草含片市场调查方案设计》，请根据冬凌草含片市场调查方案，设计两份调查问卷，其中针对消费者一份，针对医药经销单位一份。

六、讨论题

1. 市场营销信息系统和市场调研与预测之间有什么关系？

2. 市场调研的内容一般有哪些？

七、概念应用题

1. 依下列要求为依据设计市场调研计划和调查问卷。

（1）调查你所在城市的夏季饮料市场状况；

（2）你所在大学的书店（或超市）希望了解学生对店内商品、价格和服务的评价；

（3）某鲜花店希望了解人们对鲜花的需求状况和购买行为。

2. 事先不知情的品尝试验总会有出人意料的结果。请在你的教室进行一次产品测试对此加以证明。

（1）先买来三种有可比性的饮料，如可口可乐、百事可乐和其他品牌。为每一名同学准备三个纸杯，用中性名称，如 H、G、D 等来命名每种产品，将每种样品倒入标有相应名称的纸杯中，再分发给同学，让同学们品尝。

（2）让参加测试的同学回答下列问题，并把答案列成表格：①你认为每一种样品分别是什么品牌？②在这些品牌中，你比较喜欢哪一种？③哪一种品牌是你经常购买的？

（3）把同学们的喜好记录下来，并揭晓每种样品的真正品牌。结果是否在你的意料之中呢？

（4）为什么品尝试验常常会有出人意料的结果？

第三篇　市场营销决策

篇首语：

　　我们对市场和市场营销环境已经有了足够的了解，那么，接下来请告知我们应该从何处开始？另外，我们的方向是什么么？我们将怎样开展有关的工作以达到目的？

　　营销战略和策略是一系列导致保持持续竞争优势的整体行动。

第八章　市场营销战略

章首案例

我做雨润量贩店[①]

1999年年底，我进入江苏雨润集团，负责江浙市场的K/A店（Key Account 重点客户，多指重点零售客户）低、高温肉食品的销售工作，重点是维护好与这些K/A店主管们的客户关系。K/A店的工作相对简单，因为K/A店是目前零售系统中相对规范的一支。我很快就适应了这份工作，同时，不甘平庸的我心中早已跃跃欲试，寻找机会表现自己……

终于，这一天来了，而且是在农贸市场的猪肉摊前。那天天气很热，途经菜场的猪肉摊，苍蝇快乐地围着鲜红的猪肉跳舞。一位大妈无奈的付钱举动触动了我，我想这么差的卫生环境，为什么还会有人去买？难道消费者就没有其他的选择吗？

我便迅速地展开调查，生肉市场的情况渐渐浮出水面：中小型城市的消费者买肉一般有两种选择：一是在农贸市场买子夜宰杀、清晨上市的生鲜猪肉，而这样的猪肉由于卫生环境和销售环境的影响，细菌超标现象十分严重，直接危害消费者的健康。二是去食品公司买冷冻肉。这是一种在零下18℃保存的猪肉。虽然有效地克制了细菌的繁殖和生长，但是由于温度太低破坏了猪肉的风味与营养物质，使得猪肉不好吃且营养价值降低。

难道没有解决的办法吗？当然有。作为"资深的肉食品专家"自然知道解决之道。雨润集团在连云港建立了一个肉食品加工基地，专业提供大型城市大卖场的冷却肉（0~4℃宰杀、0~4℃运输、0~4℃销售的肉）销售，但是由于中小型城市的销售设施和不具备大型卖场，所以无法销售此类产品。

了解到这样一些情况，十分让我欣喜。作为一个营销人员，所做的事情就是要发现需求和创造需求。而目前中小型城市肉食品市场存在的情况，市场需求不言而喻。很快我便整理出以下的策划方案：

（1）市场选择：中小型发达城市（无大卖场、无冷却肉销售的竞争对手）。

（2）经营业态：以150平方米左右的便利店形式，深入中高档社区。

（3）店铺选址：采用与大型零售农贸市场贴身战术。

（4）货品结构：以雨润冷却肉和雨润低、高温肉食品（近300个品种）为主产品，另外辅助蔬菜、调味品等，满足消费者的需要，提供一站式服务。

（5）单店投入：20万元。

（6）扩张模式：以连云港基地配送半径800千米以内，先打样板店，后采用特许加盟

---

① 资料来源：《渠道为王》，四川科技出版社，作者/詹强。有删节、改编。

形式扩张。

　　(7) 盈利分析：毛利率 15%，月销售 50 万元。

　　过了几天，我争取到了与董事长直接面谈的机会。在他的办公室，我把这个计划的构想详细地给他分析讲解。过程中他只问了两句话，一是问我这个项目的启动投入。我回答：做三个样板店，在 80～100 万元之间。二是问这个项目的生命周期。他说道：大卖场进入中小型城市以后雨润量贩店怎么生存？我回答：这是个现实问题，之所以选择中小型城市切入，就是为了避开大卖场。但是我相信大卖场在中小型城市全面铺开起码需要 5 年，所以这 5 年是我们稳赚的 5 年。如果按照目前的配送范围在 50 个城市启动 1 000 家左右的话，每年的收入起码有 5 000 万，我们不能无视生命周期的问题，但是这样的投入和产出每一个商人都会满意的。董事长最后对我说的一句话便是让我来负责这个项目的实施。

　　就这样，我完成了这次方案的前期工作，得到了老板的支持。

　　我回到家乡连云港，选择了两个店开展了试点工作。接下来的工作很烦琐，但从选址、设备采购、货源采购、VI 设计、人员招募和培训到开业，我仅用了 2 个月的时间。从第一天销售 1 000 多元到日销售 20 000 元仅用了半个月的时间。雨润试点虽然成功，但是在后期的招商运作上，存在一些问题，导致雨润量贩店的开发量不足。

　　正所谓"没有永远的优势"！双汇集团在雨润量贩店试点成功后，随即在河南等省展开试点和扩张。到 2005 年，双汇"冷鲜肉"连锁店有 500 多家，特约加盟店有 2 000 多家。仅此一项，全年为双汇集团实现了 80 亿元的销售收入。

　　市场营销战略是企业关于市场营销方向和目标的决策，它主要回答四个方面的问题：我们在市场的哪个位置上做？怎样在这个位置上做到第一名，至少要做得非常出色？怎样使消费者满意本产品？要实现的目标是什么？相应地，我们要讲四节的内容，即位置定位、特色定位、心理定位和确定市场营销目标。

第一节　位置定位

一、进行位置定位的原因

　　所谓位置定位就是指企业选择并占据某一个或几个产品/市场位置。产品位置包括产品品类位置和某一品类中的品种位置，也就是说，一个品类或一个品种就可以是一个位置。市场位置包括各种细分市场位置，除了顾客群细分位置外，还包括我们常用的地理区域细分位置。企业可以根据各位置本身的情况，结合自己的资源和能力条件，选择最适合自己的好位置。因为产品和市场的复杂性，市场上客观存在着多个备选位置，关键是看企业如何去选择。

　　位置定位是企业最重要的市场营销战略。原因有三：①市场之大对应的企业之小。在市场中，企业必须量力而行，选择适合自己能力的位置。这个位置所涉及的范围不能过大，也不能过小。②在需求复杂、多变的今天，企业必须明确自己所处的具体位置，才能有针对性地开展市场营销活动，从而更好地为市场服务，并占据市场。③要考虑竞争的问题，在许多时候，竞争对手肯定都是各归其位。因此，企业在竞争中，必须看清竞争对手所处的位置，摆正自己的位置，使自己在竞争中处于有利的、从容的位置。企业应做到要么针对竞争对手的弱点，针锋相对；要么避强就弱，夺取侧翼位置；要么填空补缺，进入竞争对手没有注意到的位置；要么独辟蹊径，发扬创新精神，独创一个崭新的位置。

 案例

　　大宝是北京三露厂生产的护肤品，在国内化妆品市场竞争激烈的情况下，大宝不仅没有被击垮，而且逐渐发展成为国产名牌。在日益增长的国内化妆品市场上，大宝选择了普通工薪阶层作为目标市场。既然是面向工薪阶层，销售的产品就一定要与他们的消费习惯相吻合。一般来说，工薪阶层的收入不高，很少选择价格较高的化妆品，但他们对产品的质量也很看重，并喜欢固定使用一种品牌的产品。因此，大宝在注重质量的同时，坚持按普通工薪阶层能接受的价格定价。其主要产品"大宝 SOD 蜜"，市场零售价不超过 10 元，日霜和晚霜也不过是 20 元。价格同市场上的同类化妆品相比占据了很大的优势，本身的质量也不错，再加上人们对国产品牌的信任，大宝很快争得了顾客。许多顾客不但自己使用，也带动家庭其他成员使用大宝产品。大宝还了解到，使用大宝护肤品的消费者年龄在35 岁以上者居多，这一类消费者群体性格成熟，接受一种产品后一般很少更换。这类群体向别人推荐产品时，又具有可信度，而化妆品的口碑好坏对销售起着重要作用。大宝正是靠着群众路线获得了市场好评。

二、位置定位理论的应用

　　位置定位理论的应用主要在于两个方面，一是创业项目和增、拓项目，必须明确定位。二是当企业遇到经营上的困难，产品打不开市场，销路不好的时候，有可能就是位置定位存在问题。这时，就要利用位置定位理论来重新审视原有位置，找出问题，重新定位。

三、目标市场的选择

1. 界定明确的目标市场的重要性

　　企业必须明白任何经营活动都必须有明确的目标市场。如果目标市场不明确，首先，容易造成市场位置选择的失误。因为任何一个有价值的位置，必须有足够市场容量，也就是说目标市场的人群要足够大，需求要有足够的强度。其次，如果目标市场不能很明确地界定，就无法测算市场潜力的大小，那样的话，就无法保证你所选择的市场位置是合适的。再次，如果目标市场不明确，还容易造成市场定位不清，不能有针对性地开展市场营销活动，那样也就不可能做到更好地满足市场需求，对付竞争了。

2. 目标市场营销战略

　　在某些特定情况下，企业会选择整体市场作为自己的目标市场。更多的时候，企业会选择整体市场中的一个或多个细分市场，作为自己服务的对象。这样一来，根据细分市场选择的多寡，就有 3 种目标市场营销战略：

　　（1）无差异营销

　　无差异营销是指企业不对市场进行细分，不考虑细分市场的差异性，对整个市场只提供一种产品。企业的产品是针对消费者的共同需求而不是差异性需求。企业设计出能在最大程度上吸引购买者的产品及营销方案，依靠大规模分销和大众化广告来占领市场。

无差异营销只适合产品供不应求的市场。例如，在 20 世纪初，汽车刚刚被制造出来的时候，制造能力弱，需求相对旺盛，供不应求。这一时期，美国福特汽车公司的 T 型车，畅销了一二十年，老福特就曾经傲慢地对记者说："我只有一种车型（T 型），只有一种颜色（黑色）。"言下之意就是，你爱买不买，反正买的人多着呢。从这一案例出发，我们发现一个现象，当一种完全崭新的产品被创造出来的时候，初期常常处于无差异营销的状态。因为一方面企业还没有能力去开发新的品种，另一方面，这种新产品非常畅销，暂不需要去细分市场，企业也便借机大规模销售自己的产品，并且常常把价格定得很高，以期尽快收回开发成本。

（2）差异目标市场营销战略

差异营销战略是指企业把产品的整体市场划分为若干个细分市场，从中选择两个以上的细分市场作为自己的目标市场，根据不同的目标市场设计和生产不同的产品，制定不同的营销组合方案，同时，多方位地开展针对性的营销活动，以满足所选定的不同细分市场的消费需求，如图 8-1 所示。

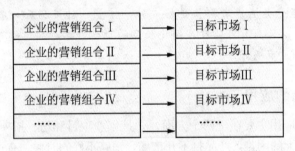

图 8-1　差异营销战略

采用差异营销战略的优点是：能够有针对性地开展营销活动，以便分别满足不同顾客群的需要，提高产品的竞争能力，扩大销售。这种策略的缺点是：由于实行差异化营销，会使生产成本、管理费用、销售费用大幅度增加。因此，企业采用这一战略的必要条件，是消费需求客观上存在着明显的差异；另一方面是企业具有较为雄厚的财力，较强的技术力量和较高的经营管理水平。

 案例

宝洁公司（P&G）进入中国市场以来，在洗发水系列中，先后推出了"海飞丝""飘柔""潘婷""沙宣"四个品牌，每一个品牌都有一个目标市场，针对每一个目标市场都有明确的功能诉求点，并在广告中，依仗独特的销售主张以及卓越的创意表现，加以传播，来强化品牌的个性定位。如海飞丝，定位于去头屑专家，"头屑去无踪、秀发更出众"；"飘柔"定位于洗发、护发合二为一，令头发"飘逸柔顺"；"潘婷"定位于营养专家，含有维生素原 B_5，兼含护发素，令头发"拥有健康，当然亮泽"；"沙宣"定位于发型专家，含保湿因子，保持发型持久。

（3）集中营销战略

集中营销战略是指企业不面向整体市场，也不把力量分散使用于若干细分市场，而是集中力量进入一个选定的细分市场，为该市场开发一种理想的产品，实行高度专业化的生产和销售，如图 8-2 所示。

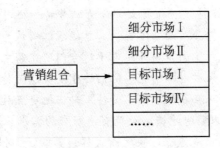

图 8-2　集中营销战略

采用这种战略，不是在一个大的市场上占有较小的份额，而是追求在一个小的市场上占有较大的份额。企业生产经营的产品可以是一种，也可以是多种，生产的产品必须是特定的细分市场所需要的，这个特定的细分市场只有一个，或者是整体市场中的某一部分。企业在选择这个特定的细分市场即目标市场时，应该以能充分发挥企业优势为标准。

集中营销战略，主要适用于资源有限、规模较小的中小企业。而那些市场需求大的企业往往不予注意或不愿顾及。企业采用集中性营销战略，可以在局部市场上占据优势地位，从而提高企业市场占有率和知名度；可以准确了解顾客的不同需要，生产专业化程度高、针对性强的产品。另外，由于生产集中，资金占用一般较少，成本费用也比较低，因此能使企业取得较好的经济效益。但是，由于企业目标市场较狭窄，过于专业化，一旦目标市场突然不景气，或者有强大的竞争者突然进入市场，企业风险就较大，很可能陷入困境。于是，采用这一战略的企业，必须密切注意目标市场的动向，并制定适当的应急措施，以求企业立于不败之地。

 案例

创建于 1921 年的日本尼西奇公司，原是一个生产雨衣、防雨斗篷、游泳帽、卫生巾、玩具、尿布等各种制品的综合性小企业，只有 30 多人，订货不足，随时都有破产危险。该公司董事长决心对产品结构进行调整。他从日本政府的人口普查统计中得到启发：日本每年大约出生 2.5 万个婴儿，如果每个婴儿使用 2 条尿布，就需要 5 万条。而当时欧美发达国家平均每个婴儿使用 20～30 条。于是，尼西奇公司砍掉其他产品，专门生产尿布，大获成功，成为日本名副其实的"尿布大王"。

3. 研究目标市场的需求特征

消费者市场就是要弄清目标市场的"5W1H"，弄清目标市场的"S—R 模式"。组织市场就是要弄清楚目标市场的分布、影响目标市场购买的因素等内容。例如，一家企业选择做运动鞋和运动服装（产品位置），它把目标市场定位在中学生（细分市场位置），那么，企业就要研究中学生需求这类产品相关的基本特征是什么？他们的价值观、审美观，判断事物的基本原则是什么？他们习惯接受信息的途径是什么？他们购买产品的具体地点在哪里？等等。

 案例

　　20世纪70年代末，日本泡泡糖市场大部分为"劳特"公司所垄断，其他企业想挤进这个市场并非易事。可江崎糖业对此并不畏惧，总经理江崎认为，即使是成熟的市场也并非无缝可钻。为此，他们成立了新市场开发班子，专门研究霸主"劳特"产品的不足和短处，寻找现有市场的缝隙。经过潜心研究，他们终于发现"劳特"的一些漏洞：第一，以成年人为对象的泡泡糖市场正在扩大，而"劳特"却仍把重点放在儿童泡泡糖市场上；第二，"劳特"产品主要是果味型泡泡糖，而现有消费者的需求正在多样化；第三，"劳特"多年来一直生产单调的条板状泡泡糖，缺乏新式样；第四，"劳特"产品的价格是110日元，顾客在购买时需多付10日元的硬币，不方便。针对"劳特"产品的四点漏洞，江崎糖业决定以成人泡泡糖市场为目标市场，并推出了四大产品：①司机用泡泡糖，使用了高浓度薄荷和天然牛黄，以强烈的刺激消除司机的困倦；②交际用泡泡糖，可清洁口腔，除去口臭；③体育用泡泡糖，内含多种维生素，有益于消除疲劳；④轻松型泡泡糖，通过添加叶绿素，可以改变人的不良情绪。此外，江崎糖业还对泡泡糖的包装和造型进行了改进，并考虑到市面上硬币流通情况和消费者的付款心理，把价格定为50日元和100日元，避免了找零钱的麻烦。功夫不负有心人，江崎产品问世后，立刻席卷了日本的泡泡糖市场，当年销售达150亿日元，创历史纪录。

四、好位置应该具有的特征

　　（1）有旺盛的需求。表现在目标市场上有该种需求的人群非常庞大，人数很稳定，或有不断上升的趋势，且此人群对相应的产品具有较强的需求。这种需求有许多是常规需求，如饮食、饮料、服装、学习用具、玩具、家具等。有些是新兴的需求，如休闲、探险、收藏等等。有些是先有技术创新，开发出新产品，从而引发了新的需求，如电动自行车、电脑游戏、电子辞典等。

　　（2）有合适的产品与之相对应，来满足人们的需求，也就是说企业将要销售的产品是适应人们需求的，产品有非常吸引人的地方。这种产品也许已经存在，只等人们去销售就行了；也许已经存在的现有产品需要改进，才能适应人们的需求；也许这种产品只是人们的一种想象，只是一个产品概念，需要将它开发出来。

　　（3）相对于竞争对手而言，本企业有机可乘。在这个产品/市场位置上，如果竞争非常激烈，而且竞争对手非常强大，无懈可击，那么就不能算是个好位置。只有该位置没有竞争对手（空白市场），或竞争对手不强，或竞争对手存在某种缺陷时，才为我们提供了机会。

　　（4）考虑经营的成本和费用，结合对可能实现的销售额的预测，该位置有良好的盈利预期。

　　（5）该位置与本企业的资源和能力条件相一致，也就是说，本企业具备经营优势，具备相应的资源和能力条件。

五、进行位置定位的方法

1. 侧翼定位

在寡头竞争的市场上，后来企业或实力较弱的企业，面对强大的对手，最有效的战略就是侧翼战略了。侧翼是相对于强大对手的位置而言的。只要是不同于竞争对手的产品/市场位置的新的产品品类、品种位置，或新的细分市场位置；只要这个位置符合好位置的特征，企业都可以选择。

侧翼位置常常是对手没有注意到的、忽略的。竞争对手在这个位置上，要么是空白，要么是因为没有很好地开发而显得实力薄弱。在这样的情况下，只要企业预先做好充分的准备，一举占领这个位置，在这个位置上做到第一名，就能占得先机，取得很好的营销效果。

 案例

斯美特方便面

2003 年，当时销售额近 4 亿元的斯美特出现了增长瓶颈。当年 8 大系列 74 个规格中，零售 1 元的产品只占 8% 的比例，产品多为低端产品，定位杂乱，没有主销产品。没有一个省的销量超过 1 亿元，在任何一个省份都没有话语权，没有品牌知名度，甚至连公司所在的河南省人都不知道斯美特是做什么产品的。当年投了 1 000 万的广告费，市场没有任何起色；开发了很多新产品；跑马圈地式开发了很多新市场，不是做成夹生饭就是前面开发、后面死亡；招聘了很多营销人员，销量就是不增长，人员流失率也居高不下。

在巨大的生存和发展压力下，斯美特公司对产品结构进行了大力度的调整，确定在思圆系列上做文章，把所有的资源向思圆系列倾斜，卖点是圆面块、圆面条，走情感诉求路线。

斯美特当时只有一个规格 50×110 克大思圆，只在陕西、山西个别市场销售，不能大面积推广，于是公司决定推出金装思圆，主打零售 1 元的中价面市场，经过两年推广形成单品突破，最高月销量达到 200 万箱。随后又推出精品思圆系列抢占零售 0.8 元的平价面市场，经过 3 年的推广，目前精品思圆已经成为中国方便面市场的平价面之王。为抵御强大竞争者的冲击，公司又陆续推出精装思圆、珍品思圆，侧翼保护金装思圆，形成了牢不可破的思圆中价面产品群。2006 年推出御品思圆主攻高价面市场。这样就形成了 0.8 元、1 元、1.5 元到 1.8 元的思圆军团。

思圆军团的形成彻底改变了斯美特的盈利状况，改变了斯美特的产品结构，改变了斯美特没有品牌产品的历史。思圆系列在所有产品中的比例由 2003 年的 8% 提升到 2010 年的 84%，销售额由 3 200 万元提升到 18.12 亿元，也使斯美特从无品牌企业过渡到思圆品牌企业。

在区域市场聚焦方面，斯美特公司要求在拓展市场时不要盼多求全，要集中资源先做热点或样板市场，把为数不多的区域市场做深做透，直至成为该区域的领导品牌后，再稳步地进行外围的市场扩张。

截至 2010 年，斯美特年销量超过 3 亿元省份 2 个，2 亿元省份 2 个，1 亿元省份 4 个。在某些地区真正做到了"我的地盘我做主"。

2. 正面定位

就是定位在与对手相同的位置上。这个位置显然必须是个非常好的位置，市场潜力十分巨大，预期利润丰厚，只有这样，才会吸引人们定位在与强大对手相同产品、相同细分市场的位置上。营销专家一般不会建议人们去选择正面定位，因为如果对手很强大，本企业作为后来者或实力较弱的企业，在竞争中显然处于下风。另外，定位在相同位置，容易造成与竞争对手"同挤一个独木桥"的局面，结果是容易爆发恶性的价格战、渠道战、促销战。但是在下面三种情况下，正面定位仍是一种最佳选择：

（1）竞争对手目前虽然是这个位置的第一名，但其经营水平很一般，并无明显的竞争优势。可能是捷足先登的时间优势造就了对手第一名的地位，但取得第一名地位后，对手再无任何有意义的发展，水平停留在一个较低的层次上。

（2）长期优越的第一名地位使对手疏于创新，懒于给顾客提供更好、更优质的产品，从而造成了产品上的缺陷，存在一群需求没有得到满足的顾客。

（3）尽管竞争对手没有什么缺陷，也有很高的水平，但本企业管理水平也很高，并拥有或拟投入更优势的资源。本企业有信心、有能力比对手做得更好。

3. 创造新定位

是指抢占先机，捷足先登，进入某些有价值的新的产品/市场位置，包括四种情况：

（1）一个新产业刚刚兴起的时候，正是跑马圈地的大好时期，新的有价值的位置远不止一个。产业内已经是某个位置上第一名的企业，在其他有价值的位置上也许还未来得及行动，或没有较好地、深入地开发之。这时，本企业应该从中选择一个自己最拿手的、有优势的产品/市场位置，力争快速成为该位置上的第一名。

（2）通过研究现有的产品分类，研究传统的常见的细分市场方法所细分出来的市场，用组合、分化、叠加等方法，发现和创造新的产品/市场位置。

 案例

服装怎么分类呢？传统上分为正装和休闲装。与这两个品类竞争你几乎没有选择地要与别人打价格战。你不打价格战，别人找你打，你就被动。你要想不与他们打价格战，你就得创造一个新的位置。服装市场上有一个不容忽视的细分市场——商务人士，那么做商务休闲男装怎么样？这样，力郎商务休闲男装就诞生了。

（3）通过创造独特的产品分类方法和独特的细分市场的依据（细分方法），发现和创造新的产品/市场位置。

（4）企业通过高水平的技术创新活动，开发出创新程度高的新品种，甚至创造出一个新的产品品类，从而在市场上创造一个崭新的位置。这样的位置往往更具有市场潜力和盈利前景。

4. 对立定位

独辟蹊径，创造新位置。首先，自己确定一个独特的产品分类标准，或自己确定一个独特的细分依据——相当于先制作两个标签。然后把竞争对手放在相应的位置上，确定竞争对手的位置，并把这种确认植入消费者心中——相当于把其中的一个标签贴到竞争对手身上。最后，针对对手的位置，创造一个与之对立的位置，这个位置就是自己要占领的位置——相当于把另一张标签留给自己。这种定位多从产品功能、特色上来做文章。这方面最著名的案例当属美国七喜（7－Up）饮料公司。想当年，七喜宣传说，可口可乐和百事可乐的饮料属于可乐类饮料，而我们的七喜属于"非可乐饮料"，新鲜解渴，能够给顾客带来不一样的享受。

5. 迥异定位

先研究竞争对手的位置，找到与之完全不同、完全不相干的位置。

6. 拾遗补缺定位

在寡头竞争的市场上，相对于那些实力强大的寡头，市场上有时会存在一些规模、实力小的补缺者。补缺者要能够找到市场夹缝里的机会，即选择非常狭窄的经营范围。在此位置上大企业不具有任何优势，对他们来说，该位置也没有什么吸引力。

六、位置定位的程序和内容、方法

位置的核心要素是产品位置和市场位置。但要定位好位置，除了追求产品位置和市场位置的对应一致外，还要符合上面刚刚讲过的好位置的特征。也就是说，还要保证市场有足够的容量和潜力，与企业的能力一致，企业有能力实现足够的销售量（或销售额），有较好的盈利预期，并且还要求企业的内部运营与这个位置相配称。

为了实现上述要求，需要采用正确的方法，做大量的研究和检验工作，并按照一定的程序来进行位置定位，如图 8-3 所示。

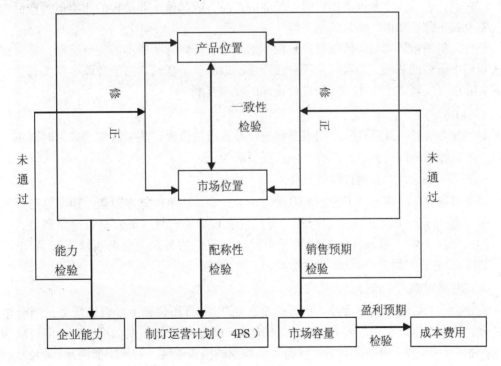

图 8-3　位置定位程序

1. 产品描述

描述设想中的产品大类、品类、种类、核心利益、性能、功能、特色等。如果产品已经存在，则描述现有产品的诸特征。运用前面所学的产品分类研究、产品生命周期理论等。

2. 市场描述

从产品出发，研究此产品适合什么样的人群购买，描述产品所服务的设想中的目标市场的人群特征、收入、层次、地域、职业、偏好、需求心理、对产品的要求、价格承受力等。运用前面所学的市场细分理论、购买行为模式理论（如"5W1H"理论、"S—R 模式"理论）、市场演变理论等。

对产品、市场的描述，还可以采用另外一个思路，即从市场出发，先确定我们要为哪个或哪些细分市场服务，描述这个或这些市场的需求特征、要求，据此，再来确定我们要提供怎样的产品，对产品进行描述。

3. 一致性检验

依据产品与细分市场之间的对应关系，判断产品是否能够适应、满足市场的需求，市场的哪些需求没有从产品上得到满足。产品和服务有什么特色，特色能否吸引设想中的目标市场，能否符合目标市场的心理需求等。检验方法如下种类：

（1）正向思维。从产品出发，产品能够满足哪些顾客群体的需求。从市场出发，市场的需求能否从产品上得到满足。

（2）类比思维。企业以前销售的相类似的产品，或其他企业销售的相类似的产品的市场位置及其一致性如何，销售效果如何。

（3）大量的市场调研、数据收集是检验的基础。任何判断都不能凭空臆断，需要建立在大量调查研究的基础上。可以采用前面所述的市场调研理论，来了解顾客购买行为，洞悉顾客心理，发现需求规律，从而进行正确的检验判断。

4. 修正

如果没有通过一致性检验，则需要修正产品或市场位置，甚至需要二者同时修正。修正是一个反复循环的过程，直到符合一致性要求为止。

5. 预测市场容量，做销售预期检验

结合市场容量、市场潜力、需求强度、竞争态势、竞争优势等因素，预测自己可能实现的销售量（额）。如果企业已经存在，看已经实现的销售量（额）是否达到期望。如果预测的销售量（额），或现实的销售状况不能满足我们的预期，则必须修正产品/市场位置，并需要通过产品与市场的一致性检验。

6. 描述企业能力，进行能力检验

检验企业的资源和能力条件，是否满足在此产品/市场位置上经营的需要。结合企业的资金、技术、生产水平、人员状况、营销能力和竞争优势等因素，检验企业能否成功进入此产品/市场位置，并在此位置上取得令人满意的销售业绩。如果不能满足我们的预期，则必须修正产品/市场位置，并需要通过产品与市场的一致性检验。

7. 制订运营计划，做配称性检验

通过了上述几项检验，等于产品/市场位置已定。接下来就要制订与此相适应的运营计划。计划制订出来以后，还要做配称性检验。

对于企业而言，运营是个既复杂又重要的大问题，涉及企业的资源、生产、物流、营销、制度等方面，需要企业做出建设、确立、取舍、整合、实施等重要决策。配称性是一个逻辑性的要求，这里既有运营各链条之间的配称，又有运营与产品/市场位置的配称。显然，制订运营计划和做配称性检验，已超出我们作为一个市场营销初级学习者的能力范围，这些知识我们暂不必学习。

第二节　特色定位

特色定位要求企业在选定的产品/市场位置上，研究产品品类和品种，研究目标市场的需求和竞争对手的情况，有针对性地创造与众不同的产品，努力给顾客带来特别的需求满足，形成自己的差异化优势，从而更好地适应需求，适应竞争，夺取该位置上第一名的地位。

一、要做就要做第一

在现代信息泛滥的社会里，人们总是倾向于熟记各个市场上的第一名和市场占有率靠前的著名品牌。买空调，人们马上想起来的是格力、美的、海尔。买汽车，高档车，人们想起的是劳斯莱斯、奔驰、宝马；中档车，人们想起的是奥迪、帕萨特；经济型轿车，人们想起的是奇瑞、吉利。买钢笔墨水，人们想起的是英雄、鸵鸟。买火腿肠，人们首先想起的是双汇。所以，在任何产品/市场位置上，优势的市场地位历来都是每个竞争者都觊觎的目标。

"第一"并不是狭义地单指市场占有率第一名。在选定的市场上，市场占有率的第一名永远只有一个。大家都去做第一名，显然是不可能的。我们这里所说的"第一"，是指在选定的市场上，企业要进行差异化经营，努力追求在产品特色、服务内容、经营模式、细分市场、分销渠道、促销方式等方面的创新，成为第一个实现某种创新的企业。这个"第一"实际上可以看成是在某个产品/市场位置上又创造了一个新的子位置。在这个子位置上，企业是第一个进入的，自然很容易成为这个子位置上的霸主，成为这个子位置上的"第一"。有了这个"第一"，就会帮助企业提升在整个市场上的地位，甚至成为整个市场占有率最高的企业。

二、特色定位是获取第一的关键

所谓特色定位是指在选定的位置上，企业要采用与众不同的方法来更好地适应目标市场的需求，更好地适应和对付竞争，以得到在市场上满意的地位。

特色定位的本质是实现差异化，体现独特性。差异化和独特性可以从产品特色、顾客特别需求（利益）、服务、细分市场等方面来实现，从而使自己的产品和经营活动区别于其他竞争者。

（1）产品特色定位。一个企业的产品和经营必须有特色，并且这些特色正是顾客所需要和看重的，才能吸引尽可能多的顾客，才能给顾客留下深刻的印象，才能获得尽可能多的市场份额。获得产品特色的领域主要有产品功能、功效、性能、使用场合、质量、耐用性、可靠性、可维修性、风格和设计等。

 案例

奔驰发明汽车，创造了汽车用户，并始终盘踞在高端市场。宝马原本是发动机厂家，观察到汽车市场兴起，1928年也加入豪华轿车制造行列。它看到奔驰如此成功，认为其必定是占据了一个理想地位，于是以奔驰为标杆，处处仿效。在宝马等品牌加盟下，高级轿车市场迅猛发展，领导企业迅速壮大。然而宝马却不见起色，甚至在1959年差点请求奔驰收购。20世纪60年代，宝马告别标杆做法，针对奔驰宽大、舒适的特点，将奔驰重新定位为适合"乘坐"，自己则反其道定位为适合"驾驶"，转攻车身较小而灵活的产品。结果宝马吸引了大批年轻新贵，创造了高档自驾车客户，逐渐形成"坐奔驰，开宝马"格局，自己也成了与奔驰并驾齐驱的豪华车品牌。现在宝马不用再仿效奔驰的做法了，它有"驾驶"的战略定位，所有运营活动围绕提供"超级驾驶机器"展开，取得了极高的经营绩效。

（2）特别需求（利益）定位。是指企业要确定自己的产品和服务准备满足顾客哪些方面的特别需要和偏好，准备给顾客带来哪些方面的特殊利益和价值。这些特别需要和偏好是顾客所追求和重视的，只要企业的产品和经营能满足之，顾客就愿意购买。换个角度来看，就是说不但要给顾客带来基本的、一般性的满足，而且要带来特别的满足，带来超出预期的满意。

 案例

在陕西西安的凉皮市场上，凉皮技术分为两派：一派是关中户县的秦镇凉皮，特点是硬爽耐嚼；另一派是陕西南部的汉中凉皮，特点是柔软细腻。捷尔泰公司综合两种技术的优点，经过艰苦的研制，终于开发出来了1种深受欢迎的细而不腻、柔软爽口、硬而不扎的凉皮。

 案例

在我国沐浴露市场上，强生公司的强生沐浴露，强调其包含独有的"无泪配方"，纯净温和如水，绝不刺激宝宝还未发育完善的眼睛和泪腺，解决了妈妈们在给孩子洗澡时的难题。宝洁公司的舒肤佳健康沐浴露，突出其主要功能是除去、抑制皮肤感染和汗臭细菌，含有"迪保肤"抑菌成分，有助于皮肤健康，适合人们在生活水平提高后对健康的重视。上海家化公司的六神沐浴露则强调其含有麝香等名贵中草药，能有效祛痱止痒，清香宜人，能有效去除汗味，塑造在炎热的夏天给人们带来清凉感觉的形象。

（3）服务定位。当实体产品较难差异化时，要取得竞争成功的关键就有赖于改变服务方式，增加服务内容或提高服务质量。服务差异化主要表现在：订货、送货、安装、客户培训、客户咨询、维修等。另外，服务型企业和制造企业提供的服务，大多数都是人员密集型的，企业也可通过雇佣和训练比竞争者好的人员，来取得服务方面的独特性。良好的人员特性大致是称职、谦恭、诚实、可靠、负责和具有较高的沟通能力。

案例

提到海底捞，最令人津津乐道的是这家火锅店的服务。服务成了海底捞的特色招牌，成了吸引消费者光临的一大核心竞争力，也是海底捞获得持续发展的一大关键因素。海底捞的服务不仅仅是体现于某一个细小的环节，还形成了从顾客进门到就餐结束离开的一套完整的服务体系。

（4）细分市场定位。企业对选定的目标市场采用独特的细分依据，进行竞争对手所意想不到的细分，然后选定特定的细分市场提供独特的产品和营销组合。

 案例

当众多的企业（包括伊利在内）都在拼命诉求雪糕多么好吃，多么清爽，多么有营养的时候，当价格战、促销战此起彼伏的时候，伊利了解到，许多顾客吃雪糕有追求好玩、好奇的消费心理。因此，伊利就根据消费者买雪糕的心理，将市场分成清爽雪糕市场、营养雪糕市场和有趣雪糕市场。他们设计了一个副品牌"四个圈"，满足人们对趣味性的追求。一年内，"伊利四个圈"卖了几个亿。几年来，此雪糕在不打广告的情况下仍然是中国市场上最畅销的雪糕之一。

 案例

在饮料市场上，口味、成分、年龄、功能等细分依据早已被众厂家广泛运用，想在这些细分市场中制胜已经不太可能。"他＋她－"水把饮料分出男女，使男女要喝不同的营养素水的产品诉求得到很好的体现。

"他＋她－"水选择了 15～35 岁的年轻人这个细分市场作为目标，"他＋"饮料主要针对男性补充体力的需要，在饮料中添加了肌醇、牛磺酸，能为男人及时补充活力；而"她－"饮料则针对女性减肥、美容的考虑，在饮料中添加了芦荟和膳食纤维，帮助女人减肥，减少岁月痕迹。产品的命名紧扣产品功能，"他＋"和"她－"，分别寓意增强体力和减肥。瓶型和瓶贴也较好地对两款产品进行了区分，整体风格显得比较时尚。

2004 年 3 月，"他＋她－"营养水正式推向市场，其独特的市场细分创意立刻成为焦点，好评如潮，一周内产品订货量超过 2 亿元，并在 3 个月内创下了 6 亿元的订货量新高。

三、有效的差异化应满足的原则

前面我们看到了企业进行差异化的作用。但是，并非所有的差异化都有意义和价值，也并非每一种差异都是一个差异化手段。公司必须谨慎选择能使其与竞争者相区别的有效差异。有效的差异化应满足下列各原则：

（1）重要性。该差异化能向相当数量的买主让渡高价值的利益。

（2）明晰性。企业能够以一种突出的、明晰的方式提供该差异化产品或服务。

（3）优越性。该差异化明显优于其他可使顾客获得同样利益的办法。

（4）可沟通性。该差异化是可以沟通的，是买主看得见的。

（5）不易模仿性。该差异化是竞争对于难以模仿的。

（6）可接近性。买主有能力购买该差异化产品或服务。

（7）可实现性。企业可以实现该差异，并且实现该差异的成本是可接受的。

第三节　心理定位

位置定位完成了企业经营位置的选择，特色定位使企业的产品和经营活动成功地实现了差异化。那么我们在合适的位置上，拿出我们独特的产品，是不是就万事大吉了，是不是就可以坐等生意像雪片一样纷至沓来呢？非也。企业还必须做好心理定位。

一、心理定位理论的由来

早在 20 世纪六七十年代，美国两位资深的广告专家杰克·特劳特和艾·里斯，就发现了一个令人迷惑的现象：有的企业有很好的产品，但卖得并不好；相反，有的企业产品，看起来和别人似乎并没有什么差别，却卖得异常火暴。经过深入的观察和研究，他们发现，产品卖得好的企业，都能够以某种鲜明的概念、形象、理念、情感、感性、诉求或产品特性，来占据消费者的心智空间。他们先找到或创造一个心理性的东西，然后通过高妙的传播技巧植入消费者的心中，从而在消费者心中形成高强度的认知印象。相反，产品卖得差的企业，在这些方面要么无所作为，消费者对企业及企业的产品没有任何印象；要么方法有误，形成了消费者对企业或企业产品的错误认知。由此，里斯和特劳特创立了几十年来风靡世界的定位理论。

显然，在 20 世纪 70 年代早期，定位理论最初被里斯和特劳特提出来的时候，是被当做一种纯粹的传播策略的，是一种心理定位。当时，里斯和特劳特对定位所下的定义是："定位是你对未来的潜在顾客心智所下的工夫……也就是把产品定位在你未来潜在顾客的心中"。从中可以看出，定位是对现有产品进行的一种"创造性试验"，"改变的是名称、价格、包装和广告，实际上对产品则完全没有改变。所有的改变，基本上是在做着修饰而已，其目的是在潜在顾客心中得到有利的地位"，"定位并非是对产品本身采取行动，而是针对潜在顾客的心理采取行动"。

心理定位就是诉求并满足顾客的某种心理需求。如果企业的宣传或产品所传达出来的信息模糊不清，甚至与顾客的某种心理是抵触的，那么再好的产品也可能卖不出去。近几年来，我国市场上"脑白金"卖得很火。作为一种一般的保健品，在保健品市场整体名声不佳，销售萎靡的情况下，"脑白金"的成功应该说得益于其"健康礼品"的心理定位。它很好地抓住了中国人孝顺老人，希望"送礼送健康"的心理。

从另一个角度来看，心理定位实际上就是形象定位，是指企业准备在顾客心目中树立什么样的关于本企业和产品的鲜明的、好的形象。企业和产品形象对一个企业来说极为重要，因为消费者面对众多的产品和服务信息，当他们做出购买决定时，根本无法客观准确地给产品估价，而总是凭着心目中对各种企业和产品的形象以及感觉来选择购买。进行形象定位首先要确立企业准备在顾客心目中树立的形象，然后通过广告、宣传、包装、品牌、文字、气氛、公关等手段的应用来建立自己所期望的形象。形象定位的最典型的例子是万宝路品牌（香烟）创造的那个粗犷的西部牛仔的视觉形象，但是，这个形象同香烟的实际品质没有任何关系。

 案例

万宝路

20世纪20年代初期，万宝路刚进入市场时，是以女性作为目标消费者的，它的口味也是特意为女性消费者而设计：淡而柔和。为此它推出的广告口号是：像5月的天气一样温和。但这一招并未奏效，莫里斯公司只好改头换面，在香烟上附装象牙色的滤嘴，但女士们纷纷抱怨她们的唇膏会玷污新的滤嘴。该公司于是在30年代把滤嘴改为红色。但伤害早已造成，万宝路香烟再也无法吸引女性顾客了。到了40年代，莫里斯公司终于不得不把万宝路撤出市场。

直到50年代，滤嘴革命兴起后，万宝路才又重现"江湖"，并将定位诉求确定在它压不坏、上掀式的特殊烟盒上，但顾客仍然不为所动。

到了50年代中期，莫里斯公司决定把万宝路定位为"男性滤嘴香烟"。这项行动其实没有太大的意义，因为当时女性占了滤嘴香烟市场的75％。该公司的广告代理商李奥贝纳仍旧锲而不舍地推出针对男性市场的广告，可是效果不佳。正当万宝路萎靡不振之际，其他滤嘴香烟——云丝顿与赛伦，却吸引了无数吸烟人士。

后来，莫里斯公司终于痛下决心，对美国人的抽烟习惯进行研究调查。研究结果指出，"二战"后出生的青少年，为了肯定自我，会以学习抽烟来表示自己已脱离父母而独立。这项需求尚未受到其他品牌的注意与重视。于是，该公司召集广告公司的高手齐聚一堂，花了好几个月的时间，研究如何给万宝路正确定位，以捕捉青少年市场的想象力。最后，他们所提出的构想是，在广告中呈现一位历经沧桑的牛仔，骑马隐没在夕阳余晖中——一个独立与叛逆的完美象征。

结果，"万宝路牛仔"一炮走红，忐忑不安的年轻人纷纷选用万宝路，因为他们希望能像那位牛仔青年那样冷静和自信，他们也希望自己变得坚强独立，自由自在。莫里斯公司更是乘胜追击，提出了令人难忘的广告词："欢迎加入万宝路世界"。到了1976年，一度萎靡不振的万宝路，一跃成为美国最畅销的香烟品牌。

万宝路在跌跌撞撞的摸索中，终于以市场调研结果为基础，从顾客的心理入手，确立了自己的定位。在西部牛仔的广告受到肯定之后，万宝路的广告永远都以西部牛仔为主角，以西部乡野为背景，保持着自己的一贯的定位，获得了巨大的成功。

 案例

喜之郎果冻是中国最具影响力的果冻品牌，市场占有率高达83％。为了进一步拓展市场，喜之郎推出子品牌——水晶之恋，水晶之恋把自己的目标市场确定为年轻情侣。营销策划人员从一开始就围绕着年轻情侣的特点做文章，品牌命名为"水晶之恋"，喻为"水晶般尊贵浪漫的恋情"，同时在产品的样式上将果冻的造型由传统的小碗式改为心形，封盖上两个漫画人物相拥而望；水晶之恋礼盒则是一个心形的盒子里面装有若干种心形果冻：产品的颜色有蓝色、紫色、粉色，每种颜色的果冻都有不同的名字和浪漫物语。绿色——真的好想见到你；紫色——好想你抱紧我；黄色——好想跟你说对不起；红色——好想天天跟你在一起；透明——真的不能没有你；粉红——爱你一生不变……喜之郎果冻抓住了年轻人向往"水晶般尊贵浪漫的恋情"的心理诉求，取得了成功。

二、心理定位的方法

如果我们在前面已经成功地进行了位置定位和特色定位，并且我们所选择的位置和独特性本身就是独一无二的，是非常适合顾客心理需求的，我们就只需通过品牌设计、广告、宣传或包装等方式，将之形象化、口号化，并成功地"送"抵消费者心中。从这个意义上说，特色定位与心理定位常常是形影不离的，是相辅相成的。如彩棉内衣，其广告是"彩棉内衣，多彩人生"。这里既有特色定位，也有心理定位，落脚点在一个"彩"字上。

如果我们选择的位置和其他厂商相同的产品缺乏独特性（万宝路香烟就是如此），那么，我们就必须深入研究消费者的内心需求，来创造一个与我们的产品有关联的心理性的东西（如万宝路的西部牛仔形象），并植入消费者心中，这样同样可以达到心理定位的目的。总结起来，心理定位有下面一些常用的方法：

（1）概念定位。如果企业能够发现或创造一个新的独特的概念，这个概念要么是科学的、理性的，要么是感性的、心理性的，只要被消费者接受，那么在消费者心目中就会形成深刻的印象。

案例

南孚电池的特点是它在产品中设计了一个聚能环，南孚称该环能锁住能量，从而大大提高电池的寿命，使一节相当于普通电池的六节。这里，南孚实际上创造了一个崭新的聚能环的概念，并成功地让消费者接受了这个概念。

（2）形象定位。研究消费者心理，发挥想象力，设计一个独特的、符合消费者心理的形象。这个形象就能够给企业带来滚滚的财源。

案例

美国威斯康辛州麦迪逊市，有一家小规模的地方性银行——戴尔州立银行。这家银行所拥有的资源有限，似乎除了"小"之外，并没有什么特别之处与竞争对手相区别。但是它志存高远，想在各地设立分行，提供更多的服务项目，与大规模的金融机构进行竞争。

他们发现，人们对历史城市引以为豪的心情是一种普遍存在的现象。于是，就设法把自己与"历史"联系起来，并打算建立起一种稳固关系。

1970年年初，该银行的管理层决定把自己银行塑造成一个"社会古迹的守护者"的形象。与此呼应，他们对银行的标志也加以修改，并特别强调这种诉求。该银行原来空白的墙面上，装上了当地巨幅的历史照片。配合这些改变，该银行还制作了歌颂该城市历史的一系列电视广告，并阐发了"关心麦迪逊，也关怀戴尔州立银行"的主题。

结果这种策略几近魔术般地大获成功，获得了顾客的认同。原本年年减少的存款，开始呈现大幅增长。而值得一提的是，存款金额以及占有率的增长，并没有投入太多的经费。到 1976 年的时候，这一定位主题几乎和建国 200 周年一样永垂不朽了。

（3）理念定位。就是要传达一种独特的、购买者不会想到的思想观念、认识、标准、德行、规范、逻辑等。当然，这种理念必须引导购买者购买我们产品的，也就是说，购买者一旦接受了我们传达的这种理念，他们多半会选择购买我们的产品。

 案例

沃尔沃卡车刚进入中国时，连续几年卖得都不好。后来，他们改变卖法，告诉可能的目标客户：沃尔沃卡车不是车，是挣钱的方案。他们将卖卡车的广告语改为"提供一流的挣钱方案"。将沃尔沃的卡车和其他品牌的低价卡车进行挣钱方案的对比，帮目标客户算账：你如果买一款低价格品牌的卡车，你的初期投入是多少，一年的维护费用、使用费用是多少，每天你能拉多少货，跑多少里程，挣多少钱，几年之后这台车一共能给你带来多少的收益，投入产出比是多少。同样地，如果你多花一些钱买了沃尔沃卡车，尽管你初期投入大一些，但你的载货量大，维护费用少。几年下来，沃尔沃一共能给你带来多少收益，让客户自己选择成本风险和收益，这样一对比，购买沃尔沃卡车成了消费者的道选。因此，沃尔沃不是卖卡车，而是卖一种挣钱的方案和理念。

（4）情感定位。诉求消费者的情感，用一个品牌名称、一句话、一个场景，或其他的什么东西，来拨动消费者的心弦，引发消费者的某种情感。情感定位常常是那些喜欢煽情的企业惯用的定位技巧。

 案例

日本尼西奇公司有一次开发出了婴儿纸尿布新产品。产品刚上市时，公司的广告宣传主题是：一次性使用，方便。结果销路很差。企业经过调查研究，发现这样的定位会让许多刚刚当上爸爸、妈妈的人们觉得自己是一个不负责任的懒父亲、懒母亲，因而并不太愿意购买。后来，企业改变宣传策略，着力宣传这种产品舒适、干爽，能很好地保护小宝宝娇嫩的屁股。不久，产品销路大增。

（5）感性定位。将人类的某种感性贯注到产品上，用感性的差异，来引导消费者对产品产生认知上的不同。

 案例

在所有为什么吃瓜子的答案中，有两个答案占的比例较大，一个就是瓜子香；一个就是嗑瓜子的响。

市面上几乎所有的瓜子都在卖香！而调研的结论告诉我们，有数量可观的人消费瓜子，是为了感受嗑开瓜子的过程，而嗑瓜子的过程在很大程度上，是享受瓜子在嗑开一刹那发出的悦耳动听的"咔、咔"声。这就给了我们一个很大的启发，我们能不能不卖"香"而卖"响"！

于是，"响"牌瓜子就诞生了，它一刀把中国的瓜子市场切割为两块，你别的竞争品牌再厉害，你们都是香瓜子，而我是"响"瓜子。"响"被当成了购买的理由，产品被赋予了感性的力量，这种力量使产品变得与众不同！事实上，所有的瓜子在嗑的过程中都会发出"咔咔"的响声，我们只是将它放大，用它来激活消费者对一个普通产品的认知。

（6）诉求定位。诉求就是企业强调给予消费者的特殊利益。

 案例

宝马强调的是速度，所谓驾驶的乐趣就是开上宝马之后具有的畅快淋漓的速度感。所以，它有一句广告语："听，风声。"奔驰强调的是舒适，奔驰公司说，它卖的是世界上顶级舒适的汽车，这才有那句"坐奔驰开宝马"的说法。沃尔沃怎么办呢？沃尔沃说，我卖的是安全，我要造世界上最安全的汽车。

（7）联想定位。如果一种定位能够引发人们某种愉快的、幸福的、美好的、向往的、独特的联想，想必会勾起大家的购买欲望。

 案例

华龙面在东北市场上推出了一个低端品牌——"可劲造"。这是一个完全东北化的品牌名称，意思是"尽管吃，使劲吃，使劲整"。而其电视广告更进一步挖掘东北地方文化，采用了东北二人转《擦皮鞋》的民间说唱曲调，配上朗朗上口的词句："南来的，北往的，开车炒股上网的……大家都来可劲造，可劲造，你说香不香……"

（8）使用者定位。这种定位方法是把产品和一类用户联系起来，试图让消费者产生对产品的一种独特感觉。在执行使用者定位中，可使用影星、名人或个性人物，比如，力士、爱立信、欧米茄等品牌都采用了这样的做法。

 案例

太太口服液就经常使用著名影星来给自己做广告。其广告语"太太口服液，十足女人味。"给大家留下了深刻印象。

（9）产品特性定位。这是一种最直白的心理定位，简简单单，实实在在，朴朴实实。最简单的有时往往是最有效的，是最具有持久生命力的。但遗憾的是，一部分人认为，这种定位几乎没有什么技巧性，是企业在没办法的时候才采用的办法。

 案例

沉浸在技术概念中的酒专家只会把酒分成浓香、清香、酱香等几种香型。但许多消费者希望的好酒是入口柔香悠长、回味无穷。所以，洋河大曲的"蓝色经典"就称自己是绵柔型的好酒。

三、成功的广告肯定是成功的心理定位

广告是实现并传播心理定位最有效的途径。下面我们采撷了几则近几年来我国广告界的奇葩，供大家欣赏、体会。

（1）农夫果园，喝前摇一摇。（饮料，感性定位）

（2）白大夫，就是要你白。（美容品，诉求定位）

（3）动感地带，我的地盘，我做主。（移动电话卡，感性定位）

（4）怕上火，喝王老吉。（饮料，诉求定位）

（5）神州行，我看行。（移动电话卡，感性定位）

（6）高露洁，没有蛀牙。（牙膏，诉求定位）

（7）大宝，明天见。大宝，天天见。（护肤品，情感定位）

（8）可口可乐，要爽由自己。（饮料，理念定位）

（9）农夫山泉，有点甜。（自然水，联想定位）

（10）蚁力神，谁用谁知道。（保健品，联想定位）

第四节　确定市场营销目标

确定市场营销目标是企业市场营销战略中非常重要的内容。它包括销售目标和成长性目标两类。销售目标有销售量、销售额、市场占有率、销售利润率等指标，成长性目标有提升品牌知名度、提高新产品开发能力、提高促销效果等指标。我们在本节主要探讨企业销售量和销售额目标的确定问题。

一、企业市场营销目标确定中的误区

正确的、切合实际的市场营销目标能够引导企业制定出正确的、切合实际的战略和策略；相反，错误的、不切合实际的目标则会将企业引向错误的行为。企业在市场营销目标确定上的错误主要有 3 种形式：

（1）没有目标。企业没有市场营销目标的原因，要么是市场营销管理者对市场研究和制定目标的工作重视不够，要么是市场营销管理者太懒惰，不愿意对市场做出深入的研究和预测。严格来讲，企业没有正确的市场营销目标，就不会有正确的、有效的市场营销战略和策略。另外，没有市场营销目标的企业，便缺乏对市场及其发展规律的研究和预测，这样，企业就缺乏对市场和市场变化应有的敏感性，就难免会丧失市场的发展机遇；或者当市场出现威胁时，企业仍浑然不知，任凭威胁给企业带来损失，造成市场萎缩，销售下降。

（2）目标过高。由于企业对市场的判断失误，或者由于企业对自身市场营销能力的盲目乐观，对市场营销威胁和困难的估计不足，常常导致企业犯此类错误。这也是企业在确定目标时最容易犯的错误。过高的、超越企业自身市场营销能力的目标，经常造成下列恶果：①因为目标太高，所以最终完不成目标，打击市场营销人员的自信心和积极性；②容易导致许多市场营销措施半途而废，或者投入了不少市场营销费用，却达不到预期的效果，浪费营销资源；③容易导致企业错误地进入某个或某些市场领域，而企业在此领域内并不具备竞争优势。

（3）目标过低。这种错误往往是由于市场营销人员对市场的需求量做出了过低估计所导致的。目标过低的最大危害是容易使企业失去市场发展的良机，从而给企业带来机会损失。

二、确定市场营销目标的方法

我们在第七章里已经探讨过市场预测的问题，其指出市场预测侧重的是对市场需求总量和市场发展趋势的预测。在本节中，我们要在市场预测的基础上，增加考虑企业自身的市场营销实力、企业的总体战略和策略以及企业在市场营销方面的投入等情况，制定出企业未来要实现的销售目标。

预测并制定企业的销售目标，其方法是多种多样的。企业要根据自己所掌握的信息，根据自己所处的产业和市场特点选择正确的方法。

1. 销售人员经验确定法

企业的销售额需要靠销售人员来创造。由于销售人员天天和经销商或企业客户打交道，他们比较了解市场的需求量。因此，他们所作的销售预测是有实际价值的。企业可以问一问自己的销售人员：据你的估计，你管辖范围内的经销商或企业客户未来一段时间可能会买多少产品。企业在收集了全部销售人员的估计数后，再具体综合计算，可推算出预测值。因为此种预测很接近市场状况，加之此方法比较简单，不需具备熟练的技术，所以它是中小企业乐意采用的方法之一。此种预测方法虽然有很大的好处，但也有其危险的一面。

2. 企业类推法

与本企业提供的产品相同或相类似的企业，其销售情况可以用来作参考，来类推本企业可能实现的销售量。

 案例

假设一个人想要开一家饭店，他可以观察一下与自己拟开的饭店具有相同或相类似的位置、规模、档次、饭菜品种的其他饭店，测算自己每天、每月的营业额，估算自己的营业成本和费用，进而估算出自己的利润。这样的预测，对于决策显然具有很好的参考价值。

3. 时间趋势预测法

市场的发展有它的趋势性规律，企业的销售发展也有一定的趋势性规律。如果企业发现自己以往年份的销售额呈现出逐期增长态势的话，则可以将销售额的变化趋势拟合成一条相应的直线，即将销售额视为时间的函数，只要求出了该直线的方程式，就可以用它来预测以后时期的数据（详见第七章的相应内容）。

4. 与销售费用挂钩预测法

在许多市场上可能存在这样的规律：企业投入的销售费用越多，实现的销售量就越多。因此，我们可以以销售费用作为自变量，以销售额作为因变量，根据以往年份的销售数据，来拟合一条一元回归直线。然后，把企业在计划年度准备投入的销售费用额代入该方程式中，就可以预测出来企业可能实现的销售额（详见第七章的相应内容）。

 案例

以下是某企业在 1998 年到 2003 年间销售费用和销售额的数据资料：

年份	1998	1999	2000	2001	2002	2003
销售费用（万元）	2	6	15	20	30	45
销售额（万元）	10	20	50	90	180	300

企业在 2004 年度计划投入 60 万元的销售费用。根据一元回归预测的方法来预测企业在 2004 年度可能实现的销售额。

设 $y=a+bx$，其中，y 为销售额，x 为销售费用。有关计算数据如下：

年份	x	y	xy	x^2
1998	2	10	20	4
1999	6	20	120	36
2000	15	50	750	225
2001	20	90	1 800	400
2002	30	180	5 400	900
2003	45	300	13 500	2 025
Σ	118	650	21 590	3 590

将有关数据代入公式：

$b=(n\Sigma xy-\Sigma x\Sigma y)/[n\Sigma x^2-(\Sigma x)^2]=(6\times21\,590-118\times650)/(6\times3\,590-118^2)=52\,840/7\,616\approx6.94$

$a=(\Sigma y-b\Sigma x)/n=(650-6.94\times118)/6=-28.15$

这样，我们就得到：$y=-28.15+6.94x$

将 $x=60$ 万元代入上式，可以得到：$y=-28.15+6.94\times60=388.25$（万元）

5. 因素分析法

企业可以在去年销售额的基础上，考虑到计划年度影响销售额的因素有哪些变化，估计这些因素变化对销售额的影响程度，从而预测计划年度的销售额。一般来说，影响销售额的因素有些来自于市场方面，如价格、需求状况、顾客偏好、居民收入等；有些来自于企业所采取的新的营销策略，如促销费用的变化、价格策略、销售人员的增加、销售渠道的增加等。

6. 市场占有率估算法

企业可以先预测某一范围市场的需求总量，考虑竞争对手的实力和可能采取的竞争策略，以及本企业的竞争实力和计划采取的竞争策略，来估计本企业可能实现的市场占有率。然后，用市场需求总量乘以估计出来的市场占有率，即为本企业计划年度可能实现的销售额，企业可将此作为自己的销售目标。

 **章末案例 1**

米勒啤酒公司①

1969 年，美国啤酒业中的"老八"——米勒啤酒公司，被菲力浦·莫里斯公司收购。莫里斯公司，这个拥有世界香烟第一品牌——"万宝路"的国际烟草业巨人，在 20 世纪 60 年代凭借高超的营销技术在香烟市场上获得了巨大的盈利，但同时又受到日益高涨的"反对吸烟"运动的威胁。为了分散经营风险，他们决定进入啤酒行业，在这个领域一展身手。

那时美国啤酒业，是寡头竞争的市场。市场领导者安修索·布希公司的主要品牌是"百威"和"麦可龙"，市场份额约占 25%。佩斯特公司的"蓝带"啤酒处于市场挑战者的地位，市场份额占 15%。米勒公司排在第八位，份额仅占 6%。

啤酒业的竞争虽已很激烈，但啤酒公司营销手段仍很低级，其在营销中缺乏市场细分和产品定位的意识，把消费者笼统地看成一个需求没有什么区别的整体，用一种包装，一种广告，一个产品向所有的顾客推销。

莫里斯公司兼并了米勒公司之后，在营销战略上做了根本性的调整。他们派出烟草营销的一流好手充实到米勒公司，决心再创啤酒中的"万宝路"。

在做出营销决策之前，米勒公司进行了认真的市场调查。他们发现，若按使用率对啤酒市场进行细分，啤酒饮用者可细分为轻度使用者和重度使用者两类，轻度使用者人数虽多，但其总的饮用量却只有重度使用者的 1/8。

他们还发现，重度使用者有着下列特征：多是蓝领阶层；年龄多在 30 岁左右；每天看 3～5 小时以上的电视；爱好体育运动。米勒公司决定把目标市场定在重度使用者身上，并果断地决定对米勒的"海雷夫"牌啤酒进行重新定位。"海雷夫"牌啤酒是米勒公司的"旗舰"，素有"啤酒中的香槟"之称。在许多消费者心目中是一种价高质优的"精品啤酒"。这种啤酒很受妇女和社会中的高收入者欢迎，但这些人多是轻度使用者。米勒决心把"海雷夫"献给那些"真正爱喝啤酒的人"。

重新定位从广告开始，他们考虑到目标顾客的心理、职业、年龄、习惯等特征，在广告信息、媒体选择、广告目标方面作了很多变化。他们首先在电视台特约了一个"米勒天地"栏目，广告主题变成了"你有多少时间，我们就有多少啤酒"来吸引那些"啤酒坛子"。

广告画面中出现的尽是些激动人心的场面：船员们神情专注地在迷雾中驾驶轮船；钻井工人奋力止住井喷；消防队员紧张地灭火；年轻人骑着摩托车冲下陡坡。他们甚至请来了当时美国最著名的篮球明星张伯伦来为啤酒客助兴。

为了配合广告攻势，米勒又推出了一种容量较小的瓶装"海雷夫"，这种小瓶装啤酒正好能盛满一杯，夏天顾客喝这种啤酒时不用担心剩余的啤酒会变热。这种小瓶子的啤酒还很好地满足了那部分轻度使用者，尤其是妇女和老人，他们的酒量正好是一小瓶。"海雷夫"的重新定位战略非常成功，到了 1978 年，这种牌子的啤酒年销量达 2 000 万箱，仅次于百威啤酒，名列第二。

---

① 本案例由编著者参考有关资料编写而成。

　　"海雷夫"的成功，鼓舞了米勒公司，他们决定乘胜追击进入另一个细分市场——低热度啤酒市场。进入 20 世纪 70 年代，美国各地的"保护健康运动"方兴未艾，米勒注意到对节食很敏感的顾客群在不断扩大，即使那些很爱喝啤酒的人也关心喝啤酒会使人发胖的问题。

　　当时美国已有低热度啤酒出现，但销路不佳。米勒断定这一情况的出现并不是因为人们不能接受低热度啤酒的概念，而是不当的定位所致，他们错误地把这种啤酒向那些注重节食但并不爱喝啤酒的人推销。

　　米勒公司看好这一市场，他们花了一年多的时间来寻找一个新的配方能使啤酒的热量降低，但其口感和酒精度与一般啤酒无异。1973 年，米勒公司的低热啤酒——"莱特"牌啤酒问世。

　　对"莱特"啤酒的推出，米勒公司可谓小心翼翼。他们找来一家著名的广告商来为"莱特"啤酒设计包装，对设计者提出了四条要求：①瓶子应给人一种高质量的印象；②要有男子气；③在销售点一定能夺人耳目；④要能使人联想起啤酒的好口味。为了打好这一仗，他们还慎重地选择了四个城市进行试销，这四个地方的竞争环境、价格、口味偏好都不相同。

　　他们广告攻势很猛烈，电视、电台和整版报纸广告一块上，对目标顾客进行轮番轰炸。米勒公司用的广告主题是"您所有对啤酒的梦想都在莱特中"。广告信息中强调：①低热度啤酒喝后不会使你感到腹胀；②"莱特"的口感与"海雷夫"一样，味道好极了。

　　米勒公司还故伎重演，找来了大体育明星拍广告并给出证词：莱特啤酒只含普通啤酒 1/3 的热量，但口味更好，你可以开怀畅饮而不会有腹胀的感觉。试销的效果的确不错，不但销售额在增加，而且顾客重复购买率很高。

　　到 1975 年，米勒公司才开始全面出击，广告攻势在美国各地展开，当年广告费总额达 1 100 万美元。公众对"莱特"啤酒的反应之强烈，就连米勒公司也感到意外。各地的"莱特"啤酒供不应求，米勒公司不得不扩大生产规模。

　　起初，许多啤酒商批评米勒公司"十分不慎重地进入了一个根本不存在的市场"，但米勒公司的成功很快堵上了他们的嘴巴，他们也匆匆忙忙地挤进这一市场，不过此时米勒公司已在这个细分市场上稳稳地坐上了第一把金交椅。

　　"莱特"啤酒的市场成长率一直很快。1975 年销量是 2 000 万箱，1976 年便达 5 000 万箱，1979 年竟达到 10 000 多万箱。1980 年，这个品牌的啤酒销售量列在"百威""海雷夫"之后，名列第三位，超过了老牌的"蓝带"啤酒。

　　在整个 20 世纪 70 年代，米勒公司的营销取得巨大的成功。到 1980 年，米勒公司的市场份额已达 21.1%，总销售收入达 26 亿美元，米勒啤酒被称为"世纪口味"。

 **章末案例 2**

王老吉[①]

　　突然之间，王老吉红得发紫。2003 年，一种红色罐装饮料出现在北京乃至全国的各

---

① 本案例由编者者根据多种报刊及网上有关资料编写而成。

大中城市的超市里，一条以红色为主色调的广告在央视和许多省级卫视频繁播放。超市里和广告中的红色饮料就是王老吉凉茶。

看似突然走红的王老吉其实并不是一种新产品，它在市场上已经销售了 7 年的时间。在它的头 7 年也只是一个地方品牌，销售区域仅仅局限在广东和浙江南部地区。一个地域性很强的产品，默默无闻了 7 年，却在 1 年的时间内迅速成长为一个全国性的强势饮料品牌。2003 年红色王老吉销量巨增 400％，年销售额从此前的每年 1 亿多元，猛增至 2003 年的 6 亿元，2004 年的 12 亿元，2005 年突破 15 个亿。出现了一个"王老吉飙红"的营销现象。

为什么红色王老吉能够如此迅速地红遍大江南北呢？当我们进一步追溯其中原因时，发现导致王老吉成功的原因有很多，但至关重要的是王老吉在谋求全国市场时对红色罐装王老吉凉茶的重新定位。

△ 不瘟不火的头 7 年

凉茶是广东、广西地区的一种由中草药熬制、具有清热祛湿等功效的"药茶"。在众多老字号凉茶中，又以王老吉最为著名。王老吉凉茶发明于清道光年间，至今已有 170 多年的历史，被公认为凉茶始祖。到了近代，王老吉凉茶更随着华人的足迹遍及世界各地。

20 世纪 90 年代中期，广东加多宝饮料有限公司取得了香港"王老吉凉茶"的品牌经营权之后，开始生产红色罐装的王老吉饮料。因为在两广地区对于王老吉的凉茶概念和品牌认知都比较充分，所以王老吉在区域范围内有比较固定的消费群，连续几年的销售额也稳中有增，盈利状况良好。王老吉凉茶的头 7 年，虽说一直处于不瘟不火的状态中，默默无闻地固守着一方区域市场，但加多宝公司的小日子过得也挺滋润。

可是，企业总是希望变得更强大，而且王老吉凉茶 20 年的品牌租赁期，转眼间已经过去了 7 年。于是加多宝开始图谋更大的市场，力求最大限度地把王老吉凉茶的产品和品牌做好做大。随后他们找到了成美公司。

"我们的初衷只是要成美以'体育和健康'为主题，给红色王老吉拍摄一条有关赞助奥运会的广告片，解决产品的广告宣传问题。"成美（广州）行销广告公司总经理耿一诚说："当时接到这个提案的时候，我们发现王老吉的核心问题不是通过简单地拍广告片可以解决的，关键是没有一个清晰明确的品牌定位。红色王老吉销售了 7 年，可是企业无法回答红色王老吉是什么，消费者也无法回答。但是一年一个多亿的销售额，就说明了市场是存在的，它一定能满足消费者的某种需要，而这种需要并没有明确地凸显出来。"

△ 解决产品定位的三块短板

广告大师大卫·奥格威曾经说过："一则广告的效果更多的是取决于你产品的定位，而不是你怎样写广告（创意）。"经过深入沟通，加多宝公司接受了成美的建议，决定暂停广告片的拍摄，委托成美先对红色王老吉进行品牌定位。经过两个多月的市场调查和市场研究，成美发现以下三个困扰企业继续成长的"短板"，不但阻碍了红色王老吉开拓新市场，甚至威胁到已有市场份额的保持。

1. 消费者的认知混乱

在广东，"王老吉"可以说是家喻户晓的，在消费者观念中，王老吉这个具有上百年历史的品牌就是凉茶的代称，是一种有药效的饮用品。由于凉茶下火功效显著，药性太凉，不宜经常饮用。这种"药"的观念直接决定了红色王老吉在广东虽有固定的消费量，同时也限制了它的增长。

此外，不同地区的消费者对于红色王老吉的认知也大相径庭。加多宝另一个主要销售区域在浙南的温州、台州和丽水三地，当地消费者把"红色王老吉"和康师傅茶、旺仔牛奶等饮料相提并论，没有不适合长期饮用的禁忌。加上当地的华侨众多，经他们的引导带动，红色王老吉很快成为当地最畅销的产品。

是饮料还是药？面对消费者混乱的认知，企业并没有通过宣传（广告、公关等）的手段进行强势引导，统一消费者的认知，而这也是由于红色王老吉自身没有一个明确的定位所导致的。

2. 企业宣传的概念模糊

加多宝不愿把王老吉以"凉茶"的概念来推广，限制了其销量，但要是作为"饮料"推广又没有找到品牌区隔，因此在广告宣传上也就没有鲜明的主张来打动消费者。王老吉曾经有这样一条广告：一个可爱的小男孩为了打开冰箱拿一罐王老吉，用屁股不断地蹭冰箱门。这条广告的广告语是"健康家庭，永远相伴"，而这条的打亲情牌的广告并不能体现红色王老吉的独特价值。

如果把王老吉置身于饮料市场，以可口可乐、百事可乐为代表的碳酸饮料，以康师傅、统一为代表的茶饮料，以及众多的果汁饮料和功能饮料都处在难以撼动的市场领先地位。而红色王老吉以"金银花、甘草、菊花、夏枯草"等草本植物熬制，有淡淡的中药味，对于口味至上的饮料而言，的确存在不小障碍。加上每罐3.5元人民币的零售价，如果加多宝的宣传不能使红色王老吉跟竞争对手区分开来，其进军全国市场将难成气候。

3. 产品概念的地域局限

凉茶概念最深入人心的是两广地区。广东消费者对王老吉凉茶概念的认知是很准确的，但广东人喝凉茶一般都会到凉茶铺，或者自家煎煮。而且在广东人的传统观念中，王老吉药业（原羊城药业）生产的药准字号产品（如王老吉颗粒和冲剂）被认为是王老吉的正宗产品。

另外，加多宝生产的红色王老吉配方源自香港王氏后人，是国家批准的食健字号产品，它的口感偏甜，按照中国"良药苦口"的中医观念，广东消费者感觉其"降火"药力不足，人们无法接受它饮料的脸孔。而且黄振龙等凉茶铺在广东遍地开花，占据了比较稳定的市场份额。因此红色王老吉虽是百年品牌，却受凉茶概念之累，在广东地区反而销量不振。

然而在两广以外，人们并没有凉茶的概念。在市场调查中，北方消费者甚至问："凉茶就是凉白开水吧"，"我们不喝凉的茶水，泡热茶"。如此看来凉茶概念的教育费用是很大的，而且内地消费者的"降火"需求已经被牛黄解毒片之类的药物填补，市场进入的难度不小。

△ **借"预防上火"一鸣惊人**

针对王老吉当红未红的三大软肋，2003年春节后成美给红色王老吉作了重新定位——预防上火的饮料，并把品牌定位用消费者容易理解和容易记住的一句广告词来表达："怕上火，喝王老吉。"这一简洁明了的定位，既彰显了红色王老吉的产品特性，也有效地解决了王老吉原有的品牌错位。

1. 是饮料不是药

在传播上尽量显示红色王老吉作为饮料的性质。在第一阶段的宣传中，王老吉以轻松、欢快的形象出现，强调正面宣传，避免出现症状式的恐怖诉求，把红色王老吉和保健品、药品区分开来，由广告宣传来改变消费者对红色王老吉的混乱认知。

2. 强调预防上火

强调"上火"的概念，淡化"凉茶"的概念。以"预防上火"作为红色王老吉的一个主打口号，针对消费者需求把红色王老吉的产品特性放大。由于上火是一个全国性的中医概念，而不像凉茶概念那样局限于华南地区。这就把红色王老吉带出了地域品牌的局限，有利于开拓全国市场。而且 3.5 元的零售价格因为有了"预防上火"的功能诉求，也不再高不可攀。耿一诚十分自信地说："做好了这个宣传概念的转移，只要有中国人的地方，红色王老吉就能活下去。"

3. 开创功能性饮料新品类

区分王老吉和竞争对手的市场定位。在市场上没有同类产品时，强调了红色王老吉"预防上火"的功能。在广告中，红色王老吉常常和火锅、烧烤等容易上火的享乐活动挂钩，力图使消费者产生这样的印象——红色王老吉是此类活动的必备饮料。这就使红色王老吉具备了可口可乐、康师傅等所不具备的特性，成功定义了红色王老吉的市场细分，开创了一个功能性饮料新品类，完成了红色王老吉和其他饮料的品牌区隔。

为王老吉作品牌咨询的特劳特（中国）品牌战略咨询有限公司策略总监陈奇峰认为："开创新品类永远是品牌定位的首选。开创了新品类，用广告传达出代表新品类的产品最强音，效果往往是惊人的。红色王老吉作为第一个预防上火的饮料推向市场，进入人们心智空间，那么红色王老吉就代表了预防上火这类饮料，随着品类市场的成长，红色王老吉自然拥有最大的收益。"

△ **广告攻势**

明确了品牌在消费者心智中的定位，接下来的工作就是推广品牌定位，让它真正进入人心，从而持久有力地影响消费者的购买决策。

在红色王老吉重新定位以后，加多宝公司董事长陈鸿道立即拍板，投入 1 000 万元人民币推广这一新定位。实际上，到 2003 年年底，王老吉的广告投放已经追加到了 4 000 万元人民币。2004 年的广告预算更是达到了 1 个亿。

因为新定位"怕上火，喝王老吉"着眼于开拓全国市场，加多宝选择央视作为媒介投放的主要平台。加多宝副总经理阳爱星曾说："有了这样一个精准的定位后，怎样在最短的时间里将此概念打入消费者的心中，占据消费者的心智资源，这时必须要选择一个适合的宣传平台，央视一套特别是晚间《新闻联播》前后的招标时段构筑了具有全国范围传播力的保障。"

2003 年加多宝先是选择了在"非典"期间投放了央视一套的黄金招标段，"预防上火"的宣传口号在当时取得了很不错的宣传效果。然后加多宝又在当年的 11 月 18 日参加央视 2004 年黄金广告段位招标，投入巨资拿下了 2004 年 3～8 月份的几个黄金标段。除此以外，在红色王老吉销售红火的地域投放了电视广告。在浙南的温州等地，可乐的销售额始终落后，于是可口可乐和百事可乐几乎放弃了在该区域的广告投放，而王老吉却在这些区域投放了大量的广告。正是这种疾风暴雨似的广告攻势，保证了红色王老吉在短期内给人们留下了深刻印象，迅速飙红大江南北。

△ 强力渠道策略助王老吉"北伐"

仅有广告的高空拉动只是成功的一方面，对于销售渠道和销售终端的宣传推进是成功的另一方面。耿一诚介绍，加多宝不仅在"空军"（电视广告）上不惜炸弹，在"步兵"（销售渠道）的装备上也非常昂贵。

在王老吉的渠道和终端地面推广上，除了给渠道商家提供实实在在的利益，除了传统的POP广告外，加多宝还开辟了餐饮新渠道，选择湘菜和川菜馆、火锅店作为"王老吉诚意合作店"，投入资金与他们共同进行促销活动。并且把这些消费终端场所也变成了广告宣传的重要战场，设计制作了电子显示屏、红灯笼等宣传品免费赠送。最终，王老吉迅速进入餐饮渠道，成为餐饮渠道中主要的推荐饮品。

2004年8月，王老吉凉茶进入了善于创新和本土化的肯德基的点餐牌。肯德基的食品容易上火，而王老吉凉茶正好具备下火的功效，在功能互补上刚好吻合。虽然目前只是在广东范围内的200家肯德基推出，但王老吉看重的是肯德基把它推向全国的计划，这和加多宝"市场北伐"，推动凉茶全国销售的营销思路是一致的。

除了餐饮渠道，在其他消费终端的促销活动中，加多宝同样针对"怕上火，喝王老吉"这一主题做文章。比如2005年夏天举行了"炎炎消夏王老吉，绿水青山任我行"刮刮卡活动。消费者刮中"炎夏消暑王老吉"字样，即可获得当地避暑胜地门票两张，并可在当地度假村免费住宿两天。

学、做一体练习与实践

一、不定项选择题

1. 作为营销战略，位置定位中的产品位置主要是指（ ）。
   A. 产品大类   B. 产品品类   C. 产品品种   D. 产品品目

2. 适合采用无差异营销战略的情况有（ ）。
   A. 企业规模小   B. 产品供不应求
   C. 很受欢迎并畅销的新产品   D. 处于成熟期的产品
   E. 高价产品

3. 适合采用差异营销战略的情况有（ ）。
   A. 企业规模大、实力雄厚   B. 市场竞争激烈
   C. 需求存在差异   D. 处于成熟期的产品
   E. 低价产品

4. 适合采用集中营销战略的情况有（ ）。
   A. 企业规模小   B. 产品供不应求
   C. 企业资源、能力有限   D. 处于衰退期的产品

　　E.　高价产品

5. 下列对心理定位的描述，正确的有（　　　）。

　　A. 是一种传播策略　　　　　　　B. 不改变产品，改变的是广告、名称等

　　C. 针对顾客潜在心理采取行动　　D. 从一定角度看，心理定位就是形象定位

二、判断正误题

1. 位置定位就是确定企业的目标市场。

2. 作为一种营销战略，差异营销优于无差异营销。

3. 特色定位的目标是夺取市场第一名。

4. 市场占有率第一名永远只有一个，所以"做第一"的目标对于绝大多数的企业而言都是可望而不可即的。

5. 心理定位不涉及对产品的改变，改变的是产品的名称、价格、包装和广告。

三、填空题

1. 位置定位就是指企业选择并占据某一个或几个_____。

2. 在需求复杂、多变的今天，企业必须明确自己所处的_____，才能有针对性地开展市场营销活动，从而更好地为市场服务，并占据市场。

3. 有 3 种目标市场营销战略，即_____、_____、_____。

4. 采用集中营销战略，不是在一个大的市场上占有_____，而是追求在一个小的市场上占_____。

5. 企业在进行位置定位时，要做 5 个方面的检验，即_____、_____、_____、_____、_____。

6. 特色定位的本质是_____。

7. 最初，定位理论是由_____提出来的。

8. 心理定位是对未来的_____所下的工夫。

9. 市场营销目标包括_____ 和_____ 两类。

四、名词解释

1. 市场营销战略；

2. 位置定位；

3. 无差异营销战略；

4. 差异营销战略；

5. 集中营销战略；

6. 特色定位；

7. 心理定位。

五、简答与论述题

1. 为什么说位置定位是企业最重要的市场营销战略？

2. 简述界定明确的目标市场的重要性。

3. 好位置应该具有哪些特征？

4. 请列举进行位置定位的方法。

5. 请介绍侧翼定位。

6. 请论述位置定位的程序和内容。

7. 在什么情况下企业才采用正面定位？

8. 有效的差异化应满足哪些原则？

9. 简述心理定位的方法。

10. 预测并制定企业销售目标的方法有哪些？

六、案例分析题

1. 阅读章首案例《我做雨润量贩店》，（1）请描述案例中雨润量贩店的产品/市场位置。（2）评价该位置是否具备好位置的特征。

2. 阅读章末案例 1《米勒啤酒公司》，请分别分析"海雷夫"和"莱特"的定位战略。

3. 阅读章末案例 2《王老吉》，请问王老吉飙红的主线是什么？这条主线里的关键点是什么？

七、讨论思考题

1. 位置定位、特色定位和心理定位都需要用到市场细分。请问市场细分被应用于这三个层次的定位过程中，采用的细分依据和步骤有什么不同？

2. 为什么说心理定位在实质上是一种纯粹的传播策略？

八、概念应用题

1. 通过看广告和产品本身，我们可以知道营销人员是如何对他们的产品进行定位的，在媒体上选择一则广告，根据其广告内容和产品，描述该品牌的位置定位、特色定位和心理定位。

2. 找出你所熟悉的一种定位失当或定位不鲜明的品牌，请试着对它进行重新定位，并说明你为什么这样定位。

第九章　产品策略

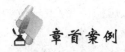 **章首案例**

铱　星

2000 年 3 月，投资近 58 亿美元的铱星世界通讯公司宣告破产了。铱星公司由摩托罗拉公司于 1987 年发起成立，摩托罗拉控股 18%，是最大的股东。这个以元素周期表排第 77 位的金属"铱"命名的铱星系统，是一个覆盖全球的移动通信系统。它是世界上第一个大型低轨卫星通信系统，也是地球上最大的无线通信系统。它利用 66 颗通信卫星，组成一个包围地球的"卫星圈"，从而使无线通信网络覆盖全世界的每个角落，包括两极与各大海域。使用铱星通信系统，即使是偏远如南北极，高峻如珠穆朗玛峰，人们都可以随时保持联系，互通信息。该系统从 1997 年 5 月开始发射第一批卫星，到 1998 年 11 月共 66 颗卫星全部发射完毕，历时 6 年。1998 年铱星系统正式投入商业运营。铱星的出现，赢得了人们一致的欢呼。铱星的光环越来越亮，股价也一路上升，从发行时的每股 20 美元一直飙升到 1999 年 5 月的 70 美元。1999 年，某些权威机构甚至将它评为世界十大科技成就之一。

而到 1999 年 8 月，铱星已负债达 15 亿美元，公司被迫向法院申请破产保护。公司股票也于 3 个月后被纳斯达克交易所停牌。此后，铱星和摩托罗拉曾尝试资产重组，移动电话大亨克雷格的投资集团也曾准备注资 6 亿美元，舆论还曾猜测五角大楼有可能出资购买铱星公司。但在法庭规定的最后期限内，这些都成为泡影。

铱星公司破产以后，在 IT 产业、证券市场和理论界掀起轩然大波，也引发了人们长时间的激烈讨论，理论界更是对铱星公司失败的原因进行了大量的研究。总结各种观点，人们发现铱星确实犯了许多错误，这些错误主要有：

（1）成本过高，维护费用巨大。铱星系统的建设需要极其庞大的固定资本投入，高达数十亿美元的固定成本使得铱星产品的价格和服务收费十分高昂，超出一般用户的承担能力。在初期阶段，每部铱星手机的售价约为 3 000 美元，而每分钟的通话费用则在 6～7 美元之间。根据规模经济的原理，这时必须迅速扩大用户规模，来分担高昂的固定成本，使价格逐渐降低。但是，一直到 2000 年 3 月，用户数仅为 5.5 万户。而据一些分析家估计，其收支相抵的财务平衡点至少需要有 65 万户。为什么用户规模上不去呢？价格高是一个原因，但更重要的是技术和替代品的原因。

（2）技术上不成熟。由于公司迫于外界的压力，在技术还没有完全成熟的情况下过早投入商用，加上通信卫星在天上运行，不易进行技术改进，造成通话信号不佳，在室内几乎完全无法使用，用户怨言四起，潜在客户更是敬而远之。

（3）替代品。铱星投入运营时，基于模拟技术的无线通信服务产品已经相当成熟，尽管它的信号也不太好（但至少比铱星好），但价格低廉，从而形成了对铱星的强烈替代威胁，使铱星在一开始就面临出师不利的局面。

（4）市场分析失误。铱星系统设计、建设的出发点是全球统一的无线通信市场，但由于各种原因，这个统一的市场至今尚未形成。

（5）财务风险过高。由于该项系统耗资巨大，公司举借了许多短期债务。再加上，后续投入资金跟不上来，从而直接导致了公司的破产。

"在错误的时间，错误的市场，投入了错误的产品。"这是业界权威对铱星陨落的评价。

产品是市场营销组合中最重要的因素。任何企业的营销策略总是首先从确定向目标市场提供什么产品开始的，然后才会有定价、促销、分销等方面的决策。因此，产品策略是企业市场营销组合策略的基础。产品策略是一个综合性的概念，它包括产品组合策略、品牌策略、设计策略、包装策略、新产品开发策略等。

第一节 产品的设计、质量和特色策略

产品的设计、质量和特色策略，在一般人的眼中应该属于技术开发和生产部门的事情。但实际上，它们首先是重要的营销因素。营销人员应该把握市场上该产品在设计、质量和特色方面的变化，及时向技术开发和生产部门提供顾客要求和产品改进方面的信息。

一、产品的设计策略

产品设计直接制约着产品的质量和特色，影响着企业产品满足顾客需求的程度，从而影响产品的竞争力。产品设计主要要做好以下几方面的工作：

（1）内部技术构造和工作原理的设计。这是技术性较强的设计环节，主要由技术人员来完成。

（2）功能设计。产品功能简单地说就是产品"能干什么"。在设计时要处理好产品的使用功能（适用性）、美学功能（外观）和贵重功能（豪华、高贵）之间的关系，处理好基本功能与辅助功能的关系，处理好必要功能和不必要功能、适量功能和过剩功能的关系。有些产品辅助功能超过基本功能，喧宾夺主；有些产品的某些功能是多余的，结果使得成本增加，售价提高，不但使产品缺乏竞争力，也使顾客在不知情的情况下花一些冤枉钱。

（3）使用方法设计。企业设计出来的产品要尽量方便顾客使用，方法简单易学，易于操作，且具有高度的安全性。有些企业设计的产品不易使用，注意事项太多，甚至有不安全的隐患，这都是不利于让消费者认可、购买，甚至会对消费者造成损害的利益。

（4）维护修理设计。产品要易于维护修理，维护修理成本低。

（5）外观设计。优秀的产品应该是优异的内在品质与漂亮、独特的外观设计的统一。外观设计不新颖，不美观，不能称得上是优秀产品。外观设计差是我国企业产品缺乏竞争力的重要原因。在国际市场上，中国的丝织衬衫和意大利的丝织衬衫面料完全相同，然而意大利的产品每件卖上百美元，而我们的产品每件只卖十几美元，主要原因是设计差。产品档次高低，一个重要方面是看外观设计。在产品内在质量越来越接近的现代市场上，竞争的焦点日益表现在外观设计上。因此，有远见的企业都把加快设计更新，提高设计水平列为重要的营销手段。重视设计，视外观设计和品质同等重要，以及把设计和制造密切结合是提高企业产品设计价值的重要途径。

（6）服务设计。现代营销注重向顾客提供满意而非产品，服务的重要性不言而喻。"商品售出就万事大吉"是非常错误的思想。有人说"真正的销售在售后。"对任何产品，哪怕是最优质的产品，企业也必须承担服务责任。因为服务绝不仅仅是质量维护，它还能沟通厂商和顾客之间的情感联络，树立企业良好的形象。良好的服务是产品畅销的根本条件，良好的服务能够创造市场。只靠品质优秀或价格低廉，今天或许能把产品销售出去；但明天、后天要想保证产品畅销，服务则为关键因素。

二、产品质量策略

产品质量是产品整体概念的重要内容，是顾客无论何时购买都会考虑的重要因素。品质优良能够吸引顾客，品质低劣则无人问津。美国一研究小组调查表明，顾客情愿多付点钱来购买品质好的产品。名优产品之所以能以比一般产品高的价格出售，主要原因即在于此。目前，我国企业产品的竞争还主要表现在质量竞争上，市场畅销的产品主要是因为质量好。因此，企业必须强化质量意识，精益求精，狠抓质量，向市场提供高质量的产品。此为企业成功之本。

解决企业产品质量问题，一是选用质量标准，二是保持一致性。企业只要能够做到正确选取或自己制定合适的质量标准，并严格保持其一致性，就会有一个富有竞争力的产品质量。

（1）选用质量标准。说产品质量好或差，必须有一个标准。质量标准是企业管理质量的标杆和依据，它的选取或制定在质量管理中居首要的地位。企业的产品质量标准有国际标准、国家标准、行业标准和企业标准。

下面是关于 ISO 9000 质量标准的论述。ISO 9000 系列标准，是国际标准化组织（ISO）在 1987 年发布的《质量管理和质量保证》系列国际标准，它包括下面五个标准：

ISO 9000，这是质量管理和质量保证标准的选择和使用指南。它阐述了五个关键术语的概念及其相互关系，这五个术语是：质量方针、质量管理、质量体系、质量控制和质量保证。其阐述了一个组织应力求达到的质量目标、质量体系的环境特点和质量体系标准的类型，规定了质量体系标准的应用范围，三种质量保证模式的选择程序和选择因素。此外，它还规定了质量体系证实和质量文件的内容、供需双方在签订合同前应作的准备等。

ISO 9001，质量体系 1，这是一种设计、开发、生产、安装和服务的质量保证模式。它适用于要求供方质量体系提供从合同评审、设计直到售后服务都能进行严格控制的足够依据，以保证从设计到售后服务各阶段都符合规定的需求，并强调对设计质量的控制。

ISO 9002，质量体系 2，这是一种生产和安装的质量保证模式。适用于要求供方质量体系提供具有对生产过程进行严格控制能力的足够依据，以保证在生产和安装阶段符合规定要求，防止生产不合格产品和不正确的安装，强调预防为主，质量控制与质量检验相结合。

ISO 9003，质量体系 3，这是最终检验和试验的质量保证模式。它适用于要求供方质量体系提供具有对产品最终检验和试验进行严格控制的能力的足够依据，强调检验把关。

ISO 9004，这是质量管理和质量体系要素指南。此标准阐述了企业建立质量体系的原则，质量体系应包括的基本要素，各基本要素的含义，要素的目标及所要求的文件、记录等。这是指导企业建立质量体系的标准文件。

ISO 9000 系列标准与全面质量管理的理论依据和指导原则是一致的，方法上可以互相兼容。通过推行 ISO 9000 系列标准可以促进全面质量管理的发展并使其更加规范化，还可以与国际合作伙伴进行双边和多边认可，促进国际合作和国际贸易的发展。

对于企业来说，ISO 9000 系列标准虽然是推荐性的，并不要求强制执行，但是由于国际上独此一家，各国政府又予以承认。因此，实施 ISO 9000 系列标准，应当看成是以质量取胜战略的重要组成部分。

（2）保持一致性。有了质量标准，接下来就是执行标准的问题了。执行标准的要求是保持 3 个方面的一致性：一是时间上的一致性，即无论何时企业都必须严格执行自己选用或制定的质量标准；二是地区上的一致性，即无论产品是在企业哪个地区的工厂、分公司、连锁店生产的，都必须执行统一的产品质量标准；三是品种、批次上的一致性，即无论是哪个品种或批次，都必须严格执行标准。

三、产品特色策略

特色是指产品跟同类其他品牌相比，具有独特的能对顾客产生吸引力的产品属性。现代市场营销成功的关键即在于向市场提供具有独特价值的东西。因此，企业在产品开发中一定要重视特色。特色为产品魅力之所在，是吸引顾客提高竞争能力的重要因素。纵观世界名牌产品，顾客之所以对其情有独钟，特色亦是重要原因。例如，宝马就是以快速、新潮、灵秀、别致而在世界名车之林获得一席之地的。企业不仅要善于创造特色，而且还要善于宣传自己的特色，以自己的特色迎合某类顾客，从而创造独特的竞争优势。宣传时，你不必说自己的产品十全十美，只需说明此产品在某一方面与众不同即可。

第二节　产品组合策略

市场的需要是多种多样的，企业应生产各种产品来满足购买者的需要。然而，企业又受自身能力的限制，并非经营生产的产品种类越多越好。企业必须根据市场需要和自身能力，确定最佳产品组合。

一、产品组合的有关概念

我们在前面第四章第一节曾经提到，产品是复杂的，产品里包括产品大类→品类→品种→品目这样几个不同层次的概念。在此基础上，我们来认识其他有关概念。

（1）产品线。是指一个企业所经营的产品大类和品类。

（2）产品组合。也叫产品结构，是指一个企业所经营的全部产品线和产品品种。不同企业经营的产品线有多有少，产品品种亦有多有少。因此，产品组合包括 4 个变化因素，即宽度、长度、深度和关联性。

（3）产品组合的宽度。是指一个企业所拥有的产品线数目。产品线越多，说明这个企业产品组合的宽度越大；产品线越少，说明产品组合宽度越窄。

（4）产品线的长度。是指企业在某一产品线中产品品种的多少。

（5）产品线的深度。是指企业在某一产品品种中产品品目的多少。

（6）产品组合的关联性。是指各产品线之间在最终用途、生产条件、销售渠道等方面的相关程度。相关性的高低同观察的角度不同有关，有时从生产上来看相关性很高，但从消费上来看则相关性很低。

二、产品组合增减策略

产品组合策略，就是指企业根据市场需要，考虑企业经营目标和企业实力，对产品组合的宽度、长度、深度和关联性所做出的决策。

在一般情况下，扩大产品线的宽度有利于发挥企业的潜力，开拓新的市场；加大产品线的长度和深度，可以占领同类产品的更多的细分市场，满足更广泛的购买者的不同需求和爱好；加强产品组合的关联性，则可以使企业在某一特定的市场领域赢得良好的声誉，同时更好地发挥和提高企业在有关专长方面的能力。因此，企业扩展产品组合的宽度，加大其长度、深度以及加强其关联度，都可能产生促进销售，增加利润的效果。但是这种努力，将受到如下三个条件的限制：一是受所拥有的资源条件的限制，企业只能经营与自己的能力相适应的那些产品；二是受市场需求情况的限制，企业只能增加、加长、加深具有良好成长机会的产品线；三是受竞争条件的限制，如果新增加的产品线遇到强大的竞争对手，利润不确定性很大，那么与其加宽产品线，不如加长、加深原有的产品线更为有利。

正因为受到三个条件的限制，所以，企业有的时候可能需要做出与产品组合扩展相反的策略，即削减产品组合的宽度、长度和深度。这种削减可能有两方面的原因：一是某些品种、品类、品目已经过时，不适应市场需求的变化了；二是企业采用集中性营销的需要。

要想对产品组合及时、正确地进行增减调整，企业必须做好现有产品组合的监控工作，即对不同的产品线、产品品种和品目，连续记录其销售量、价格、销售收入、销售比重、销售利润，经常地分析其销售变化趋势。只要我们有良好的记录和分析，就不难做出产品组合增减策略。

 案例

这个世界是否真的需要有 31 种不同的海飞丝香波，或 52 个版本的佳洁士牙膏呢？宝洁公司（即 P&G 公司）认为答案是"NO"。经过数十年的推陈出新，P&G 已发现它销售了太多不同的产品品种。现在，它开始干一件不可思议的事情：缩减。现在宝洁公司在美国本土的产品名单较 20 世纪 90 年代初已减少了 1/3。单是在头发护理用品一项上，它就砍掉了近一半的产品品种。有人担心，更少的型号、大小、包装以及配方意味着消费者拥有更少的选择，所以销售额将会下降。是这样吗？错。事实是护发用品的市场份额在过去的 5 年中增长了近 5 个百分点，达到 36.5%；凭借其在全球的扩张，总销售额在同一时期内也增长了 1/3。

三、产品组合的评价和优化决策的分析工具

当我们对产品组合中不同的产品进行评价时，人们可能只有笼统的概念，觉得这个产品是"公司昨天的财源"，而那个产品是"明天的饭碗"等。这种凭印象办事的方法必须抛弃，而代之以产品分类分析法。人们提出了数种产品组合评估框架，其中以美国波士顿咨询集团的评估方法最为著名。

波士顿咨询集团是美国一流的管理咨询企业，它建议企业用"市场增长率—市场占有率矩阵图"来分类和评价产品，如见图9-1所示。

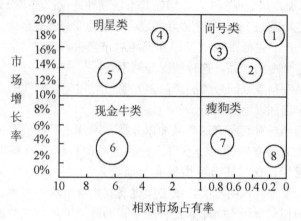

图9-1　市场增长率—市场占有率矩阵

矩阵图中的纵坐标代表"市场增长率"，表示公司的某产品的年市场增长率。并假设以10％为分界线，10％以上为高增长率，10％以下为低增长率。

矩阵图中的横坐标代表"相对市场占有率"，表示公司的某产品的市场占有率与同行业最大竞争者（即市场上的领导者或"大头"）的市场占有率之比。如果公司某产品的相对市场占有率为0.4，这就是说，其市场占有率为同行业最大竞争者市场占有率的40％；如果公司产品的相对市场占有率为2.0，这就是说，本企业是市场上的"大头"，其市场占有率为市场上"二头"市场占有率的两倍。假设以1.0为分界线，1.0以上为高相对市场占有率，1.0以下为低相对市场占有率。

矩阵图中的8个圆圈代表公司的8个产品。这些圆圈的位置表示公司的产品的市场增长率和相对市场占有率的高低；各个圆圈面积大小则表示公司的各个产品的销售额大小。

矩阵图把公司所有的产品分为四种不同的类型：

（1）问号。这一类产品是高市场增长率和低相对市场占有率的产品，大多数产品最初都处于问号类。这类产品需要大量现金，因为公司必须提高这类产品的相对市场占有率，使之赶上市场上的"大头"，而且必须增添一些工厂、设备、人员，才能适应迅速增长的市场。所以，公司的最高管理当局要慎重考虑经营这类产品是否合算；如果不合算，就应精减或淘汰。从图上看，公司有三个问号类产品。这类产品可能过多，公司与其把有限的资金分散用于三个产品，不如集中力量用于其中一两个产品，这样经营效益也许会高一些。

（2）明星。问号类的产品如果经营成功，就会转入明星类。这类产品是高市场增长率

和高相对市场占有率的产品。这类产品，因为市场迅速增长，同时要击退竞争对手的进攻，需要投入大量资金，因而也是使用资金较多的产品。由于任何产品都有其生命周期，这类产品的市场增长速度会逐渐降低，最后就转入现金牛类。

（3）现金牛。明星类的产品的市场增长率下降到10％以下，就转入现金牛类。现金牛是低市场增长率和高相对市场占有率的产品。这类产品，因为相对市场占有率高，盈利多，现金收入多，可以提供大量现金，被形象地称为企业"现金的肥牛"。公司可以用这些现金来支付账单，支援需要现金的问号类、明星类和瘦狗类产品。从图上看，公司只有一个大现金牛，这种财务状况是很脆弱的。如果这个现金牛的市场占有率突然下降，公司就不得不从其他产品上抽回现金来加强这个现金牛，以维持其市场领导地位；如果公司把这个现金牛所释放出的现金都用来支援其他产品，这个强壮的现金牛就会变为弱现金牛。

（4）瘦狗。这类产品是低市场增长率和低相对市场占有率的产品，盈利少或者亏损。从图上看，公司有两个瘦狗产品，这种情况显然不妙。

一个公司，如果瘦狗类或问号类的产品多，明星类和现金牛类的产品少，这样的产品组合是不合理的，应当加以适当调整。

公司的最高管理当局对其所有的产品加以分类和评价之后，就要采取适当的战略。在这个方面可供选择的战略有四种：①发展。这种战略的目标是提高产品的相对市场占有率。为了达到这个目标，有时甚至不惜放弃短期收入。这种战略特别适用于问号类的产品，因为这类产品如果要转入明星类，就必须提高其相对市场占有率。②保持。这种战略的目标是维持产品的相对市场占有率。这种战略特别适用于现金牛类的产品（特别是其中的大金牛），因为这类产品能提供大量现金。③收割。这种战略的目标是增加产品的短期现金流量，而不顾长期效益。这种战略特别适用于弱小的现金牛，这类产品很快要从成熟期进入衰落期。因此，这类产品的前途暗淡，但公司需要从这类产品中获取更多的现金收入。此外，这种战略也可以用于打算逐步放弃的问号类和瘦狗类的产品。④放弃。这种战略的目标是清理、变卖某些产品以便把有限的资源用于经营效益高的产品。这种战略特别适用于那些没有发展前途或妨碍公司增加盈利的问号类和瘦狗类产品。

还应看到，上述四类产品在矩阵图中的位置不是固定不变的。因为任何产品都有其生命周期，所以随着时间推移，这四类产品在矩阵图中的位置会发生变化。例如，公司的产品起初处于问号类，这类产品如果经营成功，就会转入明星类；后来，随着市场增长率下降到10％以下，又会从明星类转入现金牛类；最后，到产品的衰落期，产品销售量下降，它又从现金牛类转入瘦狗类。

第三节　产品包装策略

产品包装是指产品在市场营销过程中，为保护产品质量，方便储运，促进销售，按一定技术方法包覆在产品实体上的容器、材料和各种辅助物的总称。

一、产品包装的重要性

（1）保护产品质量。保护产品质量完好无损，是产品包装的重要目的。产品在从生产领域向消费领域转移过程中，要经过多次运输和储存环节。在运输过程中会有震动、挤压、碰撞、雨淋等损害；在储存过程中也会遇到虫蛀、鼠咬、腐蚀等情况。因此，必须有良好的包装，才能使产品免受其害。对于像感光器材、饮料、酒等产品，若没有包装，其价值和使用价值便不复存在。

（2）便于产品流通。产品从出厂到收购、调运、储存和销售，需要进行装卸、搬运、清点、堆码和零售一系列的工作。若无完善的产品包装，势必增加一些工作的难度，有时甚至无法完成。将产品按一定的数量（重量）、形状、尺寸、规格、大小，选用适当的材料包装起来，既便于产品的计量与清点，又可以合理利用各种运输工具，提高运输、装卸和堆码效率，提高仓容利用率和储存效果，从而加快产品流通，提高企业的经济效益。

（3）促进产品销售。造型新颖、装潢别致的产品包装，能把产品和消费紧密联系起来，起到促销的媒介作用。包装装潢是特殊语言，可向消费者传递产品信息，使其对产品产生信任感和使用安全感。包装的文字、绘画、色彩，起着美化与介绍产品的作用，成为"无声的推销员"。

（4）方便消费。包装为消费者携带、保存和使用产品提供了方便。像糕点、糖块等食品，若无包装，不但会使产品受到污染，而且也难于携带。若将产品用大小不同的包装物包装起来，就会使之适合不同的消费对象。如一两装的味精适合家庭用，一斤装的味精适合饭店、公共食堂用。包装上的图案、文字，既可以防止产品被假冒，又可以介绍产品的成分、性质、用途和使用方法，起到指导消费的作用。

 案例

说起可口可乐的玻璃瓶包装，至今仍为人们所称道。1898 年鲁特玻璃公司一位年轻的工人亚历山大·山姆森在同女友约会中，发现女友穿着一套筒形连衣裙，显得臀部突出，腰部和腿部纤细，非常好看。约会结束后，他突发灵感，根据女友的裙子设计了一个玻璃瓶。

经过反复修改，亚历山大·山姆森不仅将瓶子设计得非常美观，很像一位亭亭玉立的少女，他还把瓶子的容量设计成刚好一杯水大小。瓶子试制出来之后，有经营意识的亚历山大·山姆森立即到专利局申请专利。

当时可口可乐的决策者坎德勒看到了亚历山大·山姆森设计的玻璃瓶后，认为非常适合作为可口可乐的包装。于是他主动向亚历山大·山姆森提出购买这个瓶子的专利。经过一番讨价还价，最后可口可乐公司以 600 万美元的天价买下此专利。要知道在 100 多年前，600 万美元可是一项巨大的投资，然而实践证明可口可乐公司这一决策是非常成功的。

亚历山大·山姆森设计的瓶子不仅美观，而且使用非常安全，不易滑落。更令人叫绝的是，其瓶的中下部是扭纹形的，如同少女所穿的条纹裙子；而瓶子的中部则圆满丰硕，如同少女的臀部。此外，由于瓶子的结构是中间大下部小，当它装可口可乐时，给人的感觉是分量很多。采用亚历山大·山姆森设计的玻璃瓶作为包装以后，可口可乐在两年的时间内，销量增加了一倍，并从此销量飞速增长，畅销美国，风靡世界。

二、包装的种类

随着我国科学技术的发展和社会生产力的提高，市场日益繁荣，商品种类不断增多，固体、液体、气体商品，块状、粉状、易燃、带毒商品，方、圆、长、短商品，大、小、轻、重商品等，十分复杂，因而决定了商品包装种类的多样化和复杂化。

（1）按商品经营的习惯分，商品包装可分内销商品包装、出口商品包装和特殊商品包装。

①内销商品包装。凡在国内市场上转移、周转和销售的商品的包装，称为内销商品包装。它包括工业包装和商业包装两类。工业包装的主要目的是方便商品的运输和储存，保证商品在流通过程中不受损伤或减少损耗。商业包装也称销售包装，其主要目的是便于销售和消费者使用。它是根据不同消费对象的特点设计的，所容纳的商品量较少。

②出口商品包装。这是指出口商品所使用的包装。同内销商品包装比较，它在造型设计、美术装潢、语言文字、材料选择等方面，都有自己的一些特点。总的来看，出口商品包装多采用集合包装的形式，并考虑进口国消费者的特殊生活习惯、爱好与禁忌。

③特殊商品包装。这是指工艺美术品、古文物、军需用品等的包装。由于这些商品的特殊性，要求商品包装的防压、抗震、抗冲击等方面具有强度更高的保护性能，保护措施更周到，安全系数更大。

（2）按商品在流通中的作用分，商品包装可分为外包装和内包装。

①外包装。又称运输包装，是指商品最外层的包装，一般与运输工具直接接触，它的主要作用是保护商品、方便运输、装卸和储存。常用的外包装有：箱、桶、袋、包、坛、罐、篓、笼、筐等。

②内包装。又称销售包装或小包装，一般与商品实体直接接触，除了有保护商品的基本作用外，它还便于顾客购买和使用，美化商品，具有较好的促销作用。

（3）按商品包装所采用的材料分，商品包装可分为纸制包装、塑料包装、金属包装、木制包装、玻璃与陶瓷包装、纤维制品包装、复合材料包装、其他材料包装等。

三、包装的设计

包装设计的基本原则是：保护商品，促进销售，降低成本。促进销售虽然是包装的重要任务，但不能只注重包装的精美，而忽视商品的内容。准确地表达商品所含的基本消费利益，提供与商品定位紧密相关的内容，才是包装设计中最重要的决策。优秀的商品包装设计，就是使包装各要素有机结合，统一于商品内容中。各要素的设计要点如下：

（1）品牌和标签。品牌在包装上要占据突出位置，标签要醒目，文字说明要简明、准确、易懂。

（2）形状。商品包装的形状要有利于搬运、储存和陈列。工业包装要充分考虑运输过程的平稳和安全。方便是包装形状设计的第一要点，其次才是美观。

（3）颜色和色调。颜色是商品包装中与销售刺激联系最紧密的要素之一，对促销效果影响较大。颜色的运用要随着社会意识而变化，要与目标市场的文化背景相吻合，色调的组成和调配应能加强商品的特征，给人以深刻的印象。

（4）配图。一般商品包装上都配有一定的图案，以突出和美化商品，吸引人们的注意力。包装上的配图，要大小适宜，位置恰当，图案清楚，突出商品定位。

（5）材料。包装材料的好坏直接影响包装效果。因为一种好的包装材料，有时可以使处于衰退期的商品起死回生，恢复其市场生命力。所以，应选用和不断开发新型包装材料。

商品包装设计除了基本原则外，对内外包装还有不同的要求：

（1）对外包装设计的要求。要牢固、耐用，包装的体积、重量不应过大，应方便运输、装卸、保管，同时注意费用的节约。

（2）对内包装设计的要求。突出与美化商品；便于商品陈列和销售；便于顾客识别、选购、携带、使用；包装物与商品的质量、特点相适应；符合消费心理，社会习俗。

四、包装策略

（1）类似包装策略。将企业生产经营的不同品种的商品在包装上采用相同的图案、近似的色彩、共同的特征，使顾客见此便联想到是同一企业的商品。它不仅可以节省包装费用，还可以强化企业的影响，扩大企业声势，有利于新商品拓展市场。使用这种策略的前提条件是，商品质量大体相同，若相差悬殊，则不宜采用。

（2）等级包装策略。对同一品种而不同档次和不同质量的商品使用不同的包装，并在装潢的风格和特点上与商品的实际价值相协调。这样做符合人们由于偏好、收入水平和购买用途不同，而产生的对商品包装的不同要求，便于消费者选择与商品使用环境相宜的包装。例如，礼品包装、豪华包装、简易包装等。

（3）成套包装策略。将几种在用途上有关联的商品置于同一包装物内出售，称为成套包装。这种包装策略既便于购买者使用商品，也有利于扩大商品的销售。当新商品和老商品混合包装销售时，消费者会在潜移默化中熟悉、喜爱、接受新商品，从而很快拓展市场。

（4）再用包装策略。即消费者用完商品后，留下的包装物可移作他用。如某些饮料瓶，喝完饮料后还可做茶杯。这会引起购买的兴趣，增强对顾客的吸引力。

（5）一次性包装策略。是指商品消费完毕后，其包装物便被废弃的包装。一次性包装比较简便，造价低，便于顾客携带和使用，深受欢迎。像易拉罐饮料、快餐盒等，都是一次性包装。采用一次性包装策略，其包装材料的来源要有保证，并且要易于销毁，易于处理。

（6）附赠品包装策略。就是在商品包装物内附赠给购买者一定的物品。这一策略在国外比较盛行，近几年我国的一些企业也逐渐采用。赠送给消费者一定的物品虽然会增加费用支出，但却增强了商品的竞争能力，能吸引更多的消费者来购买商品，有利于扩大销售。

（7）更换包装策略。当原来的商品包装因陈旧、落后而失去影响力时，要及时更换新的包装，以保护和提高商品形象。

第四节　新产品开发策略

由于科学技术的不断发展，使发展新产品成为可能；由于市场的剧烈竞争又使发展新产品成为必要。在市场经济中，不少企业提出"以品种求生存"的口号。美国企业管理专家彼特·德鲁克认为："任何工业企业具有两个，也仅有两个基本功能——市场销售和创新。"因此，企业研究开发新产品，是产品研究的主体部分，也是企业经营成败的关键。

一、新产品的概念

营销中所指的新产品是一个广义概念，它一般包括下列四种：

（1）全新产品。是指将现代科学技术用于生产而制造出的全新产品。这种全新产品必须具有新的原理、新的工艺技术、新的材料和新的性能等特点。

（2）换代新产品。是指在原有产品的基础上，采用新技术而制造出来的，适合新用途和新需要的新产品。如将计算机技术应用于战斗机制造，生产出自动化程度更高、打击更快、更准的新式战斗机；将数字技术应用于电视机上制造出数字电视等。

（3）改进新产品。是指对原有产品的性能、质量和型号进行较大改进后的新品种。

（4）本企业的新产品。是指本企业对市场上已有的产品进行模仿和改进所制造出的新产品。从整个市场的角度来说，这并不是新产品，但对企业来说，是企业的新产品。

二、开发新产品的风险

企业开发新产品最直接的驱动因素有两个，一是市场需求驱动，二是竞争驱动。在这两大因素的压力下，不开发新产品的公司要承担很大的风险。例如，一家目前各方面还不错的企业，在一两年内不开发新产品，也许还可以。但是，如果在三年甚至更长的时间内仍然不开发新产品，这家公司很快就会发现自己面临被市场和竞争者淘汰的危险。这就像我们常说的一句话：不开发新产品就是等死。

但是，开发新产品同样要承担很大的风险。因为其失败率很高，甚至引起人们的惶恐不安。根据美国某一组织曾经做过的统计，大公司投入开发的新产品失败率为50%，较小公司的失败率则更高，有的竟高达80%。这也正应了人们常说的另外一句话：开发新产品就是找死。这样看来我们似乎处于两难的困境之中。那么，面对不开发与开发新产品的风险，我们到底应该有怎样的态度和做法呢？

（1）企业必须开发新产品。只有努力开发新产品，并同时想办法规避和减少风险，企业才可以保持持久的生命力。

（2）在决定开发新产品的范围、项目、规模、步骤等问题上，企业应具有足够的谨慎态度。企业要对新产品开发的市场机会进行正确的分析和判断，并尽可能准确地估计可能的风险水平。在收集有关信息，广泛咨询和深入研究方面要舍得花费时间、精力和资金。

（3）将风险控制在自己可以承受的程度以内，不要盲目地去开发自己很可能无力做成功的风险很大的新产品项目。对于风险大、投资数额超过自己能力的项目，企业可以选择不做或缩小规模。简单地说，这一原则就是：有一元钱就只做一元钱的事情，绝不要试图去做必须花两元钱才能做好的事情。

（4）要设计和利用风险分散机制。例如，采用股份制、合作开发（共担风险，共享利益）、专设有限公司、签订附带可撤销条款的合同等。

（5）通过正确的投资和市场营销决策来规避风险、减少风险。

风险是永远存在的，风险可以分散，但很难消除。善于改变风险，减小风险，增加成功的可能性，正是决策者的责任。真正的新产品开发者（或创业者），并不是风险的追逐者，而是希望捕获所有回报，并将风险留给别人。

三、造成新产品开发失败的可能原因

了解造成新产品开发失败的可能原因，对于我们正确决策，减少风险肯具有重大意义。大量的研究和总结表明，造成许多新产品开发失败有以下一些因素：

（1）没有能够收集顾客需要的足够资料，对市场机会的判断失误。

（2）没有向顾客充分传递新产品的信息，没有做好市场营销的组织准备工作。

（3）实际产品没有达到预期的技术水平，没有达到设计要求。

（4）技术不符合顾客的要求，不了解这种新产品的使用条件。

（5）决策者可能会不顾市场调研已做出的否定报告，强力推行他所喜爱的产品构思。

（6）创意是好的，但是对市场规模估计过高。

（7）产品在市场上定位错误。

（8）产品的开发成本高于预计数。

（9）竞争对手的激烈反击超出事先估计。

（10）许多公司不能提供或筹集足够的开发资金。

四、开发新产品的方式

在市场上，企业要得到新产品，并不意味着必须由企业独立完成新产品从创意到生产的全过程，因为企业有多种可供选择的方式来开发新产品。

（1）企业独立研制开发。企业通过自己的研究开发力量来完成产品的构思、设计和生产工作。

（2）协议开发。企业通过雇佣独立的研究开发机构为自己开发某种产品。这种方式要求企业和所雇佣的开发机构要预先签订详细的开发合同，明确各自的权利和义务。

（3）协作开发。企业和独立的科研机构、高等院校或其他企业协作进行新产品的开发，取长补短，发挥群体优势。

（4）购买专利或专有技术开发。企业向有关科研机构、别的企业或国外购买某种新产品的专利或专有技术，再利用这些专利或专有技术研制开发新产品。这种方式要求事先必须充分掌握市场及科技情报，进行详细的可行性论证。另外，专利或专有技术并不等于就是新产品，从专利或专有技术到新产品还需研制、开发过程，这个过程同样需要付出努力，进行一些创造性的工作。

（5）购买特许经营权方式。企业可以向别的企业购买某种新产品的特许经营权。

（6）外包生产。企业在技术研制上实现突破后，并不一定必须由自己生产。一般地，当企业的销售能力超过其生产能力，或没有能力自己生产该产品，或觉得自己生产不合算时，还可以把新产品的生产外包给别的企业。

五、开发新产品有效的组织安排

成功的新产品开发需要企业的全力支持，企业要不断为新产品开发提供资源，制定与企业战略规划相联系的新产品策略，并建立正式和周密的组织系统，来管理整个新产品开发过程。

（1）管理高层的支持至关重要。高层管理当局对新产品的成败负有最终的责任。因为企业一方面面临严酷的市场竞争，必须投入大量资金研究和开发新产品，以求得生存和发展；另一方面企业在开发新产品中失败率很高，难度越来越大。所以，高层管理当局在开发新产品问题上的信念、决心、风险意识、决策水平，甚至他们个人有没有顽强的意志力都会影响工作的结果。他们不能只是让新产品的负责人赶上潮流，而应该确定公司主攻的产品种类，根据期望中的产品功能，确定可接受的新产品设计思想。

高层管理当局需要面对的另一个问题是开发新产品的预算问题。新产品开发的结果具有极大的不确定性，因此用常规的预算方法是行不通的。一些公司的解决办法是采取鼓励措施和财务支持，以争取尽可能多的项目建议书，并寄希望于从中择优录用。另一些公司采用传统的销售额的百分率或根据与竞争者相当的费用，以确定本公司的研究和开发预算。还有些公司先确定到底需要多少成功的新产品，然后再倒过来估计研究与开发所需的投资额。

（2）指定专人负责。新产品开发不应该仅仅让对开发感兴趣的某位工程技术人员，或某位研制开发人员，或某位销售人员负责，成功的企业会指定专人负责。所谓专人，可以是个人或部门，也可以是某个小组，但绝不能临时拼凑。这个"专人"必须拥有高层的支持，有权处理事情，并能够切实负起责任。

新产品开发小组的成员应该来自不同部门，这样就能保证新创意的周到评估，一旦确定新创意有利可图即可马上推向市场。重要的是人员选择得恰如其分，过分保守的管理人员会扼杀大量甚至全部新创意。有时，由于开发小组机构庞大，会产生官僚主义，动作迟缓，坐失良机，失败也就不可避免。

（3）市场需求引导研制开发工作。许多新产品创意来自科学发现和新技术。在许多企业中，新产品的研制和开发工作由科学家、工程技术人员和其他技术专家负责。即使在服务型企业中，开发工作也应得到技术专家的帮助。高质量的研制开发工作能够使企业具有竞争优势，特别当企业在高科技市场上竞争时情况更是如此。但是，仅有技术创新能力是不够的，研制开发工作必须由以市场为导向的新产品开发过程来引导，这一过程正是我们一直在讨论的。

从创意产生阶段到商业化阶段，研制开发专家、日常营运人员和营销人员必须通力合作，对新创意的可行性进行评估。他们可以通过见面、交换电子邮件或互联网，或者电话会议以及其他技术方式进行交流与沟通。因此，营销管理人员制订出来的产品或服务的营销计划，如果本企业无法生产，或无利可图，那是很不明智的。研制开发人员若开发出对企业及其市场没有潜力的技术或产品，那也是毫无意义的。显而易见，这里涉及一种权衡，但关键之点正是我们反复强调的基本指导思想：以营销为导向的企业努力追求的是企业全体通力合作，以有利可图的方式满足顾客需求。

（4）新产品开发的机构设置。不同企业其新产品开发的组织机构设置是不同的，一般有以下几种：①产品经理。许多公司任命产品经理主管新产品的研制工作，因为他们了解市场和竞争，了解开发新产品的机会。但是，这种制度也有一些缺陷。产品经理常常忙于管理他们现有的产品线，除了对产品线变更和扩充感兴趣外，很少有时间考虑新产品。同时，他们也缺乏开发新产品所需的专有技能和知识。②新产品部。大公司一般设立一个新产品部，其主管经理很有权力，并能直接与高层领导联系。这个部门的主要责任包括选择和审查新的设计思想，实施对新产品的测试，然后将新产品推广到市场上。③新产品攻关小组。有的公司将新产品开发工作，指派给新产品攻关小组。这个攻关小组由各个部门人员组成，负责把一种特定产品或服务投入市场。小组成员离开原来的工作岗位，通常一直要在组里呆到产品成功推出以后。小组有专门的预算和时间计划，并被赋予使用企业有关资源的权利。

六、管理新产品开发过程

新产品开发工作是一个从收集新产品创意开始，一直到把这些创意转变为商业上取得成功的新产品为止的前后连续的过程。一般情况下，企业的新产品开发工作包括 8 个阶段：

（一）创意产生

新产品开发过程的第一个阶段是寻求产品创意。新产品创意的来源有：顾客、科学家、竞争者、公司雇员、经销商和高层管理当局等。

（1）依照市场营销的概念，顾客需求和欲望是寻找新产品创意的起点。据美国专家调查，新产品有 60％～80％的创意起源于顾客。公司许多信息的获得可以通过一组特定的领先顾客，即首先使用公司产品和比其他人先认识到需要改进的顾客。公司可以通过直接调查法、投影测试法、深度小组访问法以及顾客建议和诉说信件，来确定顾客的需求和欲望。许多创意搜索者认为，要找到最理想的产品创意，通过向顾客询问现行产品的问题来获得，比直截了当地要求他们提供新产品创意要好得多。例如，克莱斯勒汽车公司询问最近买者对汽车喜欢与不喜欢的意见，应做什么改进。这种调查将会对产品的改进提供大量的创意。

（2）公司还可以依靠它的科研人员、工程师、设计师和其他雇员得到新产品创意。成功的公司建立了公司的文化，以鼓励每一位员工寻找关于改进公司生产、产品和服务的新创意。

（3）公司通过对竞争者产品和服务的监视也能发现新创意。许多公司买进竞争者的产品，把它们拆开，然后制造更好的产品。日本人就很好地采用了这一战略，他们仿制了别国的许多产品，并且用许多方法改进这些产品。

（4）公司的销售代表和经销商是新产品创意特别好的来源。他们掌握着顾客需求和抱怨的第一手资料，通常也是第一个知道竞争发展情况的人。为了产生新的创意，越来越多的公司正在培训和奖励其销售代表和经销商，要求他们列出每个月推销访问的表格，然后汇报他们在顾客访问中所听到的最有发展潜力的产品构思。

（5）新产品创意还有其他各种来源。例如，科学家、发明家、专利代理人、大学和商业性的实验室、工业顾问、广告代理商、营销研究公司和工业出版物等。

许多创造技法正在被用于帮助个人和集体产生更好的创意。

（1）产品属性列举法。即将现有的某种产品的属性一一列出，然后设想改进每一种属性的方法，以改进这种产品。

（2）强行关系法。即列举若干不同的物体，然后考虑每一物体与其他物体之间的关系。将这些物体配对组合，某些创意就产生了。

（3）顾客问题分析法。这是从顾客所感到的问题开始分析的，而每一个问题都可能成为一个新的创意的来源。第一步是向顾客调查他们使用某种产品时所发现的问题或值得改进的地方；第二步是对这些意见进行综合整理，转化为创意。

（4）头脑风暴法。即通过召开头脑风暴会议来寻求创意。一般来说，参加会议讨论的人数限于 6 到 10 人，议题必须明确，会议持续时间大约一小时。企业主管人员在会前提出一些问题，让参加座谈会的人员事先考虑、准备，然后在座谈中交流各自的想法。头脑风暴会议的原则是：不准批评，欢迎自由发挥，鼓励数量，鼓励对创意合并和改进。

（5）群辩法：就是企业的管理当局预先将问题规定得广泛一些，以便讨论小组得不到关于某个特定问题的暗示，然后挑选若干性格、专长各异的人员来开讨论会，无拘束地讨论，以发展新的构想，产生好的创意。

（二）甄别创意

取得足够多的创意之后，要对这些创意加以评估，研究其可行性，并挑选出可行性较高的创意，这就是甄别创意。创意甄别的目的是淘汰那些不可行或可行性较低的创意，使公司有限的资源集中于成功机会较大的创意上。

在甄别创意阶段，企业要避免两种错误。当一个公司把某一有缺点但能改正得好的创意草率拿下，它就犯了"误弃"的错误。造成这种结果的原因，一是思想太保守，二是没有统一的评价标准。当一个公司将某一没有发展前途的创意付诸开发并投放市场，它就犯了"误用"错误。"误用"造成的产品失败可分成三类：产品彻底失败，销售量太低，连可变成本都收不回来；产品部分失败，虽不能收回全部投资，但销售额可以保证收回全部可变成本和部分固定成本；产品相对失败，只获得比企业通常投资收益率低的利润。

甄别创意时，一般要考虑两个因素：一是该创意是否与企业的战略目标相适应，表现为利润目标、销售目标、销售增长目标、形象目标等几个方面；二是企业有无足够的资源能力开发这种创意，这些能力表现为资金能力、技术能力、人力资源、分销能力等。

（三）产品概念的形成与测试

经过甄别后挑选的新产品构思，还要进一步形成比较完整的产品概念，即把新产品的构思用有意义的消费者术语描述出来，它是构思的具体化。一种产品创意可以引出许多种不同的产品概念，例如，一家汽车制造商要设计一种电动小汽车，时速 60 公里，每充电一次可行驶 80 公里，使用费只是一般小汽车的一半，这就是一种新产品的创意。这种创意可以形成以下四种产品概念：

（1）微型汽车，价格低廉，专门适用于日常采购和接送小孩等。

（2）中型汽车，中等使用费，适合家庭各种用途。

（3）小型汽车，中等使用费，适合年轻人偏好的运动型小车。

（4）环保型汽车，专为关心生态环境的顾客设计的价廉、节能、低污染小汽车。

多种产品概念形成以后，企业如何从众多的产品概念中选出最优的产品概念，这就需要了解顾客的意见，进行概念测试。

概念测试一般采用概念说明书的方式，说明新产品的形状、功能、特性、规格、用途、包装、售价等，印发给部分可能的顾客。有时说明书还可附有图片或模型。今天的计算机辅助设计和制造程序已改变了传统的做法，人们可以在计算机上更直观地观察和感受新产品的概念，并给出中肯的评价。一般地，通过产品概念测试要搞清这样几个问题：

（1）产品概念的描述是否清楚易懂？

（2）消费者能否明显发现该产品的突出优点？

（3）在同类产品中，消费者是否偏爱本产品？

（4）顾客购买这种产品的可能性有多大？

（5）顾客是否愿意放弃现有产品而购买这种新产品？

（6）本产品是否能满足目标顾客的真正需要？

（7）在产品的各种性能上，有什么可以改进的地方？

（8）谁将购买这种产品？

（9）目标顾客对该产品的价格作何反应？

（四）制定市场营销战略和策略

测试以后，新产品经理必须提出一个把这种新产品引入市场的初步营销计划。这个营销计划将在以后的发展阶段中不断完善。营销计划包括三个部分：第一部分描述目标市场的规模、结构和顾客行为，确定产品的市场定位，计划开头几年的销售量、市场份额和利润目标。第二部分描述产品的计划价格、分销和促销策略以及分销和促销的预算。第三部分描述预期的长期销售量和利润目标，以及不同时期的营销策略组合。

（五）商业分析

制定了营销战略和策略后，管理当局就需要复审销售量、成本和利润预计，以确定它们是否能满足公司的目标。如果它们能符合，那么产品概念就能进入产品开发阶段。随着新情报的到来，该商业分析也可以做进一步的修订。

对新产品销售量的估计是进行商业分析的基础，销售量预测是否正确决定着公司的判断和决策。公司需要做广泛的、大量的市场调研和预测工作，以尽量减少风险。

在对新产品的长期销售额做出预测以后，可推算这期间的生产成本和利润情况。这需要研究与开发部门、生产部门、市场营销部门和财务部门共同讨论，估计成本、费用，推算利润。

（六）产品开发

如果产品概念通过了商业测试，就移至研究开发部或工程部，把它发展成实体产品。产品开发阶段需要大量的投资，相比之下前面几个阶段的成本要小多了。在本阶段要解决的问题是产品概念能否转化为在技术上和商业上可行的产品。

经过研究开发，试制出来的样品如果符合下列要求，就可以认为是成功的：①在顾客看来，具备了产品概念中所列举的关键属性和指标；②在一般用途和正常条件下，可以安全地发挥功能；③能在预算的制造成本下生产出来。

样品制造出来以后，还必须进行严格的检验。它包括功能测试和顾客试验两个方面。功能测试在实验室或现场进行，主要是检验产品运行是否安全和有效，工艺流程是否合理先进，零部件或成品的质量是否可靠等。顾客试验是请一些顾客试用这些样品，征求他们对样品的意见，除了样品本身还包括产品的包装、品牌的设计等。

（七）进行市场测试

在管理当局对产品功能测试的结果感到满意以后，就要制定一个准备性的营销方案，在更可信的市场环境中对它进行测试。市场测试的目的是了解顾客和经销商购买、使用和再购买的情况。

并非所有的公司都选择进行市场测试。然而，大多数公司都知道市场测试能获得有价值的信息。是否需要进行市场测试，以及测试规模的确定，一方面受到投资成本和风险的影响。另一方面也受到时间压力和测试成本的影响。高风险高投资成本的产品值得进行市场测试。但是如果公司受到很大的市场竞争压力，时间也很紧迫，这时，公司宁可冒产品失败的风险，而不进行市场测试就直接将产品推向市场。另外，市场测试的成本也会对决定产生影响。

（八）商品化

经市场测试成功的新产品，公司将决定把该产品商品化。这时，公司将面临到目前为止的最大的成本。公司将必须建设或租赁一个全面的生产制造设施，支付大量的广告费和推销人员培训费等。

在正式推出新产品时，公司还要做出 4 项决策：

（1）何时上市。在新产品正式上市时，进入市场时机的选择是个关键问题。假定公司已经知道某竞争对手也接近完成类似的新产品开发工作，公司进入市场的时机有三种选择：①首先进入。可获得先入为主的优势，率先掌握主要的分销商和顾客以及得到有声望的领先地位。②平行进入。公司可决定与竞争对手同时进入市场。这样可与竞争者分担开拓市场的广告促销费用，分担风险。③延后进入。公司可能有意推迟进入市场，而等竞争对手进入后再进入。这样做有 3 个潜在好处：竞争对手已为开拓市场付出了代价；竞争对手的产品可能暴露出缺陷，而后期进入者却能避免；公司可了解到市场规模。

（2）何地上市。公司必须决定新产品是推向单一的区域还是几个区域或全国市场。具有信心、资本和能力把新产品从一开始就推向全国的公司是很少的。一般公司的做法是随时间而推行有计划的市场扩展。小公司特别会选择一个有吸引力的城市和实行闪电战以进入市场。大公司将会把它们的产品引入某一整个区域，然后再进入另一区域。具有全国分销网之公司，一般多选择将新产品一下子推向全国市场。

（3）目标顾客是谁。在新产品首次展示时，公司必须把它的分销和促销目标对准最有希望的购买群体。理想的新产品的主要潜在购买者应该具有下列特点：产品的早期采用者，潜在的大用户，意见带头人，用较少的促销费用就可争取到他们购买。

（4）用什么方法推出新产品。公司必须制订一个把新产品首次引入市场的实施计划。这里，首先要对各项市场营销活动分配预算，然后规定各种活动的先后顺序，从而有计划地开展市场营销计划。

即使开发过程细致周到，许多新产品仍然以失败告终，通常是因为企业跳过了过程中的几个步骤。由于速度很重要，当过程中的某一部分看来显示企业获得了真正的好创意，人们很容易跳过必需的步骤。但过程本身是按自身规律逐步发展的，在过程中还将收集到各种类型的信息。跳过某些步骤，企业可能错过重要的内容，这类内容可能导致整体营销战略获取利润的减少。

七、消费者采用新产品的过程研究

（一）采用过程中的各个阶段

消费者的采用过程要重点研究一个人从第一次听到一种创新产品到最后采用的心理过程，一般包括以下 5 个阶段：

（1）知晓。消费者对该创新产品有所觉察，但缺少关于它的信息。

（2）兴趣。消费者受到激发，对这种新产品产生兴趣，从而寻找关于该新产品的信息。

（3）评价。消费者考虑试用该新产品是否明智。

（4）试用。消费者少量试用，以改进他们对其价值的评价。

（5）采用。消费者决定全面和经常地使用该新产品。

上述对消费者采用过程的分析，可以启发新产品的营销人员如何使消费者尽快通过这些阶段，成为本公司的用户。例如，采用免费或付少量费用试用的办法，会使那些徘徊到感兴趣阶段的顾客尽快实现购买。

（二）影响采用过程的因素

影响消费者是否采用新产品的因素主要有 3 类：

1. 人们对新产品态度上的差异

每个顾客对同一种新产品的反应可能会有很大的差异。按照人们对新产品反应时间的先后，有人把消费者分成 5 种类型：领先采用者、早期采用者、早期多数采用者、后期多数采用者和落伍者。

新产品营销人员应着重研究上述前两类采用者在人口统计、心理和在接受传媒问题上的特征，以及如何直接具体地同他们互通信息。辨别前两类采用者通常并不容易，但一般来说他们多是年纪较轻、教育层次较高、收入也较高的人。

2. 个人影响在新产品采用过程中起着重要作用

消费者个人之间经常互相沟通，交流信息，这会强烈地影响他们的购买决策，特别是在某些妇女中间，这种影响作用更加显著。个人影响力的作用，对不同类型的人和采用过程的不同阶段，程度也有所不同。通常在采用过程的评估阶段中的个人影响显得更为重要。它对后期采用者的影响胜过早期采用者。

3. 新产品特性对它自身的采用率有影响

有些产品几乎一夜之间就流行起来，而有些产品则要经过一段时间才会被接受。在对采用率的影响中，新产品有 5 个特性显得特别重要。

（1）创新的相对优点。与现有产品相比，相对优点越明显，则采用率越高。

（2）创新的一致性。指新产品与社会中的个人的价值和经验相吻合的程度。

（3）创新的复杂性。指新产品使用和操作的相对困难程度。

（4）创新的可分性。指新产品是否可零卖或试用。

（5）创新的传播性。指新产品的使用效果能被观察到或向其他人转述的程度。

其他一些特性也会影响采用率，例如，初始成本、运行成本、风险、科学上的可靠性和社会的认同等。新产品的营销人员在设计新产品和制定营销方案时，必须研究所有这些因素，同时对关键性的因素给予最大的关注。

 章末案例

开发沃克曼[①]

1979 年 9 月 7 日，索尼公司的董事长森田秋男在批评了带式录音机部的生产负责人大园钢芷以后更加烦躁不安了。他想："大园居然敢违抗我的命令！他的胆子也太大了。在索尼公司的历史上还从来没有人敢违抗过我的命令而自行其是的。要不要解除他的职务？以免以后在其他人身上再发生这样的事件？"森田陷入沉思。

一、开发便携式录音机

1978 年 10 月日本东京索尼公司带式录音机部的板田先生和一组电子工程师，正在聚精会神地考虑如何重新设计"普来斯曼"便携式录音机，要使它能发出立体声响。这是因为在一年以前板田和他的同事们发明了第一台"普来斯曼"，它的设计非常紧凑，体积较小，是新闻记者们手中的理想产品，当时十分畅销。但是这种"普来斯曼"的缺点是音响不是立体声的，且体积还嫌太大，现在板田先生及其同事们要制造体积更小的立体声的便携式录放机。当板田先生和他的同事们把立体声线路装进长 133.35 毫米，宽 87.88 毫米，高 29 毫米的机壳时，他们发现已没有空间容纳录音的机械装置了，结果他们制作的立体声录音机只能放，不能录音。板田几乎要把这个破烂货扔掉，因为在他们眼里这是废品。板田回到了自己的绘图板前，他要找出一种方法把立体声播放和录音装置同时放进那只小盒子里去。这不是一个容易解决的问题。但正因为如此，使板田和他的同事们更感到有趣和具有吸引力。他们集中全部精力于自己手中的立体声便携式录放机上，而无暇顾及其他。

二、荣誉董事长的建议

1979 年 2 月的一天，索尼公司荣誉董事长井深先生来到了带式录音机部，当他刚走进房间时就发现工程师们正在听这台便携式录音机。井深先生对此发生了极大兴趣，他觉得这很有意思。

荣誉董事长的职权范围无所不包，而井深先生的习惯往往是在工厂里从这个小组闲逛到另一个小组，对那些他还不能理解的最新发明点点头，面对这样平凡的任务井深先生总是充满着智慧和灵活的想象力。当他碰巧走进这个带式录音机部，见到板田未完成的便携式录音机时，他很赞赏立体声的质量。他说："你们制作的便携式录音机，立体声的效果很不错。我们有一位工程师正在从事重量很轻的可携式耳机的研制工作，你们是否可以考

---

① 本案例选自刘冀生、石涌江编著《工业企业经营管理案例》，清华大学出版社，1991 年 12 月版。

虑和他的这一项研究结合起来进行?"一位电子工程师充满怀疑地问董事长:"您说的这种结合,事实上有可能吗?"井深说:"至少耳机可以使用电池,其耗电量要比立体声扬声器的耗电量低得多。减少电力的需求,就可以减少电池的消耗。"屋内静悄悄的,尽管许多人没有想通,但没有人再敢提出其他的问题。突然,董事长又说:"我还有一个想法,假如你使用耳机,能否大幅度地提高耳机收听质量? 你们不是感到小盒子体积太小,放了立体声装置就放不了录音装置吗? 能不能把录音部分完全取消掉而制作单放音乐的用耳机听的优质产品呢?"说完,井深坚定地转过身走了出去。他不屑于与工程师们再展开什么辩论,好像他的话不久就会变成现实似的。

董事长在索尼公司中享有至高无上的权威。回想1954年,当收音机还是放在桌子上的庞然大物时,正是董事长井深要求技术人员做出袖珍式的体积小音量大的晶体管收音机。他提出很明确的目标是"要使收音机能装入年轻人的口袋里"。当时连供给索尼公司晶体管制造专利的美国两家电器公司的技术人员都对井深表示怀疑,因为那时高频晶体管成品率只有1%左右,人们普遍认为大量生产晶体管根本没有把握。但井深认为,既然能造出1%的成品就一定能找到导致成品率低的原因,只要找出原因并加以解决,晶体管成品率就一定会上升。1955年索尼公司造出TR55半导体收音机,当时这种收音机晶体管是比电子管缩小了,但收音机体积并没有缩小,因为收音机其他元件并没有缩小。当时索尼公司中大多数人都想不通,认为收音机小型化没有什么意义,收音机喇叭大音质才会好。工程师们说:"要我们特意去做音质很差的小喇叭,索尼的技术是要受委屈的。"但井深坚持要使收音机所有元件小型化。终于在1963年,由索尼公司造出了世界上第一批袖珍晶体管收音机,一下子售出50万台,引导日本家用电器出现了小型化热。

但是这次却与上次完全不同,当井深刚走出带式录音机事业部,这些工程师们立即对井深的建议表示强烈的反对。

"董事长懂不懂什么叫录音机? 录音机没有扬声器,谁会买这种玩意儿!"

"我觉得董事长完全把各个元件的功能搅混了。耳机只是为了扩大录音机的用途,并不是我们取得成功的要素。我们对耳机部的工作根本不感兴趣!"

"如果用耳机代替扬声器,那我们就是干了一件极愚蠢的事!"

"要我们制作一个只会放而不会录音的玩意儿,我相信索尼公司没有人会支持这一轻率的开发计划的!"

"要我们做一个单放机,还非要人们戴上耳机来听;目前耳机的体积还很大,看上去就像狗栓在一根沉重的皮带上一样,有多难看啊,用户不会接受的!"

三、求得支持

这些激烈的反对意见很快传到井深的耳朵里。井深想:"从某个方面来看他们是对的,而我是错的。"因为这是一种违反了大多数工业已经建立起来的、判断新产品开发自然增值的标准,即只有当新产品比前一代更好,这种新产品的开发才有意义。而井深的不能录音的原型机看来更加不如以往的产品,他的这种设想无法得到提供资金的人员的支持。

井深虽然在索尼公司中是一位受尊敬的人,但却没有权力命令人们去进行一项违反各部门领导人意愿的项目。很清楚,这时他应当去寻找同盟者。他决定直接去找董事长森田秋男。森田与井深过去曾经在同一个车间、办公室和实验室为了同一个目标共事30多年。第二次世界大战后,他们在东京的瓦砾中建立起索尼公司,他们之间有一种出自友爱而不是出于逻辑的相互信任。在表达这种感情时，森田曾经说过："即使到今天，索尼公司仍然是一个由同胞们聚集在一起的公司，其唯一目标就是实现井深的梦想。"

井深之所以决定要去找森田，还有一个原因是森田喜欢新的小玩意儿。这次井深仍希望得到他的支持。井深对森田说："让我们把这些东西合起来，试一试，看看它的音响效果如何？"于是，井深与森田在民航飞机上，直升飞机上，网球场上都带着这个处于婴儿状态的单放机。后来他们给这个新生婴儿起了一个不太好听的名字叫"沃克曼"。森田试验的最重要的成果是他发现了以往从未听见过的音响效果。从那只小盒子里发出的立体声真了不起，它把个人从周围拥挤繁杂忙乱的环境中分离开来，却不必移身他处。小小的"沃克曼"可以把人们带入到人类从未到达的美妙境地……这一发现使森田当即做出决定："开发沃克曼！"这个决定使带式录音机事业部的工程师们确实感到震惊：荣誉董事长与董事长为什么都支持这种违反合理开发产品规律的设想呢？

四、开发沃克曼

森田决定由消费者产品设计主任黑木康夫负责开发沃克曼。黑木是一个喜欢大笑、生气勃勃的人，他参加到沃克曼小组中，使得来自森田办公室那种越来越紧张的气氛增添了一种轻松的色彩。但是实际上根据大多数人的报告，作为沃克曼生产项目的经理并不是黑木而是森田本人。森田把这个项目当做自己的项目，并自始至终给予全心的注意和大力帮助。黑木俏皮地说："森田先生自称是沃克曼的项目经理。他是这样的自以为是，你能相信作为董事会的主席会当起项目老板吗？"

研制计划早在1979年3月下达了，并且要在同年夏季中期完成开发工作，定出价格，登出广告。但项目小组内却无人关心这个计划。在项目小组内对于创造沃克曼有一种"鬼才关心"的态度，因为人们认为"它必然要失败，这是在蛮干"。同时该项目负责人黑木也对这一项目缺乏热情，但是按照董事长的命令，他们仍努力干了起来。一个月后，他们已经制造出了几种原型机。带式录音机事业部的高级管理人员深知，尽管这种新产品设计得再好，如果无法赚钱也是不能投入生产的。他们认为："这是个哑巴产品"。根据目前的设计它的售价至少要250美元一个（相当于5万日元左右），这个价格高于能录音的带式录音机，而森田要求工程师们降低成本，降低售价，因为能吸引年轻购买者的价格大约是170美元。但带式录音机部的人们说"不行！"他们拒绝在价格问题上向森田让步。在一次会议上，带式录音机部工程师说："可以削减一些费用，并祈求上帝提供意外的销路。"他们估计200美元的售价是比较合理的。此时森田得寸进尺地宣称沃克曼的价格定在165美元一台，同时森田决定第一批产品生产6万台，投入市场的日期应为7月1日，即4个月以后。

工程师们开始抱怨："森田的决定看来是一个非常令人乐观的销售预测，但是前景却不妙；因为每卖出一台沃克曼要赔35美元，我们生产得越多，损失就愈大。"

五、违抗

大园钢芷是在1978年任带式录音机部的生产负责人的，他可能预见到一个不能录音的单放机将使他今后的名誉沾上污点。当黑木告诉大园准备第一批生产6万台单放机时，录音机部已经为沃克曼制造模具花费了10万美元。大园是一位实用主义者，他在接受黑木布置任务后只安排了3万台套沃克曼外协元件。他想：假如第一批产品在市场上很快就卖出去，他还有时间来生产其余的3万台套元件；假如第一批产品在市场上卖不出去，索尼公司就可以节省那没人要的3万台套沃克曼外协件的额外费用。黑木和大园在保证不使森田知道的情况下，把产品数字削减了一半。

大园和黑木收到了10万美元指定作为广告费用。这时他们注意在青年中打开市场；他们把样品免费送给音乐演出界的知名人士，送给那年夏天到日本来旅游的美国和欧洲的流行歌曲的歌星们；他们用大客车把每人都带着一个沃克曼的报界人员带到东京的代代木公园，那里有一群群男女青少年，他们听着沃克曼播放的音乐，按照拍子在摇晃着；报纸上为沃克曼刊出了大量篇幅的新闻报道。但是当报界感到兴奋时，沃克曼并未立即引起日本青少年的兴趣。事实上，整个7月份没有人购买沃克曼。几周以后青少年反应仍不大。后来沃克曼销售开始好转，8月份沃克曼畅销，8月底突然销售量猛增，形成爆炸性的趋势。9月份的第一周在日本沃克曼的供应告急，所有零售店都缺货。

六、被动局面

1979年9月7日，森田董事长怒气冲冲地把大园叫到办公室，责问他为什么生产水平定在6万台，却在3万台时就缺货了？大园作了解释。森田要辞退大园。因为大园私自违抗了他的命令，只订了3万台套外协元件，另外3万台套要等到10月份才能上市。而就在这时，有六个电子公司很快制作出可靠的复制品，开始与索尼公司争夺沃克曼的市场。沃克曼是一种新的娱乐观念，在青少年生活中由于沃克曼的出现而出现了一种耳机文化，而工程师们的工作还缺乏热情及主动性。森田这时是真的陷入了极端被动的局面中。

学、做一体练习与实践

一、不定项选择题

1. 产品策略是一个综合性概念，它包括（　　）等。
   A. 品牌策略　　　B. 产品设计策略　　　C. 产品组合策略
   D. 包装策略　　　E. 新产品开发策略
2. 按照波士顿咨询集团的"市场增长率—市场占有率矩阵图"来分类和评价产品，市场增长率高，相对市场占有率低的产品是（　　）。
   A. 明星类产品　　B. 现金牛类产品　　C. 问号类产品　　D. 瘦狗类产品
3. 按照波士顿咨询集团的"市场增长率—市场占有率矩阵图"理论，可能采取放弃策略的产品有（　　）。
   A. 明星类产品　　B. 现金牛类产品　　C. 问号类产品　　D. 瘦狗类产品

二、判断正误题

1. 现金牛类产品因为市场增长率低，所以应逐步退出市场。
2. 新产品是企业向市场提供的、在市场上从未有过的产品。
3. 好的包装是企业无声的促销员。
4. 开发新产品具有极大的风险，所以"开发新产品就是找死"。
5. 企业要不断增加产品组合的宽度，提高满足市场需求的能力。

三、填空题

1. _____ 是市场营销组合中最重要、基础性的因素。

2. 按照波士顿咨询集团的"市场增长率—市场占有率矩阵图"来分类和评价产品，它把企业产品分为四类，即_____、_____、_____、_____。

3. 新产品包括四种，即_____、_____、_____、_____。

4. 消费者采用新产品的过程分为 5 个阶段，即_____、_____、_____、_____、_____。

四、名词解释

1. ISO 9000 系列标准；

2. 产品组合；

3. 产品组合的长度；

4. 产品组合的宽度；

5. 新产品。

五、简答题

1. 我们应该怎样对待开发新产品的风险？

2. 造成新产品开发失败有哪些可能的原因？

3. 开发新产品有哪些方式？

4. 简述开发新产品的过程。

六、案例分析题

1. 阅读章首案例《铱星》，（1）谈谈你对铱星项目决策者当初决定投资铱星项目的原因的分析。（2）你对当时决策者的决定作何评价？

2. 阅读章末案例《开发沃克曼》，（1）根据案例介绍的情况，分析索尼公司的新产品开发组织结构。（2）造成索尼公司在开发沃克曼项目上出现一些混乱和遗憾的原因是什么？说明了什么问题？

七、讨论思考题

1. 产品组合和新产品开发有何关系？

2. 谈谈你对"不开发新产品就是等死""开发新产品就是找死"这两句话的认识。企业应如何解决在新产品开发问题上的这种两难处境？

3. 新产品市场测试的结果通常要比产品推到市场后的实际效果要好，指出产生这种情况的原因。

4. 新产品开发成功与否的决定性因素有哪些？为什么？

八、概念应用题

1. 到一个企业去做实际调查，请运用波士顿咨询集团的"市场增长率—市场占有率矩阵图"，对该企业的产品组合进行一番分析和研究。

2. 通过企业调查，找出某一企业开发新产品成功或失败的例子，并分析其成功或失败的原因。

3. 选择自己感兴趣的产品，收集相关产品信息，特别注意观察产品的包装与品牌，画出这个产品的品牌标志符号，并查阅收集产品品牌故事。分析企业采用了怎样的包装策略。

第十章 价格策略

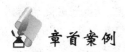 **章首案例**

铁屋价格战①

一场围绕着多用铁屋价格的竞争正在加拿大紧张地进行着。"这个家伙究竟有多大勇气？仅这一点就已经破坏了我们所有的市场！"比尔·博伊德在他的办公桌前踱着方步大声嚷道，他的前任菲尔·卡普莱，原组装式产品公司的董事长，现在是他的主要竞争对手，刚刚又削减了多用铁屋出厂价格的10%。自从卡普莱离开组装式产品公司、经营他自己的公司以来，仅仅只有两年多时间，这已经是他一年中第三次宣布削价10%了。

一、背景

组装式产品公司是一家制造宅居用铁铝产品的老牌金属加工厂，它是一个独立的冲压件公司的分公司。该公司有资产净值600万加元，年销售额达3000万加元。组装式产品公司除了制造多用铁屋外还生产和销售铝梯、晒衣绳、金属桌、文件柜和铁搁板等。1976年多用铁屋占了该公司产品金额的75%。

组装式产品公司是加拿大第一家制造和销售多用铁屋的企业，这种小型涂漆的自装式铁屋可以用于储放园林工具、池塘用设备以及自行车等，它在20世纪70年代初期非常流行。截至1974年，组装式产品已经以平均100加元的出厂价每年销售了6万套铁屋，这使博伊德先生确信在加拿大他们大约占据了铁屋销售市场的3/4。估计市场总的容量每年约在7.5万套左右。直到1977年1月，铁屋的市场占有量，组装式产品公司仍占40%，卡普莱的公司占33%，何宝产品公司占15%，其他混杂的地方制造商占了余下的12%。与此同时，大部分制造商的可变成本（如原材料和劳动力），每年大约增长10%。

极大多数的多用铁屋直接出售给连锁商店、贴现商店、百货商店和房屋出售商，在降价情况下也出售给买方团体。铁屋零售价通常是成本的两倍。在整个60年代，许多独立的商店被迫关闭或者拍卖了，有的以某种形式加入了买方团体，剩下的400多家独立商业企业的销售业务最多仅占市场的20%。组装式产品公司与总公司和房屋出售商保持着密切的联系，公司拥有一支5人销售队伍。

在过去几年中，铁屋除了每年的规格尺寸有所增加之外，几乎没有什么其他变化。大部分铁屋都有上了漆的尖屋顶和1至2扇滑门。3家主要的制造商没有一家对消费者作广告宣传，但是组装式产品公司花费了2万加元在多用铁屋上对中间商进行销售资助和商业性广告宣传。

当菲尔·卡普莱1975年1月离开组装式产品公司时，主要的百货商店继续与他做生

---

① 资料来源：《中外最新市场营销案例》，张保林主编，南京大学出版社，1990年版。

意。实际上他们为他的新计划提供了资助。这个计划就是建立一个专门生产多用铁屋的工厂。在 1974 年，上述主要百货商店从组装式产品公司购买了 1.5 万套铁屋，而 1975 年卡普莱的公司向他们提供的也是这个数。

二、1976 年 1 月第一次报价竞争

在 1976 年 1 月这个购买铁屋的高峰季节，卡普莱向所有的多用铁屋买主寄去了报价单。在各种规格尺寸的铁屋中，他们价格要比组装式产品公司低 10%，唯一不同的是卡普莱的价目单的最小订购量是 1 万套铁屋，而组装式产品公司列出的订购量为 10、25、50 和 100 套铁屋。如果需要订购 1 000 套以上的铁屋则要与销售经理洽谈。在卡普莱寄出他的报价单 4 周以后，组装式产品公司的推销员查理·帕克才发出了与卡普莱的报价相竞争的新价目单，这份价目单上小批量的铁屋也下浮了 10% 的价格。何宝产品公司几乎与组装式产品公司同时效仿着这么做。

三、1976 年 7 月的第二次报价竞争

6 个月以后，卡普莱发出了第二份报价单，对所有订购数量的价格都比先前一份报价单又下降了 10%。当卡普莱第一次抛出新价目表时，组装式产品公司的推销员查理·帕克在 4 周后才步其后尘，而这次帕克感到很苦恼，他跑到了董事长比尔·博伊德的办公室里，几分钟后制造经理道格·兰玛也加入了他们的讨论。

在经过一些初始的介绍之后，博伊德拿出了他的成本账簿，从账上看公司在铁屋上的总成本是每套 75 加元，而同样标准的铁屋，卡普莱的出厂价是 81 加元。帕克说 75 加元成本中有 20 加元是间接管理费，其中 10 加元是总的间接管理费，另外 10 加元是直接由于铁屋而发生的。兰玛的脸由于生气而变红，他推测卡普莱的专用装配线使他在可变成本上至多有 10% 的优势。

"让我们也把价格拉下来，把那种摆臭权力架子的人赶出商界"，帕克脱口而说。兰玛辩道"比尔，我们的最佳选择是什么？"在经过了一些计算之后，博伊德说："我们的最佳选择是与他竞赛。查利，为什么不能再等几周呢？也许他会把价格复原的。我相信这是最后一次降价了。"

帕克不同意，他说："菲尔·卡普莱的第一次袭击是争夺连锁商店，但是这次他开始争夺我们的房屋出售商的买主团体。我们必须立即采取一些措施。我想道格是对的，我们应该把价格降到比他的 81 加元还低 5 加元，让他知道我们不是好欺负的。"

博伊德听了很吃惊，他说："能否每套铁屋让利 1 加元呢？也许我们现在是对的！查利，失去了买主团体，我们剩下的利益主要靠那些独立的商人了。他们也许愿意多付一些钱，但是订购量很小。卡普莱已经走得够远的了。"帕克反驳道："一个独立的商人怎么能和遍街的连锁商店竞争呢？况且后者出售同样的铁屋比前者少 20 加元呢！你能想象我们该受的谴责吗？"

2 周后，推销员发出了新的价目单，上面每个批量的价格都与卡普莱的价格形成竞争。

四、1977 年 1 月的第三次竞争

1977 年 1 月，卡普莱寄出了新的报价单，任何数量的标准多用铁屋的价格都再度下降了 10%，于是发生了我们在开头所介绍的情景。

在 4PS 里面，价格从来都是一个令人敏感的营销要素。假如我们要买一件衣服，看中了一个款式，接下来我们马上会问：这件衣服多少钱？如果是在可以讨价还价的市场上，我们就会与卖方侃价，直到获得一个买卖双方都满意的价钱，这笔生意就成交了。可见，买卖双方都对价格极为敏感，因为价格问题关系到双方的直接经济利益。正因为价格的敏感性，所以，正确制定价格、采取有效的价格策略就显得尤为重要，它直接关系着市场对产品的接受程度，影响着市场需求量的大小和企业利润的多少。价格策略也就成了重要的营销策略。

定价的问题，实际上是定高价、低价或中间价的问题，高、低是相当于产品的成本而言的。但高于成本多少算高，多少算低呢？似乎并没有一个明确的量的标准。

第一节 影响定价的主要因素

价格在形成过程中，会受到许多因素的影响和制约，且不同的因素，所起的作用也不同。因此，产品定价时必须首先搞明白影响价格的因素是什么，然后，对这些因素进行分析，认识它们与价格的关系，据此制定产品基本价格。一般来说，影响价格有 9 个方面的因素。

一、供求决定价格

在我们的周围有许多有趣的、使人迷惑不解的价格现象。例如，目前北京、上海的房价平均涨到每平方米 2 万多元，而中小城市却只有三四千元。在同一时期，计算机价格急剧下降，而食品价格却在上涨。我们离开了水就活不了，但是水的价格往往很低；没有钻石我们一样能生存，而钻石的价格却很高。为什么会出现这些差别呢？经济学家对所有这些问题的回答是简单而肯定的：在市场经济中，价格是由供给和需求决定的，价格的变动是由供给和需求的变化决定的。

经济学家早就注意到了价格的形成和价格差别问题，并且从亚当·斯密（其代表作《国富论》1776 年）开始，就把价格作为经济学研究的中心问题之一。经济学从它诞生到现在已经有二百多年的历史，特别是在过去的半个多世纪里，经济学学科的变化就像世界的变化一样巨大，但是，无论怎样变化，有一个最基本的观点一直没变，这就是：供求决定价格。

经济学告诉我们：市场经济中，在需求和供给这两种力量的作用下，客观上存在一个均衡价格。均衡价格是指一种商品需求与供给相等时的价格，它是市场上供求双方在竞争过程中自发形成的。均衡价格的形成过程也就是商品价格决定的过程。

在完全竞争的市场上，买卖双方成交的价格不一定正好是均衡价格，但从长期来看，它总是趋向于均衡价格。例如，假设科学家发现，牛奶能延长寿命，通过宣传报道，刺激了消费者对牛奶的需求。需求增加，短期必然导致牛奶价格上升，所有现存企业对高价格的反应是增加产量。这样，企业赚取了更多的利润。随着时间的推移，这个市场的利润鼓励了新企业的进入，鼓励了更多的企业增加产量，这样便导致供给增加，价格下降，重新回到了原来的均衡价格。当然，这时牛奶的产量和销售量都提高了。

我们再假设，由于牛奶饲养技术的发展，使生产者的牛奶供给增加，短期必然导致牛奶价格下降，导致市场上有的企业出现亏损，那么，一些已有企业将退出市场，它们的退出将减少企业的数量，减少牛奶的供给量，并使价格上升，利润增加。这时均衡价格再次出现。

既然需求和供给是价格的决定性影响因素，我们就必须关注造成需求和供给变化的影响因素。关注这些因素，实际上也就是关注价格变动的因素。

1. 影响需求变动的因素

（1）消费者的收入水平以及社会收入分配平等程度。收入水平增加与收入分配平等会使需求增加；收入水平下降与收入分配不平等则会使需求减少。

（2）其他相关商品的价格。各种商品之间存在着不同的关系，因此，其他商品价格的变动也会影响某种商品的需求。商品之间的关系有两种：一种是互补关系，另一种是替代关系。互补关系是指两种商品共同满足一种欲望，它们之间是相互补充的。例如，计算机和软件就是这种互补关系。两种互补商品的价格与需求成反方的变动。有互补关系的商品，当一种商品（如计算机）价格上升时，对另一种商品（如软件）的需求就减少，因为录音机价格上升，需求减少，对磁带的需求也会减少。反之，当一种商品价格下降时，对另一种商品的需求就增加。替代关系是指两种商品可以互相代替来满足同一种欲望，它们之间是可以互相替代的。例如，羊肉与牛肉就是这种替代关系。这种有替代关系的商品，当一种商品（如羊肉）价格上升时，对另一种商品（如牛肉）的需求就增加。因为羊肉价格上升，吃羊肉的人会减少，吃牛肉的人便会增多。反之，当一种商品价格下降时，另一种商品的需求就减少。两种替代商品之间价格与需求成同方向变动。

（3）消费者嗜好。随着社会生活水平的提高，消费不仅要满足人们的基本生理需求，还要满足种种心理与社会需求，因此，消费者嗜好，即社会消费风尚的变化对需求的影响也很大。消费者嗜好要受种种因素的限制，但广告却可以在一定程度上影响这种嗜好。这就是许多厂商不惜血本大做广告的原因。

（4）人口数量与结构的变动。人口数量的增加会使需求数量增加，人口数量减少会使需求数量减少。人口结构的变动主要影响需求的构成，从而影响某些商品的需求。例如，人口的老龄化会增加对保健用品的需求。

（5）政府的消费政策。例如，政府提高利息率的政策会减少消费，而实行消费信贷制度则会鼓励消费。

（6）消费者对未来的预期。如果预期未来收入水平上升，则会增加现在的需求；如果预期未来收入水平下降，则会减少现在的需求。

总之，影响需求的因素是多种多样的，有些主要影响需求欲望（如消费者嗜好与消费者对未来的预期），有些主要影响需求能力（如消费者收入水平）。这些因素的共同作用决定了需求。

2. 影响供给的因素

（1）投入生产要素的价格。生产要素的价格下降，会使产品的成本减少，从而在产品价格不变的情况下，增加利润，增加供给。反之，生产要素的价格上升，会使产品的成本增加，从而在产品价格不变的情况下，减少利润，减少供给。

（2）生产技术的变动。一方面，生产技术的提高会提高生产效率，直接增加产量；另一方面，技术提高会降低成本，从而使利润增加，企业觉得有利，就会增加供给。

（3）自然环境的变化。如气候、病虫害、牲畜疾病、地震等。

（4）政府的政策。政府采用鼓励投资与生产的政策（如减税、降息、宽松的信贷政策），可以刺激生产，增加供给。反之，政府采用限制投资与生产的政策（如增税、加息、紧缩的信贷政策），则会抑制生产，减少供给。

（5）厂商对未来的预期。如果厂商对未来的经济持乐观态度，则会增加供给。如果厂商对未来的经济持悲观态度，则会减少供给。

二、竞争对手的因素

在寡头市场上，寡头之间存在着鲜明的互相影响、互相依存的关系。他们互相能够感觉到对方行动的结果，这一点在价格问题上表现得尤为明显。因此，寡头总是非常关注竞争对手的价格及其变化，特别是关注市场上"价格领袖"的情况。

三、政府对价格干预的因素

对于那些具有垄断性的产品、公共性产品或者关系国计民生的产品，各国政府都会给予一定程度的价格干预，制定相应的价格政策。

四、消费者对产品的感受价值

当消费者购买产品时，通常要将产品价格同自己所感觉的产品价值相比较，消费者只有在他们感到值得购买时才会决定购买。所谓"感受价值"或"感觉价值"，是指买方在感觉上、观念上所认同的价值，而不是产品的实际价值。它需要定价人员在定价前认真做好营销调研工作，站在顾客的角度来对感受价值做出估测。在估测时，要解决两个问题：①顾客认为值多少价，这是顾客的心理接受价位，也是企业可以定出的最低价；②顾客能承受多少价，这是顾客的心理承受价位，往往是企业可以定出的最高价。

收藏品、艺术品（字、画、音乐、电影、工艺品等）因为其具有特殊价值，以及在社会上的唯一性，如果它们在市场上出售的话，其成交价的高低，在很大程度上要取决于购买者的感觉价值。

我们在第二章讲过，购买者（特别是消费者）在购买时心理因素常常起着很关键的作用。只要心理因素起作用，其中必有感觉价值在里面。因此，当企业给产品定价时，我们会发现几乎所有的商品都存在感觉价值的问题，只不过有的感觉价值的成分多，有的少。除了我们刚才所说的收藏品、艺术品外，一般来说，下列商品的感觉价值成分会比较多一些：高档的服务性产品、高科技产品、名牌产品、奢侈品、高级品、高档品、礼品等。例如，名牌产品总让人感觉价值大，而非名牌就让人感觉价值小。

五、投入品的价格变动因素和生产技术提高因素

这两个因素直接影响了企业的生产成本，从而形成企业调价的直接动机。当投入品价格大幅度上升时，这种情况最容易发生。例如，在我国，2006年空调的主要原料铜价大幅度上涨，导致了2007年春天多数空调生产商的一致提价行为。

当投入品价格下降时，或者由于科技发展、生产效率提高，导致生产成本下降时，出

于竞争的需要，生产者也有主动降价的冲动。这时需求的价格弹性要比较大，因为在生产者成本降低情况下，如果生产者主动降价，而需求弹性较小，就会出现需求并没有因为降价而提高的现象。这样，价格降低，销售量不变，生产者的总收益下降。所以，如果需求的价格弹性小的话，降价就不会发生。

六、同类产品相比较的差别程度

产品差别是形成垄断竞争市场上垄断能力的直接原因。本企业的产品与其他同类产品相比较有差别，要反应和体现在价格上。当然，产品是顾客喜欢的，优点比其他企业产品多，价格就要高一些，反之，就低一些。

七、买卖双方侃价实力对比因素

侃价实力是指在商品交易中，一方提高价格或压低价格的"砝码"。买方侃价实力强，价格就低一些；卖方侃价实力强，价格就高一些。侃价实力并不是一成不变的，它会随着一些环境因素或企业战略决策的变化而变化。

八、信息不对称因素

在某种条件下，如果买卖双方的信息是不对称的，占有信息多的一方，就有可能使价格对自己有利。

九、需求强度因素

一般来说，需求强度越大，价格就越高。在某种情况下，或者由于顾客自身的情况，其可能会非常需要某种产品。例如，某人生病了，那么他对医疗和药品的需求强度就比较大。或者由于企业所提供的某种产品非常好，非常适应市场的需求，也会造成该产品需求强度大的局面。

第二节　价格形成机制

一、供求决定的价格形成机制

理解供求决定的定价机制，关键是了解供求信息如何显现，如何被传递，并被反应在对价（讨价还价）上的。总结一下，有4种方式：

（1）按照商品物流路线的逆向，自下而上地传递供求信息（主要是需求信息），并体现在对价中。

例如，2007年6月份新闻媒体关于香蕉致癌的错误报道，造成香蕉需求锐减，海南香蕉价格暴跌。2007年5月，媒体的报道出来，并被大量转载，传播面扩大以后，零售商最先感知到了需求锐减的变化。结果是零售商手中的存货不得不以低价亏本售出，零售商立即停止到批发商那里进货，并要求批发商降价。批发商也知道了需求下降的事情，为了卖

案例

粮食的供求决定定价机制

格形成机制。例如，收购者看到或已经知道粮食丰收了，收购价就比较低一些，而农民也知道丰收了，对低价也就自然地接受了。如此一来，粮食往下一个环节销售的时候，也依次以较低价格成交。

比较低的粮食价格信息能够在国家大型粮食交易市场上得到体现，也能够从政府有关部门发布的粮食生产信息和价格预测中得到。

因为粮食是关系国计民生的基础性产品，加上国家在其他方面的考虑（如粮食安全、护农、扶农、惠农政策），国家会给农民一些补贴政策，并以经济手段调控粮价。而国家在出台这些政策的时候，一定会充分收集并分析粮食的供求信息，并做出符合供求规律的粮食补贴和粮价调控政策。可见，粮价，这个社会上比较特殊的、重要的、基础性的产品价格，是在供求决定基础上，加上国家的引导、调控而形成的。也就是说，它也是符合供求决定规律的。

供求决定的价格形成机制适合于所有的市场，尤其是在完全竞争市场、垄断市场中。事实上，在其他的市场结构中，该机制照样发挥着基础性的作用。因为在其他类型的市场上，还存在着寡头的力量、垄断（差别形成垄断）的力量、国家价格管理的力量、信息优势的力量等，所以，在定价时，还要考虑这些力量的因素，这样，就形成了另外几种价格形成的机制。

二、寡头市场上的"价格领袖—跟随者"价格形成机制

寡头市场上价格的确定需要区分存在或不存在勾结。在不存在勾结的情况下，价格决定的方法是"价格领袖—跟随者"价格形成机制；在存在勾结的情况下，则是卡特尔。

1. 价格领袖—跟随者价格形成机制

是指一个行业的价格通常由某一寡头率先制定，其余寡头追随其后确定各自的价格。如果产品是无差别的，价格变动幅度可能是相同的。如果价格是有差别的，价格变动幅度可能相同，也可能有差别。

作为价格领袖的寡头一般有三种情况：

第一，支配型价格领袖。领先确定价格的厂商是本行业中最大的、具有支配地位的厂商。它在市场上占有的份额最大，因此对价格的决定举足轻重。它根据市场供求状况，根据自己利润最大化的原则确定产品价格及其变动，其余规模较小的寡头则根据这个价格来确定自己的价格以及产量。

第二，效率型价格领袖。领先确定价格的厂商在本行业中成本最低、效率最高。它对价格的确定也使其他厂商不得不随之变动。

第三，晴雨表型价格领袖。这种厂商并不一定在本行业中规模最大，也不一定效率最高，但它在掌握市场行情变化或其他信息方面明显优于其他厂商。这种厂商价格的变动实际是首先传递了某种信息，因此，它的价格在该行业中具有晴雨表的作用，其他厂商的价格会参照这种厂商的价格变动而变动。

遵循这个定价模式的市场领导者往往会主动给竞争对手发送信号，告诉竞争对手自己的意图，从而引起价格变化，并控制跟随者的行为。市场领导者的这种行为方式确保了行业的稳定性。那些进攻性的、价格驱动的竞争是被限制的，甚至是要受到惩罚的。在这种

理念下，定价政策的成功由市场价格的稳定性和行业的长期绩效来衡量。

价格领导型企业在经济活动中表现出来的价格行为特征有：①价格政策比较稳定，也即调价周期比较长；②是行业中最先调价的企业，从调价时间上领先于其他企业；③价格常常高于行业内其他企业。

案例

西方学者的研究表明寡头行业通常采用领导者—跟随者的价格形成模式。例如，Scherer 和 Ross（1990）研究发现，Kellogg 公司担当了早餐谷类行业的价格领导者，在 1965～1970 年的 15 次价格变化中，它共领导了 12 次。他们还发现，美国钢铁公司几十年来也担当了钢铁行业的价格领导者。在汽油和涡轮式发电机行业也有明显的领导者—跟随者定价模式。Roy 等（1994）发现，美国中档轿车细分市场也是领导者—跟随者的定价模式，例如，福特是克莱斯勒的价格领导者。在软饮料行业，Gasmi 等（1988）发现可口可乐和百事可乐的定价行为也遵循了领导者—跟随者的定价模式，可口可乐是价格领导者，百事可乐是价格跟随者。

案例

田志龙等对我国钢铁行业的寡头价格行为进行了研究。在调查中，当问及"贵企业在定价的时候主要考虑什么因素"时，在被访谈者提到的因素中，次数由多到少排列是：市场平均价格、竞争对手（主要是宝钢和武钢）、下游经销商的价格承受能力。从中可以看出，钢铁企业的定价着重强调了对外部市场环境的理解和判断，对市场大势的把握，同时盯着竞争对手的行为，从而制定恰当的价格策略。在这种定价模式指导下的定价流程体现出以下几个特点：

第一，对市场平均价格的准确把握是钢铁企业定价的逻辑起点。例如，被调查的两家大型钢铁企业为了准确预测市场平均价格，专门构建了一个市场行情监测及预测系统，并运用了计量经济学、博弈论等多学科的定量方法。

第二，对竞争对手价格信号的获得和正确理解是钢铁企业有效确定定价目标的重要参考，同时也是判断自己价格在市场上定位的依据。例如，大多数钢铁企业都设有商情部门，主要负责收集竞争对手的信息，并定期进行分析，供定价决策时用。

第三，在目前中国钢铁市场上，虽然下游经销商在很大程度上是价格的接受者，但是钢铁企业在确定价格定位时也充分考虑了下游经销商的价格承受能力，而且价格制定前也会与经销商进行及时的沟通。例如，某钢铁企业制定价格前，发问卷收集了解经销商对未来产品价格及走势的看法。制定价格后，会召开价格的新闻发布会，与会者主要是各大经销商，内容不仅仅是告诉经销商本次的价格及相关政策，更重要的是将企业对外部环境的理解和分析与经销商分享，目的在于教育经销商，使得经销商与该企业保持一致的认识。

第四，一旦确定了自己的定价策略和价格，企业会向其他寡头企业传递价格信号，这也是增强寡头企业之间合作、提高团体决策效率的重要方法。例如，被调查的一家钢铁企业在价格政策制定之后，很快就会将其内容放在钢铁行业的专业网站上，只要是该网站的会员单位都可以及时看到相关信息。

2. 卡特尔

各寡头之间进行公开的勾结，组成卡特尔，协调他们的行动，共同确定价格。例如，石油输出国组织就是这样一个国际卡特尔。卡特尔共同制定统一的价格，为了维持这一价格还必须对产量实行限制。但是，由于卡特尔成员之间的矛盾，有时达成的协议也不能兑现，或引起卡特尔解体。在不存在公开勾结的卡特尔的情况下，各寡头还能通过暗中的勾结（又称默契）来确定价格。

三、政府导向定价机制

对于那些属于政府干预价格的产品，如具有垄断性的产品、公共性产品或者关系国计民生的产品，企业必须遵守国家政策，执行国家定价或国家规定浮动幅度的浮动价。有时，企业要想调整这类产品的价格，必须按照规定进行价格听证。

四、感受价值定价机制

如前所述，对于具有特殊价值，具有唯一性的收藏品、艺术品等，一般采用感受价值定价法。感受价值定价法如果运用得当，可提高产品的身价，增加企业的收益。但是，这种定价法要想正确地运用，关键是要找到比较准确的感受价值，否则，定价过高或过低都会给企业造成损失。

上述四种定价机制是各行业、企业定价的基础。一个行业、企业在定价时，在上述定价机制的基础上，还要再结合自己行业、企业的投入品价格变动因素和生产技术提高因素，结合产品差别性，买方的需求强度，买卖双方的侃价实力，以及感受价值和信息不对称等情况，适当调高或调低价格，从而确定一个合适的价格。至于调高或调低的幅度如何把握，就需要一定的主观判断了。

 案例

三种力量推动房价猛涨

国家发改委、国家统计局的调查显示，今年5月份以来，北海市、兰州市等地的房价，比去年同期上涨超过10％，重庆市6月份14天内商品房均价上涨7.8％。房价为何"葫芦没按下又起了瓢"？究竟谁是助推新一轮房价暴涨的幕后"推手"？究其原因，大概有3个方面：①流动性（通俗地说就是居民手中的闲钱）过剩，造成对商品房的旺盛需求，而土地资源本身的稀缺性，又加剧了供求的矛盾。况且，一部分开发商故意捂盘，囤房惜售更刺激了供求失衡（供求决定机制，此乃基础）。②一些媒体和舆论炒作概念，制造"抢房潮"。据记者调查，自6月中旬以来，重庆各种"房地产专刊"炒作"房价必涨，涨价正常"的概念，强化了人们的需求强度（需求强度因素）。③二线城市的房地产超级大盘利用信息不对称，任意操控价格，推波助澜，其他寡头跟风，形成价格拉力（价格领袖领涨效应）。（摘自2007年8月12日《新华视点》）

五、专题研究：新产品定价机制

当企业开发一种新产品时，特别是创新程度比较大的新产品，要根据同类产品的供求决定价格，结合新产品的创新程度，以及顾客的需求强度、信息不对称等情况来定价。如果自己的新产品创新程度特别大，没有相同或相似的产品可以参考，还可以采取成本加成定价法，即在成本基础上，结合自己新产品的创新程度，以及顾客的需求强度、信息不对称等情况，确定一个或高或低的加成比率。开发创新程度高的新产品时，企业有三种定价策略可供选择：

（1）高价策略，又称市场撇脂定价法。当新产品投入市场时，将其价格尽可能定高，利用新产品的优越性和无竞争对手的条件，尽可能在短期内赚取更多的利润，尽快收回投资。随后，随着销量和产量的扩大，成本的降低，再逐步降低价格。这种定价法是对市场的一种榨取，如同从牛奶中撇取奶油一样，因而取名"撇脂"法。

市场撇脂策略是一种追求短期最大利润的策略，运用它可以迅速补偿研究与开发费用，获取高额利润，并掌握调价的主动权。但这种策略并不是在任何情况下都可以实行的，一般应在具备下列条件时采用：① 要有足够多的顾客，且需求强度大，顾客愿意出高价；②竞争者在短期内不易打入该产品市场，具有垄断性；③顾客了解这种新产品的有关信息少。

 案例

1945 年临近战后第一个圣诞节，在美国，许多人希望能买到一种新颖别致的商品作为圣诞礼物。雷诺公司看准了这一时机，不惜重金从阿根廷引进了当时美国还没有的圆珠笔生产技术，并在很短的时间内生产出产品。在制定价格时，他们进行了认真的研究分析，考虑到这种产品在美国首次出现，无竞争对手，战后市场物资供应缺乏，购买者求新好奇，追求礼物新颖等因素，决定采取撇脂决策，以远高于成本的价格——每支 10 美元卖给零售商（当时每支笔的生产成本仅为 0.50 美元），零售商以每支 20 美元的价格出售。尽管价格如此之高，但产品在美国仍风靡一时，雷诺公司由此获得了巨额利润。由于圆珠笔的生产技术比较简单，所以很快招来了大量的竞争者，产品价格迅速下降，零售价降为每支 0.70 美元，生产成本降为每支 0.10 美元。

（2）低价策略，又称市场渗透定价法。它与撇脂策略相反，是将投入市场的新产品价格定得尽量低，通过薄利多销的方式，使新产品迅速为顾客接受，以迅速打开和扩大市场，在价格上取得竞争优势。运用这种策略，价低利微，需较长时期收回投资，并且容易在顾客心目中造成低档产品的形象。因此，一般在下列情况下才采用这种策略：①产品需求的价格弹性大，目标顾客对价格比较敏感；②大批投产后单位成本会有较大幅度下降；③顾客对这种新产品的需求强度不是特别高，顾客接受这种新产品需要一个较长的过程。

（3）中间价格策略，又称稳妥定价法。即把价格定在高价与低价之间，在产品成本的基础上加适当利润。这种价格策略风险小，一般会使企业收回成本并取得适当盈利，但这也是一种较保守的策略。

第三节　修订价格的策略

企业根据价格形成的机制，所制定的价格是基本价。在基本价的基础上，企业还要善于根据促销的需要、客户的地理位置（因为运费不同）、消费心理以及企业自身的产品组合等情况，对基本价进行修订。

一、折扣和折让定价策略

大多数企业都会调整其基本价格，以报答顾客的某些行为，例如，提早付款，批量购买，淡季购买。这些价格调整称为折扣与折让，常用的折扣和折让主要有以下几种：

（1）现金折扣。在赊销的情况下，卖方为鼓励买方提前付款，按原价给予一定折扣。例如，"2/10，净30天"，表示付款期为30天，如客户在10天内付款，给予2%的折扣。这种折扣在许多行业中已成为惯例，其目的是为了改善销售商的现金流通状况，降低回收欠款的成本和减少坏账风险。

（2）数量折扣。为刺激顾客大量购买而给予的一定折扣。

（3）功能折扣。也称贸易折扣，是指制造商给中间商的折扣。根据中间商的不同类型和他们所承担的仓贮、运输、广告、推广等商业功能，给予不同折扣。

（4）季节性折扣。制造商为保持均衡生产，加速资金周转和节省费用，鼓励客户淡季购买，按原价格给予的一定折扣。季节折扣使企业全年都能保持稳定的业务量。

（5）折让。折让也是减价的一种形式。例如，"以旧换新折让"是保证购新货时交回旧货给予降价，多用于汽车行业或其他耐用品；"促销折让"是指为了报答那些开展广告活动及支持销售计划的经销商，向他们提供的返款或价格减让。

二、招徕定价策略

超级市场、百货商店或服务店会用一个或几个产品作为"牺性品"，制定一个特低价来招徕顾客。

三、地区定价策略

地区定价是指企业考虑到运费的不同，针对不同地区的市场所制定的价格。对于不同地区的买主，是索取相同的价格，还是不同的价格呢？在实践中一般有以下五种与地理位置有关的制定价格的策略：

（1）FOB产地定价。这是借用国际贸易的一个术语。在国际贸易中，FOB即Free On Board的简称，意为在海运或内河船上交货的贸易条件。FOB产地定价即指卖方在约定的装运港将货运到买方指定的船上交货，并承担此前的一切风险和费用。交货后的一切风险和费用包括运费则由买方承担。在国内贸易中，FOB产地定价意思就是厂家所收取的价格中是不含运费的，每个客户都各自担负从产地到目的地的运费。这种定价方法看上去是合理的，也简化了卖主的定价工作。但应该看到这种方法削弱了在远方市场的竞争力，远方买主为减少运输费用，会就近选择卖主。

（2）统一交货定价。与FOB产地定价相反，这种定价法是没有地区差价的。企业的产品不论卖向何方、支付多少运费，都按一个价格向买主交货，运费按平均数计入价格。这种定价法简便易行，并可争取远方顾客，但对近处顾客不利。这种方法适用于运费占总价比重小的产品，否则近处的买主感到不合算。

（3）区域定价。即把产品的销售市场划分为两个或两个以上的区域，在每个区域内定一个价格，一般对较远的区域定价高些。它既避免了 FOB 定价法引起的运费负担悬殊，又避免了统一交货定价的一律拉平。

（4）基点定价。企业指定一些城市为基点，按基点到顾客所在地的距离收取运费，而不管货物实际上是从哪里起运的。这种定价方法有利于吸引远方客户购买，有利于扩大市场。多用于下列情况：①产品笨重，运费成本高；②市场范围大，生产地点分布较广；③价格弹性较小。

（5）免收运费定价。有时急于同客户或某地区做生意的销售商会自己负担部分或全部实际运费，而不向买方收取运费，以促成交易。这样，可增加销售额，使平均成本降低从而补偿这部分运费开支。运费免收定价法可用于市场渗透，也可用来在竞争日益激烈的市场上巩固阵地。

四、心理定价策略

心理定价是指企业定价时利用消费者不同的心理需要和对不同价格的感受，有意识地采取多种价格形式，以促进销售。其主要有以下几种方法：

（1）尾数定价。尾数定价就是定价时避免用诸如 100 元、500 元、2 000 元这类整数价，而采用保留小数点的尾数价。这可使购买者对定价工作增强信任感，同时还可使人感觉价廉。例如，本应定价 100 元的商品，定价 98.8 元。这种方法多用于需求价格弹性较大的中低档商品。

（2）声望定价。声望定价与上一种方法相反，它不是为了给人以价廉的感觉，而是故意把价格定成整数或定较高价格，以显示其商品的名贵。例如，美国著名的 P&G 公司将它的"海飞丝"洗发水打入中国市场时，在同类产品中定价最高，结果反而畅销。又如，1985 年参加巴黎世界博览会的中国成套瓷器，就因为标价只有 300 法郎，使一些本想买去做家庭陈设的顾客欲购又止，因为这个价格不足以满足炫耀心理的需要。

（3）参照定价。当顾客选购商品时，头脑中常有一个参照价格。参照价格可能是顾客已了解到的目前市场上这种产品的一般价格，也可能是把以前的价格当做参照价格。企业在定价时可以利用和影响顾客心目中的参照价格，如告诉顾客这种产品的原价比现价要高得多，或启发顾客将本企业的价格同竞争者的价格相比较等。

五、歧视定价策略

歧视定价策略简单说就是同一产品的价格不同，即根据交易对象、交易时间、产品的部位等方面的不同，对同一产品，定出两种或多种不同的价格，以适应不同情况。歧视定价主要有以下几种形式：

（1）按不同顾客差别定价。同一种产品或服务以不同价格售给不同的顾客群。例如，公园、展览馆等地方的门票对某些社会成员（学生、军人、残疾人等）给予优惠；有些企业对新、老顾客实行不同价格；电力收费，产业用户和家庭用户的价格不同等。

（2）按产品不同形式差别定价。对同一质量和成本而不同花色、款式的产品定不同价格。例如，不同花色的布匹、不同款式的手表等，都可定不同价格。国外有的商人把同一种香水装在形象新奇的瓶子里，就将价格抬高一两倍。

（3）按产品不同部位差别定价。对处于不同位置的产品定不同价格，即使它们的成本并无差别。例如，剧院里靠前、靠后排座位；火车卧铺的上、下铺；同一头牛不同部位的肉等。

（4）按不同销售时间差别定价。在不同季节，不同日期，甚至同一天的不同时间定价不同。例如，旅游业在淡旺季定价不同；长途电话在不同时间收费不同；某些鲜活商品早、晚市价格不同；有些餐馆甚至同一天的午餐和晚餐定价不同；电力在使用的峰、谷期收费不同。

六、产品组合定价策略

当某种产品成为产品组合的一部分时，对这种产品定价的逻辑必须加以修订。在这种情况下，企业要寻找一组在整个产品组合方面能获得最大利润的共同价格。定价是困难的，因为各种各样的产品有需求和成本之间内在的相互关系与受到不同程度竞争的影响。我们在产品组合定价中可区分出 6 种情况：产品线定价法，选择特色定价法，附带产品定价法，两段定价法，副产品定价法和成组产品定价法。

（1）产品线定价。在许多情况下，企业制定的不是一个单一的价格，而是一个覆盖企业产品线中各种不同品种、品类产品的定价结构。在对产品线定价时，首先确定其中一种产品为最低价，它在产品线中充当领袖价格，吸引消费者购买产品线中的其他产品；其次，确定产品线中某种产品为最高价格，它在产品线中充当品牌质量和收回投资的角色；最后，产品线中的其他产品也分别依据其在产品线中的角色不同而制定不同的价格。例如，锐步国际公司为其最著名的旅游鞋夏克·阿蒂克提供了 4 种款式。它从 60 美元的普通旅游鞋起，连续增加不同的特征和小玩意儿以收取溢价，最高的卖价为 135 美元。管理当局必须决策从一种旅游鞋到另一种的价格间距。价格间距要考虑旅游鞋的成本差异、顾客对不同特征的评价和竞争者价格。如果两个连续产品的价格差距不大，购买者将常会购买更有想象力的旅游鞋，而且要是成本差异小于价格差异，这将提高公司利润。如果价格差异大，顾客将买较低级的同类型旅游鞋。

许多企业常常利用顾客对产品线系列产品的价格所形成的理解来定价。例如，服装店可以将男式西装定在 3 种价格水平上：500 元、800 元和 1 200 元。有了这 3 个价格"点"，顾客就会联想到这是低质量、中等质量和高质量的西装。即使 3 种价格都被适当调高了，男人们通常仍会以他们更喜爱的价格点来选购。卖方的任务就是建立能向价格差异提供证据的认知质量差异，使顾客确信本企业是按质论价，一分价钱一分货。

（2）附带产品定价。许多较为复杂的产品都会带有一些附带产品。附带产品是可以与主产品分开单独销售、单独购买的产品。其中，有些是必需的，有些是非必需的。例如，胶卷对照相机而言，剃须刀片对剃须刀而言是必需的；打印机、扫描仪、音响、鼠标垫等对电脑而言就是非必需的。

对非必需附带产品定价是个棘手问题。如电脑公司就必须考虑把哪些非必需附带产品计入电脑的价格中，哪些另行计价，哪些甚至要作为赠品来吸引顾客购买。这就需要根据市场环境、购买者的偏好等因素认真分析。否则，就会影响产品销售。非必需附带品常常倾向于定低价，与主产品一起销售以吸引顾客购买。但少数也有反其道而行的，例如，有些饭店将饭菜的价格定得较低，而酒水的价格定得较高，靠低价饭菜吸引顾客，以高价酒水赚取厚利。

对必需附带产品定价，通常的做法是"一高一低"。至于说谁高谁低，并无定论，需要视顾客需求情况、需求心理、竞争者情况以及企业自身的优劣势等具体而定。

 案例

金·吉利公司

19世纪末，吉利剃须刀架及刀片开始投产时，质量并不是最好的，而且成本比竞争者高许多。竞争者给剃须刀架定价5美元，而给刀片的定价为2美分。这种价格是与生产这两种产品的成本相适应的。而5美元在当时不是一个小数目，因为当时一般工人一天也难挣1美元。所以5美元的刀架成了"自己动手"剃须修面的一项障碍，而去一次理发馆也要10美分，一则花钱不少，二则太费时间。吉利在定价时，力图寻求一种全新的定价方法。它仔细分析了"顾客真正要买的是什么"这个问题，明确了一个基本事实，即顾客不是购买产品，而是购买产品为他们做什么。刀架和刀片能给顾客修面，所以定价的真正对象与其说是刀架和刀片不如说是修面。

基于上述思路，吉利把刀架的零售价定为55美分，批发价定为20美分，这仅为制造成本的1/5。但吉利把刀架设计成只能使用自己已获专利的刀片的样子。这种刀片的成本不到1美分，而吉利将它的卖价定为5美分，比其成本高出5倍。由于刀架的价格不再成为剃须修面的障碍，而每片刀片能用6～7次，所以每次剃须修面才花不到1美分，比去一次理发馆花钱的1/10还要少。

显然，吉利是给顾客所买的东西——修面定价，然后才确定刀架和刀片的价格。尽管每把刀架亏本不少，但却从销量很大的刀片中得到补偿并盈利。与竞争者的产品比较，其产品没有优势而言，但吉利通过定价给了顾客真正有价值的东西，让顾客买到他们所要买的东西，使顾客觉得他们的钱花得值。金·吉利凭借这项定价策略的创新，几乎垄断剃须刀市场近40年。

（3）服务业的两段定价。服务性公司常常收取固定费用，另加一笔可变的使用费。如电话用户每个月至少要付一笔钱，如果使用次数超过规定还要增收另一笔费用。游乐园先收入场券的费用，如果增加游玩项目，还要再收费。服务性公司面临着与相关产品定价相似的问题，即基本服务收费多少？可变使用收费多少？一般来说，固定费用应该较低一些，以便吸引顾客使用该服务项目，并通过可变使用费获取利润。

（4）副产品定价。在生产加工食用肉类、石油产品和其他化学产品中，常常有副产品。如果这些副产品对某些顾客群具有价值，必须根据其价值定价。副产品的收入多，将会使公司更易于为其主要产品制定较低价格，以便在市场上增加竞争力。

第四节　企业发动和应对价格变动的策略

由于市场形势和营销环境不断变化，因而企业常常面临价格变动的问题，企业经常面临的情况是它们必须发动价格改变或者对竞争者发动的价格改变做出反应。

一、发动价格改变

在一些情况下，企业会发现既可以发动降价也可以发动提价。在这两种情况下，企业必须预测购买者和竞争者的可能反应。

1. 发动降价

降价往往会造成同业者的不满，引发价格竞争。但在某些情况下，仍需降价：①企业生产能力过剩，产品积压，虽运用各种营销手段（如改进产品、努力促销等），仍难以打开销路；②面临激烈的价格竞争，企业市场占有率下降，为了击败竞争者，扩大市场份额，必须降价；③企业的产品成本比竞争者低但销路不好，需要通过降价来提高市场占有率，同时使成本由于销量和产量增加而进一步降低，形成良性循环。

2. 发动提价

提高产品价格会引起顾客、经销商甚至本企业销售人员的不满，但成功的提价也会极大地促进利润的增长。当企业面临以下情况时必须考虑提价：①在市场供不应求，企业无法满足顾客对其产品的全部需求时，应通过提高价格以平衡供求，增加收入；②在通货膨胀时，物价上涨导致企业成本费用上升，必须提高产品销价，以平衡收支，保证盈利。

企业在提价时，应注意通过各种传播渠道，向买方说明情况，争取买方的理解，并帮助买方解决因提价而产生的一些问题。

3. 预测购买者对价格变动的反应

企业的任何价格变动必然会引起有关各方的反应，对于这些反应，特别是购买者的反应，企业必须予以充分重视，认真分析判断，并采取相应对策。

在产品降价时，购买者可以作以下解释：①该产品已接近淘汰，即将被新品种所取代；②产品本身有问题，是滞销货；③企业资金困难，该产品面临停产，因而不会再有零配件供应；④降价还会继续，等价格降得更低时再买。特别是短期内连续小幅降价，最易形成这种消费者持币观望的局面。降价本应带来销售增加，但在上述情况下往往适得其反，不适当的降价甚至会使销量减少。

产品提价一般会抑制需求，减少销量，但有时购买者却会从另一角度理解，从而加速购买和增加购买量：①这种产品是热门货，正在走俏，可能很快脱销；②该产品有特殊价值；③可能还会涨价，及早多买些存起来，以免将来支付更大的价钱。在消费者中，往往存在"买涨不买落"的心理，特别是在通货膨胀时，人们竞相抢购保值商品和生活必需品，越涨越买。这是消费者在货币贬值情况下的一种自卫行为。

4. 预测竞争者对价格变动的反应

价格变动的企业除了考虑购买者的反应之外，还应考虑到竞争者对价格的反应。当牵涉的企业数量较少，产品是均质的，购买者对产品和销售者熟知的时候，竞争者就最有可能做出反应。

如果企业面对的是一个大的竞争者，并且该竞争者趋向于用一种固定的方式对价格改动做出反应，那么就很容易预计竞争者的反应了。但是，如果该竞争者将每一次价格变动都作为新的挑战，并根据当时的自我利益做出反应，那么企业将不得不弄清楚当时竞争者的自我利益是什么。

和顾客一样，竞争者也会从许多方面来解释某个企业改变价格的行为。它会认为该企业正在努力攫取更大的市场份额；或者该企业经营状况不佳，正努力促进销售量增加；或者企业想尽快获得高额利润等。

当存在几个竞争者时，企业必须预测每个竞争者的可能反应。如果所有竞争者的行为很相似，就可以找一个典型竞争者来分析。相反，如果竞争者的行为不相似，则需要分别加以分析。同时，如果有一些竞争者也要相应地调整价格，那么就应预计到其他竞争者也会相应地调整价格。

二、企业如何应对竞争者的降价

为了对付竞争者的降价，企业需要考虑以下问题：竞争者的意图和资源，产品在生命周期中所处的阶段，产品在企业产品组合中的重要性，以及消费者对调价可能做出的反应等，如图 10-1 所示。

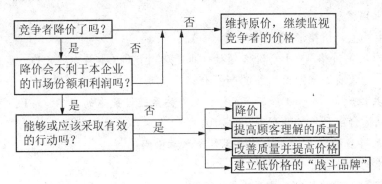

图 10-1　对竞争者降价的估计和反应

如果企业决定能够和应该采取有效的行动，那么它可能会采取四种反应中的任何一种。

（1）减价，以便和竞争者的价格相匹敌。企业在减价的同时应努力维持它的质量。

（2）企业可以维持原价，但提高顾客感知到的质量。它可以改善与顾客的交流活动，强调优于低价竞争者的产品质量，这要比减价和低利润经营更好一些。

（3）改善质量，提高价格。对企业品牌进行高价格定位，用较高的质量用来证明较高的价格是值得的。

（4）设立低价格的"战斗品牌"。最好的做法是在产品线中增加较低价格的产品，或者单独创建一种较低价格的品牌。当正在丢失的细分市场对价格敏感并且不会对较高质量的说法感兴趣时，这样做就十分必要了。

总之，当企业面临竞争者降价进攻时，需要冷静分析具体情况，全面考虑各种因素，及时做出适当反应。

 案例

休布雷公司在美国伏特加酒的市场中，属于营销出色的公司，其生产的史密诺夫酒，在伏特加酒的市场占有率达 23%。20 世纪 60 年代，另一家公司推出一种新型伏特加酒，其质量不比史密诺夫酒低，每瓶价格却比它低一美元。

　　休布雷公司的市场营销人员经过深思熟虑后，采取了对方意想不到的策略。他们将史密诺夫酒的价格再提高1美元，同时推出一种与竞争对手新伏特加酒价格一样的瑞色加酒和另一种价格更低的波波酒。这一策略一方面提高了史密诺夫酒的地位，同时使竞争对手的产品沦为一种普通的品牌。结果，休布雷不仅渡过了难关，而且利润大增。

学、做一体练习与实践

一、不定项选择题

1. 在影响价格的因素中，最重要的因素是（　　）。
　　A. 竞争对手　　　　B. 政府干预　　　　C. 需求强度　　　　D. 产品差别程度
　　E. 供求因素
2. 寡头市场上，价格形成机制有（　　）。
　　A. 供求决定价格　　B. 价格领袖—跟随者　　C. 卡特尔　　D. 垄断者
3. 适合采用政府导向定价机制的产品有（　　）。
　　A. 公共性产品　　　B. 新产品　　C. 关系国计民生的产品　　D. 垄断性产品
4. 新产品适合定高价的情况有（　　）。
　　A. 有足够多的顾客，且需求强度大，愿意出高价
　　B. 需求的价格弹性大
　　C. 因某种原因，具有一定的垄断性
　　D. 顾客了解这种新产品的信息少
5. 感受价值大的产品有（　　）。
　　A. 名牌产品　　B. 艺术品　　C. 奢侈品　　D. 高级品　　E. 食品
6. 以下属于心理定价策略的有（　　）。
　　A. 折扣定价　　B. 招徕定价　　C. 尾数定价　　D. 声望定价　　E. 参照定价
7. 适于采用声望定价的产品有（　　）。
　　A. 名牌产品　　B. 礼品　　C. 奢侈品　　D. 高级品　　E. 食品
8. 在（　　）情况下需要考虑提价。
　　A. 市场供不应求　　　　　　　　B. 通货膨胀导致企业成本上升
　　C. 竞争不很激烈　　　　　　　　D. 符合国家有关法律、法规

二、判断正误题

1. 寡头市场上竞争对手因素对定价影响很大。
2. 买卖双方信息不对称是影响定价的因素。
3. 价格弹性大的产品适合定高价。
4. 低价策略的目的是为了渗透市场。
5. 某品牌方便面定价1.98元，采用的是尾数定价策略。
6. 歧视定价因其含歧视性内容所以有违反道德的嫌疑。

三、填空题

1. 在 4PS 里面，价格从来都是一个_____的因素。

2. 定价主要解决定高价、低价或中间价的问题，高、低是相对于产品的_____而言的。

3. _____市场上价格的确定需要区分存在或不存在勾结。在不存在勾结的情况下，价格决定的方法是_____价格形成机制；在存在勾结的情况下，则是_____。

4. 作为价格领袖的寡头一般有三种情况，即_____、_____、_____。

四、名词解释

1. 感受价值；

2. 卡特尔；

3. 战斗品牌。

五、简答题

1. 简述影响需求变动的因素。

2. 简述影响供给的因素。

3. 叙述"价格领袖—跟随者"价格形成机制。

4. 简述心理定价策略。

六、案例分析题

阅读章首案例《铁屋价格战》，请问组装式产品公司应如何应对卡普莱的第三次削价竞争？

七、讨论思考题

1. 影响定价的主要因素有 9 种。根据这 9 种因素在价格形成机制中发挥作用的不同，你对这 9 种因素还可以再进行怎样的二次分类？

2. 第二、三、四节这三节的内容相互之间是怎样的关系？

八、概念应用题

到当地的超市中去观察并思考，挑选 4～5 种产品，分别分析它们各自采用的是什么定价机制？为什么？

第十一章 销售渠道策略

 **章首案例**

李宁公司①

〰〰〰〰〰〰

1988 年，被世人誉为"体操王子"的李宁，在经历了汉城奥运会的失败之后，并没有停止挑战自我的奋斗。他没有走运动员继而教练员的常规道路，而是选择了加盟广东健力宝集团公司的闯荡商海之路。1989 年，李宁开始筹备李宁公司的业务。1990 年 4 月，注册"李宁"牌商标，5 月李宁体育用品有限公司宣布成立。

公司成立之初，正是第 11 届亚运会紧锣密鼓的筹备时期。机会难得，健力宝集团斥资 300 万元，说服亚运会组委会回绝了韩国某公司 3 000 万元的赞助，获得了赞助权，成功地赞助了亚运会，从而让全国的消费者在一夜之间认识了"李宁牌"。

公司虽然借助亚运会迅速建立了品牌知名度，但在当时的体育服装市场上，绝大部分的企业都是国有企业，蓝天、梅花等国内名牌占领着商业主渠道，而李宁公司由于不是国有企业，加上商业企业受计划体制和传统思想的束缚，"李宁牌"服装基本上进不了国有大商场的门。在这样的情况下，李宁公司的决策者再次表现了非凡的胆识和魄力，决定另辟蹊径，以特许专卖的形式来经营自己的"李宁牌"产品。

"专卖店"在市场经济相对发达的国家里，已不是什么新鲜名词，但在 20 世纪 90 年代初的中国，大多数人仍感到新鲜和陌生。李宁公司认真研究了国外名牌运动装的销售办法，根据中国的国情和市场行情，大胆地决定建立自己独立的销售渠道，即以李宁公司为特许人的"李宁牌"服装专卖店系统。

公司当时主要采取让利的办法来培养和形成全国的特许专卖销售网络，即在价格、市场区隔上给专卖店以一定的保障与承诺，而作为受许人的专卖店经营者则要担负起选址、装修店面等方面的投资责任。对于受许人来说，与李宁公司合作就意味着把自己的命运和利益与"李宁牌"紧紧捆在一起。1990 年亚运会前夕，李宁的队友付鲁明在北京西四开办了首家"李宁"专卖店，方敏以 3 万元起家在安徽建起了"李宁"专卖店。随后，"李宁"专卖店便如雨后春笋般在武汉、长春、吉林、广东、上海等全国各大省市相继出现。至 1993 年年底，全国已有"李宁"专卖店 82 家、下属店 203 家，销售网络已遍及全国各主要大中城市，全国覆盖率达 58%。两年后，这一数字达到 85%，成为中国最大的一家有自己专卖销售网的体育用品公司。

随着"李宁牌"知名度的提高、专卖体系的扩张及其他品牌专卖店的兴起，李宁公司向更深层次借鉴和挖掘国外特许专卖体系内在机制的优势，逐步调整和规范自身的专卖体

---

① 本案例由编著者根据有关资料编写而成。

系，使其真正步入社会化的商业轨道。

李宁公司特许专卖的经营核心是特许权的转让。公司为转让方，专卖店为接受方，总部和专卖店一对一签订特许专卖合同。各专卖店对自家的店铺拥有所有权，在公司集中统一的管理原则和管理模式下，拥有较大的经营自主权。特许专卖体系内部的各专卖店之间不存在横向联系，也就是说不存在竞争，但存在各店销售量和促销方法上的竞赛。

根据双方签订的契约，公司必须向各专卖店提供自己的商标、商品和服务标志等在一定区域内的垄断使用权，并给予人员培训、商品供给、店面装饰、商品陈列、组织构成、经营管理、信息传播上的指导和协助，在经营上握有持续控制权、质量监督权等；被授予特权的专卖店需付给公司一定的报偿，定期支付按毛销售额计算的特许权使用费（权利金），支付对其提供的设备装置应收的租金、利润分成，有时还支付定期特许执照费等。

1994年初，李宁公司正式成立市场营销部，主要围绕上述特点和需要，对现有专卖店进行完善和认证工作（第一批认证了51家专卖店）；另一方面对申请加盟者进行全面考核，有目的、有计划地发展专卖店，力求不断完善和提高加盟者的质量和水平，使"李宁牌"不仅有一流的产品，同时有适合一流产品、一流品牌的分销系统。

"李宁牌"专卖店的设置从总体上大致可分为"紧密型"和"松散型"两大类。紧密型专卖店即由公司总部直接控制的专卖体系，如北京、天津、上海三个经贸公司所构建的专卖体系。松散型专卖店是指以特许经营形式开办的专卖店。松散型专卖店又可分为个人独资性质、集体性质、工商联销性质、地区垄断性质四类。个人独资性质是指完全由私人独自投资，通过特许权转让的方法开设"李宁牌"专卖店，经营销售"李宁牌"产品。集体性质指当地体委的"三产企业"接受特许权转让，或由个人承包经营"李宁牌"产品的具有集体性质的专卖店。工商联销性质是由李宁公司下属的分公司，如鞋业公司、服装公司等在一些大城市里的大中型商场开设的"李宁牌"产品专柜，进行联合经营。地区垄断性质，如安徽大中型商店开设的"李宁牌"产品专柜，实行地域垄断性经营。

李宁体育用品有限公司赋予特许专卖店的特许权主要包括："李宁牌"系列产品在某一地域内的独家专卖权；开设"李宁牌"系列产品专卖店，对"李宁牌"名称和标志的使用权；在指定地区独家享有"李宁"三家全资公司（广东李宁体育用品有限公司、李宁鞋业有限公司、李宁服装有限公司）直接供货并给予特别优惠价格的权利。

特许专卖店应承担的义务主要包括：按合同规定分期付清"李宁牌"系列产品的独家专卖权转让费，逾期不付，自动解除合同；产品作价、最低销售回款、销售年增长率按合同规定执行；专卖店的一切亏损和债务及经济、法律责任由受许方自行承担；受许方开设的"李宁牌"系列产品专卖店需具有法人资格，有专门资金投入，专门人员管理，专门店面经营，其名称和章程需经李宁公司认可与批准；只能在协议规定的地区内经营，不得跨地区、跨省市经营，不准经营"李宁牌"系列产品以外的任何其他产品；店面选址应在繁华的商业地区，店面装修标准和方案应按李宁公司标准统一执行，以保证全国专卖店的统一形象，店面装修费用由自身承担；广告宣传活动需经李宁公司审阅同意，费用自理，李宁公司协助提供必要的宣传资料和宣传物品；各专卖店需接受李宁公司的业务帮助、指导和监督，需遵守李宁公司制定的《服务规范条例》、《管理规范条例》，以维护李宁公司的形象和信誉。

企业的产品生产出来以后，总要通过一定的销售渠道送到消费者或用户的手中。因此，销售渠道策略的正确与否直接关系到企业的市场营销效果和产品销量的大小。

第一节　销售渠道模式设计

一、销售渠道的基本模式

（1）直接销售渠道。不经过任何中间商销售产品，而是企业自己派出销售人员直接向最终顾客推销。在产业市场上，那些大中型设备、大宗原料或者需要按特定要求制造的产品往往采用直接渠道。这些产品一般是专用设备，技术复杂、单价较高。在消费品领域，房地产开发公司多采用直接渠道销售自己开发的房地产，另外，还存在少部分直销公司，如安利公司、雅芳公司。直销公司也是采用直接渠道向消费者销售产品。

（2）自营销售渠道。是指企业自设销售公司、办事处，充任批发环节（经销商、批发商）的职能；或自设零售店销售，充任零售商的职能。

在自营销售渠道模式下，生产企业直接介入市场，与众多零售商（终端），甚至与最终顾客直接接触，其好处有：①提高企业对终端和市场的掌控能力，有助于贯彻企业的各种促销和竞争策略，提高营销计划的执行力。新建企业，或企业开发的新产品要想迅速占领市场，打开局面，在市场上站稳脚跟，在开始阶段采用这种模式常常是不错的选择。②有助于企业更好地了解市场各方面的情况，更好地满足零售商或顾客方面的需求，更好地开展促销活动。③有利于减少商品流转的环节，加快商品销售的速度，并获取原来由批发商获得的商业利润。

但是，自营销售渠道也存在着弊端，集中表现在：①企业建立自营销售渠道需要投资，需要付出较大的精力、时间和费用，还需要较有经验的业务人员，企业若不具备这些条件，则效果不理想；②企业自设销售公司或零售店，就会多一层委托——代理关系，且这些销售公司和零售店多在异地，不易管理，这样必然使企业增加管理成本，并承担这些销售机构管理不力造成的损失甚至管理失败的风险。因此，自营销售渠道常常仅作为企业初创或新产品初期开拓市场的有效策略，一旦市场开发成熟，企业会改用间接渠道，从而避免管理上的难题。

 案例

三株公司

在20世纪90年代中期我国保健品市场最为火暴的时期，山东三株实业有限公司以其惊人的自营销售网络，创造了"三株奇迹"。但是，在90年代后期，仍然是这一销售网络，成了导致三株公司破产的重要原因之一。

1994年，三株公司成立的当年，其主打产品"三株口服液"初试期就实现销售额1.25亿元，1995年猛增至23亿元，1996年更是达到了惊人的80亿元。支撑这个销售奇迹的是三株覆盖全国城乡的销售网络。当时，三株在全国所有省会城市和绝大部分地级市注册了600多个销售子公司，在县、乡、镇有2 000多个办事处，吸纳了15万的销售人员。这一做法被业界称为"人海战术"，它在市场呈爆炸性增长的情况下，保证了三株公司的快速、大量销售，并迅速占领了市场。但是，慢慢地，公司高层发现这些销售机构不讲效率、不问效益、盲目投入、人浮于事的现象越来越严重。子公司和办事处的经理、主任都养得白白胖胖的，除了业务主办和临时工没有几个人在做销售的工作。加上其他方面的管理不善，损失了很多，最终出现了全面亏损。

（3）间接销售渠道。企业采用间接销售渠道，一是有助于产品的广泛分销；二是有助于缓解人、财、物等力量的不足；三是若能取得与中间商的良好协作，就能借助中间商的力量和信誉来有效地开展促销活动，占领市场。

但是，间接销售渠道也有一些弊端，其主要有：①由于增加了销售环节和流通费用，会导致产品价格提高；②如果企业实力不足，或者与中间商不能很好地配合，易造成企业受制于中间商；③因为批发商的存在会降低企业对零售商（终端）的掌控能力，企业的一些促销策略、竞争策略，有时难于落实到位；④不便于企业掌握市场信息，了解市场需求。

二、销售渠道的构成模式及其长度、宽度

知道了销售渠道的基本模式，那么，在自营销售渠道和间接销售渠道中，使用什么类型的中间商，以及使用多少中间商？这就是销售渠道的构成模式了。

消费品市场和产业用品市场的渠道构成模式常常有很大的不同（见第四章第二节的有关内容）。我们把某一销售渠道中经过中间商环节的多少称为销售渠道的长度。渠道中使用同类型中间商数目的多少称为销售渠道的宽度。我们以消费品市场的渠道构成模式为例，"生产者→消费者"这是最短的渠道（又叫零长度渠道），"生产者→代理商→批发商→零售商→消费者"这是最长的渠道。

我们如果把销售渠道比作是企业产品走向市场的"腿"的话，渠道长也就意味着"腿"长，而"腿"长的企业其产品肯定走得就比较远，也就是说企业产品所辐射的市场区域就比较大。下面我们再来说说不同宽度的销售渠道构成模式，一般分为三种：

（1）密集分销。在渠道环节中使用尽可能多的中间商，使渠道尽可能宽，尽量发挥众多中间商的大面积辐射功能。这种策略常常用于价廉、易耗、挑选性低、容易储存和保质，且为每个家庭或个人必需的日常消费品或生产上使用的标准件、通用小工具等产业用品。

（2）独家分销。在某一销售区域内只选择一家中间商来经销或代理，实行独家经营。独家分销是最窄的渠道。对生产厂家来说，其优点在于能选择关系最密切或最优秀的中间商，有利于对渠道的控制，树立自己产品的形象，还可要求中间商为消费者提供良好的售后服务项目。独家分销的缺点主要是由于实行专营，可能造成销售网点少，从而失去一些潜在购买者；厂家对专营中间商的一些经营政策限制，会出现种种纠纷；如果这一家中间商经营不善或发生意外情况，生产者就要蒙受损失，承担一定的风险。

（3）选择分销。制造商在某一销售区域精心挑选若干最合适的中间商来经销或代理自己的产品。这种方式介于上述两种分销策略之间，对于选择性较强的高档消费品、专用性较强的零配件以及技术服务要求较高的商品更为适宜。这种策略的优点是经挑选出来的中间商，其经营水平较高，能与生产厂家进行良好的合作，双方常通过履行合同或协议，共担风险，分享利润；可以减少经销商之间的盲目竞争，有利于提

高商品信誉。这种策略一般要求生产厂家处于较主动地位，向中间商提供良好的销售条件，或能向中间商提供畅销品，这样才会有较多的、愿意合作的、能力较强的中间商供厂家挑选。另外，这种策略要求加强协议合同的履行管理，防止发生纠纷和违约情况。

三、影响企业渠道模式设计的因素

正确设计销售渠道的基本模式和构成模式，是决定企业分销效果的关键之一。为此，企业必须对影响渠道模式设计的各种因素进行分析。

1. 产品因素

产品因素对营销渠道的选择起着决定性作用，它主要包括以下内容：

（1）产品的体积、重量大小。体积大、沉重的产品因为搬运困难，装卸搬运费用较高，一般都采用较短的渠道由制造商直接销售给用户（如生产设备等），或者通过代理商推销，或者直接销售给零售商（如电冰箱、家具等）。

（2）商品的价值。一般情况下，商品的价值与销售渠道的长度和宽度呈反比例关系。商品的单位价值越小，销售渠道就越长越宽；相反，商品的单位价值越大，销售渠道就越短越窄。

（3）产品的自然属性。易损易腐的商品应尽可能通过最短的分销渠道，迅速送到消费者手中，这样可以加快周转，保证产品质量。

（4）产品的差异性。产品差异性大的商品，其式样、花色很多且经常变化，应尽量缩短分销渠道，由生产者直接供应零售商，或者由生产者自己设立零售店销售，以避免产品过时积压。

（5）定制品和标准品。定制品因有特殊的规格、式样要求，一般需要生产者与用户或消费者直接打交道，不宜经过中间商销售。标准品因有统一质量、规格和式样要求，因此，一般可通过中间环节按样品或商品目录进行销售。

（6）产品的技术性和售后服务要求。设备类产品一般都有高度技术性，且售后服务要求高，制造商要派遣技术人员去指导用户安装、操作和维护主要设备。因此，一般都由制造商直接销给用户。此外，许多耐用消费品（如家用电器）也有一定技术性，需要安装并指导消费者使用，消费者往往把销售者的售后服务作为选择购买的一个重要条件。于是这些产品的制造商多自己开零售店，或在大商场租用柜台直接销售给消费者，或挑选有服务能力的零售商来销售。相反，对于那些销售数量大且技术性和售后服务要求不高的产品，往往要通过中间商销售，选择长且宽的渠道。

（7）产品与人们生活相关程度。与人们生活密切相关的必需品，要选择宽渠道，如副食品以及饮料、糖果、肥皂、牙膏等日用品，要求销售网点辐射面广，使消费者随时随地可以买到。

2. 市场因素

（1）潜在顾客数量和市场范围因素。市场潜在容量大、范围大，一般需要充分借助中间商的力量，即通过长而宽的渠道来销售。

（2）消费者或用户购买特点因素。当顾客购买的批量大、频率低且购买相对稳定时，厂家可考虑采用直接渠道或短而窄的间接渠道。相反，购买的批量小、重复购买、多样化购买、购买不太稳定，则可考虑与中间商广泛协作销售。

（3）季节和节日因素。季节性和节日产品，必须在季节和节日来临之前及时投入市场，必须选择能保证及时供应的渠道。

（4）竞争状况。企业应考察目标市场上竞争对手的销集渠道策略，比较双方的分销实力，灵活地选择销售渠道。

 案例

"全世界只在药房销售"的渠道定位是薇姿提出来的。这个世界著名化妆品集团欧莱雅旗下的品牌，自1998年7月进入中国市场以来，短短两年里，就在各大城市两百多家大型药房开设了薇姿护肤专柜，销售业绩日益看好。

在欧洲，护肤品的主要销售渠道是超市，只有极少数的化妆品品牌能够通过严格的医学测试得以进入药房，而具有70年研究皮肤科学经验的薇姿就是其中的一个。70年来，薇姿一直坚持"全世界只在药房销售"的市场策略。

进入中国市场后，薇姿依然选择走药房专销的路子，从而为它日后的成功经营开辟了一条有别于国内护肤品的道路。

国内护肤品品牌大多集中在商场柜台内销售，竞争异常激烈，薇姿只在药房销售则可避免与其他品牌正面冲突，减轻了竞争上的压力；而且，众多品牌汇集在一起，使人眼花缭乱，经验不足的消费者很难从中选择适合自己的护肤品，独在药房的薇姿让消费者一目了然，被购买的概率自然大大提高；另外，由于传统上大众对药房专业、健康的良好印象，薇姿也很容易让消费者产生一种专业、优质的信赖感，凸显其品牌价值。

3. 生产厂家自身的因素

（1）企业的信誉、资金和市场管理能力、经验。如果企业信誉好、资金雄厚，或企业具有销售管理能力强、经验丰富的销售机构和人员时，可以适当考虑采用一部分自营渠道模式。

（2）企业是否有控制分销渠道的需要。如果制造商为了实现其战略目标，在战略上需要控制市场和分销渠道，就要加强销售力量，选择自营销售渠道模式，或使用较短的渠道结构。

 案例

斯纳普（Snapple）公司是一家小型软饮料制造企业，但是通过审慎地运用销售渠道机遇，已成为世界闻名的公司。斯纳普公司成立于20世纪70年代早期。成立之初，几乎完全由纽约城区的健康食品销售商经销其产品。随后，逐渐扩展到夫妻杂货店和便利店中。一位斯纳普高级管理人员说："开始的时候，连锁店只要那些能支付大笔场地折让（为使产品上货架而支付的钱）的企业。那时我们是一家小公司，因此没钱支付。"斯纳普公司决定利用经常被人忽视的便利店渠道，这使公司获得巨大收益。在该渠道中，就产品市场渗透率、货架空间占有率和销售量来说，斯纳普超过了除可口可乐之外的所有品牌。1992年该公司走向全国市场时，得以运用其在便利店、夫妻杂货店、健身俱乐部和小杂货店中的巨大力量，在美国80%的超级市场连锁店中取得货架。

4. 宏观环境因素

（1）经济形势。在市场需求下降时，制造商的策略重点只能是控制和努力降低产品的最终价格，因此必须尽量减少不必要的流通环节，使用较短的分销渠道。反之，在市场需求量增大时，应考虑与中间商广泛协作，尽量扩大商品的销售。

（2）政府的有关法律、政策。如国家的商品专卖制度、专控商品，政府有关防止垄断销售渠道方面的法律等。

四、大多数情况下，企业会采用混合的渠道系统

所谓混合的渠道系统，是指企业选择若干条渠道模式并存的局面，即直接销售渠道、自营销售渠道和间接销售渠道并存，不同构成的渠道模式并存。采用此渠道的原因有：① 不同的销售区域，具有不同的市场情况和竞争态势，需要不同的渠道模式；②不同的细分市场需要不同的渠道模式；③即使是相同的区域，相同的细分市场，也可能同时需要不同的渠道。这是因为消费者可能会在不同的地点购买同一品牌的产品。例如，可口可乐公司通过几十种不同的渠道进行销售，其中几种不同的渠道模式几乎都存在。混合渠道系统适应了市场多样化、复杂化的需要，是许多企业的正确选择。

 案例

由于岷风石油钢管厂的焊接钢管主要用作油管、套管和油气输送管，用于矿浆、盐卤输送管，用于水、煤气管，也可用于化工、电力等工程，在某些领域还可替代无缝管。螺旋埋弧焊管主要用于石油、天然气、水、煤气、矿浆、盐卤等长输管线，也可用于化工、电力、灌溉及打桩工程。

岷风石油钢管厂的销售部门根据产品的最终用户对企业的目标市场做了划分并以此来确定产品的销售渠道：小口直缝焊管主要用于工业与民用建筑，可以作为水管、煤气管、建筑结构用管等，用户面比较大、零散而不集中，因此不只依靠企业自己的销售队伍进行直销，还建立了分销渠道，与分销商保持合作；中口径直缝焊管、螺旋埋弧焊管和中口径直缝套管一般用于石油天然气输送管的建设，它的用户面比较小，但是用量较大，因此销售主要依靠企业自己的销售队伍来直接销售。

为了更好地销售产品，岷风石油钢管厂近几年分别在上海、武汉、郑州、西安、新疆、广州成立了分公司，并且在北京、兰州、成都、延安及东北等地区成立了办事处。目前，企业的产品已经遍及全国多个城市和地区，销售的覆盖面有了显著增加。

五、销售渠道模式的变化与调整

企业的销售渠道系统建立起来以后，不是一成不变的。随着市场营销环境诸方面因素的变化，特别是市场需求的变化、新的销售方式销售途径的出现和发展，企业的销售渠道也需要经常做出相应的调整。销售渠道模式的变化与调整一般有 4 种情况：

（1）销售渠道基本模式的变化调整，即由间接渠道改为自营渠道、直接渠道，或者相反由直接渠道、自营渠道改为间接渠道。

（2）增减原有某渠道中某个中间商环节的中间商数目（即调整渠道宽窄）。例如，原

来是选择性分销渠道，现在要改为独家分销渠道；或者。原来在某一区域用 3 个零售商，现在改为用 10 个，或者改为密集型分销。

（3）增减原有渠道中某中间商环节，其中，以去掉某一环节的情况居多（即调整渠道长度）。近几年来，流通领域的形势已经发生了巨大的变化。伴随着消费者购买行为的改变，规模大、势力强的大型超市、连锁店、大卖场迅速崛起，制造商开始更多地越过批发商，直接给那些超级终端供货（某著名洗化企业在上海的销售量中，70%直接走超级终端，30%走传统渠道），或者只经过一次经销环节，产品就能够到达终端（指零售商）。因此，以批发商、小型零售商为主体的传统通路日渐衰微；出现了销售渠道逐渐变短的趋势；出现了 K/A（Key Account，重点客户，多指重点零售客户）越来越重要的趋势。伴随着这些趋势，首当其冲的就是批发商。当然，我们还不能完全抛开批发商，因为，在某些地区、某些市场上批发商仍然发挥着非常重要的作用。

决定是否增减渠道中的个别经销商，有时需要做直接的经济分析，选择的依据是：增加或减少这个经销商对企业的盈利有何影响？对市场控制程度有何影响？调整以后其他渠道成员（如零售商）会有什么反应？

（4）在企业的整个渠道体系中增减某一渠道。一般而言，一条销售渠道的末端肯定就是一个细分市场。企业之所以要去掉某一渠道，大多数的原因是相应的细分市场逐渐消亡或衰退了。相反，增加某一渠道，可能的原因是：①相应的新的细分市场出现并形成了；②某一细分市场早已存在，但现在才被企业发现；③根据企业的营销战略，某一细分市场被确定为企业新的目标市场。

 案例

某酿造厂的市区销售渠道选择

一、目前状况：三条渠道，全年销售额164万元

（1）四个经销商，自备车，年销售额 106 万元。有时不听从企业的管理和建议，吃掉零售商不少利益。对企业产品促销不力，反而卖力地私自经销竞争对手的产品（因为竞争对手的产品中间利润高）。

（2）厂客货两用车，年销售额 21 万元。

（3）厂职工自备三轮车送货 37 万元。

二、用经销商和厂客货两用车销售的成本计算

（1）经销商提成：全年 106 万元，每月平均 88 300 元×3.7%＝3 267 元

（2）厂客货两用车：司机工资 450 元，司机公里补按每月跑 2 600 公里计算，2 600×0.09＝234 元。销售员提成，全年 21 万元，月平均 17 500 元×2.5%＝437.5 元

（3）车的费用：不计（因为此车还做他用）

（4）合计：3 267＋450＋234＋437.5＝4 388.5 元

三、取消经销商和厂客货两用车，采用自送货方案（2 辆车，4 人）的成本计算

（1）养路费：6 元/车天×30 天×2 辆＝360 元

（2）烧油：每年每天 100 公里烧 8 升×3 元×30 天×2 辆车＝1 440 元

（3）人工：全年任务 127 万元（按目前销售额），平均每月 10.58 万元，每辆车平均

5.3万元。按2.7‰提成，每辆车53 000元×2.7‰＝1 431元，2辆车共2 862元。

（4）车辆的其他费用：每车每月50元，2辆车共100元。

（5）车辆的折旧：两辆车4.4万元，使用年限按9年计算，不计残值，年折旧44 000÷9≈4 888元，月折旧4 888÷12≈407元。

（6）合计：不计折旧，360＋1 440＋2 862＋100＝4 761元，计折旧的话为5 168元。

四、结论

每月费用相当，但考虑到企业对市场的控制所能获得的好处和竞争优势，所以建议采用自送货方案。

五、采用自送货方案应注意的几点问题

（1）平稳过渡，既要做好经销商的安抚工作，又要态度坚决，与经销商一刀两断。

（2）坚决禁止本厂业务员给原经销商供货。原经销商想进货的话，按零售商对待。

（3）过渡办法。用一周时间，厂领导与业务员一起既做市场调查又送货，目的有：①甩开经销商后，销售量能立即跟上；②进行市场细分并制订合理的用车、用人计划、薪酬制度。

（4）用车、用人计划和薪酬制度要有长远和全面考虑，薪酬计划要有时间限制和弹性，避免将来市场成熟，销量上升很多以后，市内人员与市外人员报酬差距过大，造成利益不均。

 案例

固特异轮胎暨橡胶公司

固特异轮胎暨橡胶公司通过其强大的固特异独立经销商网独家销售备用轮胎已有60多年的历史。固特异和它的2 500家经销商都受益于这种伙伴关系。固特异获得其单个品牌经销商们不可分割的忠诚，而经销商们则获得享有盛誉的固特异轮胎产品线的独家销售权。但是，到了20世纪90年代，轮胎市场发生了许多事情：①竞争加剧；②消费者购买轮胎更具有一时的冲动性，他们开始慢慢地习惯于从大型超市、百货商店和仓库俱乐部等购买，这些商店所占有的市场份额在过去5年中增长了30％，而轮胎经销商的市场份额却下降了4％；③在零售店中私牌（即中间商拥有所有权的品牌）开始出现，其在价格上的优势引发了消费者对轮胎产品价格的关注，其他低价品牌趁机大量销售。面对这种情况，固特异一方面缺乏低价产品；另一方面，更为严重的是由经销商包销产品的渠道结构，使公司不能把轮胎放在许多消费者购买轮胎的地方。

1992年，固特异打破传统，宣布它将通过西尔斯公司的汽车中心销售固特异牌轮胎。除此以外，公司还在沃马特连锁店销售固特异品牌。市场调查表明4个沃马特顾客中有一个是潜在的固特异轮胎购买者，并且这些购买者来自独立经销商不可能进入的细分市场。公司还开始大张旗鼓地经营新的私牌业务。它的凯利——斯普林菲尔德部门很快便签署一笔通过沃马特连锁店销售私牌轮胎的交易，并且和凯马特连锁店，MW公司（Montgomery Ward）达成了协议，甚至和仓库俱乐部也有协议。固特异还探索其他新的销售方式。例如，它现在正测试一种直接、快速服务的折扣店概念"公平轮胎"，用来抵挡低价竞争者的进攻。通过改革，固特异的销售量和利润直线上升，市场份额增加

1%，股票价翻了 4 番。1993 年和 1994 年，固特异制造的利润比它的 9 个直接竞争者加起来还多。

扩大的销售系统看起来是一个很有意义的促进因素，至少从短期来看是这样。例如，西尔斯公司独自控制着 10% 的美国备用轮胎市场。对固特异公司来说，只要在西尔斯轮胎业务中占 20% 便意味着每年可多售 300 万只轮胎，足以挽回公司先前丢失掉的一半以上的市场份额。但是，从长远来看，开发新渠道有失去固特异包销商忠诚和效益的危险，这可是公司珍贵的主要竞争资产之一。

第二节　销售渠道管理

一、销售渠道管理的必要性

渠道管理是指生产者选择合适的中间商，并设法解决与中间商之间的冲突，以各种有效的措施去支持和激励中间商积极分销，从而促进产品销售的活动过程。需要明确的是，这里的"管理"并不包含有"行政"的或"上下级"的管理含义。因为制造商和中间商之间是相互协作配合、相互依存的关系，制造商需要借助中间商的力量来销售产品以获取更多的生产利润，中间商需要制造商供应优质的、价格适宜的、适销对路的产品，并要求一些服务项目来增加销售，以获取更多的商业利润。但是，制造商和中间商之间客观上又存在着矛盾和冲突，严重的冲突常常会阻碍各种流通活动的进行，降低双方的分销效率，给双方都造成损失。

渠道成员之间的冲突原因有多种，而最根本的原因就在于制造商和中间商各有各的利益，都是从自身利益出发考虑问题，当然会发生矛盾和冲突。

二、中间商的选择

制造商必须通过深入细致的市场调研工作，掌握中间商的准确情况。并通过对中间商各方面情况的综合分析与比较，选择满意的中间商。选择合适的中间商需要考虑 4 个方面的因素：

（1）能否接近制造商的目标市场。中间商的销售对象及其分布范围应与本企业的目标顾客及其分布范围基本一致。同时，中间商（尤其是零售商）所处的地理位置应能方便订货或方便本企业目标顾客的购买。这是确定中间商最基本的条件。

（2）商业信誉。中间商是否为本企业的目标顾客所信任，中间商与相关企业的关系是否融洽，资信程度如何等。

（3）中间商的财力和管理能力。中间商能否按时结算甚至预付货款，中间商是否拥有一支训练有素的销售队伍，是否拥有足够的仓储、运输能力，能否向顾客提供相应的一些服务项目，企业的管理能力，包括政策、计划、组织、制度、人员等是否符合要求。

（4）竞争情况。中间商是否经销竞争对手产品，本企业的产品能否与竞争对手的产品相抗衡。

案例

　　大多数汽车厂家选择经销商时，要求有汽车销售或维护经验，但某汽车品牌选择经销商时却提出两条另类的标准：第一，经销商必须是上市公司；第二，经销商必须没有从事汽车销售或服务的经验。(1) 为什么要求经销商必须是上市公司？不仅因为上市公司经过上市的审查关，实力通常较强（排除 ST 类公司），更重要的是上市公司的透明度高，能够通过年报、中报、季报了解上市公司的真正信息。仅仅这一条，就把选择经销商的很多难题解决了。(2) 为什么要求经销商没有汽车从业经历？第一个原因，现在的汽车经销商，全部是 4S 标准店，即汽车销售、维修、配件、信息一体化。而 4S 标准店的经销方式对任何有汽车从业经历的人都是新事物。第二，正因为没有汽车从业经历，才没有经验的包袱，才愿意接受厂家规范的运作模式。这与目前营销界流行的"用新人不用老手"的理念是一致的。

三、渠道管理的组织

　　企业应安排专业人员负责销售渠道的管理。负责管理渠道的人员的职责主要有：监测渠道中的矛盾冲突；检查所用各类中间商和每个中间商的效能；决定满足中间商需要的程度；确定支持中间商的计划与措施；确定加强与中间商合作的措施；减少企业与中间商在业务上的矛盾；结合业务计划，保证及时向中间商发货。实际上，我们常说的企业销售人员，有相当一部分并不是整天拿着产品到客户那里去推销的人员，而是现有渠道的管理人员。我们在第八章的章首案例中提到的主人公，他在开发量贩店之前的工作，就是做雨润集团的渠道管理工作。

四、制造商做好渠道管理的几个原则

　　(1) 为中间商提供适销对路的产品，争做渠道中的"领袖"成员。在销售中，商品之间往往存在着一定的连带作用，即顾客购买所偏好的商品时顺便购买其他商品。因此，中间商总是设法去购进某些快货、俏货，也乐意投资于这类商品的推销、促销等，以此带动他的整个经营。厂家应当注重产品质量，同时更应注重产品式样与功能等方面的创新，跟上消费潮流。

　　(2) 合理分配销售利润。生产者与经销商协作销售，生产者必定要给经销商相应的销售利润。生产厂家可将要分出的利润总额细分，并根据经销商在销售各方面的工作绩效大小去合理分配。

　　(3) 恰到好处地去实施激励措施。生产者鼓励中间商的措施主要有：①向中间商提供各种优质产品；②大量刊登广告引导顾客购买；③开展各种形式的营业推广，如举办展销、派员指导等；④帮助中间商改进经营管理；⑤对不合格产品负责包修、包换、包退；⑥给予各种折扣、奖金、补助或津贴。

　　(4) 协作促销。生产厂家以广告配合中间商的销售，往往能收到良好的促销效果。

　　(5) 提高中间商的销售服务能力。对于一些技术性较强、使用复杂、需要经常保养维修的大件产品，厂家应当为中间商培训维修人员，或提供咨询，或提供必要的资助。

　　(6) 及时做好渠道中中间商的更换、调整工作。选择发现一些新的适合的中间商，及时更换掉那些没有经销能力，或不服从管理，甚至对企业的渠道具有破坏作用的中间商。

　　另外，加强销售渠道管理还需做到如下几点：生产厂家与中间商之间保持密切的联系，使彼此了解对方的利益；定期举行中间商代表小组与企业方面的高层管理人员会谈；采用综合援助计划，帮助中间商开展推销业务；采用契约制度，根据协议解决厂家与销售渠道之间的争端；提供合理的价格、寄售方式、优惠的交货条件等。

 案例

渠道冲突：宝洁公司与中间商角力

　　尽管宝洁公司在消费者中有数不胜数的流行品牌，但是它与零售商和批发商却从来没有处好过关系。相反，许多年来宝洁公司素有运用高压的手段来行使自己的市场权利的名声，没有足够地去重视中间商的想法。1992 年初，宝洁公司与这些中间商的关系明显恶化。驻步购物连锁店（Stop&Shop）在东北部有 119 家杂货店，它的董事长气愤地说："我们认为宝洁公司会像绝大多数独裁者那样完蛋。"在几百英里以外明尼苏达州国际瀑布城，保罗贝克的超值（Super Value）公司的副经理也持这种看法："我们应该取消它那些蹩脚货，如一半的汰渍洗衣粉。现在来看看是谁把你放上货架，又是谁会把你取下来。"

　　引起这些强烈指责的原因是宝洁公司采取了新的"价值定价"政策。根据这个扫荡性的新计划，公司开始取消大多数过去曾提供给中间商的较大促销折扣。同时，作为补偿，公司把这些产品的每日批发价目表价格削减 10%～25%。宝洁公司认为价格涨落和促销运动已失去了控制。在前 10 年中，贸易折扣平均增长 3 倍多，制造商的营销资金中有 44%用于贸易促销，而再早 10 年只有 24%。

　　制造商变得依赖于价格导向型贸易促销方法来使它们的品牌不同于竞争品牌以及刺激短期销售量的增长。反过来，批发和零售连锁店也纷纷因时而异，等待制造商的"好交易"。许多批发商和零售商实行"超前购买"，即在制造商价格促销期间囤积居奇，进货数量大大超过其销售能力，然后在促销结束之后立即以较高的价格卖给消费者。这种超前购买使制造商的生产成本居高不下，并且大大降低了促销运动的效率。宝洁公司的工厂为了能和由此导致的巨大需求变动保持一致不得不随时做出调整。同时，超级市场需要更多的购买者来找到最好的价格，还需要额外的仓库来存储"便宜"货。宝洁公司声称只有 30%的贸易促销资金以低价的形式抵达消费者手中，而有 35%流失于低效率，另外的 35%落到了零售商的腰包里。行业"促销病"还传染给了消费者。疯狂涨落的零售价教会消费者购买减价品，而不是教会他们评价每种品牌的优点。因此腐蚀了消费者对品牌的忠诚。

　　通过价值定价，宝洁公司试图重新恢复价格以及品牌的完整性，并开始断绝商业和消费者对折扣定价的依赖性，从而使公司掌握更大的营销控制权。但是，这种战略减少了零售商和批发商在定价和促销方面的灵活性，从而导致了宝洁公司与中间商的剧烈冲突。折扣是许多零售商和批发商的"面包和黄油"，它们采用以特殊低价从宝洁公司购来的产品做每周减价销售，以便吸引关心价值的消费者走进商店或超市。另外，零售商和批发商还依赖折扣进行超前购买，从而获取高额利润。但是，现在，这种方法不灵了。

宝洁公司的这一战略很危险。它使一些重要的销售商与公司处于对立面，并使竞争者有机会利用宝洁公司的促销禁令大肆宣扬自己的特惠价。尽管宝洁公司有它巨大的市场影响力为依靠，并且认为零售商承担不起减少某些广告做得很凶的有力品牌的损失，如汰渍洗衣粉、佳洁士牙膏、福尔杰咖啡、潘婷洗发水和象牙肥皂。但是，目前看来，宝洁公司显然正遭受着严峻的考验。一些较大的连锁店，如 A&P、平安（Safeway）和瑞特安（Rite Aid）药店，开始精选宝洁公司的产品，去除了一些不重要的品牌。中西部的批发商"注册杂货商联合会"，在宝洁经营的 300 种宝洁产品中取消了大约 50 种。其他无数的连锁店正考虑把宝洁品牌从抢眼的好位置放到不显眼的货架上，同时用更有利润的私牌（即中间商拥有所有权的品牌）或竞争者品牌代替宝洁的位置。全国最大的批发商超值公司也经营零售店，它在一些宝洁产品上增设附加费，并且减少订货，来弥补它所说的利润损失。

尽管引来如此剧烈的反应，宝洁公司还是坚持自己大胆的新定价方法。公司认为价值定价以其较低和更稳定的成本和价格将有利各方，即生产商、中间商和消费者。许多中间商，甚至还有竞争者在旁冷笑，认为宝洁公司将重新采用价格促销手段。宝洁公司说许多大的零售商，尤其是那些已采用每日低价策略的大众综合产品经销商如沃马特公司，喜爱这一新系统，而且事实上还提倡这一方法。

宝洁公司在修正被扭曲的商业定价系统过程中的挣扎，证明了销售渠道中合作与冲突的巨大力量。很显然，为了各方的利益，宝洁公司和它的中间商应该紧密地合作。但是，渠道经常不通畅，冲突和权力之争不时激化。近几年，由于越来越多的品牌竞争有限的超市货架，加上零售商凭借扫描仪来获取市场信息，使中间商获得了更大的决定力量，渠道的权力已经部分转移给了零售商（或许这样说有些过分）。采取新定价政策的宝洁公司看起来是想夺回一部分失去的市场控制权，但是赌注是很高的。新计划要么是使宝洁公司彻底修正了批发商和零售商做生意的方法，要么便会减少宝洁公司的市场份额，逼它撤退。在短期内，这一冲突会使各方均有所损失。从长期来看，这一冲突或许有利于渠道，帮助它成长和完善。

五、渠道中的横向冲突管理

横向冲突是指一渠道层次上同级中间商之间的相互冲突。例如，芝加哥一些福特汽车公司的经销商抱怨该市的同行靠野蛮定价与广告，以及城外销售的手段抢走了它们的生意。一些匹萨旅店（Pizza Inn）的特许经销商，抱怨其他的匹萨旅店特许经销商偷工减料、服务质量差，因此损害了整个匹萨旅店的形象。渠道中的某些冲突属于良性竞争，这些竞争于渠道有利。因为没有这些竞争，某些中间商可能就没有积极性，就会滋生懒惰心理，就没有创新。但是，更多的时候冲突会破坏渠道。

由于渠道是作为一个整体协调运作的，因此必须对渠道冲突进行管理，将每个渠道成员的职责专门化，并要求渠道成员相互协作配合，以实现双赢多赢。大多数情况下，渠道横向管理的责任应由制造企业承担。但是，如果渠道中有一个专门的公司、代理机构来参与管理的话，该渠道就能更好地发挥作用。

渠道中的横向冲突最突出的是窜货问题。

1. 窜货的概念

企业的销售渠道一般都是按照"制造商→总经销商（或总代理商）→一级批发商→二级批发商→三级批发商→零售商→消费者"来组建的（有的可能短一些）。企业为了市场管理的需要，为了避免同一品牌的不同批发商之间"同室操戈"，自相竞价销售，从而损害制造商和批发商的利益，都会给每一批发商规定严格的销售区域范围限制，这种限制一般会在批发商与制造商或与上一级批发商之间签订的销售协议中有明确的规定。知道了这种销售区域范围的限制，就很容易理解什么是窜货了。所谓窜货就是某一批发商超越自己的销售区域范围的限制，将产品销往其他批发商的销售区域中。

2. 窜货的危害

经销商蓄意向辖区以外倾销产品最常用的方法是降价销售，主要是以低于厂家规定的价格向非辖区销货。恶性窜货给企业造成的危害是巨大的，它会扰乱整个经销网络的价格体系，引发价格战，降低经销商利润，使得经销商对产品失去信心，打击经销商的积极性并最终放弃该企业的产品。混乱的价格还将导致企业的产品、品牌失去消费者的信任与支持。

3. 窜货的原因

在对窜货现象进行深入剖析后，可以看出，产生窜货的原因多种多样，但"利"字却贯穿了窜货的全过程。营销渠道中各个成员作为独立的经营实体，为了追求各自的利益，往往置分销网络的整体利益于不顾，不择手段地进行销售，从而导致窜货的发生。当然从制造商方面来讲，也会有一些原因，如制造商管理不力，或盲目地实施一些渠道激励措施等。

此外，经销商的资金紧张、市场报复等，也会引起削货。品牌知名度大的产品，其回款期要求很严格，在销售资金紧张的时候，经销商会被迫向其他地区窜货，这样既从外区回笼了资金，又不破坏本区的价格体系。市场报复是一种纯粹的破坏行为，也是最为野蛮的行为之一。如一些经销商的利益因为种种原因受到触动时，便利用窜货来破坏对方的市场，报复对方，尤其是在更换客户时最容易出现此类恶性事件。

4. 有效地遏制窜货的策略

（1）完善专营政策。这是防止窜货最重要的基础。企业要合理划分各经销商的专营区域，并与经销商签订协议，明确规定经销商要把自己的销售活动严格限制在规定的区域之内，禁止跨区销售。

（2）产品包装区域差异化。即厂方对相同的产品，采取不同地区不同外包装的方式。产品包装差异化能准确地监控产品的去向，使得经销商在窜货上会有所顾忌，不敢贸然行动。即使发生了窜货，也可以追踪产品的来龙去脉，为企业处理窜货事件提供真凭实据。

（3）建立完善、公正的价格体系。紊乱不健全的价格体系是窜货的重要源头之一。企业在制定价格时，可将销售网络内的经销商分为总经销商、二级批发商、三级零售商，分别制定总经销价、出厂价，批发价、团体批发价和零售价等。在确保销售网络中各个层次各个环节的经销商都能获得相应利润的前提下，根据经销商的出货对象，规定严格的价格，控制好每一层级的利润空间，以防止经销商跨越其中的某些环节，进行窜货活动。

（4）制定现实的、完善的营销目标和促销政策。企业在制定营销目标时，要正确评估市场和企业、经销商的实力，制定符合实际的销售目标，防止目标过高。在制定促销政策时，应注意政策的持续激励作用，防止一促销就窜货，停止促销就销不动的局面发生。制定的促销政策应能协调厂商与总经销商以及各地总经销商之间的关系，为各地经销商创造平等的经销环境。奖励措施应当合理、适度。

（5）允许退货，与经销商共担风险。为防止经销商在处理滞销、积压产品而发生的窜货行为，企业应建立与经销商共担风险的制度，允许在一定程度一定条件下的退货。

（6）加强业务员队伍的建设与管理。渠道管理业务人员是防止窜货的关键因素。企业要严格执行人员招聘、选拔和培训制度，并建立良好的、合理的绩效评估、奖励和淘汰机制。

第三节　　物流策略

在企业的市场营销分配渠道中，制造商、批发商、零售商在购销商品的同时，必然伴随着商品的储运、包装、分拣等活动。将这些活动贯穿在一起，我们就会发现这是一个系统的物质实体运动的过程，市场营销学称之为"物流"。

一、物流的职能

（1）运输。运输就是向购买者发运产品。它包括两方面内容：一是选择运输方式（公路、铁路、航空等）。对于中短途的运输车辆还要决定是自有、租赁还是委托专营运输公司。二是决定发运的批量。发运的时间以及最经济的运输路线。运输工作管理的目标是要保证货物按时，安全运达目的地和努力降低运输费用。

（2）仓储。仓储就是存放商品。营销中必须决定是否使用仓库，如果使用仓库，那么使用什么类型的仓库，仓库结构如何，是自建、购买或者是租赁，如果自建，则需决定库址、仓库数量、仓库机具的购置等。

（3）物资搬运。物资搬运是指产品要经过搬运入库、整理、备货装运、发运出库、拼装整车等一系列工作。在此过程中要决定使用的搬运设备和人力。

（4）存货控制。存货控制是指商品实体的滞留。它包括决定产品的存放地点，产品的储存结构和合理储存量，顾客需要的发货批量等。企业既希望产品储存费用较低，又希望能够保持足够库存水平，以便在顾客需要时就可以立即组织供货。

（5）订单处理。订单处理包括订单的接收、查核、传递。订单及其相应的各种凭证的传递速度直接制约着物流速度。企业的用户越多，订单的处理量越大，降低订单处理差错率对企业的服务水平和经济效益的影响越显著。

二、物流的原则

现代市场营销学着眼于企业的物流管理，而不是物流技术的革新。物流要遵循以下管理原则：

（1）系统原则。系统原则是指物流不同于企业的运输管理、储存管理、搬运管理等单项职能管理，也不是它们的简单相加，而是整体市场营销系统的有机组成部分。系统原则必须纳入企业的营销战略进行管理，即围绕目标市场的需要，与企业的产品开发、评价、促销，特别是渠道选择等基本策略结合起来，真正实现使适销对路的产品以适当的批量，及时到达它的地点。

（2）经济效益原则。这一原则意味着通过物流管理要达到降低成本费用，吸引客户，促进销售，增加利润的目的。其中降低成本是物流管理决策的重点。据西方营销学家估算，物流成本降低潜力比其他任何市场营销环节要大得多。物流成本约占全部营销成本的50%，一些美国市场学家指出，物流领域是企业经营的"黑色大陆"，是"降低成本的最后边界"，是"第三利润源泉"。

（3）服务原则。越来越多的人已倾向于认为与其说物流作业是一种生产性活动，不如说是一种特殊的服务性活动更确切。物流管理中服务水平越高，越能刺激顾客购买和再购买，从而预期的销售量水平也会提高。向顾客提供的服务项目有定点定时送货、货损担保、缩短订货周期、提供应急发货、缩小发货批量和增加发货次数、代客户储存、折零和再包装、通报订单执行情况和物流咨询等。

三、运输

（1）合理地组织商品运输的要求。①要求用最少的时间，迅速将商品运到购买者手中。②要求切实防止商品在运输过程中的差错事故，做到准确地完成运输任务。③要求商品在运输过程中不发生残损、霉烂、燃烧等事故，保证商品质量完好。

（2）运输方式的选择。可供选择的运输方式主要有管道输送、水运、铁路、公路运输和航运。企业必须从有利于生产销售，保证市场供应和节约费用出发，做出合理选择。

（3）运输路线的选择。合理选择运输路线的一般原则：一是货物运达用户的时间最短，以便缩短订货周期，减少库存积压，避免短缺，准时交货，提高服务质量；二是尽可能缩短运输总里程，避免绕道或相向运输，以便减少运输费用。为此，企业可采取多种措施：①要合理布局企业生产力；②要按消费地设置送货中心，或委托该地专业储运企业，大型批发企业代办运输业务；③要运用线性规划等方法，计算出最佳运输路线，有计划地完成运输工作；④调整企业的营销渠道，划分销售区域，改变仓库地址，以求运输线路合理化。

四、仓储与存货控制

（1）商品储存的作用。商品储存包括商品聚集、分类、分级、保管和再运送等工作，其作用主要有保管商品、便利销售和监督产品质量。

（2）库址选择。库址选择时首先应考虑用户地理分布和用户所要求的运输总吨位；其次必须考虑用户需要的服务水平；再次要考虑仓库地址与仓库数量的配合关系。

（3）选择仓库类型。选择仓库类型除涉及仓库结构、用途等技术性因素外，主要考虑是采用自营仓库还是租赁仓库。自行建设或购置仓库，能适宜自身的业务特点，加强仓库管理，减少仓库费用。企业租赁专业储运公司的专营仓库，可节省建设仓库、购买设备和机具等项投资，能够根据储存力量变动调整租赁场地面积，避免库容闲置。

（4）存货控制。存货控制就是控制商品的合理储存量。存货的合理性就在于在满足顾客需要的基础上尽可能降低与之有关的费用。满足顾客需要就应该使货物储量大些，解决应急发货问题，这样有助于企业用良好的服务吸引顾客，增加销售量。但库存过大势必增加储存费用，增加流动资金的占用，导致商品损耗率提高和商品的陈旧。因此，在进行存货控制时，要综合考虑多方面的因素，对库存中的各种商品的销售量、销售分布、客户特点和要求、储存费用、缺货机会损失等进行分析，从而使得每种商品都有一个合理的储存量。

 **章末案例**

怡达果醋北京攻略①

2006 年 11 月 18 日，"怡达果醋产品上市一周年经销商答谢会暨新品上市推广会"在北京举行，二百余家经销商参加了这次大会。怡达果醋在京上市一年来共销售产品 1 200 多吨，飞速晋级北京市场果醋品牌前三甲，成为果醋行业在京的领航者。作为一张新面孔，怡达果醋这样的成绩引起了业界的关注。

北京的饮料市场向来不是风平浪静的。果醋作为其中的一个品类，经过原创、紫晨等众多品牌几年来的运作，这块蛋糕已经越做越大，同时竞争也越来越激烈，特别是在餐饮渠道的争夺已呈白热化阶段。目前，北京市场上果醋品牌已经达到上百个，但是产品质量明显参差不齐。同时，北京有许多大大小小的经销商也直接参与到果醋的竞争中来，它们贴牌做果醋产品，利用自己原有的渠道进行铺货，但是，由于大部分都是向短期利益看齐，造成了一种无序的竞争，影响了消费者的信任度。

在这样的竞争现状下，作为北京市场的新进入者，怡达果醋从竞争最为激烈的地方打开缺口，如今已进入北京 1 600 多家酒店销售，产品销量快速增长。

△ 直接切入餐饮渠道

"在北京挣钱，产品定位宜高不宜低。"怡达集团饮品销售有限公司总经理胡君伟这样告诉记者，"餐饮渠道是果醋品牌的立足之本、发展之源。"在切入市场之初，怡达在确定了中高端的定位之后，选择聚焦酒店渠道为主攻渠道。

在当时，怡达是果醋企业里唯一设立销售分公司的。销售分公司采取的是人海战术和先易后难的进攻方式，将 120 多个销售人员分别划分到北京的各大区域里，拜访各个酒店，通过不同的销售人员反复与酒店进行谈判，达到造势的目的，并且有相对较丰厚的利润空间，如刚上市的 386 毫升山楂无糖果醋给酒店的价格为 18 元每瓶，苹果低糖果醋给酒店的价格为 15 元每瓶，终端价格在 25 元到 30 元之间，同时，还给酒店提供各方面的

---

① 资料来源：新食品网，2006-12-21，作者：赵雪、黄学辉。

支持。在产品进入 C 类店之后，再从易到难攻克 B 类店，再以区域辐射的方式，最终达到进入 A 类店的目的。在迅速将怡达果醋铺进终端酒店之后，怡达在店内进行多种形式的促销宣传。

△ 联合大包商做大市场

通过前期的市场开拓工作，怡达果醋在餐饮市场的声势日益壮大之后，开始正式在北京市场里寻找经销商。

在北京做食品生意的经销商一般都知道，虽然怡达果醋是一个新产品，但是怡达这个品牌其实已经有了 17 年的历史。生产怡达果醋的河北怡达食品集团是一家以食品加工为主的企业，主要生产三个系列的产品：山楂果脯、水果罐头和饮料。怡达牌的系列产品已经达到 200 多种，进入全国 300 多个大中城市的超市和连锁店销售，年产值 5 亿元。特别是在进入果醋领域之后，怡达集团基本砍掉了饮料方面的其他业务，奔着果醋第一品牌的方向而去。依托强大的后盾以及多家酒店的示范作用，怡达已在京开发了 115 家经销商，并于 2006 年 10 月将原有直营终端全部交由经销商经营，形成了厂商联合体。

为了真正做大做强，怡达集团重点开发以做大包店为主的高端经销商，将二代、三代产品交予北京紫禁红贸易有限公司作为北京市区的总代理商，形成强强联手、优势互补。两者结成了战略伙伴关系。为了加强对市场的控制，防止纷争的发生，怡达果醋还在紫禁红公司设立了怡达公司办公区，派专人随时解决在开拓市场中面临的一系列问题。北京紫禁红贸易有限公司下属饮品公司总经理乔波告诉记者："大包店是渠道控制发展的一种趋势，经销商做可口可乐、雪碧等这些知名品牌积压了大量资金，同时利润也是越摊越薄，如果用已经建立起来的比较完善的渠道顺带去做果醋这样的无糖、低糖的健康饮品，就能获得更丰富的利润，何乐而不为呢？"

在与经销商合作的过程中，为了规范市场，怡达很重视对价格体系的控制。怡达没有像其他大多数果醋品牌那样采取裸价或变相裸价的方式，而是制定严格的价格体系，对经销商实行返利、送促销等多种支持方式。不但通过瓶盖的收集对酒店服务员和促销员进行奖励，同时，还通过商标里的塑料标签，对消费者进行直接的消费刺激奖励。不过有业内人士分析认为，虽然怡达此举能对价格体系起到一定的控制作用，但是，由于目前果醋行业的竞争水平偏低，大多数企业都采取裸价的操作方式，在产品进货价格上明显比怡达更低，因此，怡达是否能够保持住经销商的支持还需要市场检验。

△ 强化营销攻向全国

在产品全面铺开之后，2006 年 4 月，怡达又在果醋行业率先启动了空中传播的宣传方式，在北京电视台、《北京晨报》、《北京晚报》等区域媒体投入广告，从消费者的层面拉动产品的销售。

确立了北京的样板市场，怡达果醋将从 2007 年开始，进攻全国市场。怡达集团董事长李志民在接受记者的独家专访时透露，目前，怡达集团与业内知名的策划人叶茂中达成合作协议，聘请其为常年顾问。明年怡达集团在提升品牌方面，将投入 5 000 万到 7 000 万元，用一到两年的时间，在原有销售 5 亿的基础上实现增长 50%～60%。明年，怡达果醋除了开发更多的系列产品以外，还将以"围点打片"的方式，重点进改西南市场、华东市场以及对果醋消费量大的华南市场，争取用一到两年的时间做成果醋行业的第一品牌。

学、做一体练习与实践

一、不定项选择题

1. 多采用直接销售渠道的情况是（　　）。
　　A. 房地产开发公司　　　　　B. 生产用专用设备
　　C. 实力强的公司　　　　　　D. 直销公司

2. 在（　　）情况下，企业采用自营销售渠道模式可能是一种有效的策略。
　　A. 公司销售能力强　　　　　B. 企业初创
　　C. 新产品初期进入市场　　　D. 寡头

3. 适合密集分销的产品有（　　）。
　　A. 价廉　　　　　　　　　　B. 快销品
　　C. 价高　　　　　　　　　　D. 工业用标准件

4. 选择合适的中间商，需要考虑的因素有（　　）。
　　A. 是否接近目标市场　　　　B. 信誉
　　C. 经营能力　　　　　　　　D. 竞争实力

5. 实体分配的职能有（　　）。
　　A. 运输　　　　　　　　　　B. 信贷
　　C. 存货控制　　　　　　　　D. 订单处理
　　E. 物资搬运　　　　　　　　F. 仓储

6. 独家分销一般不适合分销（　　）的产品。
　　A. 购买者较少　　　　　　　B. 技术较为复杂
　　C. 要求便利　　　　　　　　D. 单价较高

7. 制造企业在其营销活动中必须面对的最主要的消费品购买者是（　　）。
　　A. 企业　　　　　　　　　　B. 中间商
　　C. 家庭　　　　　　　　　　D. 相关群体

二、判断正误题

1. 大多数情况下，企业会采用混合的渠道系统。
2. 独家分销是最窄的渠道模式。
3. 销售渠道越长，企业产品销售所覆盖的市场区域也越大。
4. 制造商和中间商之间是相互协作配合、相互依存的关系。
5. 窜货有利于多销产品。
6. 实体分配要遵循效益原则。

三、填空题

1. 不同宽度的销售渠道模式一般分为三种，即_____、_____、_____。

2. 如果企业有控制分销渠道的需要，可以选择_____销售渠道模式，或使用较_____的渠道结构。

3. 影响企业渠道设计的因素有_____、_____、_____、_____。

4. 渠道中的横向冲突是指_____中间商之间经营行为上的冲突。

四、名词解释

1. 直接销售渠道；

2.《直销管理条例》之直销；

3.《禁止传销条例》之传销；

4. 自营销售渠道；

5. 间接销售渠道；

6. 销售渠道的长度；

7. 销售渠道的宽度；

8. 渠道管理；

9. 窜货；

10. 实体分配。

五、简答题

1. 自营销售渠道有什么好处和弊端？

2. 间接销售渠道有什么好处和弊端？

3. 简述销售渠道管理的必要性。

4. 简述制造商做好渠道管理应遵循的原则。

5. 窜货有哪些危害？如何有效地遏制窜货？

六、案例分析题

1. 阅读章首案例《李宁公司》，请描述李宁公司的分销渠道。

2. 阅读章末案例《怡达果醋北京攻略》，（1）怡达果醋新进入北京市场，初期采用的是什么销售渠道模式？请具体描述其渠道构成。（2）前期的市场开拓工作基本完成以后，怡达公司逐步改变了它的销售渠道模式。怡达公司是怎样改变的？（3）现在公司采用的是什么销售渠道模式？请具体描述其渠道构成。（4）怡达公司为什么要做出这样的渠道改变？

3. 阅读案例《某酿造厂的市区销售渠道选择》，说明为什么要建议企业采用自营销售渠道模式（即企业自己为零售商送货）。

4. 阅读案例《固特异轮胎暨橡胶公司》，（1）简述从 1992 年起，公司对销售渠道做了哪些方面的调整。（2）为什么要做这样的调整？（3）评价公司的渠道调整策略。

5. 阅读案例《渠道冲突：宝洁公司与中间商角力》，（1）说明宝洁公司为什么要采取新的"价值定价"政策。（2）如何评价宝洁公司与中间商之间的冲突？

七、讨论思考题

1. 直接渠道、自营销售渠道和间接渠道各自适用于哪些领域、哪些情况？

2. 为什么必须进行销售渠道管理？

八、概念应用题

为以下产品建议一些可供选择的渠道模式和渠道构成：（1）一种小麦收割机；（2）一种野营帐篷；（3）一家小企业开发的一种新型小食品；（4）空调；（5）一种供纺织企业专用的设备。

第十二章 促销策略

 **章首案例**

宝洁公司的促销策略①

宝洁公司作为一家国际著名日化公司，它的促销策略有很多值得我们学习的地方。例如，它在广告促销、营业推广促销、公共关系促销等方面都颇具特色。

一、广告促销

宝洁公司的广告策略是其营销策略中最为突出的部分。它对公司的品牌推广和市场拓展起到了极其重要的推动作用。

（1）宝洁公司紧紧围绕品牌和产品定位进行广告策划，广告一经推出，就给观众留下了深刻印象。以"飘柔"和"海飞丝"广告为例。当时，国内洗发水市场的广告诉求主要强调洗发水的基本功能——清洁，还没有考虑消费者的深层次需求，这无疑为宝洁产品提供了巨大的市场机会。经过市场调查和反复测试，宝洁为它的产品做了鲜明的定位——"飘柔"强调"使头发柔顺"，"海飞丝"强调"去头屑"。广告推出后引起了轰动，女孩旋转散开的瀑布般长发、男孩肩上落满头屑的尴尬表情，不仅使普通百姓大开眼界，而且成为其他厂家和广告公司争相效仿的表现手法。鲜明的广告定位树立了其鲜明的品牌形象。

（2）高力度、高频率投放。由于宝洁产品有消费频率高、没有明显季节的特点，因此，广告投放频率也与之保持一致。公司每年的广告投入额都在亿元以上，从而为确保市场、树立品牌铺平道路。我们常常可以看到，当宝洁公司推出新产品时，所对应的广告也会出现在当地市场的主流媒体上。通过广告攻势使新产品的知名度迅速提高。在广告中，宝洁公司根据对目标市场的细分策略，特别强化每一种产品的特殊品质或优势，对其进行着重宣传，使顾客可以更加了解产品，增加购买欲望。

二、营业推广促销

（1）降价促销。企业将商品在原价的基础上打折，能引发消费者购买产品的冲动，从而扩大销售量和市场份额。

（2）加量不加价促销。企业将商品在原有货量的基础上加量而不加价，也起到促销的目的。例如，宝洁的汰渍洗衣粉，为扩大销售量，增加利润额，在汰渍洗衣粉原量的基础上适当加量而不加价。用同样的价钱买到比过去更多的东西，对消费者而言何乐而不为呢？

（3）购物券促销。为了扩大销量，吸引消费者来购买商品，宝洁还通过适当的方式向

---

① 本案例由编著者根据有关资料编写而成。

消费者发放购物券。但宝洁公司不会铺天盖地地将购物券塞给顾客，这将会引起消费者的反感。

三、公共关系促销

随着竞争的加剧和消费者更加理智，品牌的作用更显重要。以往生硬的广告推销开始被与消费者互动的营销理念所取代。为此，宝洁公司开始采用公关促销活动树立品牌。宝洁公司在北京、上海举办了"飘柔之星"形象代言人选拔活动；开展"职场新人自信活动"，成立"飘柔自信学院"，请"自信专家"现场指导，以座谈和聊天的方式，从时间分配管理、个人形象装扮、自信心调整等方面，引导青年人树立自信，学会表达、沟通。这些立意新颖、与品牌紧密结合又品位高雅的公关活动不仅引起国内媒体的广泛关注，也在年轻人中，特别是年轻白领中引起了强烈的共鸣，取得了不俗的成绩。

第一节　促销概述

一、促销的实质

促销是指企业将其产品有说服力的信息传送给目标顾客，从而引起兴趣，促进购买，实现企业产品销售的市场营销活动。

促销的实质是传播与沟通。传播与沟通是一个问题的两个方面，传播的目的是沟通，沟通必须借助于传播。

沟通是两个或两个以上的人之间的一种分享信息的过程，其目的是谋求信息、劝说、指导或娱乐。企业的促销活动实质上是企业作为信息的沟通者，发出作为刺激物的产品及相关信息，并借助于某种渠道把信息传播给目标顾客，以便与之共同分享，从而试图影响目标顾客购买态度与行为的过程。促销是一种说服性沟通活动。所谓说服性沟通是指沟通者有意识地传播有说服力的信息，以期在特定的沟通对象中唤起沟通者预期的意识，试图有效地影响沟通对象的作为与态度。

二、促销的作用

促销是企业整体市场营销活动的组成部分。在瞬息万变的国际国内市场中，在竞争日益激烈的环境下，生产者与消费者或用户之间的信息沟通对企业的生存与发展日益显示出关键性作用，促销决策成为企业营销决策的重要内容。促销的作用，概括起来有以下几个方面：

（1）提供信息情报。在产品正式进入市场之前，企业必须把有关的产品信息情报传递到目标顾客那里。信息情报的传递应贯穿于企业产品生命周期的各个阶级，因为在周期的每一阶段，企业的战略重点及产品特色都会随着市场需求的变化及企业营销战略的调整而有所不同。

（2）引起购买欲望，扩大产品需求。企业不论采取什么促销方式，都应力求激发起潜在顾客的购买欲望，引发他们的购买行为。有效的促销活动不仅可以诱导和激发需求，在一定条件下还可以创造需求，从而使市场需求朝着有利于企业产品销售的方向发展。

（3）突出产品特点，树立产品形象。在竞争激烈的市场环境下，消费者或用户往往难以辨别或察觉许多同类产品的细微差别。这时，企业就可以通过促销活动，宣传本企业产品较竞争者产品的不同特点及它给消费者或用户带来的特殊利益，在市场上树立起企业产品的良好形象。

（4）维持和扩大企业的市场份额。在许多情况下，一定时期内的企业销售额可能出现上下波动，这将不利于稳定企业的市场地位。这时，企业可以有针对性地开展各种促销活动，使更多的消费者或用户了解、熟悉和信任本企业的产品，从而稳定乃至扩大企业的市场份额，巩固市场地位。

三、促销组合

促销由四种主要的传播与沟通方式组成：广告、人员推销、营业推广、公共关系。这四种方式的组合与搭配称促销组合。所谓促销组合策略，就是这几种促销方式的选择、运用与组合搭配的策略。

（1）广告：以付费方式通过媒介进行的非人员信息传播活动。

（2）人员推销：与一个或多个可能的购买者面对面接触以进行介绍、回答问题和取得订单。

（3）营业推广：各种鼓励购买的短期刺激。

（4）公共关系：设计各种计划以促进或保护公司及产品形象。

四、促销费用预算

费用预算是在制定促销策略时的重要约束条件。预算要很好地与促销目标、任务相配合，促销方案也要充分考虑企业的资金能力。

在编制促销开支预算时，最常见的方法是按照过去的销售额或预计未来销售额的一个百分比来计算。这一方法的优点是非常简单。但是，这种普遍的机械的做法，并不意味着很有效。当生意兴旺时，它会导致营销开支的上升；当生意难做时，它会导致营销开支的下降。生意难做时，如果那是由促销手段不当造成的，这种做法无异于雪上加霜。

编制促销预算的常见方法如下：

（1）以竞争对手的预算为参照估算。

（2）以上年销售额或来年的预计销售额乘以促销费用率计算。

（3）以企业可用的现金流量为依据，量力而行，制定促销预算。

（4）以计划开展的工作为基础估算。

上面的第 4 种方法称为任务法，即根据未来的任务编制预算。例如，开支水平可能按照预计新顾客的数量和现有顾客的一个百分比估算，这些顾客是企业希望保持关系因而将投入资金的。按照持续关注营销战略计划以达成目标的观点，任务法是最明智的促销预算编制方法。它有助于明确重点，这样，花费掉的投资就一定会产生具体成效。事实上，这一方法可以应用于任何营销开支的估算，但这里我们关注的是促销。任务法的具体做法是：确定哪些促销目标最为重要，为完成每一个目标，哪些促销方法在沟通任务中最为经济和有效。然后，对所有任务的费用进行累加，以编制促销预算。换句话说，企业可以直接根据详细计划对促销预算进行累加，而无须简单化地依据历史数据或比率。

第二节　广告策略

一、广告及其作用

（一）广告的概念

广告，顾名思义，就是广而告之。广告的含义有广义和狭义之分。广义的广告是指借用一切传播媒体向公众传播信息的活动。它包括商业广告和非商业广告两大类。非商业广告是为了达到某种宣传目的而做的广告，如政治的、法律的、文化的，以及通知、公告、启事等，它不以获取利润为目的。狭义的广告是指商业广告，它以获取利润为目的，以广告主的名义，采用一定的媒体，以支付费用的方式向目标市场传播产品或企业信息的有说服力的信息传播活动。市场营销学研究的是狭义的广告。该定义包括以下几个要点：

（1）广告是一种信息传播活动，是一种非人际传播。广告并不是个人与个人之间的信息传播，而是一种通过大众媒体传播信息的非人际传播。

（2）广告是付费传播。由于广告传播要借助于大众传播媒体，而传播媒体作为信息的"运输工具"是要支付费用的。

（3）广告有明确的广告主。广告主是广告的发布者。广告主对其发出信息的真假要负法律责任。

（4）广告的对象是有针对性的。广告的对象就是企业打算开发的目标顾客。

（5）广告是说服的艺术。广告把信息传播给潜在顾客的同时，希望潜在顾客能够接受广告信息，并按照广告主的意愿去行动。因此，广告要利用其特定的表现艺术和技巧，吸引顾客，潜移默化地影响顾客，在不知不觉中使顾客心悦诚服，进而改变其心理，影响其行动。

（二）广告活动的基本要素

广告是一种动态活动过程，它不是独立地指某一种信息。广告活动的构成要具备以下6个方面的基本要素：

（1）广告主。即广告的发布者。

（2）信息。指广告的内容。它包括企业信息、商品信息、服务信息和观念信息。

（3）广告中介。指代理广告主进行广告策划、设计和媒体选择的中间机构，如广告策划公司。

（4）广告媒体。指表现广告内容的媒介物，如报纸、电视、广播、杂志等，它是广告传播的物质技术条件。

（5）广告对象。即广告信息的接收者，只有当预期中的广告对象能够接触到媒体传递的信息时，才能形成完整的信息沟通。

（6）广告费。即广告主向广告中介或广告媒体所有者支付的费用。

（三）广告的类型

（1）以宣传商品为目的的广告。主要有：①报道式广告。以教育性或知识性的图像或文字向消费者介绍商品的性能、特点、用途、价格等情况，促使消费者对商品产生初步需求，而不是劝导购买。②劝导式广告。通过产品间的比较突出本企业产品的特点和优点，使消费者体验到产品的差别优势和购买之后所获得的好处，使消费者对产品的品牌加深印象，刺激选择性需求。③提示式广告。刺激消费者重复购买，强化习惯性消费的广告。主要适用于一些消费者比较熟悉，已有使用习惯和购买习惯的日常用品。

（2）以建立商誉为目的的广告。此类广告不直接介绍商品和宣传商品的优点，而是宣传企业的一贯宗旨和信誉、企业的历史与成就。其目的是为了加强企业自身的形象，增强消费者对企业的信心，沟通企业与消费者的关系，为长期的销售目标服务。如 IBM 公司的宣传广告"IBM 就是服务"。

（3）以建立观念为目的的广告。此类广告不直接介绍商品，也不直接宣传企业的信誉，而是通过宣传，建立或改变一种消费观念，以强化一个企业、一种新产品在消费者心目中的形象。这种观念的建立客观上有利于广告主。

（四）广告的作用

（1）引起注意，激发欲望。这是广告最基本的作用。一个成功的广告就在于能够说服消费者相信企业的产品能较好地满足他的需要。

（2）指导消费，扩大销售。成功的广告活动可以针对不同对象，着重介绍各种商品知识，指导消费者做出正确的判断和选择，增进消费者对企业及产品的认识和了解，诱发消费者的购买欲望，促使购买行动的发生。

（3）改变消费者的态度。广告的作用之一就是要改变消费者对某种商品或服务的态度。用商品和服务给顾客所带来的利益来说服他们，变不喜欢为喜欢，甚至偏爱企业的商品或服务。

（4）树立声誉，利于竞争。企业通过广告把自己产品的性能、特点、质量、适用范围及企业经营方针公之于众，接受消费者的评判，扩大产品的知名度和美誉度。同时，通过同行的广告，也可以了解其他企业及其产品的情况，从中找出自己的优势和劣势，促使企业不断创新，努力在竞争中取胜。

二、广告策略

广告策略是企业在总体促销战略指导下，对企业的广告活动进行的一系列的规划与控制。有力的广告决策是企业在消费者心目中树立良好的企业和产品形象，提高企业的知名度，进而扩大产品市场占有率的有效途径。广告策略主要包括广告目标确定、广告媒体策略、广告信息策略及广告预算策略。

（一）确立广告目标

广告目标是企业借助广告活动所要达到的目的。为了制定恰当的广告目标，必须围绕广告的中心任务收集、分析企业内部和外部的各种资料。广告目标概括起来有以下几个方面：

（1）以告知为目标的广告。以告知为目标的广告主要是向消费者介绍推向市场的新产品。它比较详细地介绍了产品的主要性能、用途、结构、样式、产品的使用方法等，目的在于使消费者了解新产品，提高产品的认知度，唤起他们的初步需求。

（2）以增加销售量为目标的广告。以此为目标的广告除了对商品进行详细的介绍外，一般还附有图示，说明价格、信贷条件、购买地点，有时还有广告附表。顾客通过阅读这样的广告，便可决定是否购买。

（3）以提示为目标的广告。当产品进入成熟期之后，消费者对产品已非常熟悉，没有必要像投入期那样详细地介绍产品，只需要提示人们商品销售地点，向顾客提供新的附加利益。因此，配合营业推广促销，企业应采取以提示为主的广告目标。

（4）以建立需求偏好为目标的广告。这一目标要使人们不仅知道企业产品的名称，更要了解并记住企业及其产品的特色并为顾客提供竞争产品所不具备的差别利益，以形成顾客对企业产品的偏好。

（二）广告媒体策略

广告媒体是广告与广告对象之间信息沟通的载体和媒介物，主要有以下几类：

（1）印刷媒体。如报纸、杂志、电话号码簿、商品目录、挂历、日历、画册等。

（2）电子媒体。如广播、电视、电影、霓虹灯、电子显示屏等。

（3）邮寄媒体。如函件、订购单等。

（4）店堂媒体。常称为 POP 媒体，即以商店营业现场为布置广告的媒介，如橱窗、柜台、模特儿、悬挂旗帜等。

（5）户外媒体。如路牌、招贴、灯箱、气球、充气物等。

（6）交通工具媒体。如火车、汽车、轮船等交通工具的内外表面等。

（7）电子计算机及互联网络媒体。

每一类媒体都有一定的优点和局限性。企业在选择媒体类型时，需考虑以下因素：

（1）目标沟通对象的媒介习惯。例如，生产经营玩具的企业，在把儿童作为目标沟通对象的情况下，绝不会在杂志上做广告，而只在电视或电台做广告。

（2）信息类型。例如，广告信息中含有大量的技术资料，需要在专业杂志上做广告；如果是宣传第二天的销售活动，必须在电台、电视或报纸上做广告。

（3）产品特性。不同的媒体在展示、解释、可信度与颜色等各方面分别有不同的说服能力。例如，照相机之类的产品最好通过电视媒体做立体式广告；服装类产品，最好在有色彩的媒介上做广告。

（4）媒体成本。不同媒体所需成本也是选择广告媒体的依据，电视媒体价高，而报纸相对便宜，不过最重要的不是绝对成本数字的差异，而是目标沟通对象的人数构成与媒体成本之间的相对关系。如果用每千人成本计算，可能会表明在电视上做广告比在报纸上做广告更便宜。

（三）广告信息策略

广告信息策略的中心问题是制定有效的广告信息。最理想的广告信息应能引起顾客的注意，唤起顾客的兴趣，激起顾客的欲望，形成顾客的购买行为。有效的信息是广告成功的关键。

在广告活动中，企业必须了解对预期的沟通对象说些什么，才能产生预期的认识、情感和行为反应。这就说到广告构思问题，即广告主题。一般说来，广告主题形式有以下几类：

（1）理性主题。理性主题是直接向目标顾客或公众诉说某种行为的理性利益，或商品能产生的满足顾客需求的功能利益，以促使目标沟通对象做出既定的行为反应。通常，这类广告主题适用于生产资料购买者，或者较理性化的顾客。

（2）情感主题。情感主题是试图向目标沟通对象诉说某种否定或肯定的情感因素，以激起人们对某种产品的购买欲望。这类广告主题，一般适用于大多数生活用品或感情购买动机较强的顾客。

（3）道德主题。道德主题是为使目标沟通对象从道义上分辨什么是正确的或适宜的，进而规范其行为。这种广告主题通常用于规劝人们支持某种高度一致的社会活动，如"保护环境，造福子孙"等。

 案例

一对老夫妇准备卖掉他们的住房，便委托一位房地产经纪商承销。这家房地产经纪商请老夫妇出钱在报纸上刊登了一则广告。广告内容很简短："出售住宅一套，有两个卧室，壁炉、车库、浴室一应俱全，交通十分便利。"广告刊出一个月后仍无人问津。老夫妇俩又登了一次广告。这次是营销员亲自拟写的广告词："住在这所房子里，我们感到非常幸福。只是由于两个卧室不够用，我们才决定搬家。如果您喜欢在春天呼吸湿润、新鲜的空气；如果您喜欢夏天庭院绿树成荫；如果您喜欢在秋天一边欣赏音乐，一边透过宽敞的落地窗极目远望；如果您喜欢在冬天的傍晚全家人守着温暖的壁炉喝咖啡——那么请您购买我们这所房子。我们也只想把房子卖给这样的人。"广告登出不到一个星期，他们就顺利地搬了家。

（四）广告费用预算策略

企业根据营销和广告目标，经过详细周密的策划，规划出来一定时间内（通常为一年）开展广告促销活动的费用。广告费用预算常常是企业面临的最难做出的决策。企业确定广告预算的方法通常有以下 4 种：

（1）量力而行法。即企业根据其财力情况来决定广告开支。

（2）销售额比率法。现今的企业大多采用销售比率法决定广告预算。这个方法是以广告预算作为 A，销售额作为 S，广告费与销售额的比率作为 a，以此列出公式即：

$$A = aS$$

（3）竞争对抗法。即把广告费用提高到能对抗竞争对手广告费水平的方法。该法对抗性强，风险性大，极易引发广告大战。

（4）广告目标法。它是企业管理中目标管理论盛行时提出来的。这种方法就是先确定销售目标和广告目标，然后决定广告活动的规模和范围，据此估算出广告费用。采用这种方法的前提是必须清楚地知道各种媒介广告所能产生的效果，显然，这是很困难的。

三、广告效果评价

广告效果评价是指广告活动的结果，表明广告接受者的反应情况。由于广告接受者的反应是各方面的，有经济的，也有社会的；有直接的，也有间接的；有近期的，也有远期的，因此广告效果可分为多种类型：

1. 广告本身的效果和销售效果

广告本身的效果是以广告的收视、收听率、产品的知名度、记忆度等间接促销因素为根据来评判。主要包括广告接受者人数的多少、影响的程度、记忆的程度等。广告效果的评定一般是在广告行为进行过程中，通过调查的方法来测定。

销售效果是以广告对商品促销情况的好坏来直接断定广告效果，是广告效果评价的最主要内容。其测定指标主要有：

广告费增率＝销售增加率/广告费增加率×100%

广告费销率＝广告费/销售量×100%

每元广告费效果＝（广告后平均销售额－广告前平均销售额）/广告费用×100%

2. 即效性广告效果和迟效性广告效果

即效性广告效果是指广告发布后在短期内所产生的影响。如提示性广告、节假日销售广告、物价优惠广告等。其特点是时间性强，消费者反应迅速，购买频率高。

迟效性广告效果是指广告在短期内对商品促销没有明显的作用，但其影响深远，潜移默化，深入人心，其效果是在较长时间内逐步显露出来的。一般来说，广告在发布后，能立即引起消费者购买行为的是较少的，多数是属于迟效性的。

第三节　人员推销策略

一、人员推销的特点

（1）人员推销具有较大的灵活性。推销员能与顾客保持直接的联系，在不同的环境下，可根据不同潜在用户的需求和购买动机，有针对性地进行推销；可以立即获得顾客的反应，并据此适时调整自己的推销方法；能直接解答顾客的疑问，使买主产生信任感。

（2）可以促成买卖双方形成良好的关系。因为人员推销采取的是双向沟通方式，交谈中伴随着情感的交流，就可能与顾客建立友谊，形成融洽的关系。

（3）具有可选择性。在每次推销之前，可以选择有较大购买可能的顾客进行推销，并可首先对未来顾客作一番调查研究，有针对性地制定具体的推销方案、方法和策略等。这是广告所不能做到的，广告往往包括许多非可能顾客在内。

（4）人员推销具有完整性。推销人员的工作是从寻找可能顾客开始，到约见、洽谈、异议处理，最后达成交易并提供良好服务。除此之外，还可了解顾客使用产品的反应和要求等。

二、推销人员的素质要求

推销作为一种业务性工作，在一定程度上是"个人英雄主义"。它的挑战性强，对从事人员的素质要求高。

（1）政治素质。推销员应具备良好的政治素质。推销员要有强烈的爱国主义、集体主义意识；应有强烈的事业心和高度的责任感；树立良好的职业道德，遵纪守法，执行政策；注意维护国家利益、企业利益以及消费者权益。

（2）业务素质。在激烈的市场竞争中，推销员要有效开展推销活动，还必须具备较强的业务素质。推销员要掌握企业的历史及其在同行中的地位；了解企业的经营方针、营销策略及其发展目标；要熟知商品知识和市场情况及有关的业务技能。

（3）文化素质。一个优秀的推销员，不仅要有良好的业务素质和技能，而且还要有丰富的文化素质。推销员要了解文学、历史、哲学、美学、社会学、经济学等广泛的社会文化知识，不断地丰富自己提高自己，养成良好的个性，成为推销的行家里手。

（4）生理和心理素质。推销员经常出差在外，旅途劳累，饮食无规律，并且面对各种各样的顾客和环境，随时都会遇到新问题和困难。因此，推销员要具有良好的身体素质和稳定健康的心理素质。

三、推销人员管理策略

从市场营销管理的角度来谈人员推销策略，实际上就是营销管理者如何做好对推销人员管理的问题。对推销人员的管理要求做好以下方面的工作：

（1）推销人员的选拔、招聘。企业推销工作质量好坏的关键是有没有一支高素质的推销队伍。因此，按照推销人员的素质标准选拔、招聘优秀人才，是一项具有战略意义的工作。选拔、招聘推销人员的方法有他人推荐、本人申请、单位提拔、公开择优等。

（2）推销人员的培训。经选择确定的推销人员在担任实际推销工作之前，必须进行培训。培训的内容包括：学习企业、产品、顾客、竞争和市场方面的知识；了解有关经济、法律、财务知识；熟悉推销人员的任务和责任；进行推销人员心理素质、身体素质、仪表礼节以及推销技巧等方面的训练等。在国外，特别是一些大公司除了对新的推销员进行基本训练外，每年定期还对在岗销售人员进行中高级推销培训。

（3）推销人员的组织。推销人员的组织分派方式有：①按顾客分派。可以根据顾客的规模、行业和身份（如批发商、零售商等）来分别分派推销员。这种做法便于推销员熟悉某类顾客，满足不同顾客的不同要求，与顾客建立较长期的关系。但若同一类别的顾客分布较分散时，推销线路必然增长，造成推销力量重叠，费用开支增加。②按地区分派。当推销区域较广，产品较单一或市场较相似时，可以按地区分派推销员或推销小组。采用这种方法的好处是推销人员职责明确，较熟悉本地情况，利于建立较稳定的人际关系，同时还可以降低差旅费。③按产品线分派。有些企业的产品线较多，产品线之间关联度较低，产品使用技术复杂，而且市场差异性也较大。因而可以按产品线或相似的产品线分派推销人员或推销小组。这样做的好处是便于销售部门集中力量管好具体产品，尤其是占销售额比例大的骨干产品；便于推销员熟悉产品和开展专题促销研究；当市场上出现问题时，产品经理能迅速做出反应。④复合式分派。一些大企业产品品种繁多，差别大，顾客类别多且分散。企业应采用地区、产品和顾客复合式分派方式。常见方式有"地区—产品复合式""地区—顾客复合式""产品—顾客复合式"等。

（4）激励。营销管理者只有通过科学有效的激励方法，引导、激发推销员蕴藏的巨大潜力，使他们的能力、积极性和创造性得以充分发挥，才能获得最佳的工作绩效。对推销人员的激励方法有：①目标激励法。目标是人们努力的方向，建立先进合理的目标体系，可以激励推销员不断地进取。企业应建立的主要目标有销售数量指标、一年内访问顾客次数、每月访问新顾客的次数、订货单平均增加额、顾客投诉率等。②强化激励法。强化分为正强化和负强化，正强化是对推销员的积极表现给予肯定和奖赏；负强化是对推销员不正确的行为给予否定和惩罚。③反馈激励法。就是利用任务完成进度表示奖惩的形式，把各个推销员在不同阶段推销的各项指标的实绩统计上来并公布与众，以此激发其竞争意识和成就感。④竞赛。按照业务性质开展多种形式的竞赛，可以从不同角度挖掘推销人员潜力，发挥他们工作的能动性，促进推销任务的完成。

（5）对推销人员的评价。评价的内容包括：①绩效评价。推销计划完成情况，新增加的客户数量和他们的销售额。②绩效比较。推销员之间，推销实绩与计划之间，本期实绩与上期比较等。③顾客对推销员形象的评价。

第四节　公共关系

一、公共关系及其活动的概念

1. 公共关系

公共关系是指一个组织和相关公众之间的关系。公共关系不同于人际关系。公共关系的立足点是一个组织（如企业），而人际关系的立足点是个人。

2. 公共关系活动

公共关系活动是指企业在经营活动中，妥善处理企业与其内外部分公众的关系，以树立良好企业形象的管理活动。其特征表现在：

（1）公共关系目标具有战略性。公共关系活动的目标是树立企业良好的形象，实现这一目标需要很长时间。

（2）公共关系着重双向沟通。公共关系的对象是企业内外公众。企业通过各种方式，建立与公众之间的信息交流和沟通，为企业发展建造一个良好的环境。

（3）公共关系注重间接促销。公共关系通过积极参与各项社会活动，宣传企业经营宗旨，联络各方感情，扩大企业知名度和美誉度，加深社会各界对企业的了解和信任，从而实现促销目标。

（4）企业危机处理。一个企业在经营过程中难免会发生一些给企业造成损失，并可能损害企业声誉的危机事件。当企业发生危机后，如何防止事态扩大，与媒体和有关当事人进行沟通，减少损失，维护企业声誉，尽快消除对企业的不利影响等，这些都是公共关系的职能。

二、公共关系的原则

（1）求实守信原则。企业开展公关活动必须建立在掌握事实的基础上，向企业公众如实地传递有关企业信息，并根据事实的变化不断地调整企业公共关系活动的政策与行为。

（2）全员公关原则。一个企业的所有成员，都是有形无形的公关人员，只有树立全员公关的信念，才能持久地保持企业良好的公共关系状态。

（3）以双向信息沟通为条件的原则。公共关系是一种包括物质、信息、感情在内的全方位的交换关系，是一种双向、平等的关系。

（4）以效益为归宿的原则。作为经营者，企业公共关系要以帮企业产品打开市场，获取利润为原则。同时，要经常教育职工，注重企业效益和社会效益的统一。

（5）以科学为指导的原则。就是企业的公关活动不能凭经验和主观来判断，而必须借助现代科学的理论和方法指导企业公关活动。例如，传播学、社会学、心理学、组织管理理论、系统工程理论等对企业公共关系活动都具有科学的指导意义。

三、公共关系活动的主要方式

（1）利用新闻宣传。企业可通过新闻报道、人物专访、报告文学、特写等形式，利用各种新闻媒介对企业进行宣传。新闻宣传无须付费，而且具有客观性，能取得比广告更好的宣传效果。然而，新闻宣传的机会往往来之不易，机会的获得需要企业有关人员具备信息灵通、反应灵敏、思维活跃等素质和条件，以便善于发现事件的报道价值，及时抓住每一个可能的新闻宣传机会。企业也可以通过召开新闻发布会、记者招待会等途径，随时将企业新产品、新动向通过新闻界传达给社会大众。此外，还可以"制造新闻"，吸引新闻媒介关注，以求社会轰动效应。公共关系的新闻宣传活动还包括对不良舆论的处理。

（2）展览会。展览会可分为贸易性展览会和宣传性展览会。展览会通过真实可靠的实物展示、热情周到的服务、全面透彻的资料和图片介绍、技术人员的现场操作和讲解员的生动解说等，让公众借此机会了解市场行情，获得可靠信息。展览会较为直接和直观，加上图文并茂，往往使公众信服。对于新企业、新产品形象的塑造和某一新思想的传播，展览会的作用更明显。

（3）社会赞助。赞助活动是一种信誉投资、感情投资。通过社会赞助活动可以扩大企业知名度，改善企业形象。如赞助教育、环境保护、残疾人事业等。

（4）庆典活动。周年庆典、新项目落成或投产庆典等。各种庆典活动可以邀请各级领导、社会名流和新闻界人士参加，同时发布新闻和广告。这样既巩固了企业与内外公众的关系，又扩大了宣传，再配以营业推广，还可以扩大销售。

（5）公关广告。公关广告主要有三种类型：致意性广告，向公众表示节日祝贺，感谢或致歉等；倡导性广告，由企业倡导发起某种社会公益活动；解释性广告，就某一方面改革或情况向公众解释。

（6）人际关系的沟通。良好的人际关系沟通是企业开展公共关系活动的一种手段，或者说，企业开展公共关系活动离不开一定的人际关系的沟通。因此，企业的公共关系人员必须学会正确处理人际关系，掌握人际关系沟通的一些技巧和方法。

（7）危机事件处理。企业一旦发生危机事件，首先，应立即成立临时专门机构，指导开展危机公关专题活动；其次，迅速查清原因，采取果断措施，脱离危机区；最后，制定并实施针对受损公众、媒体公众、政府公众、一般公众（即民众）的相应对策，控制危机蔓延，确保企业形象不进一步受到损害。

第五节　营业推广

一、营业推广的概念及其适用性

营业推广是指利用折扣、展示、有奖销售等多种方式，促使消费者立即采取购买行为的促销方式，由于它是直接围绕着营业额进行的促销活动，故称为营业推广。狭义的促销其实就是单指营业推广。

营业推广在本质上是一种让利活动。它诉求顾客追求更大利益，喜欢占便宜的心理，目的是刺激顾客立即采取购买行为。其往往表现出两方面的特性：一是具有强烈的刺激性；二是贬低身价。前者给人以机会限制的感觉，有较大的吸引力；后者由于力图短期内达到销售目的，而出现急切出售的意图，往往使顾客对产品质量、价值产生怀疑，影响产品持久的生命力。

营业推广既有独特的优点，也有局限性，因此必须特别重视其适用性。

（1）营业推广在实践中用得最多的是零售商业企业。零售商业企业在节日、店庆、庆祝日以及其他重大社会活动日采用营业推广活动效果最为明显。

（2）营业推广适用于对消费者和中间商开展促销工作，一般不适用于工业用户。对于个人消费者，营业推广主要吸引其中三种人群：一是已使用本企业产品的人，可以使其更多地购买；二是已使用其他品牌产品的人，目的在于吸引其转向使用本企业产品；三是未使用过这种产品的人，目的是争取他们试用本企业产品。对于中间商，营业推广可以起到以下作用：诱导零售商更多地进货和配销新产品；增强零售商的品牌忠诚度；争取新的零售商。

（3）营业推广适用于品牌忠诚性较弱的消费者，此类消费者追求低廉的价格以及额外利益，因而营业推广容易对其产生效果。

（4）营业推广更多地为市场占有率较低、实力较弱的中小企业采用。这样的企业急于开拓市场，又无力负担大笔的广告费用，而营业推广所具有的迅速增加销量、所需费用较少的特点恰好适应中小企业的要求。

（5）当某一行业的产品生命周期处于引入期和成长期时，企业使用营业推广手段效果较好，而当该行业的产品进入成熟期后，营业推广的作用会有所减弱。在产品高度标准化的市场上，营业推广可以在短期内大幅度提高销售量，而在产品高度差异化的市场上，营业推广对提高销售量的作用相应降低。

（6）营业推广一般适用于打破顾客对竞争产品的长期偏好。企业可以把营业推广与广告结合起来，以营业推广来吸引竞争者的顾客，再以广告使之产生长期偏好。

二、营业推广的类型

营业推广的措施很多，并且随着竞争的发展，新的营业推广措施还在源源不断被创造出来。下面列举的类型，仅是我们常见的一些方法。

1. 针对最终消费者的营业推广类型

（1）赠送样品。即向消费者提供免费使用产品，使消费者了解产品的性能、特点，从而建立起顾客的信任。这是企业推销新产品最有效的方法。

（2）有奖销售。消费者购买一定数量的产品后，可领到数张奖券，积聚到一定数量后，可换回一些低价小商品，或凭券参加抽奖。

（3）优惠券。指有人持券在指定商店购买指定商品时，可获得某种价格优惠。这种方法对于成熟期商品在淡季销售和新产品的早期销售均有促销效果。

（4）特殊包装。如在包装内附有优惠券、抽奖券、现金以及减价包装、组合型减价包装等。

（5）附赠品销售。即在推销某种商品时对购买者赠送免费品或便宜品，以吸引消费者购买。

（6）现场陈列和表演。在销售商场的橱窗或货柜前专门布置某种商品，大量陈列或当场表演，甚至当场生产制作，以介绍产品的功能特点，展示产品的使用效果，刺激直接购买。

2. 针对中间商的营业推广类型

（1）销售折扣。即对中间商的长期合作或促销努力给予一定的奖励性价格折扣。

（2）合作广告。即出资资助中间商在当地媒体进行广告宣传，共同开发市场。其形式有按销售额比例提成或报销、赠送广告底片、录像带或招贴、小册子等。

（3）节日公关。在节日或纪念日等一些企业重要的日子里举办各种招待会，邀请中间商参加，增强彼此间的了解和合作。

3. 针对推销员的营业推广类型

（1）销售额提成。即根据推销员完成的销售额和利润额等指标，按事先约定的比例提成，刺激推销员的积极性。

（2）销售竞赛。即在推销员中发起销售竞赛，奖优罚懒，促使推销员积极努力地工作。

三、营业推广决策

营业推广决策是企业对营业推广活动及其有关因素进行分析，并在此基础上确定推广目标，选择适当的营业推广类型，制定营业推广方案的过程。

1. 确定营业推广目标

营业推广目标就是要明确营业推广的对象、内容及要达到的目的，其目标应明确、具体，尽可能数量化。对中间商而言，目标往往是诱导他们拥有更多的库存，鼓励他们在淡季购买，抵制竞争者的促销活动，加强品牌忠诚度和争取新的中间商加入。对最终消费者而言，要鼓励大量购买，争取新产品试用，以及吸引品牌转换者放弃使用竞争者的品牌。

2. 选择适当的营业推广类型

营业推广的方式很多，企业在选择某种形式时，应结合企业营销和促销目标、市场类型及竞争状况、各种营业推广方案的成本和效果等因素。

3. 制定营业推广方案

营业推广方案一般包括以下内容：

（1）吸引力大小。吸引力来自优惠的幅度、赠品奖品的价值等。吸引程度与促销效果呈正比关系，因此制定推广方案必须考虑吸引力大小。

（2）营业推广对象。针对中间商和最终消费者的状况，结合产品本身的特点，选择能产生最佳推广效果的推广对象。

（3）推广的分发载体。决定要通过什么载体来宣传和分发推广方案。例如，奖券可以通过广告媒体分发。分发方法不同，将会影响推广的范围、成本和效果。

（4）推广持续时间。持续时间要适中。如果持续时间太短，部分消费者未得到信息，因而达不到推广的效果；如果持续时间过长，会失去刺激购买的某些作用，使消费者对该产品或企业产生怀疑。

（5）推广时机。时机选择是影响营业推广的一个重要因素，应结合考虑产品的特点、产品生命周期、消费者收入及购买心理、市场竞争状况等因素，选择恰当的时机实施营业推广方案。

（6）推广预算。推广预算主要包括推广成本和效益的预算。成本开支主要包括：吸引力费用，如赠品、奖品、奖金及减价损失等；管理费用，如印刷费、邮寄费和对中间商的促销费用等；广告宣传费用，如各种广告费、发布会、招待会等。

学、做一体练习与实践

一、不定项选择题

1. 下面关于广告的说法，正确的是（　　　）。

    A. 广告是一种信息传播活动　　　　B. 广告是一种非人际传播

    C. 广告是付费传播　　　　　　　　D. 广告是说服艺术

2. 人员推销具有（　　　）的特点。

    A. 灵活性　　　　　　　　　　　　B. 可选择性

    C. 完整性　　　　　　　　　　　　D. 广泛性

3. 公共关系活动的目标是（　　　）。

    A. 处理好与公众之间的关系　　　　B. 树立良好的企业形象

    C. 处理企业遇到的危机　　　　　　D. 利用新闻媒体宣传自己

4. 以下属于公共关系活动原则的有（　　　）。

    A. 全员公关　　　　　　　　　　　B. 诚实守信

    C. 以科学为指导　　　　　　　　　D. 提高销售量

5. 关于营业推广的适用性，以下说法正确的有（　　　）。

    A. 在实践中用得最多的是零售商业企业和服务业

　　B. 最适用于对消费者和中间商开展

　　C. 适用于品牌忠诚度较强的消费者

　　D. 更多地为市场占有率较低、实力较弱的企业采用

　　E. 用于打破顾客对竞争对手产品的长期偏好

6. 以下属于营业推广措施的有（　　　）。

　　A. 赠送样品　　　　　　　　　B. 开展庆典活动

　　C. 有奖销售　　　　　　　　　D. 附赠品销售

二、判断正误题

1. 促销的实质是促进销售，多销售产品。

2. 广告活动以获取利润为目的，以广告主的名义发布。

3. 推销和公共关系活动都具有双向沟通的特点。

4. 公共关系活动注重间接促销。

5. 营业推广追求的是短期促销效果，目标是提高短期营业额。

6. 营业推广在本质上是一种让利活动。

三、填空题

1. 促销的实质是_____。促销是一种说服性_____活动。

2. 促销由四种主要的传播与沟通方式组成，即_____、_____、_____、_____。

3. 按照广告的目的，广告分为三类，即_____、_____、_____。

4. 广告费用预算的方法有_____、_____、_____、_____。

5. 选择广告媒体，要考虑的因素有_____、_____、_____、_____。

6. 公共关系的立足点是_____，人际关系的立足点是_____。

7. 营业推广本质上是一种_____活动，它诉求顾客_____心理，目的是_____。

四、名词解释

1. 促销；

2. 促销组合策略；

3. 公共关系；

4. 公共关系活动；

5. 营业推广。

五、简答题

1. 促销有哪些作用？

2. 对推销人员有哪些素质要求？

3. 公共关系活动有哪些方式？

4. 营业推广有哪些类型？

六、案例分析题

阅读章首案例《宝洁公司的促销策略》，请评价宝洁公司的促销策略。

七、讨论思考题

1. 为什么说促销的实质是沟通？
2. 营业推广的目的是什么？为什么说营业推广是一次次的具体的活动？

八、概念应用题

1. 选择一则广告（电视广告、平面广告都可以），分析该广告的策略。
2. 利用星期天或节假日到一家大型商场进行观察，看看它有哪些营业推广活动。

第四篇　市场营销执行

篇首语：

　　光看不做是白日做梦,光做不看是晚上梦魇。

　　仅仅能够形成勇敢的新战略是不够的,领导者还必须将战略转化为能"做成事情"的实实在在的步骤。

　　无力的领导会破坏最合理的战略;如果能够得到强有力的执行,甚至一项不佳的计划也常常会带来胜利。

第十三章　市场营销执行

 章首案例

旭日集团①

1993 年始，一个以供销社为家底、3 000 万元投资起家的旭日集团通过短短几年的发展，做成了一个销售额高达 30 亿元的饮料巨头。然而，从 2001 年开始，一日千里升腾起来的旭日，让人无法想象地滑向了"迟暮"的轨迹，2002 年下半年，旭日升停止铺货。曾一度风光无限的"旭日升"，日渐成了人们心中的一道"蓝色记忆"。

对于旭日的衰落，各种不同的说法都有。但知情人士认为，旭日集团内部从 2000 年开始的一系列"管理变革"才真正要了它的命。

一、升腾

在 20 世纪 90 年代的中国饮料发展史上，"旭日升"是不可或缺的一页。

河北旭日集团的前身为冀州市供销社，20 世纪 90 年代初期，供销社独辟蹊径，在中国的传统饮料"茶"上做文章，率先推出"冰茶"概念。1993 年，河北冀州供销社改名为旭日集团。1994 年，旭日集团投入 3 000 万元用于冰茶的生产和上市，并很快获得了数百万元的市场回报。

创业初期，旭日集团派出上百名冀州市供销社员工，奔赴全国 29 个省、市、自治区的各大城市，通过地毯式布点，密集型销售，建立起 48 个旭日营销公司、200 多个营销分公司，连接起无以计数的批发商和零售商，形成了遍地开花的"旭日升"营销网络。一夜之间，独占了中国茶饮料市场鳌头。

1995 年，旭日升冰茶销量达到 5 000 万元。1996 年，这个数值骤然升至 5 个亿，翻了10 倍。在市场销售最高峰的 1998 年，旭日升的销售额达到 30 亿元。

概念的力量是无穷的。有分析人士指出，旭日升的成功是因为它选择了一个百姓熟悉而市场或缺的切入点，并且创造了一个全新的"冰茶"概念。1999 年，旭日集团确定"冰茶"为旭日集团商品特有名称，并将其在国家工商局注册，将自己创造出来的概念以商标作壁垒"独家垄断"。在当时看来，旭日升有了这个商标，终于可以高枕无忧了。

二、迟暮

旭日升的巨大成功引来众多竞争对手的跟风。在康师傅、统一、可口可乐"岚风"、娃哈哈等一群"冰红茶""冰绿茶"的围追堵截中，"冰茶"的独家生意很快就被对手模仿，旭日升创造出来的概念日渐释弱化。

---

① 本案例改编自《中国经营报》2003 年 11 月 10 日。

2001 年，旭日升的市场份额迅速从最初的 70% 跌至 30%，市场销售额也从高峰时的 30 亿元降到不足 20 亿元。当产品先入者的优势逐渐被减弱，甚至荡然无存时，管理上的问题也就随之暴露，尤其是产销规模的迅速扩张，显得公司的制度和人才保障越来越滞后。

据熟悉旭日集团的人士介绍，旭日升在销售渠道建设时，不论是进入哪一个城市，不论是什么职位，集团都无一例外地从冀州派遣本地人员，但是相应的制度规范却没有建立起来，总部与网点之间只有激励机制，而没有约束机制。

旭日集团采取了按照回款多少来评定工作考核的管理思想，而忽视了市场通路的精细化建设。有报道说，旭日集团原来很多从冀州出来的业务员为了配合企业的考核，私自和经销商达成"君子协议"：只要你答应我的回款要求，我就可以答应你的返利条件；而且，我还可以从集团公司给你要政策，甚至还可以让你卖过期的产品。很多分公司的经理、业务员也根本不管市场上的铺货、分销和监督，而是住进了经销商包的酒店，除了催款和不可能实现的"大胆"承诺之外，就是和经销商一起欺骗企业。

三、变革

内忧外患之时，旭日升的管理层开始了大刀阔斧的变革。

第一步是给企业高层大换血，意在将原有的粗放、经验主义的管理向量化、标准化管理转变。据说，旭日集团当时引进了 30 多位博士、博士后和高级工程师，个个是战略管理、市场管理、品牌策划和产品研发方面的少壮派高手，其中集团的营销副总经理还是曾在可口可乐中国公司的销售主管。

第二步是把 1 000 多名原来一线的销售人员安排到生产部门，试图从平面管理向垂直管理转变。集团总部建立了物流、财务、技术三个垂直管理系统，直接对大区公司调控，各大区公司再对所属省公司垂直管理。这样的调动是集团成立 8 年来最大的一次人事调动。

第三步是把旭日集团的架构重新划分为五大事业部，包括饮料事业部、冰茶红酒事业部、茶叶事业部、资本经营事业部、纺织及其他事业部，实现多元化经营。

此手段，可谓是"大破大立"。不料，悲剧也由此而生。

四、反思

大刀阔斧的改革还未让产品的市场表现"止跌回升"，组织内部就先乱了。当"空降兵"进入旭日集团并担任要职之后，新老团队的隔阂日益加深，公司管理层当初怎么也没有想到会出现如此尴尬的局面。从国外回来的"洋领导"移植的成功模式在元老们那里碰壁，元老们经验性的决策在新人那里触礁。

由于公司最初没有明确的股权认证，大家都不愿自己的那一份被低估，元老们心里想的是"当初我比你的贡献大"，而新人们心里想的是"今天我的贡献比你大"。没有凝聚力的企业，就像临时拼凑起来的草台班子，很容易散崩。

旭日集团在组织结构上进行了两项调整，一是高层的大幅度调整，二是把 1 000 多名原工作在市场一线的业务人员调回生产部门。这两项调整给企业带来的震荡是巨大的，它不仅关系到企业内部个人利益的重新洗牌，更关系到企业价值链的重大变化，关系到销售渠道的稳定性和持续性。国外管理专家有一个观点：企业领导在考虑实行变革时，一定要克制，不可往企业里投掷巨石。他们必须鼓励自己的员工采取不断往池塘中扔小圆石的策略。唯有如此，所要求的大规模变革才能开展起来，并确保企业的健康肌体所受到的破坏最少。但遗憾的是旭日集团在这个问题的处理上，不但草率鲁莽，而且在细节的处理上有诸多考虑不周、不当之处，于是矛盾不可避免地尖锐起来，并导致企业出现失控和分裂。

将企业市场研究的结果和基于市场研究所制定的市场营销战略和策略，制作成书面化文件，就是市场营销计划。营销计划必须转化为具体的行动方案才有实际意义。令人遗憾的是，有太多的管理者错误地认为，自己作为领导者，就是把握方向，就是制定和拍板正确的战略与策略，而一旦有了正确的战略和策略似乎就万事大吉了，执行问题是下属和员工的事情。殊不知，在计划与实际结果之间存在着执行这一关键环节。

要做好市场营销执行有 3 个环节：市场营销组织、实施和控制。而这 3 个环节的核心是什么呢？是人，是执行的"软件"方面的问题，即领导者能否做到量才适用，真正在营销部门建立起执行文化，能否调动起下属和员工的积极性，并不断提高他们的素质和能力。从这个意义上来讲，本章更多的是针对市场营销管理者（即总经理和营销经理）来讲的。

第一节　市场营销组织

营销计划要靠组织去实施，没有一个有效且符合市场导向要求的组织，再好的计划也只能是纸上谈兵。

一、有效市场营销组织的特征

有效的营销组织应具有灵活性、适应性和系统性。所谓灵活性、适应性，即企业组织能够根据营销环境和营销目标、策略的变化，迅速调整自己。一般说，越是成熟的组织，由于经验和惯性的作用，越容易丧失组织的灵活性和适应性，为此，管理学家们也设计了种种模式，试图使营销组织成为具有适应调节功能的系统。

营销组织具有系统性，即企业的市场营销、研究与开发、生产、财务、人力资源管理以及市场营销所属各部门，如市场调研、广告宣传、人员推销、实体分配等，都能相互配合，具有整体协调性，共同为满足顾客需要的目标而协同工作，获得整体大于部分之和的效果。

二、营销部门的组织模式

随着情况的发展变化，市场营销部门本身的组织方式也在变化。概括而言，所有的市场营销组织都需适应四重意义的基本市场营销活动，即职能的、地理区域的、产品的和市场的。因此，有六种基本的市场营销部门组织模式：职能式组织、地区式组织、产品管理式组织、市场管理式组织、产品/市场式组织和事业部组织。

1. 职能式组织

这是最常见的组织模式，如图 13-1 所示。市场营销经理的工作就是协调各专业职能部门的活动。职能部门的数量，可以根据需要随时增减。

图 13-1　职能式组织

职能式组织的最大优点是简便易行。不过随着产品种类增多，市场扩大，这种组织方式可能损失效率。因为没有一个职能部门对某一具体的产品或市场负责，每一职能部门都在为获得更多的预算和更有利的地位而竞争，致使营销经理经常陷入难以调解的纠纷之中。

2. 地区式组织

在全国范围内销售产品的企业，通常按地理区域组织其销售力量。地区经理掌握一切关于该地区市场环境的情报，为在该地区打开公司产品销路制订长、短期计划，并负责计划的实行。如图 13-2 所示。

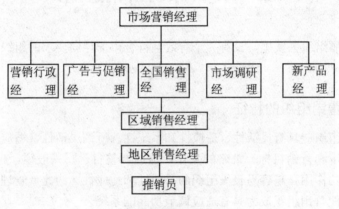

图 13-2　地区式组织

3. 产品管理式组织

如果一个企业生产多品种或多品牌的产品，并且各种产品之间的差别很大，则适于按产品系列或品牌设置营销组织。产品经理的任务是制订产品的长期发展战略和年度销售计划，并负责全面实施计划和控制执行结果。如图 13-3 所示。

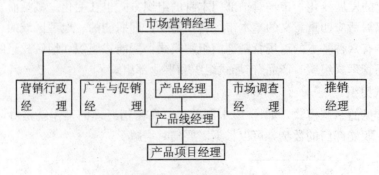

图 13-3　产品管理式组织

最早的产品管理式组织出现于 1927 年的宝洁公司。该公司开发了一种新肥皂，但不成功。年轻的经理尼尔·麦克尔罗伊被派去统筹开发和推销这种新产品的工作，他成功了，于是公司很快增设了其他产品经理。从那时起，许多公司，特别是生产食品、肥皂、化妆品和化工产品的公司，都建立了产品式组织。

产品管理式组织有以下几个特点：①能够为开发某种产品市场协调各方面力量；②能对市场上出现的问题迅速做出反应；③较小的品种或品牌也因有专人负责而不致遭忽视；④由于必须与各方人员打交道，产品经理成为锻炼年轻经理的极好位置。如前述宝洁公司年轻的产品经理后来就成为该公司的董事长。

不过，此种组织模式也有一些不便之处。首先，产品经理被称为"最小的总裁"，但并无履行其职责的充分权力，他不得不依赖诸如广告、推销、产品开发等部门的配合；其次，他通常只能成为本产品的专家，而很难成为职能专家；再次，这种管理系统的费用通常较期望的高；最后，产品经理往往只任职一个短时期就被调走，故市场营销计划缺乏长期连续性。

4. 市场管理式组织

一些大企业将同类产品卖给若干不同的细分市场。例如，钢铁厂将它的钢铁分别卖给铁路部门、建筑部门、加工部门等，这时就可以采取市场管理式组织。

市场管理式组织与产品管理式组织的结构相似，市场经理的职责亦与产品经理相似，他们为自己负责的市场制订长期和年度的计划，分析市场趋势及所需要的新产品。他们比较重视长远的市场占有率，而不是眼前的获利能力。市场式组织与产品式组织相比，它最大的优点是各种市场营销活动通过市场经理组织起来满足不同顾客群的需要，而不是着眼于职能、地区或产品。有专家认为，市场式组织最符合现代营销观念的要求。

5. 产品/市场式组织

这是一种矩阵式组织，是将产品式与市场式结合起来的组织形式。产品经理负责产品的销售利润和计划，为产品寻求更广泛的用途；市场经理则负责开发现有和潜在的市场，着眼市场的长期需要，而不是推销眼前某种产品。这种组织形式适于多角化经营的公司，缺点是冲突太多，费用大，并会出现权利和责任界限不清的问题。

6. 事业部组织

从事多角化经营的大公司随着规模进一步扩大，常为不同的产品大类分设事业部。这些事业部各自独立，组织上也自成体系，设有自己的职能部门，因此产生了营销职能如何在公司总部与事业部划分的问题。一般来说，有以下几种选择：

（1）公司总部不设营销部门，营销职能完全由各事业部自己负责。

（2）公司总部设一个规模很小的营销部门，只承担有限的营销职能。如为最高主管对市场机会或威胁做出评估，督促公司其他部门接受现代营销观念的指导等。

（3）适当规模的总公司级营销部门，通常要为各事业部提供多种营销服务，如广告、公关促销、营销调研、人员培训等。

（4）总公司级设置庞大的营销部门，直接参与各事业部的营销规划工作，并对计划实施过程加以控制。

三、组织决策的基本要素

任何组织都有一些基本的组织决策要做。

(1) 专职化程度问题。一般来说，小企业不趋向专职化，而较大的企业需要各种专职人员。专职化的优点是能获得市场营销各方面专门人员提供的服务，从而提高工作效率。专职化的缺点有：一是费用高；二是不同职能部门之间的联系势必增加困难，互相不了解各自所担负的职责，难以进行协调。

市场营销组织怎样专职化，按职能、地区、产品、市场进行组织是几种单纯的结构，而事实上，大多数企业采用的是把几种单纯式组织结合起来，如产品经理率领若干职能人员，市场经理手下有若干职能人员。

(2) 集权与分散化问题。如果企业大多数重要营销决策是由市场营销部门的最高领导者制定的，这个企业实行的就是集权化管理；如果企业的市场营销决策大多由下属人员制定，该企业实行的就是分散化管理。

集权化的优点是：只在一个或少数几个领导人的管理下，部门之间能较好地联系和协调，能从全局和整体最优的考虑出发，从而可能制定出最佳的方案。

分散化的优点是：基层销售人员较上级管理人员更了解顾客需要，对市场变化更敏感，因而，由他们做出决策更好；分散决策，制订决策快，不需逐级向上级报告情况、请示决策，从而有利于抓住竞争时机；分散化体制对下层人员有较大的激励。

(3) 控制管理幅度。这是指一位主管人员领导的下属人员的数量。如果向一位主管人员汇报工作的下属过多，他就很难协调各方面工作，很难对出现的问题及时有效地处理。这时，通常采用增加组织层次的办法，从而减少每一层负责人管辖的范围。但随着层次的增加，在信息传递方面，会造成传递时间过长且可能失真的危险。按照管理学理论，一位主管人员只能有效地领导 5~8 个下属组织。

(4) 激励。这是市场营销组织中最难解决的问题之一。激励，即如何调动每一个工作人员的积极性，以确保完成企业目标。除了一般的方法和原则外，还应根据不同营销人员需求的不同，提供不同的激励内容和方式。

四、影响营销组织决策的因素

营销组织模式及组织基本要素的决策都不是任意决定的，其间需要考虑各种影响因素。决定企业市场营销组织模式的因素，大致有以下几方面：

(1) 企业规模。一般来说，企业规模越大，市场营销组织越复杂。大公司需要较多的各类市场营销专职人员，专职部门以及较多的管理层次。企业规模较小，市场营销组织也就相对简单，甚至相当简单。

(2) 市场。一般来说，市场的地理位置是决定市场营销人员分工和负责区域的依据。如果市场由几个较大的细分市场组成，企业需要为每个细分市场任命一位市场经理；如果市场地理位置分散，需要按地区设置营销组织；市场规模大，范围广，就需要庞大的营销组织、众多的专职人员和部门；市场范围窄，销量有限，营销组织的规模自然也就有限。

(3) 产品。产品及其分类的多寡也关系到市场营销组织的形式。如产业用品更多地通过推销人员直接销售，依赖广告少，故推销部门庞大，而广告部门却小甚至没有。

（4）企业类型。从事不同行业的企业，其市场营销组织的构成也有区别。如服务行业的营销重点之一就是市场调查；而原材料行业，如木材和农产品加工企业，它的营销重点则在储存和运输。

第二节　市场营销实施

实施，是将计划转变为具体行动的过程，即调动企业全部资源，投入到营销活动中去，并保证完成规定的任务，实现既定的目标。

实施计划要有一个行动方案，该方案应比计划中的方案更详尽。行动方案要具体规定由"谁"在"什么时间""什么地点""怎样"执行哪一项具体任务。如计划中有"组织一次社会公益性公关活动"的内容，实施时就要安排资金并指派人去具体完成该项任务。

实施问题在企业市场营销的各个层次上都存在，有总体战略计划的实施，有职能部门计划的实施，也有单项产品或市场开发计划的实施。为有效地实施各层次的计划，需要掌握一些相关技能。

（1）配置技能。指在制定行动方案时，在不同活动之间分配资金、人力和时间的技能。如一家经营办公自动化系统的公司，在实施促销计划时，要决策究竟用多少钱开展销会，会期几天，公司投入几个人等。

（2）组织技能。前面曾讲到过有效的营销组织应有灵活性，组织结构必须与战略计划、目标的要求相一致。关于组织结构有以下几方面的基本决策：①集中化或分权化程度。一般认为，分权化管理更有助于鼓励创新和使企业组织具有灵活性。②正规化程度。即企业内部是否鼓励员工间非正式信息沟通与交流大量存在，一些成功企业的经验表明，一个组织内，正式系统与非正式系统同时存在，相互作用，有助于提高企业实施活动的效率。③精简化。少而精的行政人员应尽可能采用较简单的职能、产品、地区式等一维变量的结构，避免复杂的矩阵式结构。

（3）控制技能。即建立和管理一个对营销活动情况进行追踪的控制系统。

（4）推动并影响他人的技能。即管理者要善于推动并影响他人共同把事情办好的能力，且不仅要推动本组织的人员，还应推动组织外的其他人或企业，一起为达到营销目标而努力。如推动制造部门、广告代理商、经销商等的行动以更好地实现营销目标。

（5）建立一套工作制度、决策制度和报酬制度的技能。这些制度直接关系到组织实施计划的效率和成败。以报酬制度为例，它首先涉及对营销人员及部门工作绩效的评估，如果以短期盈利情况为评估标准，就可能引导营销人员及部门的行为趋于短期化，而缺少实现长期战略目标的主动性。

此外，企业实施营销战略计划的效果不仅取决于其组织结构、行动方案、控制与报酬制度，还取决于其人员构成：是否拥有与企业战略要求相符的性格和能力的管理人员，企业全体人员是否遵循共同的基本信条和行为准则，以及员工的工作态度和作风。这些被统称为企业文化。企业文化具有相对稳定性和连续性，在现代营销理论中，企业文化被认为对企业经营成败和实施战略计划的效率具有重要影响。

第三节　市场营销控制

控制是管理的重要职能之一。如果把市场营销管理看作是计划、实施、控制这样一个周而复始的过程，那么控制既是前一次循环的结束，又孕育着新循环的开始。

实行营销控制的根本原因在于：计划通常是建立在事先对众多不确定因素的某种假定基础上的，而在计划实施过程遇到的现实并不总是和事先假设相一致，即难免会遇到各种预料之外的事，这时就要通过营销控制，及早发现问题，并对计划或计划的实施方式做出必要的调整。

控制有助于企业及早发现问题，防患于未然。例如，控制产品或地区市场的获利性，可使企业保持较高的获利水平；严格筛选新产品，可避免新产品的开发失误导致巨额损失；实行质量控制，可确保产品质量可靠，使用安全，避免顾客购买后产生不满情绪；运用"20/80 的原则"，可以发现哪些 80％的推销人员只完成了销售额的 20％，进而寻找改进推销人员绩效的途径。

控制还对管理人员起着监督和激励作用。如果营销人员发现他们的主管非常关心每种产品、每个地区市场的盈利情况，况且他们的报酬及前途也取决于此，那么，他们肯定将更为努力地工作，并更认真地按计划要求去做。

不过，尽管建立一套有效的营销控制制度十分重要，但调查表明，即使在发达国家，不少企业也还没有采取适当的控制措施。一些企业很少有明确的市场营销目标，当然也就谈不上对营销活动进行控制；另外一些企业对其经营的每种产品获利情况不了解，不能对广告的效益进行评价，也不能评价其推销人员的工作；还有些企业不能分析自己的贮存成本、分销成本，不能分析商品被退回的原因等。有效的营销控制讲究科学、严格的工作程序，如图 13-4 所示。

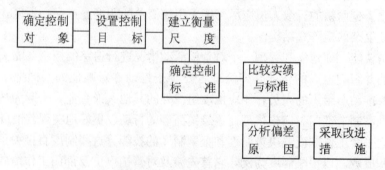

图 13-4　市场营销控制的程序

第一步，确定应对哪些市场营销活动进行控制。固然，控制的内容多、范围广，可获得较多信息，但任何控制活动都会有费用支出，因此在确定控制内容、范围、额度时，管理者应当注意使控制成本小于控制活动所能带来的效益或可避免的损失。

最常见的控制内容是销售收入、销售费用和销售利润，但对市场调查、推销人员工作、消费者服务、新产品开发、广告等营销活动，也应通过控制加以评价。

第二步，设置控制目标。这是将控制与计划连接起来的主要环节。如果在计划中已经设立了目标，那么，这里只要借用过来就可以了。

第三步，建立一套能测定营销结果的衡量尺度。在很多情况下，企业的营销目标就决定了它的控制衡量尺度，如目标销售数量、利润率、市场占有率、销售增长率等。但还有一些问题比较复杂，如销售人员的工作效率，其可用一年内新增加的客户数目及平均访问率来衡量；广告的效果，其可用记住广告内容的读者（观众）占全部读者（观众）的百分比来衡量。由于大多数企业都有若干管理目标，因此，大多数情况下，营销控制的衡量尺度也会有多种。

第四步，确立控制标准。控制标准是以某种衡量尺度来表示控制对象预期活动范围或可接受的活动范围，即对衡量尺度加以定量化。如规定每个推销员全年应增加 30 个新客户；某项新产品投入市场 6 个月之后应使市场占有率达到 3%；市场调查访问每个用户的费用每次不得超过 10 元等。控制标准一般应允许有一个浮动范围，如上述新产品市场占有率在 2.8% 也是可以接受的；访问费用标准是 10 元，最高不得超过 12 元。

确立标准可以参考外部其他企业的标准，并尽可能吸收企业内部管理者和被管理者多方面的意见，以使其更切合实际，受到各方面承认。为使标准具有激励作用，可采用两种标准：一种是按现在可接受的水平设立；另一种用以激励营销人员的工作达到更高水平。

确立标准还需考虑产品、地区、竞争情况不同造成的差别，使标准也有所不同。如考察推销员工作效率时需考虑以下因素的影响：①所辖区内的市场潜力；②所辖区内产品的竞争力；③所推销产品的具体情况；④广告强度。因此，不可能要求每个人都能创造同样的销售额或利润额。

第五步，比较实绩与标准。在将控制标准与实际执行结果进行比较时，需要决定比较的频率，即多长时间进行一次比较，这取决于控制对象是否经常变动。如果比较的结果是实绩与标准一致，则控制过程到此结束；如果不一致，则需要进行下一个步骤。

第六步，分析偏差原因。产生偏差可能有两种情况：一是实际实施过程中的问题，这种偏差比较容易分析；二是计划本身问题，确认这种偏差比较困难。但由于两种情况往往交织在一起，使分析偏差的工作成为控制过程中的一大难点。特别要避免因缺乏对背景情况的了解，或未加适当分析，而出现"把孩子连同洗澡水一起泼出去"的错误。如果部门业绩不佳，可能因为一种产品的亏损影响了整个部门的获利水平；某推销人员完不成访问次数的标准，可能是在途中花费时间过多，需要改进访问路线，但也可能是由于定额过高，这时则应降低定额以保证每次访问的质量。

第七步，采取改进措施。如果在制订计划时，同时也制订了应急计划，改进就能够更快。例如，计划中规定"部门一季度的利润如果降低 35%，就要削减该部门预算费用的 5%"的条款，届时就可以自动启用。不过，在多数情况下并没有这类预定措施，这就必须根据实际情况，迅速制定补救措施，或适应调整某些营销计划目标。

第四节　执行的"软件"

麦肯锡公司（Mckinsey Company）是世界一流的管理咨询企业，它在很早的时候就提出过一个企业管理"7－S"理论。该理论认为，有 7 大因素影响着企业管理水平的高低和管理的效果：战略和策略（strategy）、组织结构（struture）、系统（system）、人员（staffs）、共同具有的价值（shared value）、作风（style）和技能（skills）。在这 7 大因素里面，前 3 个是影响企业经营成败的"硬件"，后 4 个是影响企业经营成败的"软件"。"7－S"理论对于我们研究和实践企业的市场营销执行问题同样是适用的。

在企业的市场营销执行问题上，硬件当然是需要做好的。企业首先要制定出来正确的市场营销战略和策略，要有合理、有效的市场营销组织结构，要有配套的相关制度和流程系统，如薪酬设计方案、奖励和惩罚、市场营销信息系统、沟通机制、运行机制、物流系统、财务报表系统、现金流控制制度、权利分配制度、预算制度、内部牵制等。但是，像一台计算机一样，光有硬件而没有良好的软件，企业肯定不能很好地运行和工作。下面让我们来仔细探讨一番市场营销执行的"软件"问题。

一、执行是企业领导者的工作

很多企业领导者都认为，作为企业的最高领导者，他不应该屈尊去从事那些具体的工作，只需要进行一些战略性的思考，用远景目标来激励自己的员工，而把那些无聊的具体工作交给手下的经理们。但是，这种思考问题的方法是错误的，它很可能给企业带来难以估量的危害。

对于一个组织来说，要想建立一种执行文化，它的领导者必须全身心地投入到该公司的日常运营当中。领导并不能只注重高瞻远瞩的工作，也不能只是一味地与投资者和立法者们闲谈——虽然这也是他们工作的一部分。领导者必须切身地融入到企业运营当中。要学会执行，领导者们必须对一个企业、员工和生存环境有着全面综合的了解，而且这种了解是不能为任何人所代劳的，因为，只有领导者才能带领一个企业真正地建立起一种执行文化。

试想一下，如果一支球队的教练只是在办公室里与新球员达成协议，而把所有的训练工作都交付给自己的助理，情况会怎样？教练的主要工作应当是在球场上完成的，他应当通过实际的观察来发现球员的个人特点，只有这样他才能为自己的球员找到更好的位置，也只有这样，他才能将自己的经验、智慧和建议传达给球员。

对一位企业的领导者来说，情况也是如此。只有领导者才能提出比较强硬但每个人都需要回答的问题，并随后对整个讨论过程进行适当的引导，最终做出正确的取舍决策。而且只有那些实际参与到企业运营当中的领导者才能拥有足以把握全局的视角，并提出一些强硬而一针见血的问题。

只有领导者才能左右组织中对话的基调。对话是企业文化的核心，也是工作最基本的单位。人们彼此交谈的方式可以对一个组织的运营方式产生决定性的影响。在你的组织里，人们之间的谈话是否充满了虚伪造作？人们在进行讨论的时候，是否能够从实际出发，提出适当的问题，针对这些问题展开具体的争论，并最终找出正确的解决方案？如果是前者的话——你可能永远也无法从与员工的讨论中了解到实际情况。如果希望成为后者的话，领导者就必须与自己的管理团队深入到企业的运营当中去，不断地将一种注重执行的企业文化注入到企业运营的各个环节中。

市场营销执行的关键在于领导者。如果"7－S"理论中的人员（staffs）包括领导者的话，那么，这是企业中的董事长、总经理、CEO、营销经理、营销总监们首先必须意识到的。

二、人员（staffs）

1. 人员的招聘、引进和选拔

一般来说，招聘是指在社会上通过人才市场等渠道来获得工作人员；引进是指通过别人介绍、猎头公司等渠道来获得具有某种特长的专业人才；选拔是指在企业的现有员工队伍中提拔、任用人才到相应的职位或岗位上。

企业所有的工作都要靠人来完成，所有的优秀业绩都要靠人来创造，所以强大的员工队伍是市场营销执行的能动力量，是企业最重要的营销内部因素，是企业取得进步的重要保证。招聘、引进和选拔员工非常重要。有一位世界级的一流管理专家，在他接手一家公司的头 2 年里，把用 30%～40% 的精力和时间都放在这上面，后来减少为大约 20%。他在任公司总裁的最初 3 年时间里，亲自面试了公司新近招聘的 300 名 MBA 的大部分人。愿意在一件工作上投入如此巨大精力的 CEO 实不多见，但是，他的这些工作得到了丰厚的回报，在公司后来的成功中发挥了很大的作用。

2. 人员的配置使用

常识告诉我们，企业在用人的时候应当尽量做到量才适用，但事实却常常并非如此。有能力的人没有得到重用，能力不足的人反而被委以重任，这样的事情每天都在发生，为什么会出现这种现象呢？重要原因就在于：领导者们对自己所任命的人并不十分了解。他们在选择人员的时候可能只是凭着自己的好恶，提拔自己喜欢，或与自己有相同背景的人，而根本不考虑工作岗位的具体要求和人员的特点。他们可能缺乏足够的勇气、足够的情感强度来对表现优异者和表现不良者进行区分，更无法采取必要的行动，让优秀者得到奖励和重用，让有问题者受到惩罚，直至辞退。所有这些都反映了领导者们的一个缺点：对人才培养缺乏足够的重视和深入的参与。

3. 激励

人是需要激励的，缺乏有效的、正确的、及时的激励，会极大地挫伤优秀员工、努力工作的员工的积极性。良好的激励一方面需要正确的激励制度和政策，另一方面需要正确的绩效评价，包括绩效评价的方法、评价标准、实施评价的人的正确性。

三、执行文化

企业文化（价值观和作风，即 shared value and style）中最本质的东西就是全体员工所共享的价值观念、信念和行为规范。如果一个企业真正建立起了积极向上的、良性的企业文化，员工就能够意识到自己在组织中的作用，能够感觉到由于自己的努力工作而给组织带来的贡献，并为自己努力工作的结果和回报感到自豪和骄傲；员工就会保持正确的行为方式，满腔热情地投入到工作中去，积极地、创造性地发挥自己在组织中的作用。

企业的执行文化强调，文化绝不是仅仅停留在思想层面的东西，它必须转化为员工的工作态度和行为方式。只有在这时，我们才能说企业建立了某种企业文化。

要建立企业的执行文化其实很简单，你根本没有必要事先研究任何复杂的理论或进行任何烦琐的员工调查——所需要的就是真正实行那些能直接影响员工信念和行为的制度及措施。首先你应该清楚地告诉人们企业和组织的目标是什么。然后与大家一起讨论实现这些目标所应当具备的条件，并同时把这作为指导过程的一个重要环节。一段时间之后，企业应当对那些做出贡献的人进行奖励；如果他们没有实现预定目标的话，你应该对他们进行更多的指导、取消奖励、调换工作岗位，或者是让他们离开。在这个过程当中，你实际上就已经为自己的企业建立了一种执行文化。例如，我们常常企盼一个组织能够做到干部能上能下，当一个企业真正践行了这一原则时，实际上就是在推行一种有能力者、积极工作者会得到重用、奖励；平庸者、消极工作者就没有市场的文化。这时，就会在员工中形成大家都积极地努力工作的良好局面。

要在企业里建立起执行文化，以下几点是极为重要的：

1. 坚持以事实为基础，通过对话找到问题的根本

实事求是是执行文化的核心，但对于大多数组织来说，里面的员工，包括企业的领导者都是在尽量避免或掩盖现实。这主要是由于实事求是的态度有时会使得生活变得非常残酷。没有人喜欢打开潘多拉的盒子，他们总是希望能够掩盖错误，或者拖延时间来寻找新的解决方案（而不愿意承认自己此刻并没有找到任何答案）。他们希望能够避免对抗，大家都希望汇报好消息，没有人愿意成为制造麻烦、对抗上级的倒霉蛋。

要想在制定和实施中做到实事求是，领导者自己必须一方面坚持实事求是；另一方面，要确保组织中在进行任何沟通、谈话的时候，都把实事求是作为基准。如果企业内部无法进行活跃的对话——通过开放、真诚和随便的方式讨论当前的实际情况，你就不可能建立一种真正的执行文化。这种对话可以使一个组织更为有效地收集和理解信息，并对信息加以重新整理以帮助领导层做出更为明智的决策。它能够激发人们的创造性，实际上，大多数革新和发明都是在对话的过程中形成雏形的。它还能够为组织带来更大的竞争优势和股东价值。

活跃的对话的前提是对话者必须解放自己的思想。他们对人对事都不应当先入为主，更不应当在讨论问题的时候有所保留。他们希望听到新的信息，并准备随时改进自己的决策，因此这种人通常会注意倾听讨论中各方的意见，并积极参与到讨论当中去。

当人们敞开胸襟的时候，就会表达出自己真实的观点，而不再是为了奉承领导或维持一团和气而说些无关痛痒的话。实际上，一团和气——这也是许多不愿意得罪人的领导者所追求的，它会扼杀许多人的批判性思维，并最终使得决策成为一纸空谈。一旦这股追求一团和气的风气弥漫到整个公司，所有问题的解决方式都可能像这样：在主要人员离开会场之后，大家马上投票反对他刚才提出的建议；他在场的时候，没有一个人表示意见。针对这种情况，我建议大家应该把这句话奉为座右铭：真相高于和气。坦诚以待能够帮助人们消灭沉默的谎言和无言的反对，而且它还能够更好地避免执行不力的情况。

要想引导人们进行开放式的谈话，领导者在进行对话时必须是开放式的。如果领导者在进行对话时采取的是一种开放式的态度、非正式的谈话方式，其他人就会自然地跟着效仿。非正式的谈话能鼓励人们提出问题，鼓励大家进行批判性的思维，并更多地表达自己当时的真实想法。在正式的、等级清晰的会议当中，掌握权力的人可以轻而易举地扼杀一个很好的创意。但非正式的讨论却会鼓励人们相互评价自己的想法，在这个过程中相互改进，并最终达成一致的协议。在很多情况下，许多初听起来很荒谬，可实际上却能给公司带来突破性进展的创意都是在非正式的谈话中被激发出来的。

2. 跟进

跟进是执行的核心所在，所有善于执行的人都会带着宗教般的热情来跟进自己所制订的计划。跟进能确保人们执行自己的预定任务，而且是按照预订的时间表。它能够暴露出规划和实际行动之间的差距，并迫使人们采取相应的行动来协调整个组织的工作进展。如果情况发生变化以至于使人们不能按照预定计划开展工作的话，领导者的跟进就可以确保执行人员及时得到新的指令，并根据环境的变化采取相应的行动。

领导者可以采用一对一的方式进行跟进，也可以以小组讨论的形式来收集反馈。二者的区别就在于，在小组讨论的时候，每个参与讨论的人都能从中学到一点东西。持不同观点者之间的争论，使得人们能够看到决策的标准，判断的方式以及各种决策的利与弊。在提高人们判断能力的同时，这种讨论也加强了整个团队的凝聚力。

每次会议结束之后，领导者应制订一份清晰的跟进计划：目标是什么，谁负责这项任务，什么时候完成，通过何种方式完成，需要使用什么资源，下一次项目进度讨论什么时候进行，通过何种方式进行，将有哪些人参加。

领导者如果没有精力对某个项目进行彻底跟进（直到其最终渗透到整个组织的生命当中），那么，就先不要批准这个项目。一旦准备实施这个项目，就一定要确保它能够切实完成。否则不仅会浪费大量的时间和精力，而且还会大大降低领导者在下一次进行决策时的决断力，更会给下属们造成敷衍执行的惰性和惯性。

不能做到彻底跟进的项目，常常会让下属对领导者的信心和决策能力产生怀疑。因此在每次进行决策的时候，领导者都要强调他自己对该项目的信心以及实施该项目的决心。当然，对于有些项目来说，可能并不需要所有人的配合，但这并不意味着不需要树立别人对我们的信心，因为只有这样，人们在接到某项任务的时候才会对自己说："这次是来真的了。"

3. 对执行者进行奖励

如果你希望自己的员工能够完成具体的任务，你就要对他们进行相应的奖励。这似乎是毫无疑问的，但许多企业却没有意识到这一点——在这些组织当中，员工们得到的奖励似乎和他们的表现并没有任何关系。无论是从奖金数额还是从股票期权的角度来说，其都没有在那些完成任务和没有完成任务的员工之间做出明确的区分。

事实上那些不具备执行型文化的公司，根本没有采取任何措施来衡量、奖励和提拔那些真正有能力的员工。就薪酬增幅而言，那些表现优异的员工和表现不佳的员工之间并没有太大差别。在这些公司当中，领导者们甚至都无法向那些表现优异的员工解释为什么他们的薪酬没有达到自己的预期水平。

一位优秀的领导者应该能够做到奖罚分明，并把这一精神传达到整个公司当中，否则人们就没有动力来为公司做出更大的贡献，而这样的公司是无法真正建立起一种执行型文化的。你必须确保每个人都清楚地理解这一点：每个人得到的奖励和尊敬都是建立在他们的工作业绩上的。

4. 领导者的行为将决定其他人的行为

那些根本没有融入到企业日常运营当中去的领导者根本不可能对一个公司的文化产生决定性的影响。正如一位成功的 CEO 所说的那样，"一家公司的文化是由这家公司领导者的行为所决定的。领导者所表现或容忍的行为将决定其他人的行为。于是改变领导者的行为方式是改变整个企业行为方式的一个最有效的手段。而衡量一个企业文化变革的最有效尺度就是该企业领导者行为和企业业绩的变化。"

为了把企业改造成一个执行型组织，领导者必须通过亲身实践自己希望的行为和开放式的谈话，来建立和强化本公司的执行文化。通过不断实践，领导者将最终把这些行为习惯直接渗透到整个组织当中，从而最终演变成为该组织企业文化的一个重要组成部分。

四、员工的素质和能力（skills）

企业需要不断地发展和成长，而员工的素质和能力是企业发展与成长的动力，因此，员工必须不断学习，不断提高。

1. 指导

领导者成长过程实际上就是一个不断吸取知识和经验，乃至智慧的过程，所以领导者工作的一个重要组成部分就应当是把这些知识和经验传递给下一代领导者，而且领导者也正是通过这种方式来不断提高组织当中个人和集体的能力。不断学习并把自己的知识和经验传给下一代领导者，这正是成功的领导者取得今天成就的秘诀，也是领导者在未来能够引以为荣的资本。

对员工进行指导是提高员工能力的另一个重要组成部分。中国有句古话叫"授之以鱼，饱其一日；授之以渔，方可饱其终生。"这就是指导和培训的意义所在。发号施令者和循循善诱者之间的区别也就在于此。优秀的领导者总是把自己与下属的每一次会面看成是一次指导的好机会。

最有效的指导方式就是：仔细观察一个人的行为，然后向他提供具体而有用的反馈。在进行指导的时候，领导者首先需要指出对方行为当中的不足，并给出具体的例子，告诉对方他们哪些表现是正确的，哪些是需要改进的。

在对公司业务和组织问题进行小组讨论的时候，每个人都面临着一次学习的机会。领导者需要掌握提问的艺术，并通过提出一些一针见血的问题，迫使人们进行更为深入的思考和探索。通过共同分析问题，探求每一种解决方案的利与弊，并最终做出能够让大家都接受的决策。

2. 培训

培训是企业在提高员工素质和能力问题上所惯用的办法。

学、做一体练习与实践

一、不定项选择题

1. 职能式营销组织模式的最大优点是（　　　）。
   A. 效率高　　　　　　　B. 简便易行
   C. 职责分明　　　　　　D. 费用小

2. 有专家认为，最符合现代营销观念的营销组织模式是（　　　）。
   A. 职能式　　　　　　　B. 地区式

C. 产品管理式　　　　　D. 市场管理式

E. 产品/市场式　　　　　F. 事业部式

3. 提高执行力的关键在于（　　）。

A. 员工　　　　　　　B. 领导者

C. 基层干部　　　　　D. 中层领导者

二、填空题

1. 做好市场营销执行的三个环节是＿＿＿＿＿、＿＿＿＿＿、＿＿＿＿＿。

2. 有效的市场营销组织应具有＿＿＿＿＿、＿＿＿＿＿、＿＿＿＿＿的特征。

3. 营销部门的组织模式有＿＿＿＿、＿＿＿＿、＿＿＿＿、＿＿＿＿、＿＿＿＿。

4. 影响营销组织决策的因素有＿＿＿＿、＿＿＿＿、＿＿＿＿、＿＿＿＿。

5. 麦肯锡公司的企业管理"7－S"理论认为，有7大因素影响着企业管理水平的高低和管理效率，即＿＿＿＿、＿＿＿＿、＿＿＿＿、＿＿＿＿、＿＿＿＿、＿＿＿＿、＿＿＿＿。

三、简答题

1. 简述组织决策的基本要素。

2. 简述市场营销控制的程序。

3. 如何在企业建立起执行文化？

四、案例分析题

阅读章首案例《旭日集团》，你认为旭日集团在执行问题上犯了哪些错误？

五、讨论思考题

1. 为什么说市场营销执行的核心是人？

2. 产品管理式组织和市场管理式组织各有什么优缺点？适用于什么情况？

3. 如何在企业里建立起真正的执行文化？

六、概念应用题

找一家你最熟悉的企业，分析该企业的市场营销组织形式。你认为它应该改进吗？为什么？如果应该改进的话，那么该如何改进？

第十四章　总结和升华

章首案例

华龙方便面①

1994年8月，河北省隆尧县的9位农民合股投资218万元资产，在隆尧与任县、巨鹿三县交界处的一片荒地上，建起一家方便面生产厂，产品冠名"华龙"。8年后，当消费者的视听世界充斥着"华龙面，天天见"的广告时，华龙集团总资产已达30亿元，产品有11个系列，40多种口味，100多个规格。据2002年的数据显示，华龙销售方便面55亿包，而同期康师傅是63亿包，统一集团是25亿包。"华龙"已成为名副其实的中国第一本土方便面品牌，与康师傅、统一在方便面市场形成三足鼎立之势。"华龙速度"的奥秘何在？为什么华龙方便面能在激烈的竞争中后来居上呢？

一、目标市场选择和市场定位战略

企业立项之初，集团总裁范现国等人首先对国内方便面市场进行了一番深入细致的调查研究。他们发现，20世纪80年代初期以来，尽管我国方便面生产发展迅猛，但市场仍有较大空间。少数几家中外合资或外商独资企业虽然拥有较高的市场占有率，大多以大中城市为目标市场，产品定价等方面没有考虑到农村的实际情况；而在低档市场上，地方小厂却"遍地开花"，产品价位虽低，但质量不稳定，主要依靠有限的当地市场维持生存。这样，在需求潜力非常大的中小城市和广阔的乡镇、农村市场上，价格便宜、质量稳定可靠、具有一定品牌知名度的产品几乎就是一个完全空白的市场，而这恰恰是华龙人大显身手之地。

基于这样的认识，"华龙"将目标市场确定为中小城市和乡镇、农村市场，决心为中国8亿农民和3亿工薪阶层这个消费群体提供他们所喜欢的方便面。将市场定位于低价格、高质量这个位置上，用职工们的话说，就是"杂牌军的价钱，康师傅的质量"；"同等质量比价格，同等价格比质量"。

二、产品策略

在明确方向后，华龙集团便开始生产产品、开拓市场。华龙所在的隆尧处于华北平原的腹地，又是全国优质小麦生产基地，小麦面筋高于其他地区3至4个百分点。这是企业打造好产品的基础。华龙在河北农村建立一体化生产体系，保证低成本、高质量的小麦供应。除此以外，为确保产品质量，其从东南亚引进国际一流的设备，高薪聘请台湾食品专家加盟入股，主持研发中心的工作，并对面粉的加工、面饼的烘

---

① 本案例由编著者根据《经济日报》、《中国经营报》和网上有关资料汇编而成。

焙、调料的配制及外在包装等环节实行全程质量监控。

公司具有了一定的规模和实力以后，便不断从跨国公司和国内引进技术研发人才，常年不断地推出新产品。在中低档方便面市场上形成了长而深的产品组合。这个产品组合与公司的细分市场相对应，华龙人实实在在地演绎着目标市场营销的经营战略。公司通过市场调查，摸清各地人口、面积、饮食习惯、价值观、购买力水平、主要竞争手段等情况。根据"南甜北咸东辣西酸"的饮食习惯，将市场细分化。针对不同的地区，销售不同的产品，搭配不同的调味包，满足不同地域消费者的需求。其首先成功地开发了一系列副品牌，如低档次的"华龙小仔""甲一麦""108"；中档次的"小康家庭""大众三代"；高档次的"红红红""煮着吃"等。在此基础上，针对不同地域的消费者又推出不同口味和不同品牌的系列新品。如针对河南省市场主推"六丁目"品牌，针对东三省主推"东三福""可劲造"，针对山东省主推"金华龙"等。2002年，华龙又开发出高档面"今麦郎"弹面，起用演艺明星张卫健做广告，目标市场是大中城市市场。

同时，为了突破舆论界"方便面没有营养"的观点，华龙研发推出了"煮着吃第二代"营养方便面。这种方便面非油炸、低热量、低脂肪，因此率先获得中国营养学会认证（实质是营养参考摄入量的 DRI 认证）。

三、价格策略

华龙面遵循"低价格、高质量"的市场定位思路，提供给市场的产品性价比非常有竞争力。它将每袋方便面的零售价定在 0.6 元以下，比一般名牌低 0.8 元左右，而口感、营养成分、卫生状况等方面并不逊色。又如在河南市场推出的"六丁目"品牌，主打口号就是"不脆（贵）"。这是华龙为了和河南市场众多方便面竞争而开发出来的一种产品，它的零售价只有 0.4 元/包（给经销商 0.24 元/包）。同时，华龙将工厂设在河南许昌，因此让河南很多方便面品牌日子非常难过。典型的例子是统一企业 2002 年有一个专案就叫——逐鹿中原，推出了零售价 0.5 元/包的低价冲泡面，企图进入低档面市场。但由于遇到了华龙 0.4 元/包的冲击，统一由开始的信誓旦旦到半年后不得不偃旗息鼓。现在河南几乎看不到那种产品了。

四、销售渠道策略

(1) 建立了营销公司、处、组、户四级营销网络，实行密集分销。具体来说就是华龙集团设营销公司，营销公司下设面向各省市自治区的营销处，处以下设组，分包一个省份的几个区县市场。每个营销员都有明确的分工，定向联系几家地区代理商。华龙集团在 1997 年制订了一个营销 600 行动计划，即在长江以北地区建立 600 个高质量的面广、点密、固定的经销商。县以上 600 个经销商网络的建立构筑了华龙粗线条的立体销售网络框架，为实施"抓小求大"的战略，它在北方 12 个省、市、自治区，146 个地区或地级市、794 个县或县级市，延伸了 22.88 万个夫妻店、副食店、小卖部，覆盖 5.96 亿人口，平均每 2 566 人就有一个华龙的销售网络。北方市场精耕细作以后，华龙集团立即把触角伸向其他省份。到 2002 年的时候，华龙已拥有经销商 828 名，二批经销商 21 900 名，销售网点 239 800 家，覆盖全国 1 918 个县、308 个地区、30 个省、市、自治区，几乎全国无空白县。

（2）和经销商一起发展，采取送货上门、特许入股等形式，与其结成紧密的利益共同体。华龙坚持独家经销策略，实施"谁打开市场谁受益，谁卖力谁赚钱"的双赢原则，调动保护经销商的积极性。华龙集团每年除了拿出经销商进货货款总额的 2% 作为经销商的回扣外，还实行销售业绩配股制度，经销商年销售额在 20 万元以内的，每万元配 1 股；销售 20～80 万元，每万元配 1.2 股；销售 80 万元以上，每万元配 2 股，每年 9 月 8 日奖励股统一变现，每股现金值随公司业绩情况在 53.8 元的基数上上下浮动。

华龙把"服务至上"融入到网络建设当中。2000 年华龙购买了 1 000 辆促销车，分配给长江以北的 1 000 个县级经销商使用，帮助经销商开发设置县级网点，帮助经销商到城镇去设点，到农村去铺货，到夫妻店去工作，无微不至。

从 1998 年开始，华龙又提出实施百万富翁工程，即通过合作发展，在经销商中造就 100 名百万富翁。现已有 30 多名经销商跨入百万富翁行列，几十万元的户更不在少数。

五、促销策略

（1）广告策略。自 1997 年起，华龙每年投入 4 000 万元做品牌推广。在其广告片中，没有夸夸其谈的大道理，采用的都是最平实、贴心的话语。如尹相杰、于文华做的"煮着吃"的广告，对白是"好像小时候妈妈的手擀面"，而"小康家庭"的广告词是"双料酱包味道好，只售单包价格更实在"。再如华龙与河南省地平线广告有限公司合作，在冀、鲁、豫和西北、东北各省的国道两侧，书写墙壁广告近万条，面积达 25 万平方米，其数量、质量在全国户外墙壁广告中遥遥领先。这些墙体广告与电视广告结合在一起形成了一种互补的、立体的广告攻势，基本上达到了"乡乡有广告，人人知华龙"的轰动效应。"华龙面，天天见"也一时成为社会流行语。

另外，华龙广告还有一个显著的特点是针对不同地域不同亚文化，采用不同的品牌和广告内容。

（2）营业推广策略。几年来华龙实行了送货上门、销售回扣、股本奖励、运费补贴等形式多样、机动灵活的多种营销政策。其还根据消费者的需求开展有创意的促销活动，如订货会、展销会、消夏晚会、客户联谊会、新闻发布会、发展战略研讨会等。1999 年 12 月华龙又出资组织 29 名业绩前列的经销商到新、马、泰、港旅游，加深了与厂商之间的感情。各种促销品大至促销车、冰箱、彩电，小至 T 恤衫、广告伞、圆珠笔等都新颖别致，物美实用。

六、担忧和期待

我们注意到华龙集团在乡镇市场站稳了脚跟之后，斥巨资从日本引进的高档制面生产线，从 2000 年开始试图进入大中城市高端市场，与康师傅、统一展开正面交锋。但在 2000 年、2001 年基本上可以说是失败的。在 2002 年，华龙推出"今麦郎"品牌，再次进攻大中城市市场，才稍有起色。

大中城市市场与小城市和农村市场显然有着巨大的差异。况且，在大中城市的市场上，康师傅和统一已征战多年，积累了丰富的市场资源和市场管理经验。华龙现在进入一个相对陌生的细分市场，又要与强敌竞争，不免令国人隐隐担忧又不乏期待。

读者们，市场营销学完了，你现在对市场营销的认识是不是与开始的时候不一样？也许，你对市场营销的认识还有点模糊，甚至还有点混乱吧？不要怕，现在让我们进入最后总结的环节，也是一个收获的环节。

学习市场营销，必须首先明确市场营销到底是干什么的。市场营销就是要从根本上解决企业的销售问题，使企业的产品能够顺利地实现销售。在市场上实现并保持满意的销售量和市场占有率。

市场营销怎样实现这一目的呢？总结起来我们可以有 3 种思路。

一、依靠市场营销战略和 4 大策略开拓市场

我们本书虽然编了四篇的内容，实际上其主要部分是第二篇和第三篇。因为第一篇只相当于一个导论，是我们学习、认识市场营销的一个入门步骤。第四篇讲的是市场营销执行的问题，这个问题虽然重要，但执行的中心是管理人，是管理企业的营销人员。按照学科划分，这属于人力资源管理学研究的范畴。因此，本书对此只做简单的论述。

第二篇讲的是研究市场营销环境。研究市场营销环境的目的是为了让读者更好地理解第三篇的内容，为了更好地制定市场营销战略和策略。第三篇是全书的中心。第三篇告诉我们，企业就是要依靠市场营销战略和策略来开拓市场，实现营销的目标。

（一）市场营销战略

市场营销战略是企业关于市场营销方向和目标的决策，它主要回答四个方面的问题：我们在哪个产品/市场位置上做生意？怎样在这个位置上做到第一名，至少要做得非常出色？怎样把产品做到消费者心里？要实现的目标是什么？相应地，我们有 4 个内容，即位置定位、特色定位、心理定位和确定市场营销目标。

（1）位置定位。就是指企业选择并占据某一个或几个产品/市场位置。产品位置是指企业打算经营的产品种类和品类。市场位置就是企业选择的目标市场，就是企业拟进入的、打算为之服务的一个或多个细分市场。因为产品和市场的复杂性，市场上客观存在着多个备选位置，企业要根据各位置本身的情况，结合企业自己的资源和能力条件，选择最佳的位置。

（2）特色定位。在选定的位置上，企业要想更好地适应需求、适应竞争，夺取该位置上第一名的地位，或至少是优势地位，就必须做好适应性定位。企业要研究产品的有关问题，研究市场的需求和竞争对手的情况，有针对性地创造与众不同的产品，努力给顾客带来特别的需求满足，形成自己的差异化优势。

（3）心理定位。完成了企业经营位置的选择，并使自己的经营活动成功地实现了差异化。之后，企业还需要针对潜在顾客的心理采取行动，做好心理定位。即企业要将自己位置或产品的独特性，以某种鲜明的概念、形象、理念、情感、感性、联想、诉求或产品特性，来占据消费者的心智空间，把这些心理性的东西，通过高妙的传播技巧植入消费者的心中，从而在消费者心中形成高强度的认知印象。

（4）制定科学合理的市场营销目标。凡是成功的组织或个人，几乎都有明确的目标，企业的市场营销活动更是如此。市场营销目标一般包括销售目标和成长性目标两类。销售目标有销售量、销售额、市场占有率、销售利润率等指标，成长性目标有提升品牌知名

度、提高新产品开发能力、提高促销效果等指标。

（二）制定市场营销策略

简单而言，市场营销策略就是落实到具体领域、具体行动上的营销措施。市场营销策略的核心内容是市场营销组合，它包括 4 个营销因素，即"4PS"：产品（Product）、价格（Price）、分销渠道（Place）和促销（Promotion）。

市场营销组合（4PS）是企业用来满足市场需求，从而实现其营销目标的工具，是提高竞争能力和应变能力，适应环境的重要手段，是参与竞争的武器，是企业实现战略决策的具体措施，它还可使企业内部各部门紧密配合，分工协作，成为协调的整体营销系统。

（1）产品策略。产品是市场营销组合中主导性、基础性的因素，因此，产品策略是企业市场营销组合中最重要的策略。它包括产品的设计、质量和特色策略、产品组合策略、新产品开发策略、包装策略和品牌策略等。

（2）价格策略。价格是买卖双方都很敏感的因素，正因为敏感，价格策略历来都是企业非常重视的营销因素。价格策略要解决这样几个问题：给企业的某一种产品定出基本价，对基本价进行修订，并根据环境的变化对原先的价格做出调整，发动或对付价格竞争等。

（3）销售渠道策略。销售渠道实际上解决的是企业生产出来产品以后的销售地点问题。销售渠道是影响营销效果的直接因素。销售渠道策略要解决许多问题，诸如是用直接渠道、自营渠道还是间接渠道？如果用间接渠道的话，怎样选择中间商？怎样处理和解决与中间商之间的矛盾？等等。

（4）促销策略。促销是营销的促进因素。绝大部分的产品都需要促销。常见的促销手段有广告、人员推销、宣传以及各种鼓励人们购买的短期刺激（营业推广）等。知道并记住这些促销方法很容易，难的是不同的产品，在不同的情况下，应该如何具体应用这些手段，制定详细的促销方案，从而达到预期的促销效果。

二、市场营销 4 步骤

（1）市场营销环境研究。市场营销环境研究是整个市场营销活动的基础。其主要有两方面的作用，一方面是发现、甄别和判断市场机会，另一方面是为制定战略和策略服务。我们介绍了两大市场——消费者市场和组织市场的一些知识，了解了这两大市场上的产品类型和市场特点；了解了顾客是怎样做出购买决定的；了解了影响企业市场营销的竞争者因素、中间商因素和宏观环境因素；掌握了一些市场研究的分析方法；学会了如何建立市场营销信息系统和进行市场调研与预测。上述这些内容我们在第二篇里用 6 章的篇幅做了详细的介绍。

（2）制定市场营销战略。

（3）制定市场营销策略。

（4）市场营销执行。将企业市场研究的结果和基于市场研究所制定的市场营销战略和策略，制作成一个具体的书面化文件，就是市场营销计划。营销计划必须转化为具体的行动方案才有实际意义。公司必须设计一个能够有效实施营销计划的高效率的营销组织，并合理配备各部门的经理和业务人员，规定他们各自的责任和权限。执行市场营销计划，一般的做法是：由营销副总经理将营销计划的各项工作和目标落实到营销的各个部门以后，再由各部门的经理牵头，领导本部门业务人员制定出来本部门所负责工作的具体行动方案。另外，在市场营销计划执行的过程中，可能会出现很多意想不到的问题，需要一个控制系统来保证营销目标的实现。市场营销执行，实际上就是企业利用资金、技术和人力资源来执行营销计划，实现营销目标的过程。其核心是管理者对"人"的管理问题。

　　以上四大步骤就是企业营销管理的全过程。它既是企业营销管理活动一般应遵循的程序和步骤，也是营销管理的主要内容。企业的营销管理当局要按照这个过程来管理企业的市场营销工作。

三、市场营销一二三

（一）"一"就是要有一个好产品

　　产品是整个营销的基础，是主导性因素。好产品并不仅仅是质量好，质量好只是好产品的一个方面。企业要打造一个好产品，需要做好7个方面的工作。

　　（1）企业选择的产品项目，所利用的是一个很好的市场机会，最主要的是这种产品能够很好地适应市场的需求。

　　（2）有合理而有效的位置定位、特色定位和心理定位。

　　（3）有很好的设计、质量、性能和顾客需要的、喜欢的功能。

　　（4）有合理的产品组合。

　　（5）要不断开发新的品种，不断生产新产品。

　　（6）有合适的、好的包装和品牌。

　　（7）有合适的价位和价格组合策略。

　　（上述内容实际上就是市场营销战略、产品策略和价格策略的内容。）

（二）"二"就是两条健壮的"腿"

　　光有一个好产品还不行，好产品要想走向市场还必须有两条健壮的"腿"。一是分销渠道的建立和管理；二是开展高水平的促销活动（即销售渠道策略、促销策略）。

（三）"三"就是三种强有力的支持

　　（1）管理支持。管理支持有两层意思，一是企业的最高管理当局要重视营销，支持营销部门开展工作，舍得投入资金和人才。要真正树立营销观念，协调好各方面关系，要求其他部门与营销部门开展密切而卓有成效的合作。还要根据营销工作的特点，对营销人员制定合理而有效的激励政策。二是营销部门的管理层，包括营销副总经理和各产品、部门、区域经理，要不断提高管理艺术。要深入了解营销人员的需求，帮助他们解决思想上、工作上的问题。要强化培训和学习要求，提高营销人员的素质和营销技术水平。要制定正确的销售政策，实施有效的激励，从而调动营销人员的积极性，使他们努力工作。

　　（2）营销人力资源支持。市场营销是一项非常讲究科学性、策略性、创造性和艺术性并极具挑战性的工作。做好这项工作靠什么呢？靠人。首先，要有一个具有丰富的营销决策理论知识和实践经验，并善于管理和激励销售人员的销售经理。其次，要有一支能打善拼，能吃苦耐劳的销售人员队伍。要物色优秀人才进入营销领域，并将这支团队建立成一个学习型组织，健全学习激励机制、培训机制，使营销人员具有正确的营销思想，具有高超的推销谈判能力以及与中间商处理好关系的技巧。

（3）资金支持。提高产品质量和技术含量要花钱，开发新产品要花钱，建立分销渠道要花钱，开展促销活动要花钱，显然，市场营销需要一定数量的资金投入。缺乏足够的资金，就会影响企业一些关键战略、策略的实施和效果，甚至造成全盘皆输。

企业开展市场营销活动，如果能够真正做好这个一二三，就可以在市场上无往而不胜，就可以有效地对付竞争，打造一个知名名牌。因此，市场营销一二三，同时也是对付竞争一二三，打造名牌一二三。

章末案例

江中集团：初元的市场营销①

2008 年，我国保健品行业业绩整体持续滑坡，除了一线品牌脑白金、黄金搭档销量攀升外，老牌的金日、鹰牌、昂立等品牌都出现不同程度的销售滑坡，一个典型的现象是超市的保健品专柜小了，品种少了，顾客更少。在这样的大背景下，江中集团的初元，快速切进了探病市场，短时间里完成了局部试点到全国推广的两级跳。

2007 年一项针对探病市场的研究发现，消费者在给病人送礼过程中存在着几种需求：一是面子；二是对病人康复有帮助；三是普通营养品。其中第一种需求已经获得了极大的满足，脑白金、黄金搭档、金日洋参、安利蛋白粉、深海鱼油等就是处于这个区间的品牌阵营；第二类帮助病人缓解病情、恢复身体的有东阿阿胶、血尔等品牌；第三类需求主要由各类营养食品占领，如牛奶、核桃粉、桂圆、蜂蜜等。

在进一步的深访中发现，与普通营养品需求对应的是一个价格低廉、品种繁多的竞争市场，价格区间为 30～100 元，食品居多，同质化严重，进入机会几乎没有；与面子需求对应的市场，保健品居多，品牌名气大，包装好，价格合理，进入的可能性也非常小；而满足"对病人康复有帮助的需求"，则是一个相对"空白"的市场，原因是已有品牌不够强势，这些品牌在消费者头脑中和病人的对应度不高，进入的机会非常大。

针对这些市场调研结论，江中集团开始了新产品的研发，取名为"初元"，针对病人手术伤口愈合以及衰弱病体康复推出了两款产品，广告、包装开始同步设计。

调研发现，探病送礼的单次购买价格在 180～200 元之间的占 33％，在 140～160 元的占 14％。探病礼品购买者年龄在 25～35 岁之间的占 48％。这些消费者对礼品的追求除必须具备拿得出手、制作精美外，还必须有适合病人的特性。广告、包装运用金、红作为送礼产品的主打色，高档简洁的设计配合包装背面的图解进行信息传递。

在进入渠道时江中集团发现，消费者在购买礼品尤其是相对贵重礼品时，首选的渠道仍然是超市，探病礼品市场主要卖场中大型超市占 73％，其次才是药店和医院

旁边的礼品店。江中决定，进入传统保健品的空白地带，坚决不进入竞争激烈的主跑道。和超市中传统保健品推广方式不同，只陈列不起堆，尤其是避开传统节庆日保健品起堆推广的营销路数。旗舰店设在离病人最近的地方，医院旁边的礼品店成为初元的示范店。

快速占领探病礼品的位置，电视传播是最有效的媒体。第一条广告投放后，在江西、陕西试点良好，获得了预期的市场尝试。2008 年 6 月，初元拉开了全国推广战，央视加上超过 5 个卫视联播形成的立体传播阵容，在短短半年内获得了巨大的市场反响。

紧密的跟踪调查发现，重视病人的送礼者往往是和病人关系密切的亲人、亲友，他们对礼品选择的第一位是考虑对病人痊愈康复有好处，对价格的敏感不高。初元的实质是适合病人康复的产品，因此，产品的形象才是初元的本质形象，也是达成使用者再次使用的根本理由。因此，围绕产品机理、服务方法、使用体验的尝试宣传，形成了对广告片的有效补充，系列专题片（实验篇、证言篇以及采访篇）的推出达成了收礼者对初元的信心和期待。

初元成为江中集团 2009 年最大的亮点：公司组建了保健食品公司，目前由 600 余人组成专门的销售团队，覆盖了全国 26 个省，覆盖的终端达到了 34 000 多家，其中有 K/A 店 3 300 多家，院边店（医院附近礼品店）6 600 家，药店 11 000 家，中小型超市 12 000 家、县级终端 800 多家。初元产品毛利率较高，高于现有品种，随着初元产品销售收入的快速增长，将提高公司整体盈利能力。由于目前初元销售具有一定规模，不再适合委托加工的方式，公司计划 2009 年在生产基地建设一条口服液生产线。初元 2009 年 1 月份销售回款达到 1 500 万元，预计全年销售规模有望超过 2 亿元。

学、做一体练习与实践

一、填空题

1. 本书所总结的 4 大营销战略是_____、_____、_____、_____。
2. 本书所总结的 4 大营销策略是_____、_____、_____、_____。
3. 本书所总结的市场营销 4 步骤是_____、_____、_____、_____。
4. 本书所总结的市场营销一二三，"一"是指_____，"二"是指_____，"三"是指_____。

二、案例分析题

1. 阅读章首案例《华龙方便面》，请总结华龙集团的市场营销战略和策略。
2. 阅读章末案例《江中集团：初元的市场营销》，江中集团是如何在竞争激烈的保健品市场上取得成功的？

三、讨论思考题

1. 怎样才能打造一个好产品？
2. "市场营销一二三"中的"三"，与书中的哪些内容有关？

四、概念应用题

选择一个企业，对影响该企业的市场营销因素和企业的市场营销活动情况进行一番系统的调查，分别用本章所讲的 4 大市场营销战略和 4 大策略、市场营销 4 步骤和市场营销一二三，来分析和描述该企业的营销管理工作。通过分析你能发现什么问题？

附录1　问题型案例

案例1

易捕公司

如今，在美国国家家庭用具展览会上曾经出尽风头的"易捕"捕鼠器却无人问津。看着积压的捕鼠器堆积如山，玛莎·豪斯陷入了深深的沉思。

4月的一个早上，美国易捕公司总裁玛莎·豪斯走进了她在加州库斯塔麦的办公室。她驻足凝视着挂在桌旁的劳夫·沃都·爱默森的一句话："如果一个人能做一个比他的邻居更好的捕鼠器，他家的门槛将被世人踩坏。"玛莎默想，可能爱默森知道一些她所不知道的东西——她已经有了更好的捕鼠器，但人们看来对此并不感兴趣。

玛莎刚从国家家庭用具展览会举办地芝加哥赶回。在展示厅内长时间地站立和几小时内几百次不断地回答相同的问题，使她感到很疲倦，好在这次展览会令她激动。每年国家家庭用具展览会上都要由官方评选出该次展览的最佳产品。在300件新产品中，玛莎的捕鼠器赢得了第一。对这种捕鼠器而言，获此殊荣已非首次。《人们》杂志曾撰文介绍过它，而且它已经成为多种大众出版物和商业出版物文章的主题之一。在其他展览会上，它也是人们谈论的主要话题。尽管有了这些舆论与公众的关注，预期的需求却并未出现。玛莎多么地希望这些殊荣会激发销售额和收益的增长。

一些投资者取得了在世界范围内经营这种捕鼠器的权利之后，于1月份成立了美国易捕公司。作为经营权的回报，投资者同意支付给捕鼠器的发明者和专利拥有者（一个退休的牧场主）应得的专利费。这些人还聘任玛莎作为发展经营美国易捕公司的总裁。

"易捕"捕鼠器，是与易捕公司有合同关系的一个塑料公司所生产的虽简单但很巧妙的捕鼠装置。它由一个6英寸长、1.5英寸宽的方柱形塑料管构成，管子在中央呈30度角，因此当管子前部放在平地上时，另一端会升起来。被升起的一端有一个可以放诱饵的盖子，地上的一端顶头有一个折页门，当"陷阱"打开时，折页门被两边角上的两个细支柱撑起来。

捕鼠器工作起来很有效。老鼠闻到诱饵的味道，由开口端进入管子，当它爬到被升起的一端时，它自身的重量便使升起的一端落下来。这样一来，开口端升起，折页门关上，于是老鼠被捕获。两个细支柱头上的小细齿咬住捕鼠器底面的小细槽，将门关死。几个小时后，被堵在里面的老鼠就会窒息而死。（见下图）

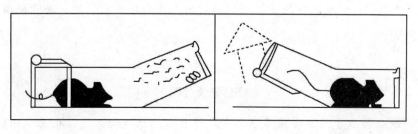

玛莎认为与传统的弹簧捕鼠器和投毒灭鼠相比，新型捕鼠器有诸多优点。首先消费者使用时不会夹手指，它对孩子和宠物也不会有误毒或伤害的风险。进一步而言，在使用时，这种捕鼠器不会像弹簧装置那样把室内弄得一团糟，即它不会产生"不干净"的问题。

玛莎公司的初期调查表明妇女是该捕鼠器的最佳目标市场。男人不像妇女那样，他们更喜欢传统的弹簧捕鼠器。妇女们经常待在家中照看孩子，所以她们希望有一种新型捕鼠器能够避免传统捕鼠器在处理老鼠时所带来的种种麻烦。

玛莎在 Defeway，Kmart，Hechingers 和 CB Drug 这样的全国日用百货店、家庭用具店以及药店连锁店实行分销。她将捕鼠器直接销售给这些大零售商，从而避开了批发商或其他中间人。

捕鼠器两个一袋装，定价 2.49 美元。尽管这个价钱要比小一些的、标准的弹簧捕鼠器贵 5 到 10 倍，但消费者看起来并没有在价格上有什么抵制性的反应。"易捕"捕鼠器的制造成本，包括货运和包装成本，大约每件 31 美分，此外公司还要支付每件 8.2 美分的专利费。玛莎以每件 99 美分卖给零售商，她估计除去销售和数量上的折扣之后，每件捕鼠器将从零售商那里得到约 75 美分的净收入。

玛莎在第一年内预算的产品促销费用约为 6 万美元，她计划将其中 5 万美元用来参加商业展览和与零售商订约，另外 1 万美元用来做广告。然而迄今为止，由于该种捕鼠器已经产生了相当大的影响，玛莎认为不必再做很多的广告。尽管如此，她还是在《好管家》（Good House Keeping）和《家庭及防护》（Home and Shelter）等其他方面的杂志上做了广告，玛莎是公司唯一的销售人员，但是她打算马上再雇一些销售人员。

玛莎开始预测易捕器第一年的销售量应为 500 万件。然而到了 4 月份，公司才卖了 70 万件。玛莎不知道是大多数新产品刚上市都是如此进展缓慢，还是她做错了什么。她已经觉察到了一些问题，尽管没有一个问题看起来特别严重。首先，没有足够的重复购买。其次，她注意到许多签约的零售商仅仅将易捕器样品放在桌上作为聊天的话题，而她本来希望零售商能够使用和演示样品。玛莎怀疑消费者很可能把易捕器买来作为一种新奇玩艺儿，而不是把它作为一种灭鼠的工具来看待。

公司第一年在行政和固定费用上预算为 25 万美元，这还不包括营销的费用。为使投资者们满意，公司需卖出足够的捕鼠器以弥补这些费用，并在此基础上取得令人满意的利润。

在前几个月里，玛莎体会到经营一种新产品并非易事。例如，一个全国零售商曾订了一大批货，但他要求订货必须于某天下午 1 点至 3 点在他库房所在的卸货站交货。其后当卡车满载订货姗姗来迟时，这个零售商却告诉玛莎他拒绝接受该批订货，下次订货明年再说。或许，玛莎认为她应该送给这个零售商和其他顾客每人一份爱默森的那句名言。

案例分析题：

1. 易捕公司的销售额为什么上不去？

2. 如果易捕公司必须继续经营下去的话，请你为公司重新制定一套市场营销战略和策略。

 **案例 2**

ABC 酿造公司

ABC 酿造公司位于某省会城市市郊，尽管公司总体规模不大，但其 ABC 品牌的酱油、醋在该市所属的县级市 MN 市却是响当当的第一品牌，多少实力比 ABC 酿造公司强的企业都拿它没办法，强龙难压地头蛇呀！

由于 MN 市距离厂家近，送货方便，厂家一开始就采取经销商小型化的策略，一个县的客户数量就有 50 多家，几乎是其他市场客户数量的总和，每个乡镇就有 4～5 家客户。这些客户基本上都是传统意义上的乡镇二批，只不过被该厂发展为一批而已。

客户多，问题也多。比如，送货就很麻烦，几乎不可能用大货车送货。好在市场离生产基地比较近，用中巴车送货很方便。一辆中巴车装 200 多大包（一大包装 50 小包），可以送 5～6 家客户。

更大的问题是，这么小的市场上有这么多客户，卖的又是相同的产品，价格战打得很厉害，几乎全部是平价进平价出，只赚年终返利，而厂家的年终返利又不敢公开，否则，会引发经销商降价销售。

每年经销商都叫苦，总是不赚钱。但要是真不让他们经销，他们还不干，因为酱油、醋的销量大，ABC 又是当地最响的牌子，要是没有它，其他货就走不动了。

2000 年，县城一家经销商提出以 200 万元的代价买断经销权，营销经理有点动心。开会讨论了一下，没有同意。主要是害怕这些经销商做惯了一批，不愿意再退回当二批。同时也害怕这些经销商经销其他品牌。如果有企业在此时把原来的经销商全部接手，后果不堪设想。

迫于经销商不赚钱的压力，厂家想精减经销商，砍掉一些小户，扶持几家大户，为了避免市场动荡，采取稳步精减的策略。

现在，ABC 酿造公司在 MN 市只有 10 家左右经销商，市场占有率慢慢下滑到第二位，销量还不到原来的一半，已经完全没有了当初在市场上的霸气，都说这是一个正在走下坡路的品牌。

案例分析题：

1. 描述 ABC 酿造公司调整前的分销渠道。该渠道存在的主要问题是什么？问题严重吗？应该如何解决渠道中存在的问题？

2. 请评价公司后来的渠道调整策略。

案例 3

舒蕾的终端战役

一、洗发水行业现状

中国洗发水市场潜力巨大，竞争十分激烈。自从 1989 年宝洁这个跨国公司进入中国以来，在中国洗发水行业掀起了一个又一个令人叹为观止的波澜。并且，在之后 10 多年的时间里，以营养、柔顺、去屑为代表的宝洁三剑客潘婷、飘柔、海飞丝几乎垄断了中国洗发水市场的绝对份额——它们不仅占据着中国洗发水市场的前三位，更是以总和超过 50% 的份额处于绝对垄断地位。想在洗发水领域有所发展的企业无不被这三座大山压得喘不过气来，无不生存在宝洁的阴影里难见天日。

尽管如此，这一广阔的市场空间及洗发水市场相对高的市场利润吸引着无数的新生品牌前赴后继地加入这一白热化的行业。这一点从电视广告上可清晰地看出，因为洗发水行业的特殊性，传统上大家都把电视广告作为推广品牌最主要的手段。2001 年之后，广东军团：好迪、拉芳、采乐、雨洁、蒂花之秀，以及飘影、柏丽丝等，先后在 CCTV 密集投放广告，大举进军全国市场，给本已竞争激烈的洗发水市场火上加油。据中央电视台2001 年 5 月广告龙榜显示，好迪、亮庄、拉芳、柏丽丝等品牌洗发水已冲破飘柔、潘婷、夏士莲、力士、花王等合资品牌的阵线，位居该台当月洗发水广告花费前四名。

强调植物型、功能性是国产洗发水冲击老牌合资洗发水的又一手段。1995 年奥妮向宝洁发起挑战，推出皂角洗发膏，打出"植物一派，重庆奥妮"的口号，以天然植物成分反击洋品牌化学洗发路线，使之声势大涨。再加上 1997 年成功推出百年润发，并配合经典广告作宣传，使其市场占有率飙升，达到 12.5％，单品牌的占有率仅次于飘柔。

1996 年，丝宝集团推出的舒蕾，在 1999～2000 年取得突破性胜利。2000 年中国商业信息中心对全国 300 个大型商场调查统计显示，舒蕾在 2000 年的销售额近 20 亿元人民币，与宝洁的飘柔、海飞丝进入洗发水品牌前三名。丝宝集团超过联合利华、花王，位居洗发水市场第二位。

舒蕾是丽花丝宝的一个品牌。舒蕾能从一个名不见经传的小品牌迅速地成长为一个品牌价值超过海飞丝、潘婷，仅次于飘柔的知名品牌，其别具特色的终端战略功不可没。

二、舒蕾的终端运作

在舒蕾的推广中，丝宝集团避开和宝洁正面交锋，采取了不同的模式。《商界》曾对此做了详细的分析，那就是坚决放弃总代理制，花大力气建立自营销售渠道。1997～1998年，舒蕾先从终端入手，在人员宣传、产品陈列、柜台促销上大做文章。据悉，截至 2000年，舒蕾的网络已遍及全国 30 多个城市，几乎每个二级、三级市场都有舒蕾红色的身影。而这种代价也不菲，舒蕾一次大型推广会的费用就高达 500 万元。从舒蕾坐上洗发水市场第二把交椅的奇迹来看，这种投入也正如丝宝人自己所说的那样是值得的，也是必需的。舒蕾的终端运作具体包括以下几方面：

1. 贴近竞争对手，实施终端压制

广告是营销中的一个重要因素，电视广告在洗发水行业的作用更是居功至伟。宝洁公司花了一大笔咨询费从世界营销战略大师杰克·特劳特那里得到的建议就是：把资金集中在电视广告投放上。大规模的空中轰炸大多是由宝洁发起。成为领导者后，宝洁更是大规模运用电视广告，在竞争中筑起一道强大的壁垒。这是宝洁公司一直以来领先的秘诀，也成了洗发水厂商模仿的入市模式，即先用广告拉动，打响知名度后，再找经销、代理商铺垫渠道，最终达到产品上市的目的。

然而，对于初上市的舒蕾而言，对手是占据了中国洗发水市场半壁江山的宝洁、联合利华等。无论从资源、实力还是市场地位上舒蕾都毫无优势可言。如果盲目地打广告，只能和百年润发一样被逼进死角。因此舒蕾只能集中精力发掘对手的脆弱之处，将自己的全部进攻力量集中于该点，才能克敌制胜。舒蕾没有像一般品牌推广一样从广告做起，它选择了终端战役。宝洁、联合利华品牌推广注重实行"高端轰炸"，期望通过广告将人流吸引到终端卖场其产品的柜前。舒蕾看中了那些强大对手带来的丰盛的客流，在各卖场紧靠竞争对手，争取与竞争对手拥有相仿甚至更多的陈列空间，以期最大限度地发挥终端沟通优势，促进购买竞争品牌的消费者转而购买自己的品牌，在提升自我品牌价值的同时遏制竞争对手。

在舒蕾的精心策划下，曾出现过这样的情况：在某些超市，品种齐全的宝洁公司系列洗护产品集中在一两个货架上且偏于一隅；而品牌集中品类单一的舒蕾洗发水却阔阔气气地占据了三四个货架，抢尽了风头。舒蕾就是用这种终端战略，抢占了宝洁、联合利华等大品牌的不少市场份额，逐步成长壮大起来。

2. 打造声势，吸引终端卖场的眼球

通过紧贴竞争对手的竞争策略，大量的客流涌到舒蕾的柜前。然而，怎样吸引住顾客注意力，让他们乐得看、愿意买舒蕾的产品，又成了舒蕾终端卖场急需解决的问题。上市之初，舒蕾没有强大的广告支持，也没什么名气，只能通过打造卖场声势来留住顾客。

首先，舒蕾会确定最佳卖场寻找客源。这样做的好处在于客流量最大的地方可以吸引人气，便于活动开展，同时最佳卖场的销售额相对也是最多的，对争夺市场份额也非常重要。其次，舒蕾制造宏大气势吸引顾客。舒蕾曾在武汉某超市卖场促销，店面周围有几十条舒蕾的广告旗帜，广场上还悬挂 2 条横幅，超市的主楼墙体上贴满了舒蕾的 POP 广告，超市主通道上也成堆摆放着舒蕾的产品。进入主卖场，消费者第一感受就是来到了一片红色海洋中，整个卖场的布置错落有致，极具震撼力，给顾客留下了深刻的印象。最后，舒蕾用简明生动的卖场信息留住顾客。舒蕾的终端卖场的传播原则是：传达越少，消费者接受的越多。的确，现在的广告信息太多，消费者乐于接受的是简单明了的信息。舒蕾在终端卖场总是力求清楚简明，不论是产品包装、店头宣传、店内陈列都令消费者一望便知。不仅便于消费者的品牌识别，也方便了消费者的购买。一方面增大了销售量，同时有效地传播了品牌知名度。

3. 独特的终端促销策略

舒蕾的销售是从卖场终端做起的，打破了洗发水一贯的高端轰炸的游戏规则，不在广告、派发方面比拼，省下这些费用，用于终端卖场促销。

首先，舒蕾在终端卖场实施人海战术，安排了很多促销、导购人员，让舒蕾有更多的机会与消费者接触，吸引顾客的注意力。进而凭借舒蕾优良的品质，让消费者对产品产生需求，成为忠实的顾客。最后以这种终端力量拉动上级的渠道去销售舒蕾的产品，很快就产生铺天盖地的影响力。并且，舒蕾的促销人员很专业化。这些促销人员都要经过专门的培训，对产品知识了如指掌，可以随时为消费者解惑，而且一个区域里还有一名组长负责巡视不同的卖场，检查促销人员的工作。这些促销人员向消费者解说有以下几个步骤：一是请看，二是请听，三是请试，四是请买，实际上到了最后一个步骤，消费者已经在这种强大的攻势下乖乖掏腰包了。

其次，舒蕾的终端促销很有竞争力：①舒蕾的促销产品丰富且不断更新。虽然和舒蕾一样做终端的厂家也不少，但很多不如舒蕾见效，原因就在于这些厂家还固守在老一套的买一送一模式。而舒蕾除了买一送一，还配了很多新奇的赠品，像便携式吹风机、打火机、雨伞、迷你小风扇……花样翻新的促销品自然吸引了消费者的目光，又买又送让双方皆大欢喜。②舒蕾注重了促销的点面结合。在大卖场，舒蕾经常利用节假日进行大规模的现场促销表演，有时装秀，有歌唱赛，中间再穿插与产品有关的有奖问答，热闹非凡，进一步促进了产品的销售。而一些空间比较小的卖场，舒蕾则紧紧守住店门口，进行小规模的促销。这样做，不放过每一个卖场，消费者就被包围在一片红色海洋中。

最后，舒蕾采用终端对抗促销，以巩固终端。终端对抗促销是集中体现在快速消费品行业的一种针对行业竞争品的促销策略，其特点是：反应迅速，对手一露头立即先发制人，进行对抗促销。舒蕾被誉为竞争对抗性促销策略的专家。舒蕾的终端促销原则是：对手不促销，自己常促销；对手小促销，自己大促销。在终端卖场促销的舒蕾活动不断，时间上与竞争对手一致，促销方式多种多样，如赠品促销、人员促销、节日促销、联合促销等，不断带给消费者惊喜，加强舒蕾"永远给顾客以真正价值"的形象。舒蕾的这种终端促销策略，使得舒蕾品牌"遇弱则强，遇强愈强"，产生了极大的市场促销竞争威慑力。

三、丝宝集团终端运作的套路

终端市场历来是商家们拼抢得最激烈的地方。为了抢滩终端，各企业军团无不是想破脑袋，费尽思量。那么决胜终端的关键点何在呢？丝宝运作舒蕾终端的套路或许能有所启示。

1. 渠道扁平化来运作市场，提高"市场单产量"

丝宝集团在各地设立分公司、联络处，对主要的零售点实现直接供货与管理，从而建立起强有力的由厂商控制的渠道系统。并由厂家直接进行市场推广，实行适当的人海战术，以赠品促销、人员促销、活动促销、联合促销的营销手段来与消费者沟通。丝宝的营销触角已延伸到三线城市，甚至是大型乡镇，依靠企业自身的营销队伍对市场进行精耕细作，提高"市场单产量"，实行盈利拓展。中国的人力成本低以及市场特性决定了企业利用终端人员的"口"这一媒体的可行性，这是效果最显著、见效最快、最容易核算成本、操作最简单的媒体之一。

2. 促销营销

丝宝成立了舒蕾的促销突击队，对各小型区域市场轮流促销，以促销、人员推广来和消费者直接互动沟通。中国中小城市的消费者对以促销人员为媒介的互动式沟通很容易接受，对洗发水这样的快速消费品而言，没有比直接的促销推广更能立即促成购买行为的了。有些业内人士认为，丝宝是目前中国运用促销最频繁、规模最大、档次最高、气势最大、覆盖范围最广的企业之一。

3. 营销费用支出中终端占绝对大头

丝宝的营销费用支出中终端占绝对大头。终端占80％，广告占20％，并根据产品特性、市场成熟程度、企业营销模式等而有所变化。

4. 赠品促销

丝宝通过不断创新的赠品来打动消费者，中国的消费者（尤其是中小型城市）在接受产品的正常零售价时，如果有一点赠品，基本上就可以瓦解其对竞品的忠诚度，也就是"降价二分钱，瓦解一切忠诚度"。

5. 终端主动拦截消费者

终端已成为日用消费品最重要的营销战略性资源，你抢占了终端，竞争产品就少了相应的空间。企业抢占终端资源的多少，基本上就决定了其销量的多少。

案例分析题：

1. 如何评价舒蕾的终端模式？
2. 舒蕾要想取得在市场上较为理想的地位，你认为它应该怎样做？

3. 案例中所讲的是 2000 年前后的事情，请到商场、超市中去观察目前舒蕾在市场上的销售情况和营销策略。写一个所见所闻。

 案例 4

中华第一"神"锅

张为中是一名退伍军人，近一年多来，他在报纸、杂志、电视和各种推介会上到处寻找经营项目，想要自主创业，有一番作为。终于，他从众多的、让人雾里看花的项目中，瞄住了一种号称"中华第一神锅"的"免火再煮锅"产品。今年 9 月份，投资几十万元，从而拿到了在北方地区的市场经销权。

张为中想要在今年余下的几个月中（至春节），先在他所在的 Y 市进行销售。这天，他来到某学院，想请该学院市场营销专业的老师和同学们为他做一做市场研究，并制定一套在 Y 市进行市场营销的方案。一见面，他就滔滔不绝地介绍起了他的产品和他对 Y 市市场有关情况的了解，并谈了一些他自己初步的市场推广计划。

免火再煮锅是国家专利产品，独家采用高科技聚热钢圈，运用最新高级不锈钢保温材料和原理精制而成。它由保温外锅、内锅（或叫烧锅）和内、外两个锅盖 4 部件组成。烧锅底部固定有聚热钢圈。当烧锅盛上食物在燃气灶上烧煮时，聚热钢圈同时也在吸收燃烧时的热量。只要锅内达到沸腾即可关闭火源，将烧锅移放于保温外锅内，此时，因聚热钢圈起着散热作用，锅内会保持 15~25 分钟的继续沸腾，直至把食物煮熟并进入保温状态。

产品特点：①当食物加热煮沸后，将内锅移放至保温内锅中，聚热钢圈储存的热量可使食物续煮 25 分钟以上，热能几乎没有一点浪费。②常压蒸煮，无高压装置，比高压锅安全，且无噪声、无油烟，离火后不需人看守，不粘底，不外溢，确保食物的营养成分。③保温性能好。春秋季 5~6 小时，夏季 8~10 小时，冬季 3~4 小时。还可带至野外旅游餐饮使用。④比焖烧锅快。焖烧锅对于难煮的食物一般需要一两个小时，而"免火再煮锅"沸腾后（难煮的食物再延烧 4~5 分钟）即可熄火。另外，随锅配送 3 个不锈钢杯碗，可同时制作三菜一汤，时间与蒸煮同步。⑤可替代普通锅、电饭锅、高压锅、焖烧锅等。

产品优势：①节能省钱。比其他锅做同样的蒸煮，可节能 25%~55%。锅的使用寿命超过 10 年，算一算就知道能省多少钱。②方便、省时省心。熬粥、煲汤、炖肉只需用烧开水的时间，即使难煮的食物水开后只需再多煮 4~5 分钟即可移入外锅。这时你该做什么做什么，该上班就上班，然后，无论过去半个小时、一个、两个、三个小时后，打开即可食用，方便至极，为你节省大量时间和精力。③环保卫生。由于加热时间短，减少了你在厨房的忙碌，降低了有害气体对人体的侵害和对空气的污染。利国、利民、利己。④常压蒸煮，可确保食物的原汁原味。由于双层保温隔热，无须用电，无须担心食物溢锅，因此绝对安全。

Y 市是华北平原上一个普通的中等城市，经济发展和居民收入水平在全国亦属中等，市区人口 50 多万。Y 市还是全国优秀旅游城市，其自然山水景观每年吸引了来自全国各地的大量游客。在该城市的中心商业区，有四家大型商场，其中，最大的一家购物中心营业面积达 8 万平方米，仅地下一层的大卖场就有 1 万多平方米。这里的每一家商场的超市里都有卖厨具的地方，那里摆放着来自全国各地的普通不锈钢煮饭锅（价格范围 60~110

元)、炒锅(价格范围 50~110 元),各种名牌电饭锅(价格范围 150~220 元)、高压锅(价格范围 100~210 元)、电火锅(价格范围 160~230 元)和电磁炉专用锅(价格范围 90~130 元)等。Y 市还有 5 处副中心商业区,在这些地方,有 4 家大型超市,里面也有卖锅的区域。另外,在市区还有两家厨具专业店,无厨具方面的品牌专卖店。

张为中的营销目标是从现在到春节实现销售量 8 000 个左右。他把市场零售价定为 368 元。如果按这个价位来卖的话,除了让中间商获得满意的利润外,他还可以拿出销售额的 10%~15%用来做营业推广和广告(当然,这需要以实现一定的销售量为基础)。

张为中的营销目标能不能实现,怎样做才有可能实现呢? 老师和同学们都陷入了沉思之中……

案例分析题

对免火再煮锅的市场进行一番研究,并制定市场营销策略。

附录2　　案例分析题参考答案

第一章

1. 阅读章首案例《美国家庭仓库公司》，美国家庭仓库公司的经营活动体现了本章中的什么观点？它为什么能取得成功？

■体现了市场营销的观念，即以顾客为中心，努力满足顾客需求。导致它们成功的做法有：公司深深地懂得使顾客满意的重要性，将公司的目标设定为建立持久的顾客关系，努力帮助顾客解决家居改善问题。公司经营的品种十分齐全，且物美价廉。它们让职员成为股东，从而使职员对顾客非常好。公司从不采用某些零售商的高压销售技巧，绝不采用佣金制。公司鼓励销售人员与顾客建立长期的关系，即不管花多少时间，都要一次又一次地耐心解释，直到解决顾客的问题为止。事实上，公司对职员的训练是要求他们帮助顾客比预计的少花钱，而不是怂恿顾客多花钱。■

2. 阅读章末案例《"爽"牌冰淇淋》，说明"爽"牌冰淇淋的做法如何体现了市场营销管理的过程和内容。

■（1）研究市场。公司对市场进行了深入的、有针对性（针对自己实力极弱的条件）的研究。其得出的研究结论，对后来营销战略和策略的制定起到了关键的作用。

这些研究结论有：①强势品牌打价格战，细分市场，开发新品，比广告赛口味拼终端，竞争非常激烈。A公司只能在强大的对手薄弱的地方，重新切入市场。②A公司现有的产品与市场上的竞争品全无二样，缺乏独特的卖点。③竞争对手的产品特点，越来越不解渴，还油腻腻的。④25～45年龄段的人群，虽然对冰棍仍留有美好的印象，但在目前状况下以他们作为目标消费者是错误的。⑤A市的消费水平仍然一般，中小学生依然是不折不扣的中低档消费者，中小学生喜欢新鲜事物，兴趣转移快，口味不固定。中小学生喜欢甜食。⑥深刻理解零售商（终端）的经营心理。

（2）制定市场营销战略。①选择性定位——选择空白市场。产品位置：走低档路线，做成本极低、不含奶油的、爽口的冰淇淋。市场位置：中低档次消费水平的中小学生。②适应性定位——特色定位，特别需求定位。解渴，凉爽，价格低廉。③心理定位。一"爽"到心。

（3）制定市场营销策略。①产品策略。不含奶油的、爽口的冰淇淋。在产品配料中多加了食糖，更符合中小学生的口味。②价格策略。低价。零售价0.5元一根。启动市场时免费试吃。对各个中间商试销的200根冰淇淋全部销售所得归店里所有，但条件是售价只能是0.3元。给终端以低进货价（0.2元），有持久的竞争力。③渠道策略。选择"厂家→终端→消费者"的结构模式，减少中间环节。启动市场阶段采用"渠道倒立"的方法。启动后，给终端持久的利益，使终端更稳固。④促销策略。促销方案周密策划，准备充分，正确选择试销对象。启动市场阶段，免费试吃，百试不爽。

（4）执行营销计划。营销执行方案周密、细致。在开拓市场阶段，公司绘制了终端分布图，划分片区，分派任务到组到人。还从其他部门抽调 20 人，造成一支 40 人的队伍。在新品上市前，还进行了严格的集中培训。■

第二章

请阅读章首案例《中国"80 后"消费调查》，描述"80 后"的消费心理特征，并试着说明是哪些个人因素和宏观环境刺激因素形成了"80 后"的这些心理特征。

■（1）消费心理特征属于一般心理。"80 后"的消费心理特征有：

观念认识——具有强烈的享受生活的意念，强调感官型消费，超前消费。他们以个人为重，非常讲究时尚。

生活方式——他们中相当一部分人讲究排场，互相攀比，吃要美味，穿要名牌，玩要高档。好上网，是每天接触网络最多的群体。买 CD、上网、互动游戏、旅游、聚会、健身等。花钱没有节制，挣多少花多少，很少考虑为将来而储蓄，敢于"花明天的钱，圆今天的梦"。

兴趣追求——对高科技产品及新事物的兴趣及接受度都异常高。追求个性彰显、与众不同。追求够"酷"，够"爽"，够"潮"。电脑、MP3、数码相机等电子数码类产品成为必需品，日常娱乐消费及旅游消费比重增加。

内心世界——重视自己的工作前途而相对会花少些时间与家人一起。"80 后"重视外表的吸引力，自我感觉良好，很留意潮流趋向。他们对多数产品的品牌忠实度不高，习惯将各种品牌换来换去，更喜欢尝试新的品牌。

性格——是独立、自我、时尚、个性的一代。不满足于标准化、模式化。

（2）形成"80 后"的这些心理特征的宏观环境刺激因素有：我国经济持续快速发展，人们收入水平提高，家庭可任意支配收入增加。科技发展，不断开发出新的、先进的、改善生活质量的产品，引起了人们的兴趣。旅游、休闲、讲求生活质量等社会风气、社会文化近几年来兴起。

（3）形成"80 后"的这些心理特征的个人因素有：

相关群体——年轻人群体内部相互影响，在群体中间易于形成某些风气。

家庭——多是独生子女家庭，父母的积蓄只用于这一个孩子身上。是家庭的中心，是父母的掌上明珠。

角色与地位——年轻人是属于未来的，他们对未来有充分的自信。他们有挥霍的"资本"。

年龄——朝气蓬勃的年龄，本身就是易于接受新的东西。

收入——有的自己挣，有的靠父母，有的不但自己挣，还有父母大力的、无私的援助。

职业——大学生、白领比较多。

身体状况——精力旺盛。

受教育程度——大学在读、大学毕业、高中毕业。

个人经历——从一生下来就几乎从来没有受过苦。■

第三章

阅读章首案例《某企业的供货商评价制度》，本案例所讲的内容与本章的哪个内容相对应？如果你是这家企业的供货商，案例中的信息对你有哪些启发？

■本案例所讲的内容，属于"影响产业购买者购买决策的主要因素"中的"组织程序和制度因素"。作为这家企业的供货商，我们了解到了这家企业的对现有供货商的继续评审制度，知道了评审时的评价标准，还知道这家企业评审后要与供货商沟通的程序。我们必须重视评价标准，做好标准所涉及的有关工作，使我们总能获得较高的分数。我们要重视与企业的沟通工作，虚心听取企业的意见和建议。■

第四章

阅读章首案例《中国牙膏市场上的竞争者》，谈谈你对我国牙膏市场的总体印象。假如你是一家新品牌的牙膏企业，根据目前的市场情况，你将怎样参与市场竞争？

■总体印象：市场潜力巨大，竞争激烈。寡头优势明显，但新进入者仍有机会。竞争的重点在于：新品类，特色广告，货架，终端促销。

假如要开发一个新品牌，可以从中国传统中草药里挖掘题材，针对顾客的需求和心理，开发牙膏的新功能，创造新品类。之后，要发布诉求新颖、特色鲜明的广告，并强势占领商超货架，采用终端拦截、赠品促销、开盒有奖、特殊包装等终端促销手段，从而在竞争激烈的市场中占得一席之地。■

第五章

阅读章首案例《英国雷利自行车公司》，从 20 世纪六七十年代以后，全球自行车市场的营销环境发生了哪些变化？针对这些变化，雷利自行车公司应该如何应对才是正确的选择？

■营销环境变化有：①欧美等经济发达国家因轿车的逐渐普及，使自行车作为便利交通工具的需求大幅度减少。②因 16 岁以下青少年的兴趣偏好发生变化，自行车的主要消费群体也在急剧萎缩。③随着经济发展，欧美等发达国家的运动消费、健身消费、休闲消费上升，与之相对应的自行车运动、自行车休闲户外活动逐渐兴起。④亚洲一些国家和地区自行车业的崛起和低价销售，也使雷利自行车不得不退出传统的利润丰厚的美国等市场。⑤由于国际局势的动荡和不确定性，导致雷利的一些第三世界市场也在流失。

事实上，营销环境中既有威胁，也有机会。针对这些变化，雷利自行车公司应该：①在欧美等发达国家，减少普通自行车的生产和销售，转而大力开发运动型自行车、健身用自行车、休闲型自行车，或集游玩、体育锻炼、比赛于一体的自行车，瞄准运动人群、青少年和有休闲、健身需求的人群。②针对亚洲一些国家和地区自行车企业在美国等国家的崛起和低价销售，分析对手的优势、劣势，采取相应的竞争对策。③继续大力开发新的第三世界市场。■

第六章

1. 阅读章首案例《李维斯公司》，（1）李维斯公司用到了哪些市场细分的依据？它是怎样利用这些细分依据进行细分的？（2）请分别试着用产品/市场矩阵理论和产品生命周期理论评价李维斯公司市场营销战略和策略的得与失。

■（1）案例显示李维斯用了四个细分依据：年龄、性别、裔、地域。根据年龄，将市场分为青少年、年轻人和生育高峰期出生，现在（案例中的现在是指 20 世纪 80 年代）已成中年人的一代。根据性别分为男性、女性市场。根据族裔分为美国本裔、西班牙裔市场。根据地域分为美国国内和国际市场。

（2）20世纪80年代初期，公司尝试多元化经营，在继续经营牛仔裤的同时，增添了新款时装、运动装和体育装等。但这些经营范围虽然也属于服装，但并不是李维斯所擅长的，最终归于失败。

1984年，李维斯开始重新启用它的拳头产品——501型牛仔裤，在此范围内进行渗透。渗透手段是大规模的广告。这一投入巨资的广告攻势，重新唤起了消费者对李维斯的美好记忆，重新夺回了公司在牛仔裤领域的强势地位。

在渗透的基础上，李维斯首先进行了产品开发，开发了多克斯产品系列，仍以生育高峰期出生的、现在已经变成中年人的市场为目标。因为中年人对李维斯的牛仔裤非常有感情，而公司新开发的产品又很适合他们穿着，所以，中年人踊跃购买，甚至，吸引青少年都喜欢上了多克斯系列牛仔裤。

再后来，公司又努力开发多个新市场，包括大力开发女性牛仔裤市场、西班牙裔市场和国际市场。事实证明，公司市场开发战略也非常成功。原因是这几个市场非常有潜力，特别是国际市场对牛仔裤需求增长很快，加上美国文化在海外的强势地位，使海外市场为李维斯创造了三分之一以上的总销售额和近一半的息税前利润。

下面我们来谈论一下牛仔裤的产品生命周期问题。20世纪80年代初，李维斯公司之所以要尝试多元化经营，是因为其认为牛仔裤产品已进入衰退期。但这种认识是非常错误的。我们知道，牛仔裤属于服装产品大类中的一个品类，而产品生命周期理论一般来说并不适用于产品大类和品类，而主要适用于具体的产品品种。换一个角度来分析，即使说牛仔裤属于一个服装品种，那么，一种产品进入衰退期是指产品老化、落后，被一种新的品种替代，导致顾客兴趣转移，从而逐渐被市场淘汰的阶段。但牛仔裤这种产品并没有老化、落后的迹象，况且什么服装会具有牛仔裤的风格，会取而代之呢？

后来，李维斯公司改变战略和策略，积极开发新的产品和新的市场领域，使牛仔裤大放异彩，为公司大赚其钱。事实证明，牛仔裤根本不存在进入衰退期的问题。在美国，20世纪70年代后期80年代初期的牛仔裤销售滑坡现象，实际上是由于以李维斯为代表的牛仔裤公司，没有认识到牛仔裤的持久魅力和市场的巨大潜力，没有有效地开发这个市场导致的。这也从另个侧面说明了一个道理，即一种产品在市场上的销售变化轨迹会受到许多因素的影响。这些因素的影响，可能会造成这样的结果，一种产品已经进入了衰退期，但因为人为的努力，使之起死回生、枯木逢春。也可能会有相反的一种结局，正像本案例中的牛仔裤一样，即这种产品根本没有到衰退期，只是由于企业的无能或其他的原因，使这种产品销售滑坡，就导致一些人误以为这种产品不行了。■

2. 阅读章末案例《成功的家教中间商》，案例中的"5. 再努力"部分，是不是超越了产品/市场矩阵图？为什么？

■案例中的"5. 再努力"部分，并没有超越产品/市场矩阵图。因为案例中的再努力，实际上是主人公依靠销售渠道和促销方面的创新性行动，对市场的更深度开发。按矩阵图理论的话，应属于"再渗透"。■

第七章

1. 阅读章首案例《佳洁士净白牙贴》，该案例说明了什么？

■制定成功的营销战略需要潜在目标市场的信息，需要目标市场对于营销组合的反应信息，再加上竞争和其他营销环境变量的信息。管理人员还需要战略执行以及管理的信息。没有高质量的信息，管理人员只能依靠瞎蒙，在今天快速变化的市场里，这无异于自取灭亡。■

2. 阅读章末案例《冬凌草含片市场调查方案设计》，请根据冬凌草含片市场调查方案，设计二份调查问卷，其中针对消费者一份，针对医药经销单位一份。

■ **针对消费者的调查问卷**

被调查者基本情况：

性别　　　　　年龄　　　　　职业

1. 您一年中大概购买几盒咽喉类产品？
   A. 0 盒　　B. 1～3 盒　　C. 4～6 盒　　D. 6～10 盒
   E. 10 盒以上
2. 请列出你能记起来的咽喉类产品品牌。

3. 您购买咽喉类产品的原因是：
   A. 上火、感冒、咽喉炎症引起的咽喉不适
   B. 为了清新口气
   C. 烟酒过度引起的咽喉不适
   D. 用嗓过度引起的咽喉不适
   E. 气候干燥、工作环境干燥引起咽喉不适
   F. 其他原因
4. 您总是在什么地方购买咽喉类产品？
   A. 药店
   B. 商场或超市的保健品柜台
   C. 医院或其他医疗机构
5. 影响你购买咽喉类产品品牌选择的因素是：
   A. 品牌知名度　　　　　　B. 价格
   C. 治疗咽喉不适的疗效　　D. 店员或医生的推荐
   E. 口感　　　　　　　　　F. 其他因素

首选因素是：

次选因素是：

6. 您听说过或购买过冬凌草含片吗？
   A. 从未听说过　　B. 听说过　　C. 购买过 1～5 盒
   D. 购买过 5～10 盒　　E. 购买过 10 盒以上
7. 您认为冬凌草含片有什么优点，有什么缺点（即存在什么问题）？（开放式回答）

8. 冬凌草含片这种产品或品牌在您的心目中是怎样的感受、形象？（开放式回答）

9. 您认为冬凌草含片每盒 24 片装 3～4 元的价格如何？

　　A. 高　　　　　B. 不高不低　　　C. 低

针对医药经销单位的调查问卷

被调查者基本情况：

店名　　　　　　　营业面积（约）　　　　　　平方米　　　　　位置

1. 贵店一个月平均能够卖出几盒咽喉类产品？咽喉类产品平均每月的营业额有多少？

2. 贵店经营的咽喉类产品的品牌有哪些（请按销量大小列示)？

3. 贵店经销冬凌草含片的月销售量有多少盒？月销售额有多少元？

4. 贵店作为冬凌草含片的经销商，对济药集团在冬凌草含片上的市场运作（含产品情况）有何意见和建议？■

第八章

1. 阅读章首案例《我做雨润量贩店》，（1）请描述案例中雨润量贩店的产品/市场位置。（2）评价该位置是否具备好位置的特征。

　　■（1）产品位置——主打冷鲜肉，市场位置——中、小型城市市场。

　　（2）这个位置是一个很好的位置。因为其目标市场上有足够的顾客数量和购买力，产品因其高度安全性和良好的卫生条件非常适合目标市场的需求，目标人群的需求强度大，几乎不会遇到什么有效的竞争。■

2. 阅读章末案例1《米勒啤酒公司》，请分别分析"海雷夫"和"莱特"的定位战略。

　　■在莫里斯公司对"海雷夫"重新定位之前，"海雷夫"的位置是：价高质优的精品啤酒，以妇女和社会中的高收入者为目标市场。由于这个位置上的潜在顾客多是些轻度使用者，使得"海雷夫"颇有"高处不胜寒"的感觉。"海雷夫"的新定位是：优质啤酒献给那些真正爱喝啤酒的重度使用者。针对新的位置，公司改变了广告的内容，并另外推出了一种容量较小的小瓶装。

　　"莱特"是莫里斯公司推出的一种新品牌。该品牌具有独特的新位置：低热度啤酒（莱特即英语中的 light），以注重健康、节食而又爱喝啤酒的人为目标市场（位置定位）。公司打造的"莱特"不仅热量低，而且口感和酒精度与一般啤酒无异，甚至口味更好（特色定位）。产品推出以后，公司努力塑造高质量、好口味、畅饮而不会腹胀的形象，给人一种"所有对啤酒的梦想都在莱特中"的感觉（心理定位）。■

3. 阅读章末案例2《王老吉》，请问王老吉飙红的主线是什么？这条主线里的关键点是什么？

　　■找到自己产品的独特性，并根据消费者需求进行重新定位，辅之以成功的广告攻势及强有力的渠道策略，成为王老吉的飙红主线。这条主线里的关键点是红色王老吉定位的成功——创立一个新的产品品类，并成功地使其进入消费者的心智空间。■

第九章

1. 阅读章首案例《铱星》，（1）谈谈你对铱星项目决策者当初决定投资铱星项目的原因的分析。（2）你对当时决策者的决定作何评价？

■　（1）案例中人们对铱星失败原因的总结，每一条都有一定的道理。铱星的失败也确实给我们带来了许多经验教训和启发。但是，我们是否曾经想过这样一个问题：摩托罗拉的董事们，还有当时入股的其他世界电信巨头们，真的是没有市场观念，忽视需求，一味迷恋高科技的盲目决策者吗？我看未必。

我们要知道，1985～1987 年前后，是摩托罗拉公司考虑是否投资铱星技术的时期。铱星破产的时候，距离它的投资决策期已经 13～15 年了。破产以后，媒体和业内人士再来谈当时的决策是否失误，是不是有点"事后诸葛亮"的意味呢？

要真正理解摩托罗拉公司高层决策的初衷，我们必须回到 1986 年前后，设身处地地进行一番分析和研究。当时，电信领域几乎所有的公司都看到了移动通信领域巨大的市场前景和盈利机会。但是，这一时期可供选择的移动通信技术模式并不明朗，主要有三种：①模拟技术：已经商用，但局限性大。②GSM 技术：已完成开发和试验，不够成熟，但拥有极大的发展潜力。③铱星技术：基本成熟，与模拟技术相比有巨大的容量和更广阔的覆盖范围，通话质量基本稳定、可靠，但一次投入巨大。

如果你是摩托罗拉公司的老总，你面临诸多技术选择，每一种技术都有自己的优点和缺点，其未来都存在较大的不确定性，你怎么办？要知道新技术的重要特征就是不确定性，不确定性就是风险。我们现在（2007 年）把时光倒退近二十年，你能知道 21 世纪就是 GSM 的天下，铱星一定会失败吗？万一铱星成功了呢？

这样一想，我们就会理解摩托罗拉决策者们的"良苦用心"了，理解他们当时决策的合理性了。

因为当时 GSM 技术和铱星技术都有成功的可能性，但也都有风险。所以，摩托罗拉采用了"两头下注"的方法。其中 GSM 技术的研究需要资金相对较少，也最有潜力，由自己独立投资。同时它又采取合适的方式对铱星技术模式的发展进行控制（注意是控制），即由自己牵头，与其他电信巨头合作，成立铱星公司。自己投入 18％ 的份额，实现控股。同时，通过上市，募集股市上的资金。这样投资的结果是，将来不管哪种技术成功了，都能保证自己是最大的受益者。而如果某种技术失败了，比如投资最多的铱星失败了（事实正是如此），它会有多大的损失呢？它只损失了 18％。况且，它的 18％ 的投资中，还有大量的投资是设备投资（因为它是全球最大的通信设备供应商）。这样一来，它真正的损失其实不足 18％。况且，这些损失对摩托罗拉而言是完全能够承受的。可以证明这一点的是，虽然对铱星的投资失败了，但摩托罗拉依然是世界上强大的通信技术和设备供应商，依然具有很好的效益和发展势头。

（2）在摩托罗拉的投资战略里，我们看到了很好的对风险的分散和控制手段。它在无充分把握时，分散投资于不同的方向，无论哪一个方向成功，都可以从中赚取大量利润。一旦铱星失败，股份制、银行贷款、内部采购等机制可以分散损失，分散风险。同时，它通过这种投资结构，又控制了整个市场，建立了严密的防御壁垒，从而可以有效地防止新的竞争者进入。■

2. 阅读章末案例《开发沃克曼》，（1）根据案例介绍的情况，分析索尼公司的新产品开发组织结构。（2）造成索尼公司在开发沃克曼项目上出现一些混乱和遗憾的原因是什么？说明了什么问题？

■（1）从案例介绍的情况可以看出，索尼公司是三种新产品开发机构齐头并进，同时运作。一是产品经理（产品部）肩负有开发新产品的责任。因为案例开始部分有这样一个信息，"带式录音机部的板田先生和一组电子工程师，正在聚精会神地考虑如何重新设计'普来斯曼'便携式录音机，要使它能发出立体声响"。二是新产品部。因为公司有消费者产品设计部，主任是黑木。三是新产品攻关小组。作为临时性开发部门，为了开发沃克曼，专门成立了沃克曼项目部，任命黑木为项目经理。

（2）根据沃克曼在市场上的表现，以及日后它带给索尼公司的发展机遇来看，沃克曼项目是成功的。这个项目的开发成功基本上是自上而下"压"出来的。成功的原因中最关键的应该归功于井深和森田。因为井深是退了休的老董事长，森田是现任董事长。他们二人非常热心地推动沃克曼的研发，但他们的下属研发人员几乎没有一个人看好这个项目，积极性都不高。两位董事长用他们天才的创新思维，加上他们对市场需求敏锐的判断能力，再加上他们的权力，使沃克曼成功出炉。这也印证了我们在本章课文中讲的一个观点：企业管理高层对新产品开发的支持至关重要，他们对新产品的成败负有最终的责任。

但是，由于索尼公司在新产品开发组织工作中的一些缺陷，造成新产品在上市阶段因为没有按计划准备生产而脱销，从而给竞争对手留出了模仿竞争的市场空当，出现了一些混乱和遗憾。

问题出在沟通环节，出在负责技术研发和负责生产的两位主要负责人（黑木和大园），他们没有真正理解市场对沃克曼这种新产品的需求，没有去做市场调查，而两位董事长也懒得与他们沟通。这也印证了我们在本章课文中讲的另外一个观点：市场需求引导着研制开发工作。我们在书中还说，不可随意跳过新产品开发的必需步骤。显然，索尼公司在沃克曼开发中，省略了对产品概念的市场测试和产品上市前的市场测试，至少黑木和大园没有这样做。这就直接造成了他们对沃克曼市场前景的怀疑。■

第十章

阅读章首案例《铁屋价格战》，请问组装式产品公司应如何应对卡普莱的第三次削价竞争？

■案例中的两家企业之间的竞争属于典型的寡头竞争。从案例资料来看，卡普莱的降价行为可能有两个原因，一是卡普莱在组装式产品公司任职时，与其他股东或管理高层发生了矛盾，现在有报复嫌疑。二是利用自己采用专用装配线所形成的成本优势，不断降价，直至组装式产品公司无法承受价格战，从而将其赶出市场。

组装式产品公司面对卡普莱的第三次削价竞争，眼下几乎别无选择，只有跟着降价。从长远一点看，可以采取一些创造性的方法，努力降低成本，以对付卡普莱的价格挑战。比如，在使用材料上做出改变，使用既不降低质量，又便宜的新型材料。同时还可以采取与卡普莱直接沟通的方法。如果是第一种原因的话，就尽量消除矛盾，重归于好。如果是第二种原因的话，表达本公司坚决将价格战奉陪到底的决心，消除对方将组装式产品公司赶出市场的不切实际的幻想，并尽量使对方认识到价格战的危害，放弃价格战，和平相处。■

第十一章

1. 阅读章首案例《李宁公司》，请描述李宁公司的分销渠道。

■李宁公司采用的销售渠道模式有两种,一是自营渠道,即紧密型专卖店。二是间接渠道,通过松散型的特许专卖店销售产品。这两种模式的渠道构成都是:生产者→零售商→消费者。■

2. 阅读章末案例《怡达果醋北京攻略》,(1)怡达果醋新进入北京市场,初期采用的是什么销售渠道模式?请具体描述其渠道构成。(2)前期的市场开拓工作基本完成以后,怡达公司逐步改变了它的销售渠道模式。怡达公司是怎样改变的?(3)现在公司采用的是什么销售渠道模式?请具体描述其渠道构成。(4)怡达公司为什么要做出这样的渠道改变?

■(1)怡达公司初期采用的是自营销售渠道模式。公司专门在北京成立了一家销售分公司,采用人海战术和先易后难的进攻方式,将120多个销售人员分别划分到北京的各大区域里,拜访各个酒店,通过酒店销售怡达果醋。公司给酒店的价位低,使酒店经销怡达果醋的利润丰厚,同时,还给酒店提供多种形式的促销宣传和其他多种多样的支持。这一时期,它的销售渠道构成是:怡达公司→自营销售分公司→酒店或少部分零售商(终端)→消费者。

(2)通过前期的市场开拓工作,怡达果醋在餐饮市场的声势日益壮大之后,开始正式在北京市场里寻找经销商。依托强大的后盾以及多家酒店的示范作用,怡达很快在京开发了115家经销商(批发商),并于2006年10月将原有直营终端(酒店或少部分零售商),全部交由经销商经营,形成了厂商联合体。这时其渠道构成是:怡达公司→自营销售分公司→115家经销商(批发商)→酒店或零售商(终端)→消费者。

(3)现在,公司撤销了自营的销售分公司,将产品和经销商全部交予北京紫禁红贸易有限公司,聘请后者作为怡达果醋在北京市区的总代理商。其渠道构成是:怡达公司→北京紫禁红贸易有限公司(一级代理)→经销商(二级)→酒店或零售商(终端)→消费者。

(4)渠道改变的原因有三:①做批发毕竟不是公司的强项,况且在大北京的市场上,要想单靠自己的力量长久地深入地开发之,几乎是不可能的,小打小闹还可以。聘请北京紫禁红贸易有限公司作为怡达果醋在北京市区的总代理商,可以形成强强联手、优势互补的关系。②自营销售渠道在初期刚刚进入市场,开拓市场时,利用人海战术和强力进攻,可以迅速打开局面。但时间长了以后,自营销售渠道的弊端就会渐渐显现,如管理难题、成本过高等。③将市场交给一级代理商去做,企业就可以腾出人力和资金开拓其他市场。怡达果醋已经决定将从2007年开始,进攻全国市场。■

3. 阅读案例《某酿造厂的市区销售渠道选择》,说明为什么要建议企业采用自营销售渠道模式(即企业自己为零售商送货)。

■原因:(1)市区目前的四个经销商有时不听从企业的管理和建议,吃掉零售商不少利益。对企业产品促销不力,反而卖力地私自经销企业竞争对手的产品。从中可以看出来,企业对他们的掌控力弱。(2)市区的终端市场就在企业的眼皮子底下,企业自送货,自己承担批发商的角色,有利于提高对终端零售商的掌控力,有利于更好地了解市场。(3)经测算,自送货方案每月的费用较原模式高出1 000多元,企业完全可以承受。■

4. 阅读案例《固特异轮胎暨橡胶公司》,(1)简述从1992年起,公司对销售渠道做了哪些方面的调整。(2)为什么要做这样的调整?(3)评价公司的渠道调整策略。

■（1）从 1992 年起，固特异轮胎暨橡胶公司对销售渠道做了如下调整：①通过大型零售商，如西尔斯、沃马特连锁店、凯马特连锁店等，销售固特异牌轮胎和公司生产的私牌产品。②探索建立自营的带快速服务性质的折扣店，销售"公平轮胎"。

（2）调整的原因：①竞争加剧，公司必须提高对市场的掌控力；②消费者购买轮胎更具有一时的冲动性，他们开始慢慢地习惯于从大型超市、百货商店和仓库俱乐部等处购买，这些商店所占有的市场份额在过去 5 年中增长了 30%，而轮胎经销商的市场份额却下降了 4%；③在零售店中私牌（即中间商拥有所有权的品牌）开始出现，它们在价格上的优势引发了消费者对轮胎产品价格的关注，其他低价品牌趁机大量销售。面对这种情况，固特异一方面缺乏低价产品，另一方面，更为严重的是由经销商包销产品的渠道结构，使公司不能把轮胎放在许多消费者购买轮胎的地方。

（3）评价：公司的渠道调整策略，适应了竞争的需要——竞争加剧，竞争者通过私牌参与竞争；适应了顾客购买行为的变化——购买地点变化。事实证明，调整是必要的，成效也非常显著。但是，公司这样做，肯定会损害包销商（即独立经销商、品牌经销商、专业经销商）的利益，而这些经销商现在是，将来很长一段时间仍将是公司重要的销售力量。所以，公司要与这些独立包销商做好沟通解释工作，可以对它们潜在的受损利益给予适当的补偿。■

5. 阅读案例《渠道冲突：宝洁公司与中间商角力》，（1）说明宝洁公司为什么要采取新的"价值定价"政策？（2）你如何评价宝洁公司与中间商之间的冲突？

■（1）宝洁公司原先采用的是价格促销方法。这种方法演变到今天，已经接近失控，它使零售商和消费者都变得越来越"精"，而宝洁公司对批发商、零售商，进而对消费者的控制力却越来越弱。表现在公司的许多促销计划不能真正达到促销的目的，不能真正地刺激消费者购买，不能真正地应对竞争，反而使批发商、零售商巧妙地乱中渔利，甚至使公司正常的生产系统出现混乱。

（2）现在采取的新的"价值定价"政策，摒弃五花八门的、层出不穷的、混乱的价格促销体系，将各方应得的利益明确化。这是一个简洁的、灵活性较小的定价和促销系统，它同时也兼顾了中间商、消费者和企业的利益。从长远来看，对各方都是有利的，尤其对宝洁更是如此。

改革就有阻力，好在宝洁在与中间商的角力中，处于侃价实力强的一方，因而极有可能取得成功。原因在于宝洁是大品牌，消费者喜欢，且宝洁的产品品类、品种齐全，在所有的品类中，几乎都是第一品牌。因此，如果中间商放弃宝洁，就意味着放弃许多顾客。■

第十二章

阅读章首案例《宝洁公司的促销策略》，请评价宝洁公司的促销策略。

■宝洁公司能够成为世界著名的百年日化企业，与它长期保持高超的促销策略密切相关。它在我国市场上，系统地采用广告、营业推广和公共关系等促销手段，形式稳定，内容不断创新，促销效果明显。■

第十三章

阅读章首案例《旭日集团》，你认为旭日集团在执行问题上犯了哪些错误？

■猛地看来，旭日集团似乎是毁在公司一些元老的手里。实际上，确切地说，是毁在一场失败的组织变革中。当旭日集团出现内忧外患的时候，必须进行组织改革，这一点旭日集团做得并没有错。问题在于怎样改才能改革成功。

组织改革，实际上是针对执行问题的改革。执行的核心是人。而人是很复杂的，几乎每个人都有既得利益，有各种各样的利益要求，还有各种各样的心理需求。因此，在组织问题上的任何改革，在员工看来，都不啻于一场利益格局的重新划分，一场利益的重新分配。这样的改革，如果弄不好，肯定会造成局面失控。因此，组织改革必须慎之又慎，考虑周全，正确处理各方利益关系。遗憾的是，旭日集团改革的发动者缺乏威信和控制力，在改革的时间、力度、调整方向、方式、步骤、宣传沟通等问题的把握上处理不当，最终导致改革失败，将旭日集团推入了万劫不复的深渊。■

第十四章

1. 阅读章首案例《华龙方便面》，请总结华龙集团的市场营销战略和策略。

■（1）营销战略。将自己的经营位置定位在需求潜力非常大的中小城市和广阔的乡镇、农村市场上，提供价格便宜、质量稳定可靠、具有一定品牌知名度的产品。在当时，这个位置几乎就是一个完全空白的市场。

（2）产品策略。确保产品质量，不断地推出新产品，在中低档方便面市场上形成了长而深的产品组合。增加方便面的营养。

（3）价格策略。遵循"低价格、高质量"的市场定位思路，提供给市场的产品性价比非常有竞争力。

（4）销售渠道策略。建立了营销公司、处、组、户四级营销网络，实行密集分销。和经销商一起发展，采取送货上门、特许入股等形式，与其结成紧密的利益共同体。

（5）促销策略。针对农村市场的特点，设计恰当的电视广告。还大量利用墙壁广告。基本上达到了"乡乡有广告，人人知华龙"的轰动效应。"华龙面，天天见"也一时成为社会流行语。还广泛开展极有创意的、效果很好的营业推广活动。■

2. 阅读章末案例《江中集团：初元的市场营销》，江中集团是如何在竞争激烈的保健品市场上取得成功的？

■在竞争激烈的保健品市场上，江中集团瞄准探病市场，对市场做了一个很细致的细分，对这个市场及其市面上的产品进行了深入的调研，发现满足"对病人康复有帮助的需求"，是一个相对"空白"的市场，且现有品牌不够强势，这些品牌在消费者头脑中和病人的对应度不高，进入的机会大。针对这个市场调研结论，江中集团采用集中营销战略，聚焦对病人康复有帮助的产品/市场位置，针对病人手术伤口愈合以及衰弱病体康复推出了两款产品，取名"初元"。接着，它确定了合理的产品价位，重点选择超市作为分销渠道，采用密集的终端覆盖策略，配合以最有效的电视广告，并推出系列专题片，形成对广告片的有效补充。通过上述一系列卓有成效的营销活动，初元快速切进了探病保健品市场，取得了成功。■

问题型案例

1. 阅读案例 1《易捕公司》，（1）易捕公司的销售额为什么上不去？（2）如果易捕公司必须继续经营下去的话，请你为公司重新制定一套市场营销战略和策略。

■ (1) 按照市场机会研究一章的有关理论来分析，易捕公司的销售额上不去的原因可能在于，并不存在一个能为产品提供合理位置的真实市场，至少没有一个足够大的、能支持公司达到投资者目标的目标市场。

因为公司目前的目标市场是妇女作为购买者的普通家庭。尽管易捕有它明显的优点，但是，相对于便宜的替代品——弹簧捕鼠器，易捕公司的价格显然有点太高了，且易捕的产品也并不是无懈可击。最大的问题是，捕鼠器圈住老鼠以后，老鼠要在里面挣扎一番，而家庭主妇们一般都不愿意动手处置死老鼠或活老鼠。况且，处理过后，人们愿不愿意重新使用这个捕鼠器也是问题，不用的话，这个昂贵的东西只用一次太可惜，重新使用的话，必须将它的里面很好地洗一洗，否则，不但人往里放置诱饵时觉得恶心，更重要的是，老鼠闻到死去的同类的味道，肯定不会再上当。要知道，老鼠的嗅觉是超级灵敏的。

对照判断市场机会的标准我们再来做一番分析：①高价格和处理被逮老鼠预期的麻烦，造成对产品的需求强度不够。②产品的缺陷，说明产品对目标市场的适应性存在问题。③传统的替代品（鼠药、弹簧捕鼠器）和养猫捕鼠也影响了人们的购买欲望。

所以，看起来易捕捕鼠器似乎不能算是一个真正的市场机会，至少不能说是一个极好的市场机会。案例中的投资者有可能是一群持有产品观念的人，他们想当然地认为，有好产品就理所应当为市场所接受。这里几乎没什么证据表明投资者真正考虑过顾客的需要或遵从有关的营销观念。投资者们本应知道捕鼠器市场在美国的大小，谁会购买捕鼠器？各种捕鼠器的价格是多少？这些捕鼠器如何卖出？现有捕鼠器解决了顾客的哪些问题？还有什么问题它没能解决？顾客如何处理他们所捕获的老鼠？诸如此类的"营销型"问题的答案，将有助于投资者们信心十足地面对捕鼠器市场所带来的挑战。

(2) 重新设计营销战略和策略。该案例中公司之所以将易捕器目标市场定在家庭主妇身上，是因为其认为主妇们非常担心家中孩子和宠物的安全，担心老鼠身上携带的病菌会给人们的健康带来威胁。而放置鼠药和使用传统弹簧捕鼠器（在使用中经常会因尚未窒息的老鼠带动捕鼠器运动而出现一团糟的结果），不能消除主妇们的这些担心。

除了处理被逮老鼠有点麻烦以外，易捕公司的捕鼠器的确具有安全、卫生的优点。因此该公司除了坚持为普通居民家庭服务以外，还可将许多其他细分市场作为目标市场。这些地方谨防鼠疫传染，有大量食品贮存，用投毒或其他方法灭鼠又不合适。

任何处理和贮存食物的地方都会引来老鼠，因此这些地方将是潜在的目标市场。由于饭店既存贮又生产食物，且这种地方又不能使用化学药品，因此饭店也应是一个目标市场。公司还可以将目标市场指向零售渠道中的贮存食物的库房和批发商以及食品制造商。

另一个潜在目标市场是实验室。在这儿，科研实验需要大量的老鼠，而且，老鼠经常跑掉是很令人头痛的。一个研究人员会更希望捉住老鼠而不伤害它，这个任务就可由易捕器胜任。

还有一个潜在的目标市场是除害公司。由于它们必须在禁止使用化学药品的地方工作，而且其和家庭主妇一样竭力避免因捕鼠而造成的一团糟现象，因而这也应是一个目标市场。

针对上述目标市场，公司需要试着对产品做适当改进，以更有利于处理被逮老鼠，例如配套清洗工具等。另外，公司可能还需要开发大一些的捕鼠器，因为一些潜在顾客可能要对付更大的老鼠。

关于新战略的价格问题，公司应努力降低成本，以降低价格，增加需求。公司应做多方调查研究，从而充分了解自己的成本，并制定出可以被一致接受且又能获取足够利润的价格。

在销售渠道问题上，目前，由于公司缺少真正的销售力量，产品只能卖给有限数量的几个大零售商。这就意味着除非能找到一个能够承担并完成买卖过程中一切活动的中间商，否则对公司是不适宜的。如果不恰当地使用中间商，可能会使边际利润减少。

新战略意味着一种商业促销战略。第一步是在针对食品批发商和除害公司的商业展览会上露面。此战略避免了开发最终顾客所需的追求最优媒介的昂贵开销。在杂志上做广告有助于吸引最终顾客的注意力。■

2. 阅读案例 2《ABC 酿造公司》，(1) 描述 ABC 酿造公司调整前的分销渠道。(2) 该渠道存在的主要问题是什么？(3) 问题严重吗？(4) 应该如何解决渠道中存在的问题？(5) 请评价公司后来的渠道调整策略。

■ (1) ABC 酿造公司调整前属于自营销售渠道模式，公司自己充当一批，直接对二批批发，二批再对各个零售商（终端）批发。MN 市大约有 10 多个乡镇，每个乡镇有 4～5 家二批，共有 50 多家。形成这种渠道格局的主要原因在于市场离公司比较近。

(2) ABC 酿造公司这种分销方式存在的主要问题是二批叫苦，因为二批之间打价格战，导致批发价格低，"几乎全部是平价进平价出，只赚年终返利"。实际上，二批平价进出对公司是有利的，因为价格战受益的是终端，这样终端肯定很愿意经销公司的产品。至于说送货麻烦，我认为不是问题。虽然麻烦一些，但并不是不能忍受，且省略了一批，公司不但得到了本该由一批得到的利润，还增强了对二批的掌控能力。

(3) 二批叫苦的问题很严重吗？非也。如果二批因此不经销 ABC 的产品，转而投向竞争对手的怀抱了，那才算严重。现在的情况是，"要是真不让他们经销，他们还不干，因为酱油、醋的销量大，ABC 又是当地最响的牌子，要是没有它，其他货就走不动了"。因此，如果说是问题的话，也只能算一个小问题而已。

(4) 定性了这是一个小问题，那么就采取一些小方法来解决就可以了。包括：①维持现在的渠道模式。这个模式实际上对公司非常高效、有利。②与二批多一些沟通，多讲价格战的危害。即使二批不听，公司在对付二批怨言时，可以说，不让打价格战，你们非打，你们是咎由自取。③适当提高一点返利，起安抚作用。

(5) 公司后来的渠道调整是一个非常糟糕的方案。此方案根本无助于问题的解决，因为正像公司预测的那样，二批根本不愿退回做真正意义上的二批。然后，公司害怕的事情终于发生了。调整后，基本上一个乡镇只留一家经销商，精减掉了原来的大部分经销商，人家又不愿退后做真正意义上的二批，就只好去经销其他品牌了。竞争对手利用 ABC 公司留出的渠道空隙，乘虚而入。■

3. 阅读案例 3《舒蕾的终端战役》，(1) 如何评价舒蕾的终端模式？(2) 舒蕾要想取得在市场上较为理想的地位，你认为它应该怎样做？(3) 案例中所讲的是 2000 年前后的事情，请到商场、超市中去观察目前舒蕾在市场上的销售情况和营销策略。写一个所见所闻。

■ (1) 可以说从 1996 年到 2000 年这段时间，如案例所示，舒蕾的渠道扁平化和终端模式，帮助舒蕾取得了辉煌的成功。

　　1996 年，舒蕾上市，通过对市场态势以及竞争对手的深入分析，舒蕾发现，宝洁等洗发水巨头倾情于大量广告的空中促销，而疏于地面促销。于是舒蕾确立了"从地面终端打造核心竞争力"的渠道模式，在渠道终端与宝洁展开争夺战。舒蕾放弃了业界奉为经典的总代理制，而实施直供终端的扁平化短宽型渠道模式。舒蕾投入了大量人力物力，通过在各地设立分公司，实现对主要零售终端的直接供货，大大压缩了渠道长度，减少了渠道环节，从而建立起了高效的、不依赖于某个大经销商而独立存在的自营营销系统。

　　据悉，舒蕾所属的丝宝集团曾陆续在国内建设了 12 个分公司，63 个联络处，业务遍及全国的大中城市，并已延伸到了三级市场（县）乃至四级市场（镇）。舒蕾的营销队伍也曾扩充至两万多人，号称可在一周之内能将一种产品铺到全国。这种跨过经销商的短宽型渠道模式使舒蕾实现了对终端的直接控制。以终端为基础，舒蕾组织了超过万人的终端促销队伍，全方位、立体式地展开终端促销，并迅速取得成效，在短短几年内，就实现了销售收入超 20 亿元的目标，成功打入了中国洗发水市场的第一阵营。

　　但是进入 2001 年以后，随着竞争的加剧，情况急转直下。有媒体报道，舒蕾 2002 年的销售额已由两年前的近 20 亿元跌到了 10 亿元以内。渠道扁平化和终端模式的弊端渐渐显现出来。

　　①管理难题。管理幅度过大，管人不到位，理事不到点。管理，简而言之，就是管人理事。管不到人，理不了事，就是管理不到位。从而造成了大量人力资源和资金的低效率，甚至出现了终端人员滥报、虚报和谎报费用等贪污现象。

　　②终端成为吞噬资金的"黑洞"。事情常常会走向自身的反面，舒蕾当年主推终端的重要原因是能够"低成本开拓市场"，然而随着在其他日化厂家纷纷模仿"舒蕾模式"的形势下，终端成本也水涨船高，不但一点也不低而且有赶超大众传播成本之势。已经有人提出"做终端就是找死"的说法，极言终端吞噬资金的"黑洞能力"。现在终端运作者已经没有人笑得出来了，唯一能够"偷着乐"的是公关公司和卖场。事实上，进行终端促销所需的费用并不少。

　　直接投入：灯箱、壁板、吊旗、吊挂、人物立牌、货架立牌、招贴画、日历卡、挂历、风暴宣传册、专柜、端架等都是必不可少的。

　　SHOW 投入：货车、摩托车、旋转舞台、舞台音响、VCD 功放、调音台、背景屏风、遮阳伞等简直是缺一不可（表演人员还不在内）。

　　人员投入：基本工资在 900～1 200 元，提成约为销售额的 4％至 5％。超市还要收取管理费、工衣费、工卡费、卫生费等。

　　渠道投入：必须给卖场更优惠的价格及返利政策，接待、回扣也一个不能少。

　　据悉，丝宝的一次大型推广会的费用竟多达 500 万元，在长春，舒蕾的促销活动竟然达到这样的程度：商场四周 40 多面挂旗，商场前广场上方 4 条横幅，商场主楼墙体上 240 平方米巨幅广告，通道周围从二楼垂下 50 多面广告旗。在惊叹于"红色舒蕾海洋"的同时，我们不能不怀疑这样的终端营销到底还能走多久。

　　③终端模式的效果递减规律。终端模式在本质上是营业推广策略。短期使用，效果突出，长期使用就会出现边际效用递减的现象。原因之一是过多的终端诱导会令消费者麻木乃至产生厌倦之感。调查显示，洗发水的主要消费者是女性（占 67％），女性相对男性更为感性，这使得女性很容易接受舒蕾的终端诱导，同时也很容易厌烦以前曾经接受的一

切。原因之二是这种战术在本行业的泛滥，过多的品牌采用这种模式，消费者很容易见多不惊了。

（2）洗发水属于成熟的快速周转消费品，其营销模式有其固有的规律。事实表明，宝洁公司的"广告支持，诉求产品特色，细分定位，二级以上代理分销"模式是有持久生命力的。因此，舒蕾仍要逐步回到这个模式上，终端促销只能作为辅助的、偶尔采用的促销手段。面对强大的宝洁公司和如狼似虎的其他品牌，舒蕾必须做好产品特色诉求，做好细分定位，开发新品种。努力打造一个独特的定位，打造一个具有持久生命力的品牌。

（3）我们到超市、商场去观察，现在已经很少见到舒蕾的终端促销活动了。舒蕾似乎已经成了一个没有什么特色的三流品牌。■

4. 阅读案例《中华第一"神"锅》，对免火再煮锅的市场进行一番研究，并制定市场营销策略。

■（1）按照"5W1H"来进行市场研究。

WHO　产品与市场存在一定的对应关系。根据产品方便、省时、省心、安全、环保、卫生等优势，考虑价格比较贵，其目标市场应该具有以下特征：中等以上收入，工薪阶层或做生意，平时工作或生意比较忙碌，比较讲究生活质量。

WHAT　要求产品确实如资料上所讲，确实有效。

WHY　是产品的优点吸引了顾客购买。因此，促销宣传时，要宣传产品优点，展示优点。这种产品属于非必需品、非主动寻求产品，价格可能会使一些人舍不得购买，必须有促销宣传。

WHERE　顾客一般会在超市的厨具销售区、厨具专业店购买。在中高档的居民小区进行现场演示，宣传促销，可能也会吸引一些顾客购买。

WHEN　在结婚的旺季、春节前购买的比较多。

HOW　除了家庭购买，也可作为一些单位的职工福利、奖品。

（2）在Y市开拓市场的话，产品已经确定，关键是价格、渠道选择和宣传促销问题。

价格。根据其他锅的价格做参考，我们认为价格368元有点高，将零售价降至300元以下比较合适。

销售渠道。可以在Y市的中心商业区选择两家大型购物中心的超市，在副中心商业区选择一家超市，来销售这种产品。利用节假日组织临时促销人员，在中高档居民小区，开展促销宣传活动，现场推销。还可以在年末去开发行政和企业、事业单位市场。

促销。在《Y市广播电视报》、《Y市日报副刊·Y市晨刊》上登广告。还可利用路牌广告、公交车广告。广告内容要突出产品的优点。■

主要参考文献

[1] 郭国庆主编. 市场营销学. 武汉：武汉大学出版社，1996.

[2] 戴军，郑山主编. 现代市场营销学. 北京：中国商业出版社，1999.

[3] 徐中和，郑广华主编. 现代市场营销学. 北京：煤炭工业出版社，1993.

[4] 纪宝成主编. 市场营销学教程. 北京：中国人民大学出版社，1989.

[5] 宋小敏等编著. 市场营销学. 武汉：武汉大学出版社，1992.

[6] 何佳讯编著. 品牌形象策划. 上海：复旦大学出版社，2000.

[7] [美]菲利普·科特勒著，梅汝和，梅诗豪，张桁译. 营销管理. 上海：上海人民出版社，1999.

[8] [美]迈克尔·波特著，陈小悦译. 竞争战略. 北京：华夏出版社，1997.

[9] 范云峰编著. 市场营销实战. 北京：中国经济出版社，2002.

[10] 刘永炬. 品牌苦旅：让你必须知道的N个事实. 北京：京华出版社，2006.

[11] [美]小威廉·D. 佩罗特，尤金尼·E. 麦卡锡著，胡修浩译. 基础营销学. 上海：上海人民出版社，2006.

[12] 路长全. 切割. 北京：机械工业出版社，2006.

[13] [美]艾·里斯，杰克·特劳特著，李正栓，贾纪芳译. 商战. 北京：中国财政经济出版社，2007.